线上资源获取方法

本书配套了线上资源，包括课程视频、习题库。读者可通过以下方式获取线上资源：

◎如果需要获取课程视频资源，请扫描下方二维码，进入课程目录，点击相应章节标题在线观看视频。

《数字创新战略》课程视频

◎如果需要获取习题库资源，请先关注"博雅学与练"微信服务号；然后，扫描下方二维码，即可进行在线练习。

数字创新战略
请刮开后扫描获取本书资源
本码2030年12月31日前有效

《数字创新战略》习题库

数字中国·数字经济创新规划教材

北京邮电大学"十四五"规划教材

王砚羽　编著

DIGITAL INNOVATION

STRATEGY

数字创新战略

北京大学出版社
PEKING UNIVERSITY PRESS

图书在版编目（CIP）数据

数字创新战略 / 王砚羽编著. -- 北京：北京大学出版社，2025.5. -- （数字中国·数字经济创新规划教材）. -- ISBN 978-7-301-36199-3

Ⅰ.F492

中国国家版本馆CIP数据核字第202520ZZ75号

书　　　名	数字创新战略
	SHUZI CHUANGXIN ZHANLUE
著作责任者	王砚羽　编著
责 任 编 辑	刘冬寒
策 划 编 辑	周　莹
标 准 书 号	ISBN 978-7-301-36199-3
出 版 发 行	北京大学出版社
地　　　址	北京市海淀区成府路205号　　100871
网　　　址	http://www.pup.cn
电 子 邮 箱	编辑部em@pup.cn　　总编室zpup@pup.cn
新 浪 微 博	@北京大学出版社　　@北京大学出版社经管图书
电　　　话	邮购部010-62752015　　发行部010-62750672　　编辑部010-62750667
印 刷 者	天津中印联印务有限公司
经 销 者	新华书店
	720毫米×1020毫米　　16开本　　25.75印张　　497千字
	2025年5月第1版　　2025年5月第1次印刷
定　　　价	75.00元

当今世界正经历百年未有之大变局，数字经济作为新一轮科技革命和产业变革的核心驱动力，已成为全球竞争的战略制高点。党的二十大报告明确提出，加快建设数字中国；加快发展数字经济，促进数字经济和实体经济深度融合，打造具有国际竞争力的数字产业集群。在此背景下，《数字创新战略》这本教材的出版恰逢其时，它不仅填补了国内数字创新战略系统化理论研究的空白，也为国家数字经济发展战略的落地提供了重要的思想支撑和实践指南。

作为数字时代的核心命题，数字创新战略的制定与实施，关乎国家竞争力的提升、产业结构的优化以及社会治理的现代化。数字技术以其颠覆性、渗透性和协同性特征，正在重塑全球价值链、重构产业生态、重绘经济版图。然而，面对这一历史性机遇，我国许多企业仍处于战略迷茫期，急需一套科学、系统、前瞻的理论体系和方法论指导实践。该书的出版，正是对这一时代需求的精准回应。

纵观全书，《数字创新战略》展现了三大核心价值。

其一，立足国家战略高度，构建数字创新理论体系。该书从数字经济的国家战略需求出发，首次系统梳理了数字创新战略的本质、技术基础与理论框架，将技术创新理论与数字战略理论深度融合，形成了具有中国特色的数字创新战略知识体系。书中提出的"数字化转型创新战略"与"数字原生创新战略"双轮驱动模型，不仅为学术界提供了新的研究范式，也为政策制定者与企业管理者提供了科学的决策依据。

其二，聚焦实践痛点，提供可落地的解决方案。该书直面当前企业数字化转型"战略踏空"的现实困境，通过大量本土化案例与全球创新标杆实践，深入剖析了数字化转型的机理框架与实践路径。特别是对人工智能伦理、数字责任等前沿议题的探讨，体现了"负责任的创新"这一重要理念，为企业在快速发展中守住伦理底线、实现可持续增长提供了行动指南。

其三，创新教学方法，培育数字时代战略人才。该书突破传统教材的局限，通过嵌入式案例、大模型提示工程等创新设计，构建了"理论—技术—实践—伦理"四位一体的教学体系。这种多元化的教学模式，将有效提升学生的战略思维与实战能力，为我国培养兼具技术洞见与战略视野的复合型人才奠定基础。

作为创新领域的研究者与实践者，我深刻感受到，数字创新不仅是一场技术变革，也是一次认知革命与治理革命。该书的出版，标志着我国数字创新战略研究从碎片化走向系统化、从跟跑转向领跑。它既是一部面向高校的精品教材，也是一份服务于国家数字经济发展的战略宣言。

期待该书能为政府、企业、高校和研究机构提供有益的参考，推动我国数字创新战略从理论探索走向实践突破，为加快建设数字中国、推进中国式现代化贡献智慧与力量！

清华大学经济管理学院教授
清华大学技术创新研究中心主任
2025 年 5 月

当今世界正经历一场由数字技术驱动的深刻变革，大数据、人工智能、云计算、物联网等技术的迅猛发展，正在重塑全球经济格局、产业形态和社会运行方式。数字创新已不仅仅是技术层面的演进，而是成为个人发展潜力、企业生存能力乃至国家竞争力的核心要素。作为长期关注技术创新的学者，我深刻认识到，数字创新战略的重要性可以从三个维度来理解。

第一，数字创新是国家竞争力的战略支柱。在全球化竞争日益激烈的今天，数字技术已成为大国博弈的关键领域。党的二十大报告明确提出，加快建设数字中国。数字化已成为推动高质量发展的核心引擎。数字创新战略不仅关乎技术突破，还涉及产业升级、社会治理和国际话语权的重构。一个国家能否在数字经济时代占据主动，很大程度上取决于其数字创新战略的前瞻性和执行力。

第二，数字创新是企业可持续发展的核心驱动力。传统企业若不能有效推进数字化转型，将面临被颠覆的风险；而新兴企业若能把握数字原生创新的机遇，则可能实现指数级增长。无论是制造业的智能化升级、服务业的精准化运营，还是新兴产业的生态化布局，数字创新战略都为企业提供了重新定义竞争规则的可能性。数据成为新的生产要素，算法成为新质生产力的创新内核，而数字创新战略则是企业驾驭这一变革的导航仪。

第三，数字创新是社会进步与民生改善的重要推动力。从智慧城市到数字医疗，从在线教育到普惠金融，数字技术正在深刻改变人们的生活方式和社会治理模式。负责任的数字创新战略能够促进社会公平、提升公共服务效率，并在应对气候变化、人口老龄化等全球性挑战中发挥关键作用。

　　然而，尽管数字创新的重要性已成为共识，但许多企业和组织在实践过程中仍面临"战略踏空"的困境——或盲目跟风技术热点而缺乏系统性规划，或囿于传统思维而难以突破创新瓶颈。与此同时，学术界尚未形成系统化的数字创新战略理论体系，相应课程教学也缺乏配套的高质量教材。正因如此，《数字创新战略》一书的出版可谓恰逢其时。它不仅填补了当前数字创新教育资源的空白，也为企业、政府和学术界提供了宝贵的知识框架和实践指南。

　　《数字创新战略》的独特价值在于其兼具理论深度与实践指导性。它系统梳理了数字创新战略的核心概念、技术基础与理论框架，同时通过丰富的"微案例"和"创新标杆"，帮助读者将抽象理论转化为可操作的策略。尤其值得称道的是，该书不仅关注技术本身的演进，还深入探讨了数字化转型与数字原生创新两大战略路径，并强调负责任的数字创新理念，体现了科技向善的社会责任感。这种理论与实践并重、技术与人文交融的编写思路，使得该书不仅适合高校教学，也能为政策制定者、企业管理者提供重要参考。

　　数字创新战略是未来十年乃至更长时间内全球竞争的主战场。无论是国家、企业还是个人，都需要深刻理解这一变革的逻辑与路径。《数字创新战略》一书的面世，为我们提供了系统化的认知工具和行动指南。相信该书将成为数字经济时代的一本经典教材，推动更多创新者把握机遇、迎接挑战，共同塑造更加智慧、包容、可持续的未来。

中国科学院大学经济与管理学院教授

上海科技大学创业与管理学院特聘教授

2025 年 5 月

在我们翻开《数字创新战略》这本教材之际，我们正身处一个由数字技术深度驱动、变革日新月异的时代。数字创新，以其高效的数据处理能力、强大的智能分析工具以及颠覆性的商业模式，极大地提升了生产效率，并且正在重新定义我们的经济形态、社会结构乃至生活方式，深刻影响着全球的竞争格局和未来发展脉络。党的二十大报告强调创新是第一动力，深入实施科教兴国战略、人才强国战略、创新驱动发展战略，开辟发展新领域新赛道，不断塑造发展新动能新优势。

在此背景下，制定和实施科学有效的数字创新战略显得尤为重要且迫切。对于政府而言，数字创新战略有助于引领产业结构优化升级，提升社会治理效能；对于企业而言，数字创新战略则是打造竞争优势，实现可持续发展的关键路径；对于社会大众而言，数字创新战略意味着更高效便捷的服务体验，更高品质的生活水平。

然而遗憾的是，当前商业组织的数字创新实践大部分还处在战略踏空阶段，学界还缺乏对于数字创新战略相关知识的系统梳理。《数字创新战略》正是在这样的时代背景和社会需求之下应运而生的。本书以数字创新战略为主线，以商业组织为主要讨论对象，旨在系统阐述数字创新战略的本质（第一篇），为相关课程的理论和实践教学奠定基础；深入浅出地介绍主流的数字技术（第二篇），为非技术类专业的学生提供了解数字技术和数字创新的窗口；夯实技术创新理论和数字战略理论（第三篇），为数字创新战略的研究工作提供理论依据；深度解析数字创新的两大战略，即数字化转型创新战略（第四篇）和数字原生创新战略（第五篇），为数字创新战略提供落地企业的理论和方法指导；落脚在负责任的数字创新战略（第六篇），为数字创新战略的实施树立正确的价值观和责任观。

具体来说，本书共分为六篇十四章。

第一篇：数字化时代的创新战略，为第一、二章。主要介绍数字化时代的核心概念和九大定律、数字化与企业数字化、数字化企业的组织特征、数字创新与数字创新战略的本质和内涵。

第二篇：数字创新战略的技术基础，为第三、四章。首先对当下数字技术做了总览并深入浅出地介绍了数字创新的基础技术——大数据、云计算、物联网和数字孪生，淡化技术的艰深，突出技术的实际应用场景；之后对于数字创新的大脑——人工智能技术展开了详细的讲述。

第三篇：数字创新战略的理论基础，为第五、六章，分别将数字创新战略所涉及的技术创新理论、数字战略理论进行了提炼和融合，为读者展示了数字创新的理论框架。

第四篇：数字化转型创新战略，为第七至九章。主要介绍传统企业的数字化转型创新战略，包括数字化转型的主要内涵和模式类型、数字化转型创新战略的机理框架以及实践路径。

第五篇：数字原生创新战略，为第十至十三章。主要介绍数字原生创新战略的概述和发展历程、机理框架、模式类型以及实践路径。

第六篇：负责任的数字创新战略，为第十四章。主要介绍人工智能伦理风险、数字伦理困境以及企业数字责任的实施。

本书紧扣时代脉搏，内容新颖，案例丰富，能够为学生提供全面的学习体验。具体来说，本书具有以下三大特色。

第一，内容新颖，与时俱进，吻合当下数字经济发展如火如荼的实践场景。本书深入探讨数字化时代的核心概念，深入浅出地介绍了最新的数字技术，并以生动翔实的案例解析了数字化转型和数字原生创新战略。每一章节都紧密结合当前数字化时代企业创新战略的实际需求，确保学生所学内容紧跟时代步伐，掌握最新的技术和趋势。

第二，理论联系实际，案例场景丰富，符合学生学习的特点。本书不仅对数字创新战略涉及的技术创新理论和数字战略理论进行了深入的提炼和融合，还将其应用于传统企业数字化转型和数字原生企业的创新战略中。本书在阐述理论的同时，通过"创新标杆""微案例""课前阅读""拓展阅读"等扩展资料帮助学生在实践中理解知识，在案例中掌握理论。

第三，突显科技前沿，多元化教学，提升学生的学习效率。本书设置的丰富案例分析和实际操作环节，极大地拓展了授课教师和学生的思维空间。特别是引入的ChatGPT提示工程、多案例嵌入式讨论等，有助于增强学生的实战能力。同时本书通过添加数字化课程二维码，实现线上线下混合教学，提升学生的学习效率。

感谢北京邮电大学经济管理学院卢婷、有清华、陈逸涵、余雅洁、林磊在资料梳理和校对工作方面所付出的努力。感谢北京大学出版社周莹编辑的耐心帮助。同时在本书的编写过程中，作者参阅了大量国内外资料，这些资料为我们提供了不少思路和养分，在此对相关作者表示诚挚的感谢。本书的编写得到国家自然科学基金面上项目（72172016）、北京市社会科学青年学术带头人项目（24DTR034）、北京邮电大学"十四五"规划教材建设项目、北京邮电大学挑战课程建设项目的资助。

我们希望本书能够帮助致力于数字创新管理和实践的本科生、研究生、MBA学生深刻理解数字创新的时代意义，增强对于企业数字创新战略的认识与紧迫感，并为企业提供一套实用的指导方案，以便在数字化转型的道路上少走弯路，更好地应对未来的机遇与挑战。

数字创新战略是当前重要的战略话题，这里充满了生动的实践和有趣的理论。但同时这也是一个快速迭代的话题，受作者水平所限，本书难免存在漏洞和待改进之处，期待广大读者不吝赐教。让我们携手并进，共同探寻数字创新战略的奥秘，为企业和社会创造更大的价值！

王砚羽

2025 年 1 月

目 录
C O N T E N T

第三篇　数字创新战略的理论基础

第四篇　数字化转型创新战略

第一篇

数字化时代的创新战略

第一章
数字化时代已经来临

数字经济作为信息时代新的经济社会发展形态，正成为全球经济发展的新动能。它将带来哪些变革？企业将如何迎接数字经济的到来？在开始正式学习数字创新之前，本章将首先介绍何为数字经济、数字经济有哪些影响、数字产业化和产业数字化的相关概念和内容，最后介绍企业数字化的组织特征。

⚡ 学习目标

1. 了解数字经济及相关概念；

2. 了解数字经济的九大定律；

3. 了解企业数字化形态进阶和数字化时代企业的新商业模式；

4. 了解数字化组织的五种能力和组织数字化的路径。

课前阅读

《"十四五"数字经济发展规划》

2021年12月12日，国务院印发了《"十四五"数字经济发展规划》（以下简称《规划》），明确了"十四五"时期推动数字经济健康发展的指导思想、基本原则、发展目标、重点任务和保障措施。

《规划》以习近平新时代中国特色社会主义思想为指导，全面贯彻党的十九大和十九届历次全会精神，立足新发展阶段，完整、准确、全面贯彻新发展理念，构建新发展格局，推动高质量发展，统筹发展和安全，统筹国内和国际，以数据为关键要素，以数字技术与实体经济深度融合为主线，加强数字基础设施建设，完善数字经济治理体系，协同推进数字产业化和产业数字化，赋能传统产业转型升级，培育新产业新业态新模式，不断做强做优做大我国数字经济，为构建数字中国提供有力支撑。

《规划》明确坚持"创新引领、融合发展，应用牵引、数据赋能，公平竞争、安全有序，系统推进、协同高效"的原则。到 2025 年，数字经济核心产业增加值占国内生产总值比重达到 10%，数据要素市场体系初步建立，产业数字化转型迈上新台阶，数字产业化水平显著提升，数字化公共服务更加普惠均等，数字经济治理体系更加完善。展望 2035 年，力争形成统一公平、竞争有序、成熟完备的数字经济现代市场体系，数字经济发展基础、产业体系发展水平位居世界前列。

《规划》部署了八方面重点任务。一是优化升级数字基础设施。加快建设信息网络基础设施，推进云网协同和算网融合发展，有序推进基础设施智能升级。二是充分发挥数据要素作用。强化高质量数据要素供给，加快数据要素市场化流通，创新数据要素开发利用机制。三是大力推进产业数字化转型。加快企业数字化转型升级，全面深化重点行业、产业园区和集群数字化转型，培育转型支撑服务生态。四是加快推动数字产业化。增强关键技术创新能力，加快培育新业态新模式，营造繁荣有序的创新生态。五是持续提升公共服务数字化水平。提高"互联网 + 政务服务"效能，提升社会服务数字化普惠水平，推动数字城乡融合发展。六是健全完善数字经济治理体系。强化协同治理和监管机制，增强政府数字化治理能力，完善多元共治新格局。七是着力强化数字经济安全体系。增强网络安全防护能力，提升数据安全保障水平，有效防范各类风险。八是有效拓展数字经济国际合作。加快贸易数字化发展，推动"数字丝绸之路"深入发展，构建良好国际合作环境。围绕八大任务，《规划》明确了信息网络基础设施优化升级等十一个专项工程。

《规划》从加强统筹协调和组织实施、加大资金支持力度、提升全民数字素养和技能、实施试点示范、强化监测评估等方面保障实施，确保目标任务落到实处。

资料来源：新华社. 国务院印发《"十四五"数字经济发展规划》[EB/OL].(2022–01–12)[2024–09–01]. https://www.gov.cn/xinwen/2022–01/12/content_5667840.htm。

⑥ 思考

1. 数字经济是什么？它对生产生活将产生什么样的影响？
2. 数字化时代的企业将呈现什么样的新特征？

第一节　数字经济

从农业时代、工业时代到信息时代，纵观世界文明史，每次科技革命和产业变革都推动了生产力的大幅提升和人类文明的巨大进步。技术力量不断推动人类创造新的世界，为人类文明进步提供不竭动力，如图 1-1 所示。数字经济浪潮下，人类正站在一个新时代的风口。数字化时代作为信息时代的新经济社会发展形态，更容易实现规模经济和范围经济，数字经济也将日益成为全球经济发展的新动能。

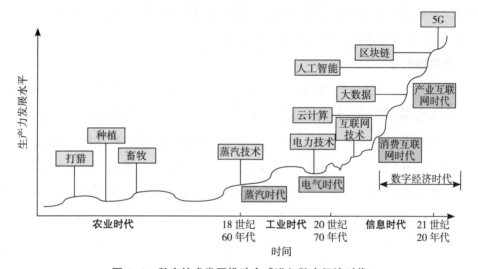

图 1-1　数字技术发展推动全球进入数字经济时代

资料来源：中国信息通信研究院．"5G+ 云 +AI"：数字经济新时代的引擎 [R/OL]. (2019-12-14) [2025-1-20]. http://www.caict.ac.cn/kxyj/qwfb/bps/201912/P020191209332616878254.pdf。

一、数字经济的概念

（一）数字经济的定义

数字经济是指以数字技术为基础，通过互联网、大数据、云计算、区块链、物联网等信息技术的应用，实现资源的高效配置和经济活动的优化，推动传统的工业经济向信息经济、知识经济、智慧经济转变的一种经济形态。 数字经济的核心在于利用数字技术提升数据的数量、质量和处理速度，从而降低交易成本，提高资源配置的效率，增加产品、企业和产业的附加值，促进社会生产力的快速发展，同时为发展中国家后来居上、实现超越性发展提供技术基础。

数字经济概念中，"数字"的含义可以从以下两个角度理解。

1. 数字技术

广义上，数字经济中的"数字"通常是指数字技术，包括但不限于互联网、大数据、人工智能、区块链等。从技术视角看，数字技术是指借助一定的设备将诸如图片、文字、音视频等各种信息，转化为计算机能识别的二进制数字"0"和"1"，并进行存储和处理的技术。目前对数字技术的认知主要基于应用的视角，比如，用数字技术指代如大数据、云计算、人工智能、区块链、物联网、增强现实（Augmented Reality，AR）和虚拟现实（Virtual Reality，VR）等在内的技术。

数字技术正渗入各个行业的生产全流程，帮助企业实现规划、研发、生产、制造、销售以及对客户服务的全面智能化升级，加快推动互联网、大数据、人工智能和制造业深度融合，是推进产业数字化的主要突破点。

2. 数字即数据

狭义上，数字经济中的"数字"具有数据的含义。数据是数字经济的重要组成部分，是数字技术应用的基础。大数据既是新的生产要素，也是新的消费品。作为新的生产要素，大数据不仅能提高其他生产要素（资本、劳动）的使用效率和质量，更重要的是，大数据将改变整个生产函数（即经济活动的组织方式），通过平台化的方式加速资源重组，提升全要素生产率，推动经济增长。大数据作为新的消费品，其所包含的信息、知识、数字内容、数字产品已经形成了非常大的市场，同时也成为新的财富载体，直播、短视频、数字音乐、新闻推送等产业极富创造力，且增长速度飞快。图1-2描

图1-2 2019年一分钟内各种互联网应用程序的活动

资料来源：拉兹·海飞门，习移山，张晓泉.数字跃迁：数字化变革的战略与战术 [M].北京：机械工业出版社，2020。

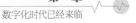

绘了 2019 年仅仅一分钟之内各种互联网应用程序的活动。

（二）数字产业化与产业数字化

数字经济分为数字产业化和产业数字化两大部分，如图 1-3 所示。

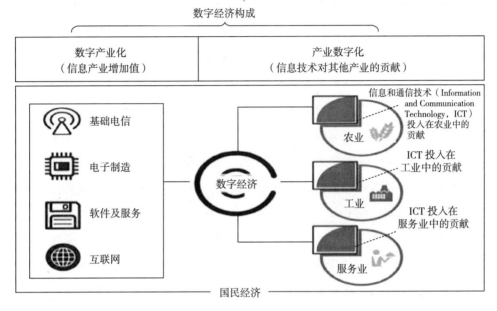

图 1-3　数字产业化与产业数字化

资料来源：李晓，等．数字化运营管理 [M]. 北京：清华大学出版社，2021。

1. 数字产业化

数字产业化也被称为数字经济的基础部分，即信息产业，具体包括基础电信行业、电子制造行业、软件及服务行业、互联网行业等。数字产业化通常指的是将数字技术作为新的产业来发展，形成以数字技术为核心的产业体系。这包括但不限于云计算、大数据、人工智能、物联网、区块链等技术的发展和应用。数字产业化强调的是数字技术本身的创新和商业化，以及这些技术如何形成新的商业模式和市场。

2. 产业数字化

产业数字化也被称为数字经济的融合部分，即应用数字技术给传统产业所带来的生产数量和生产效率提升。产业数字化是指传统产业通过应用数字技术来提升效率、优化流程、创新产品和服务。这涉及将数字技术整合到现有产业中，实现产业的升级和转型。产业数字化的重点在于利用数字化手段来改造和升级传统产业，使其更加智能化、自动化。通俗地说，产业数字化就是数字技术与传统产业的结合，应用互联网等技术对传统产业进行连接和重构。

拓展阅读

我国三大产业的数字化目前正在如火如荼地推进。第一产业方面，数字技术可以实现农业生产要素的精准测量及精细管理，最终实现农业产业智能化。例如，大量的农业传感器可以通过5G的边缘计算特性进行实时的信息交互，获取土壤、农作物、空气等农业基础信息，然后上传到云端大数据中心，通过AI系统和专家诊断，预测气候模式并提供定向施肥策略。基于实时的海量数据所产生的决策分析将驱动并引导农民在合适的时间做出最优决策，提升农业生产效率以及农作物产量，最终实现农业产业智能化。随着全球数字化进程的加速，智慧农业作为在农民数量不断减少的情况下提高农业生产效率的关键举措正变得越来越重要。

此外，数字技术还将重构工业的生产模式，实现工业产业链中各要素的互联互通，加速工业产业数字化。5G高带宽、低延时的特性能够满足对工业领域实时性场景的需求，而连接产生的大量数据汇聚到云端，由云为工业应用提供多元算力，最后由AI平台对工业数据进行训练和推理。ICT应用于工业领域，可以实现工业互联的全流程信息感知和事件决策，直接驱动智能终端和智能机器人从工具向助理的角色转变，使工业产业摆脱以往"粗放、低效、高耗能"的生产模式，朝着"高品质、高能效、智慧化"的方向发展。

数字技术的融合渗透进一步释放了服务业的爆发力。我国第三产业服务业涉及行业点多面广，在《国民经济行业分类》（GB/T 4754—2017）中，包括批发和零售业，交通运输、仓储和邮政业，住宿和餐饮业等15个门类。"5G+云+AI"可以变革各行各业的服务模式。例如，改善AR/VR等新兴互动技术的体验，云游戏、VR更衣室等应用场景也加速了媒体和娱乐业的变革。未来，"5G+云+AI"将驱动更多的服务产业应用场景走向现实，释放更大的产业价值。

二、数字经济对生产生活的影响

数字技术的不断发展，正在影响和逐步改变人们的生产方式、生活习惯和思维模式，从衣食住行到文化健康，这些与人们生活密不可分的行业都已开始依托数字技术发生改变，以数字化的方式解决发展中遇到的问题。数字经济对生产生活的影响可以大致归纳为以下四个方面。

（一）智慧城市：提升城市管理效能

城市建设和管理最核心的工作之一是对城市基本信息的获取与管理，因此对交通、能源、商业等重要公共领域的监控就显得非常必要。智慧城市是指运用 ICT 手段感测、分析、整合城市运行核心系统的各项关键信息，从而对包括民生、环保、公共安全、城市服务、工商业活动在内的各种需求做出智能响应，实现城市管理工作的智能化。图 1–4 所示的数字化消防监控应用中，摄像头等设备收集的数据，将上传到核心云平台供分析和处理，最终被应用于城市管理工作。精准（多维度、高帧率、高解析度）的数据采集势必带来海量的数据流量，这就需要以 5G 为代表的巨大带宽的支持。而海量数据由人工进行处理显然是不现实的。由 AI 负责数据处理工作，不仅能节省人力，还可以为城市管理者提供丰富的分析、预测支持，甚至实现部分管理工作的自动化。

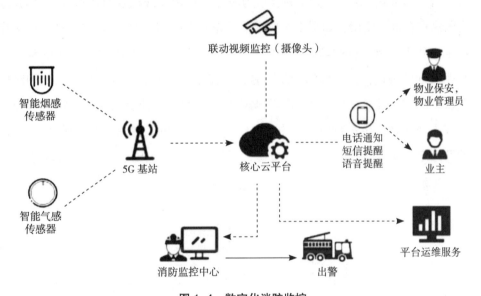

图 1–4 数字化消防监控

资料来源：李晓，等 . 数字化运营管理 [M]. 北京：清华大学出版社，2021.

（二）智能制造

20 世纪，制造业经历了大规模生产、精益生产、柔性生产等多个阶段。虽然机器人等自动化设备的出现一定程度上缓解了人工的压力，但随着市场多样化、个性化的牵引以及商业竞争的加剧，人工管理和调整生产流程的方式已不足以应对迅速变化的市场。

智能制造融合了 5G、云计算和 AI 等技术，通过更加灵活、高效的生产系统，能够将高质量的产品快速推向市场。5G 网络能够帮助制造工厂实现多维度、精细化的数据采集。而负责总体控制的云计算平台通过搭载 AI 应用，能够根据精准的数据，在大规模的生产中识别各种各样的状况，进而调整生产，达到人力所不能及的柔性。海尔、华为等企业已经依靠 5G 和云计算在空调工厂中实现了机器设备故障的远程诊断、远程排除，以及远程代码修改、远程维修指导等操作，既节省了维护成本，也实现了专家技能的复制，解决了技术专家紧缺的难题。

（三）智慧医疗：完善医疗资源配置

随着人口老龄化在欧洲和亚洲明显加速，社会对医疗资源的需求进一步提高。医疗行业受限于技术、地域等因素，在多数地区都呈现出供给不足的情况，而这一问题在未来将更加突出。要解决这一问题，除了要注重人才的培养，还要提高医疗资源的使用效率。

智慧医疗将通过 5G、云、AI 等技术为医疗行业带来低延迟网络和智能化的应用，优化有限医疗资源的使用，如图 1-5 所示。首先，通过 5G 网络，可以实现远程医疗活动。原本需要近距离接触的诊断（如内窥镜、超声波），依靠 10 毫秒以内的延迟，可以在相距甚远的两地营造近似的诊断体验，让偏远地区的居民也能享受紧缺的医疗服务。其次，通过云计算平台对病例等数据进行统一整合，能够快速实现病例资源的复用，不仅方便多地医生进行协作，也为 AI 辅助医疗提供了训练资源。最后，将 AI 应用于辅助医疗，既能够解放部分医疗资源，还能够帮助医生更准确地进行医疗活动。

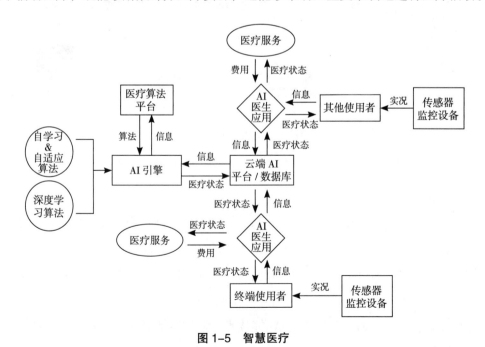

图 1-5　智慧医疗

资料来源：李晓，等．数字化运营管理 [M]．北京：清华大学出版社，2021。

（四）智慧交通

随着人们出行需求的增加，无论是海运、陆运还是空运的负荷都在逐渐加重。安全问题日益突出，拥堵现象日益严重，大大影响了人们的出行体验。要解决这些问题，既需要关注人、车、船等微观要素的交互效率，也需要从宏观上进行整体规划。如图1-6所示，通过对网络传输、整体规划和智能应用等方面的优化，智慧交通使交通出行质量得到明显改善。以5G技术为核心的基础网络能够覆盖整个出行场景，实现多维度数据的收集、传输和处理后信息的及时推送，为人们提供更全面的出行辅助；基于云计算的核心云平台能够对海量数据进行处理，从而对整体交通状况进行规划，更合理地分配海、陆、空路网资源；AI的智能应用则能够更高效地完成从前复杂的人工处理工作，大大提高了通行效率。

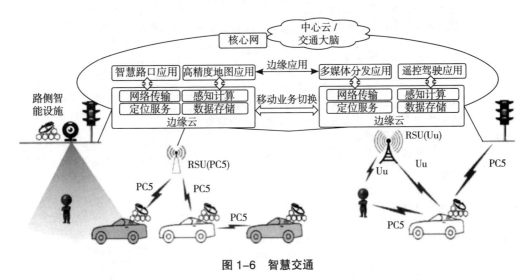

图1-6　智慧交通

资料来源：李晓，等. 数字化运营管理 [M]. 北京：清华大学出版社，2021。
注：图中，RSU 指路侧单元（Road Side Unit），PC5 指直通通信接口，Uu 指蜂窝通信接口。

北京大兴国际机场就已经通过5G全覆盖网络实现了登机口、行李转盘等机场服务信息，以及出票、托运、登机等时间、状态信息的实时推送。得益于基于AI的人脸识别技术的发展，旅客只需依靠刷人脸就能够快速完成从购票、值机、托运到安检、登机等各个出行流程。深圳宝安国际机场则通过AI实现了主动式安防，安全隐患的数字化识别率提高到30%以上，提升了安全保障的能力。

三、与数字经济密切相关的重要概念

数字经济广泛密集地关联于信息经济、网络经济、知识经济、平台经济、共享经济等相关概念。这些概念共同构成了数字经济全貌，并分别呈现了数字经济不同层面的特色。

表 1–1 展示了与数字经济相关的重要概念的定义、特点以及与数字经济的关系。

表 1–1　与数字经济相关的几个重要概念总结

关键概念	定义	特点	与数字经济的关系
信息经济	信息经济是指信息和知识成为最重要的资源和生产要素的经济形态。它强调信息的生产、处理、分配和使用在经济活动中的核心地位	·信息为核心资源 ·高度依赖信息技术和信息系统 ·知识工作者在经济活动中扮演重要角色	信息经济是数字经济的基础和核心组成部分。数字经济的发展依赖于信息技术的进步和信息资源的有效利用。信息经济通过数据的采集、处理和分析，为数字经济提供基本的资源和支持
网络经济	网络经济是指基于互联网及其相关技术进行的经济活动。它包括电子商务、在线服务、社交媒体等	·互联网基础设施为核心资源 ·即时性和全球性交易 ·虚拟市场和数字平台的广泛应用	网络经济是数字经济的重要组成部分，强调互联网在经济活动中的关键作用。数字经济不仅包括通过互联网进行的交易和服务，还涉及通过互联网技术驱动的各类创新和商业模式变革
知识经济	知识经济是指以知识和智力资本为主要生产要素的经济形态，强调创新、教育和科研在经济增长中的作用	·知识和创新为驱动力 ·高附加值的知识密集型产业 ·需要持续地学习和知识更新	知识经济是数字经济的高级形式，强调智力资本和创新在经济活动中的作用。知识经济为数字经济的发展提供了支撑，并通过教育、科研和创新，推动数字经济朝高附加值和高技术含量方向发展
平台经济	平台经济是指通过数字平台（如电商平台、社交平台）进行的经济活动，平台连接供应方和需求方，形成双边或多边市场	·双边或多边市场 ·网络效应显著 ·平台扮演中介角色	平台经济是数字经济的重要表现形式，通过数字平台连接多方参与者，促进交易和服务的高效进行。平台经济助推数字经济实现规模效应和网络效应，从而提升整体经济效率和创新能力
共享经济	共享经济是指通过共享资源和服务进行的经济活动，通常通过数字平台实现。典型例子包括共享出行（如 Uber）和共享住宿（如 Airbnb）	·资源共享和优化配置 ·数字平台作为资源连接器 ·用户既是消费者也是提供者	共享经济是数字经济的一部分，强调通过数字技术和平台实现资源的高效利用和共享。共享经济通过优化资源配置，提升资源利用率，推动数字经济朝可持续方向发展

综合来看，信息经济为数字经济提供了基础资源和数据支持。网络经济通过互联网技术实现全球性和即时性交易，是数字经济的重要组成部分。知识经济通过知识和创新驱动经济增长，提升数字经济的技术含量和附加值。平台经济通过数字平台连接多方市场参与者，实现规模效应和网络效应，推动数字经济的高效运作。共享经济通过共享和优化资源配置，提升数字经济的可持续发展能力。

四、数字经济的九大定律

数字经济的发展和运行受到一些基本定律的指导，这些定律解释了数字经济中许多现象和趋势。以下是数字经济的九大定律。

（一）摩尔定律（Moore's Law）

摩尔定律是由英特尔（Intel）公司联合创始人戈登·摩尔（Gordon Moore）在1965年提出的。摩尔定律预测，每隔约18个月，集成电路上可容纳的晶体管数量将翻倍，这将导致计算机性能的大幅提升和成本的显著降低。

摩尔定律的主要影响表现在以下几点。

（1）技术进步：摩尔定律驱动了计算能力的指数级提升，使得计算机科学、人工智能、大数据、云计算等领域快速发展，复杂计算和数据处理变得更加高效和普及。

（2）成本降低：随着晶体管密度的提高，单位计算能力的成本显著下降。这使得计算机和电子设备变得更加经济实惠，加速了信息技术的普及和应用，推动了消费电子市场的繁荣。

（3）产业革新：为了保持摩尔定律的持续效应，半导体产业不断进行技术突破，如从传统的硅基工艺向纳米级制造技术的转变，以及采用新的材料和结构（如FinFET和3D芯片）。

（4）经济增长：信息技术和电子设备的普及推动了数字经济的快速发展，极大地提升了生产效率和创新能力，对全球经济增长产生了深远影响。

摩尔定律不仅是一项技术预测，还是推动现代信息技术革命和数字经济崛起的核心动力。尽管近年来晶体管缩小速度有所减缓，但通过新技术和创新（如量子计算和新材料科学）推动成本下降的摩尔精神仍在延续，对未来科技和经济的发展具有重要意义。

微案例

根据摩尔定律，每隔18个月，集成电路上可容纳的晶体管数量将翻倍，这一规律在智能手机行业得到了体现。自2007年苹果公司推出第一代iPhone以来，智能手机的性能每隔一段时间就会迎来飞跃。早期的iPhone只能实现基本的通话和互联网功能，但在摩尔定律下，智能手机的信息处理能力迅速提升。如今，最新款的 iPhone 拥有较以往数百倍的处理器性能和数倍的存储空间，而价格却相对稳定。这种性能的提升和成本的降低，使得智能手机成为人们日常生活中不可或缺的工具。

此外，智能手机的普及带动了移动互联网、移动支付、在线教育等新兴产业的快速发展，这些都是摩尔定律在实践中的具体体现。智能手机的迭代更新，不仅证明了摩尔定律的正确性，也推动了整个信息技术的进步和数字经济的发展。摩尔定律在智能手机行业得到了充分验证，成为技术发展的重要驱动力。

（二）梅特卡夫定律（Metcalfe's Law）

梅特卡夫定律由以太网发明者罗伯特·梅特卡夫（Robert Metcalfe）提出。该定律指出，一个网络的价值与其用户数的平方成正比。即，当网络中节点（用户）数量增加时，网络的整体价值呈指数级增长。

梅特卡夫定律的核心内容是网络效应（Network Effect），即随着更多用户加入网络，每个用户能够获得的价值也随之增加。这一效应解释了为什么网络平台（如社交媒体、电子商务平台）在用户基数扩大后，其价值和吸引力会大幅提升。具体而言，如图 1-7 所示，如果一个网络有 N 个用户，那么网络的潜在连接数为 $N(N-1)/2$，网络的价值 $V=K \cdot N^2$，其中 K 为价值系数，N 为用户数；网络的成本 $C=P \cdot N$，其中 P 为成本系数，价值与成本两条曲线相交处形成一个临界点。

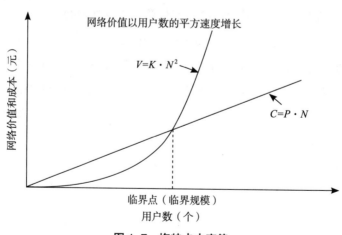

图 1-7　梅特卡夫定律

资料来源：李晓，等. 数字化运营管理 [M]. 北京：清华大学出版社，2021。

梅特卡夫定律的主要影响表现在以下几点。

（1）网络平台的发展：梅特卡夫定律解释了网络平台的快速扩展和用户增长的重

要性。平台在初期吸引用户时会付出较高成本，但一旦达到临界用户数，网络效应显现，平台的价值和用户黏性迅速提升，从而形成正反馈循环。

（2）市场竞争：网络效应使得领先的网络平台更容易形成市场垄断或寡头垄断，因为新进入者很难打破已有网络的强大价值链。这解释了为何少数几家公司在社交媒体、搜索引擎和电子商务领域占据主导地位。

（3）用户体验提升：随着用户数量增加，网络平台能够提供更丰富的内容和服务，进一步提升用户体验。例如，社交媒体用户可以接触到更多好友和内容分享，电子商务平台的消费者可以享受到更多商品选择和卖家竞争带来的价格红利。

（4）创新和投资驱动：梅特卡夫定律激励企业不断创新和投资以扩大用户基数，形成规模经济效应。这种驱动力促进了互联网和数字技术的快速发展，使得更多用户能够从中受益。

微案例

以 Facebook（现 Meta Platforms Inc.）为例，梅特卡夫定律在其发展过程中得到了显著体现。Facebook 最初在 2004 年作为哈佛大学的校内社交网络推出，用户数有限。但随着用户数的增加，每个用户能够连接的朋友和社交圈也随之扩大，网络效应开始显现。

随着用户数迅速增长，Facebook 的平台价值呈指数级提升。用户不仅可以在平台上与更多朋友交流，还能访问各种应用程序和内容，这极大地提升了用户体验。网络效应的正反馈循环使得 Facebook 在社交媒体领域迅速崛起，成为全球领先的社交网络平台。

市场竞争方面，Facebook 的用户规模和网络效应构成了极高的市场进入壁垒，使得新进入者难以与其竞争。此外，Facebook 通过不断创新和投资，如收购 Instagram 和 WhatsApp，进一步扩大了用户基数和市场份额，巩固了其市场领导地位。

Facebook 的成功案例充分证明了梅特卡夫定律的正确性，即网络的价值随着用户数的增加而呈现指数级增长，这一网络效应是推动其成为社交媒体巨头的关键因素。

（三）吉尔德定律（Gilder's Law）

吉尔德定律由美国经济学家、未来学家乔治·吉尔德（George Gilder）提出。该定律预测，通信带宽的增长速度比计算能力的增长速度更快。具体而言，每六个月带宽将翻一番，这一增长速度远超过摩尔定律预测的计算能力翻倍的时间周期。

吉尔德定律的主要影响表现在以下方面。

（1）高带宽应用的普及：吉尔德定律推动了视频流媒体、高清视频会议、云计算和 VR 等高带宽应用的发展。这些应用要求数据可以高速传输，带宽的持续提升使其成为可能并广泛普及。

（2）互联网用户体验的提升：带宽的增长改善了互联网用户的体验，从而推动了在线娱乐、教育和电子商务等领域的快速发展。例如，高带宽使得用户可以流畅地观看高清和 4K 视频，进行实时视频通话和快速下载大文件。

（3）云计算和大数据的发展：带宽的提升是云计算和大数据技术发展的关键驱动力。高带宽使得海量数据的传输和处理更加高效，企业能够通过云平台进行数据存储、处理和分析，从而提高运营效率和创新能力。

（4）物联网（Internet of Things，IoT）和智能设备的应用：吉尔德定律推动了物联网的发展，高带宽使得大量智能设备能够实时互联和进行数据交换，从而支持了智能家居、智慧城市和智能制造等应用。

吉尔德定律揭示了通信带宽增长对信息技术和数字经济的深远影响。通过不断提升带宽，网络基础设施得以升级和扩展，从而支持了高带宽应用和服务的创新与普及。吉尔德定律不仅推动了互联网用户体验的提升，还促进了云计算、大数据和物联网等新兴技术的发展，成为数字经济快速发展的重要驱动力。

微案例

Netflix 最初以 DVD 邮寄租赁业务起家，但随着互联网带宽的快速增长，公司转型为流媒体服务提供商。根据吉尔德定律，每六个月通信带宽会翻一番，这为 Netflix 提供了发展流媒体服务的理想环境。

随着带宽的提升，Netflix 能够提供高清甚至 4K 的视频流，用户无须等待长时间的缓冲即可获得流畅的观影体验。这种高带宽应用的大规模普及，使得 Netflix 的用户数量和市场份额迅速增长，Netflix 也因此成为全球领先的流媒体平台。

此外，带宽的增长也促进了 Netflix 的个性化推荐算法和大数据分析能力的迭代升级，使其能够更好地理解用户偏好并提供定制化内容。云计算技术的发展也得益于带宽的提升，Netflix 正是利用云服务实现了内容的快速分发和服务的全球扩展。

Netflix 的成功不仅展示了吉尔德定律在实践中的应用，也证明了通信带宽的增长对于推动数字娱乐产业的发展具有重要作用。高带宽不仅提升了用户体验，还为创新业务模式和技术应用提供了坚实的基础。

（四）贝佐斯定律（Bezos' Law）

贝佐斯定律以亚马逊创始人杰夫·贝佐斯（Jeff Bezos）的名字命名。该定律指出，计算的单位成本每隔三年将降低 50%。这一定律反映了云计算和互联网技术的快速发展，使得计算资源变得越来越廉价和普及。

贝佐斯定律的核心内容是计算成本的持续下降。随着技术进步和规模效应的增强，云计算服务的价格不断降低，计算能力变得更加经济实惠。这一趋势类似于摩尔定律在硬件方面的影响，但贝佐斯定律更专注于计算服务的成本变化。

贝佐斯定律的主要影响表现在以下几点。

（1）云计算的普及：贝佐斯定律推动了云计算的广泛应用，使得各类企业，尤其是中小企业，可以以低成本获取强大的计算资源。云服务提供商如亚马逊 AWS、微软 Azure 和谷歌云，通过不断降低价格，吸引了大量用户，促进了云计算市场的快速增长。

（2）创新和创业活力的迸发：计算成本的降低使得技术创业的门槛变得更低，鼓励了创新和创业活动。初创企业和开发者可以利用廉价的云计算资源快速开发和部署新产品和服务，刺激了科技创新和经济活力。

（3）大数据和人工智能的发展：计算成本的下降使得大数据和人工智能技术得以广泛应用。这些领域需要大量计算资源，低计算成本使得企业能够进行复杂的数据分析和模型训练，从而提升业务决策和自动化水平。

（4）经济效率的提升：贝佐斯定律使得各行业能够以更低的成本实现数字化转型，提升经济效率。企业可以通过云计算优化运营流程、提高生产效率和降低运营成本，从而在全球市场中获得竞争优势。

微案例

作为华为技术有限公司推出的云计算服务平台，华为云（Huawei Cloud）提供了丰富的云计算、大数据、人工智能和物联网等领域的解决方案和服务，旨在帮助各类企业实现数字化转型和创新发展。盘古大模型 3.0 和昇腾 AI 云服务是 2023 年华为云为拓展应用创新场景而推出的两项重点技术，其中，盘古大模型 3.0 围绕"行业重塑""技术扎根""开放同飞"三大创新方向，持续打造核心竞争力，为行业客户、伙伴及开发者提供更好的服务；昇腾 AI 云服务单集群提供 2 000 PFlops 算力，千卡训练 30 天长稳率达到 90%，为业界提供了稳定可靠的 AI 算力，让大模型触手可及。

在技术层面，盘古大模型 3.0 包括"5+N+X"三层架构：底层包括自然语言、视觉、多模态、预测、科学计算五个基础大模型，满足行业场景中的多种技能需求。此外，为客户提供 100 亿个参数、380 亿个参数、710 亿个参数和 1 000 亿个参数的系列化基础大模型，匹配客户不同场景、不同时延、不同响应速度的行业多样化需求。同时提供全新能力集，包括自然语言处理（Natural Language Processing，NLP）大模型的知识问答、文案生成、代码生成，以及多模态大模型的图像生成、图像理解等能力，这些技能都可以供客户和伙伴企业直接调用。无论多大参数规模的大模型，盘古大模型 3.0 都可以提供一致的能力集。

（五）达维多定律（Davidow's Law）

达维多定律是由英特尔公司的前高级行销主管和副总裁威廉·H. 达维多（William H. Davidow）提出的一个商业理念。达维多定律关注的是企业如何通过建立强大的市场地位来获得竞争优势。达维多定律的核心内容可以概括为：在市场快速发展和变革的过程中，第一个进入市场并成功建立市场地位的企业，将能够获得最大的市场份额，并且这种领先地位很难被后来者取代。

具体来说，达维多定律包含以下几个要点。

（1）先入为主：在新兴市场或者技术变革初期，第一个推出产品或服务的企业能够迅速占领市场，建立起品牌认知度和客户忠诚度。

（2）规模优势：市场领先者可以利用规模经济，降低成本，提高效率，从而进一步巩固市场地位。

（3）网络效应：市场领先者的产品或服务往往会成为行业标准，吸引更多的用户和合作伙伴，形成强大的网络效应，这进一步巩固了其市场主导地位。

（4）锁定效应：用户一旦选择了某个企业的产品或服务，可能会因为转换成本高或其他因素而被锁定，这为领先企业提供了稳定的收入来源。

达维多定律在数字经济时代表现得尤为显著，因为数字产品和服务往往具有较低的生产成本、较快的传播速度和较强的网络效应。例如，在互联网领域，谷歌、亚马逊等公司通过早期进入市场并迅速扩大规模，成为各自领域的领导者。

然而，达维多定律并不是绝对的，市场领先地位可以通过技术创新、市场细分、战略调整等方式被挑战。例如，苹果公司虽然在智能手机市场不是最早的进入者，但其凭借创新的产品设计和用户体验，成功地改变了市场格局。

总的来说，达维多定律强调了在快速变化的数字经济时代，早期市场定位和企业战略选择的重要性。

微案例

以腾讯公司为例，达维多定律在其发展历程中得到了充分体现。1999年，腾讯推出的即时通信工具QQ，成为国内首个大规模普及的即时通信软件。凭借先入为主的优势，QQ迅速占领市场，建立了强大的品牌认知度和用户基础。

随着用户数量的增长，腾讯利用规模优势，不断优化产品，提高服务质量，进一步巩固了市场领先地位。QQ的平台效应日益凸显，吸引了大量合作伙伴，形成了强大的网络效应。同时，用户对QQ产生依赖，形成了锁定效应，为腾讯带来了稳定的用户群体和收入。

尽管后来市场上出现了其他即时通信工具，但由于腾讯的先发优势和持续创新，QQ及其衍生产品微信，依然保持着市场领先地位。腾讯的成功，正是达维多定律在数字经济时代的一个生动例证，展示了早期市场定位和企业战略选择的重要性。

（六）**长尾理论** (The Long Tail Theory)

长尾理论由美国《连线》杂志前任主编克里斯·安德森（Chris Anderson）在2004年提出。该理论指出，在数字经济中，市场需求不仅集中在少数畅销商品上，而且分散在大量冷门商品上。只要产品的存储和流通的渠道足够大，需求不旺或销量不佳的产品所共同占据的市场份额可以和那些少数热销产品所占据的市场份额相匹敌甚至比后者更大。

长尾理论的核心内容是市场需求的多样化和小众化。在传统经济中，由于物理空间和库存成本的限制，零售商通常只销售热门商品。而在数字经济中，互联网平台能够以低成本存储和分销海量商品，满足用户多样化和个性化的需求。例如，亚马逊的在线书店和 Netflix 的电影库中，上架和销售的大部分内容是冷门作品，这些冷门作品的总需求量构成了"长尾"。

长尾理论的主要影响表现在以下方面。

（1）市场扩展：长尾理论揭示了数字平台能够拓展市场覆盖范围，通过提供大量小众商品满足多样化需求，创造新的市场机会。在线零售商、数字内容平台和流媒体服务提供商能够通过长尾市场获取稳定收入。

（2）商业模式转变：传统企业受限于物理空间和库存成本，只能专注于热门商品。而数字经济打破了这些限制，使得长尾商品成为盈利的重要来源。这推动了商业模式的转变，如订阅服务、个性化推荐和按需生产等。

（3）消费者福利提升：消费者在数字平台上能够更容易找到符合个人偏好的小众商品和服务，获得更丰富的选择和更高的满意度。这种个性化的消费体验提升了整体消费者福利。

（4）企业竞争策略制定：企业不再只专注于争夺热门商品市场，而是通过优化供应链和大数据分析，发现和满足长尾需求。这样可以避开激烈的竞争，找到新的增长点。

微 案 例

> Spotify 拥有数以亿计的歌曲资源，不仅包括热门单曲和专辑，还涵盖了大量小众、独立艺人的作品。这些"长尾"音乐虽然单首播放量不高，但庞大的数量累积起来，其总播放量足以与热门音乐相抗衡。Spotify 通过智能推荐算法，精准匹配用户个性化需求，让小众音乐爱好者也能轻松发现心仪之作。这种长尾策略不仅丰富了用户选择，提升了用户体验，也为平台带来了稳定的收入来源，展现了长尾理论在数字经济中的巨大潜力。

（七）信息透明定律（Information Transparency Law）

信息透明定律指出，随着数字技术和互联网的发展，信息变得越来越容易获取，信息不对称逐渐减少。企业、消费者和市场参与者能够更加透明地获取和分享信息，从而做出更明智的决策。

信息透明定律的核心内容是信息获取和传播的便利性。互联网和数字技术使得信息可以快速、广泛地传播，极大地减少了传统经济中的信息不对称。例如，消费者在购买商品前可以通过网上评论、产品比较网站及社交媒体获取详细的信息和评价，从而做出更明智的选择。同样，企业可以通过大数据分析与实时监控获取市场动态和消费者行为数据，从而优化业务决策。

信息透明定律的主要影响表现在以下方面。

（1）市场效率提高：信息透明度的提高使得市场运行更加高效。消费者和企业能够快速获取和比较信息，减少了搜索成本和决策时间，从而提升了市场资源配置的效率。

（2）消费者选择增多：消费者可以通过互联网获取更多产品和服务的信息，比较不同供应商的价格和质量，从而做出更有利的消费决策。信息透明度的提高赋予消费者更多的选择。

（3）竞争加剧：信息透明度迫使企业在质量、价格和服务等方面展开更激烈的竞争。企业必须提升自身竞争力，提供更高质量的产品和服务，才能在市场中获得优势。

（4）企业决策优化：企业可以利用大数据分析与实时监控获取市场动态、消费者行为和竞争对手的策略，从而优化生产、营销和管理决策。信息透明度的提高使得企业能够更加灵活和迅速地应对市场变化。

（5）监管和治理改进：信息透明度的提高有助于政府与监管机构进行有效的市场监管和治理。公开透明的信息有助于发现和纠正市场中的不正当行为，增强市场的公正性和合法性。

微案例

电商平台京东的用户评价系统深刻体现了信息透明定律。消费者在购物前，可轻松查阅其他买家的详细评价、晒图及问答，这些信息不仅覆盖了产品的性能、质量，还涉及售后服务等多个维度。这种高度透明的信息环境，让消费者能够做出更加明智的购买决策，降低了因信息不对称导致的消费风险。同时，商家所面临的更严格的消费者监督，也促使他们不断提升产品和服务质量，以赢得市场口碑。京东的这一机制，不仅提升了市场效率，还保障了消费者权利，加剧了行业内的良性竞争，充分展示了信息透明定律的积极作用。

（八）网络协同效应（Network Synergy Effect）

网络协同效应是指网络和数字平台进行协同合作，能够产生比个体单独行动更高的价值和效率。网络协同效应强调了在网络环境下，不同个体或组织之间的协同合作所带来的集体增值效应。

网络协同效应的核心在于通过互联网平台，将分散的资源、知识和技能进行整合，形成协同作用。数字平台和社交网络提供了合作和信息共享的便捷途径，使得不同组织和个人能够在更广泛的范围内进行协作。例如，开源软件项目汇集了来自全球各地开发者的贡献，开发者们共同开发高质量的软件产品；企业通过供应链管理系统，与供应商和客户紧密合作，提高了生产和服务效率。

网络协同效应的主要影响表现在以下方面。

（1）创新加速：网络协同效应促进了知识和创意的快速传播与融合，加速了创新的进程。通过开放平台和协作网络，不同领域的专家和开发者能够共同解决复杂问题，催生出新的技术和产品。

（2）生产效率提升：网络协同效应使得资源和信息能够得到更加高效的配置与利用。企业通过数字平台与供应链上下游协同合作，可以实现资源的最优配置，减少浪费，提高生产效率。

（3）市场竞争力增强：网络协同效应帮助企业快速响应市场需求变化，提升市场竞争力。通过与合作伙伴共享信息和资源，企业能够更灵活地调整生产和营销策略，以满足客户需求。

（4）成本降低：通过协同合作，企业能够共享资源和技术，减少重复投资和开发成本。例如，共享经济平台通过整合和共享资源，降低了用户的使用成本和企业的运营成本。

（5）用户体验改善：在网络协同效应下，用户能够获得更丰富的服务和更高质量的产品。网络协同效应促进了用户和服务提供者之间的互动与反馈，提升了用户满意度和忠诚度。

微 案 例

译言网（yeeyan.com）成立于 2007 年，是一个连接全球翻译人才和翻译需求方的在线平台，通过互联网实现了翻译资源的有效整合和协同合作。在译言网上，成千上万的译者可以参与各种翻译项目，无论是热门书籍、学术论文还是小众文章，都能找到合适的翻译人才。平台通过协同合作，将个体译者的力量汇聚成强大的翻译能力，不仅提高了翻译质量，也大幅提升了翻译效率。

（九）马太效应（Matthew Effect）

马太效应这个概念来源于《圣经》中的《新约·马太福音》，其中有一句话："凡有的，还要加给他，叫他有余；凡没有的，连他所有的，也要夺去。"在经济学和社会学中，马太效应描述了一个现象：在一个系统中，那些已经拥有优势的个体或组织往往会获得更多，而那些处于劣势的个体或组织则可能会失去所有。

数字经济时代，马太效应可以从以下几方面理解。

（1）资源集中：在数字经济中，成功的企业往往会吸引更多的资本、人才和资源，这些资源的集中将进一步增强企业的竞争力，使其能够继续扩大市场份额和影响力。

（2）网络效应：数字产品和服务往往具有网络效应，即用户越多，产品或服务对每个用户的价值就越大。因此，市场上的领先者可以通过其庞大的用户基础吸引更多新用户，从而形成一种"赢者通吃"的局面。

（3）数据优势：在数字经济中，数据是一种极其重要的资源。领先的企业通常拥有更多的用户数据，这些数据可以用于改进产品、优化服务、个性化营销等，从而巩固企业的市场地位。

（4）技术积累：技术领先的企业可以通过专利、技术标准等手段建立技术壁垒，使得后来者难以赶超。这种技术积累可以使得领先企业继续保持其优势地位。

微 案 例

谷歌是马太效应在数字经济中的典型企业案例。作为全球最大的搜索引擎，谷歌不仅拥有庞大的用户基础，还通过其广泛的服务网络，如广告、地图、云服务等，吸引了大量的资本和人才。这种资源的集中使得谷歌能够不断优化其算法和用户体验，进一步巩固其市场地位。随着用户数量的增加，谷歌的网络效应愈发显著，新用户更倾向于选择用户众多、服务成熟的平台。此外，谷歌通过收集和分析海量用户数据，更精准地提供个性化服务，增强用户黏性。技术积累方面，谷歌拥有大量专利和技术创新，建立了难以逾越的技术壁垒。这些因素共同作用，使得谷歌在数字经济中实现了"赢者通吃"，进一步强化了其竞争优势。

第二节　数字化与企业数字化

一、数字化的三个维度

何为数字化？IT公司在谈到数字化时强调的是实现转型的软硬件技术、平台、工具；而咨询公司则认为数字化最重要的是战略、管理；政府工作报告里的数字化更多强调的是传统经济向数字经济的迁移。这些关于数字化的认识都分别从一个侧面描述了数字化的某种特征。数字化是一个复杂的概念，可以从以下三个维度去深入理解其内涵。

（一）要素数字化：从数据生产的层级上理解数字化

从数据生产的层级上理解数字化，涉及从简单的数据收集到复杂的智能决策的演变过程，融合了数据、信息、知识和智慧这几个关键要素，见图1-8。

图1-8　数据、信息、知识、智慧的层级关系

资料来源：刘继承. 数字化转型2.0：数字经济时代传统企业的进化之路 [M]. 北京：机械工业出版社，2021。

首先，数据是数字化的基础。数据是对客观事物的数量、属性、位置及其相互关系进行的抽象表示，以人工或自然的方式进行保存、传递和处理。如果做一个比喻，数据就是含有黄金的沙子，数据量非常大，但含金量并不一定高。数据可以是未加工的原始信息，以数字形式存在，例如传感器收集的温度、压力或用户的交易记录。数据通过数字化的过程被收集、存储和传输，保证了数据的可用性和可操作性。

其次，信息是具有时效性、一定含义的，且有逻辑的、经过加工处理的、对决策有价值的数据流。通过对数据进行分析和处理，例如数据清洗、转换和整合，可以从中提取出有用的信息，揭示数据背后的模式、关系和趋势。可以将信息比喻为沙子中的黄金，"吹尽黄沙始到金"，这个淘金的过程也就是数据向信息转化的过程。

再次，知识是在信息的基础上形成的深层次理解和经验积累。知识不仅仅是对信息的理解，还包括通过对信息进行评估、整合与应用而形成的更为深刻的见解和认识。知识的积累使得个体或组织能够更加精准地理解问题的本质和复杂性，例如通过对市场趋势和竞争环境的深入分析，形成敏捷应对市场变化的能力。

最后，智慧是在知识的基础上形成的高级能力和洞察力。智慧不仅依赖于专业领域的知识和经验，还涉及对复杂情境的综合分析和判断能力。智慧的应用能够帮助个体或组织在面对不确定性和挑战时，做出高效和可持续的决策，例如在市场变动剧烈时调整产品策略或服务模式。

综上所述，数字化不仅仅是简单地将数据转换为数字形式，更是在数据生产的各个层级上，通过信息的提取、知识的积累和智慧的应用，实现数据的智能化和价值最大化的过程。

（二）业务数字化：从业务创新与应用上理解数字化

1. 数字技术创新的逻辑模型

数字技术创新会带来新的商业模式，但这一改变是如何发生的呢？到底哪些业务是在数字技术创新下诞生的呢？这一问题的答案可以用一个模型来展示，如图1-9所示。

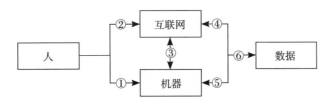

图1-9 数字技术创新的逻辑模型

资料来源：刘继承.数字化转型2.0：数字经济时代传统企业的进化之路 [M].北京：机械工业出版社，2021。

（1）机器的发明解放了人的身体，这是过去五百多年塑造世界格局的主要动力；

（2）数字技术的发展解放了人的大脑，实现了人的在线和互相连接，创造了无数新的商业模式；

（3）传统机器开始实现智能化，通过数字技术实现自我感应、自动传输、自主决策、自主响应，机器开始互相连接起来，工业互联网迅速发展；

（4）互联网发展积累了大量数据，这些数据极大地提高了企业的决策和运营水平；

（5）随着机器日益智能化，机器也在积累大量数据，实现机器智能；

（6）随着数据量的积累，数据开始脱离互联网和机器，成为独立的、有价值的资产，为企业赋能并创造价值。

2. 数字技术下催生的三类企业

在数字技术的发展过程中，共诞生了三类创新企业，如图1-10所示。

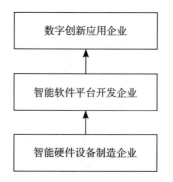

图 1-10　数字技术下诞生的三类企业

资料来源：刘继承 . 数字化转型 2.0：数字经济时代传统企业的进化之路 [M]. 北京：机械工业出版社，2021。

（1）智能硬件设备制造企业：包括智能计算机、存储和网络设备制造企业，众多的物联网设备制造企业，以及移动通信设备制造企业等；

（2）智能软件平台开发企业：主要包括云计算、大数据、物联网系统等的制造企业，它们与智能硬件设备制造企业一起改变了传统信息技术的格局，重塑了云、管、端的技术架构；

（3）数字创新应用企业：主要是利用数字技术进行行业重塑的企业，它们利用技术或是降低了交易成本，或是提升了人员协同效率，在此过程中开创了诸多以往不存在的商业模式、盈利模式。

放眼看，最近二十多年崛起的企业，一般是上述某一种或几种模式的组合。20 年之前全球的高市值企业主要是石油和汽车企业，而现在，高市值企业变成了数字化高

科技企业。这些企业中有智能软件平台开发企业，例如微软；有数字创新应用企业，例如 Facebook、腾讯、阿里巴巴等；还有软硬件及应用全部被创新重塑的企业，例如苹果。

（三）数字化转型：传统企业的转型升级

互联网企业在完成本专业领域的业务建设之后，开始向传统行业发起挑战，驱动传统企业开始了数字化转型的道路。对传统企业来说，数字化已经不是简单的内部业务与管理系统化，其本质是在信息技术驱动下的业务转型，根本目的在于提升企业竞争力——一方面，经济新常态下增长趋缓，竞争加剧，要求企业优化或转变现有管理、业务或商业模式；另一方面，移动终端和互联网的普及令企业能够直接接触最终消费者，更加便捷、准确地了解消费者的需求，加上新一代信息技术的成熟和实用化，让基于数据的、以较低的成本快速满足客户个性需求并改善用户体验的新的管理、业务或商业模式成为可能。

传统企业的数字化真正的价值不是改变消费端，而是改变供给端，也就是制造端。真正的数字化，是通过技术进行价值链的重塑，一旦实现了这些改造，就会诞生无限个可能的新产业组合和全新机会。

数字化转型是通过数字技术的应用，以数字化思维构建一个全新的数字世界，对现有商业模式、运营方式、企业文化进行创新和重塑，实现业务价值。但很多传统企业或大企业身上有很多历史包袱，它们的转型之路通常更艰难，跨越的时间也更长，如何实现转型是一个异常复杂的课题。

创 新 标 杆

雅高酒店的数字化变革之旅

随着 Trivago、Expedia、Booking、Tripadvisor、Airbnb 等公司的出现，传统酒店行业遭受了巨大冲击。然而，雅高酒店，全球最大的连锁酒店集团之一，凭借数字技术开展革新，在激烈的竞争中取得了胜利，实现了销售额和利润的增长。

2019 年，雅高酒店经营 4 500 家不同品牌的酒店（如 Ibis、Novotel、Sofitel、Mercure 等），拥有 25 万名员工，分布在 100 个国家和地区。在对商业环境以及数字化公司所带来的威胁进行研究分析后，雅高酒店在 2014 年决定展开数字化变革之旅。雅高酒店将公司的愿景定位为领军酒店行业，并且以此为开端，将该计划命名为"领军数字化酒店"。该连锁酒店的管理层组建了一个资深团队，从客户决定开始考虑旅行的那一刻开始，便对他们的行程进行深入的研究，包括选择酒店、预订房间、酒店住宿、结束住宿后与朋友分享经历等不同阶段。

雅高酒店的数字化变革专门小组拟订了一个横跨数年的计划，以提升客户的数字体验。图1-11是该连锁酒店数字化变革之旅的主要阶段概览。专门小组决定，首先从评估酒店行业面临的数字化冲击以及在此情况下该连锁酒店的定位入手，创建酒店的愿景。接着，专门小组绘制路线图，调整组织架构，分配资源，以便开展数字化变革和采取各项举措。尤其值得注意的是，他们决定改变企业的思维定式，营造创新文化氛围。

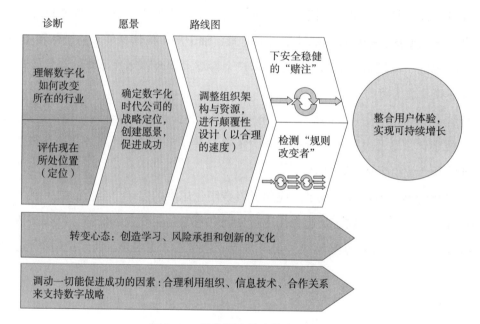

图1-11 雅高酒店数字化变革之旅

资料来源：拉兹·海飞门，习移山，张晓泉.数字跃迁：数字化变革的战略与战术 [M].北京：机械工业出版社，2020。

该连锁酒店着手为在其生态系统中的所有主要利益相关者，包括其客户、员工和商业合作伙伴开发数字化解决方案。雅高酒店从八项数字化举措开启这一旅程，每一个领域均有明确的关键绩效指标（Key Performance Indicator，KPI）。图1-12展示了这八项数字化举措；其中四项是客户导向型，一项是员工导向型，一项是合作伙伴导向型，剩余两项是系统和数据导向型。

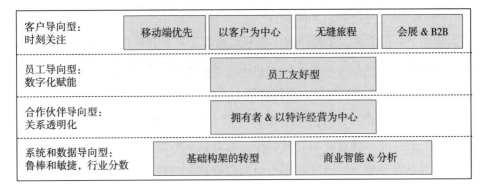

图 1-12　雅高酒店数字化变革之旅的数字化举措

资料来源：拉兹·海飞门，习移山，张晓泉.数字跃迁：数字化变革的战略与战术 [M].北京：机械工业出版社，2020。

思考

雅高酒店成功实施数字化转型的原因是什么？

二、企业形态的数字化进阶升级

数字化时代，企业的组织形态可以分成四种，分别是零维的独立企业、一维的产业链企业、二维的平台型企业和三维的生态型企业（见图 1-13）。

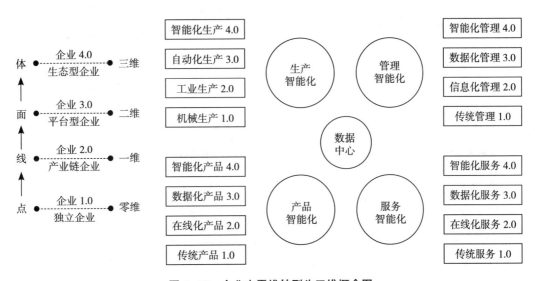

图 1-13　企业由零维转型为三维概念图

资料来源：赵兴峰.数字蝶变：企业数字化转型之道 [M].北京：电子工业出版社，2019。

（一）企业 1.0：零维的企业做公司

某人掌握了一门手艺，于是拉来一帮兄弟建设工厂，开始生产产品并向市场出售，业务壮大后成立了一家公司。这家公司从供应商处购买原材料，然后将生产的产品销售给有需求的客户。这家公司是一条供应链上的一个点，是点状的企业。

点状的企业不愿意与他人分利，也就不会有他人乐意与其合作，如果自成体系，则容易限制发展空间，进而限制发展规模。没有供应链的效率支撑，点状企业的产品在市场上就不会有竞争力，而没有压力的内部管理，导致员工整体能力和素质水平不高，也就很难吸引到优秀的人才。

（二）企业 2.0：一维的企业做产业链

企业要想突破发展瓶颈，必须打破自身的边界，与上下游紧密合作，这样才能提升整个供应链的效率。优秀的企业会在产业链上做文章，在强化自身企业管理之后，整合前后端供应链，实现前后端的融合，将企业发展定位在更高的层级上，以开放的态度扶植更多的合作者，从而实现发展规模的突破。在整条产业链整合的过程中，企业从一个点状企业延伸到整条产业链的融合中，成为一个"链条"状的企业。完整产业链如图 1-14 所示。

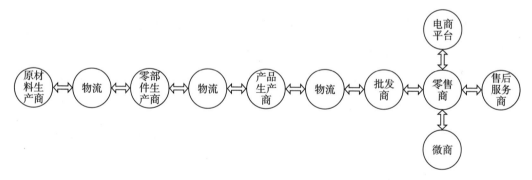

图 1-14　完整产业链示意图

资料来源：赵兴峰 . 数字蝶变：企业数字化转型之道 [M]. 北京：电子工业出版社，2019。

产业链企业重视整条产业链上利益的平衡，不谋求自身利益的最大化，而是谋求产业链整体利益的最大化。因此，其在合作上重视的不是"我赚钱"而是"一起赚钱"，即使企业规模变大了，也不会"以大欺小""店大欺客"，而是会追求"共赢、双赢"。产业链企业在发展过程中需要考虑的是如何辅助前后端提升技术水平、提升效率、降低成本，维持整条产业链的利益平衡。

（三）企业 3.0：二维的企业做平台

平台的概念已经受到来自产业经济学家、技术管理学者以及战略管理学者的极大关注（Evans, 2003; Gawer & Cusumano, 2014; Eisenmann et al., 2011; Tiwana & Konsynski, 2010）。从产业组织经济学的角度来看，平台型企业被定义为在双边或多边市场中构建公共交易界面，并提供相关产品、服务或技术的经济实体；在技术管理领域，平台型企业则被看作公共技术架构或模块系统的开发者和管理者；而从战略管理的角度，平台型企业则被描述为能够协调不同利益相关者，成功构建并管理平台，同时处于平台生态系统核心位置的组织。

随着互联网技术的快速迭代和发展，信息技术从单向传播到双向传播，再到多向传播，数据技术逐步在整个经济社会中发挥作用，衍生出很多平台化的企业。这些平台化的企业将自己的资源"下放"给前端，以开放、合作的态度与前端进行紧密合作，通过建立一个"平台"，聚合相关产业资源，基于信息技术和数据技术为供需两端提供精准匹配，提升信息流通效率，降低交易成本，使各种信息透明化，打破了原有的信息不对称，让更多的闲置资源得到了最大化利用。平台型企业的根基是供需端的联通，然而如果单纯人为地进行联通与匹配，则会效率低下，效果不佳。因此，必须借助信息技术和数据技术实现更加精准的匹配，从而高效地解决供需端的问题，提升交易效率，降低交易成本。

（四）企业 4.0：三维的企业做生态

网络平台往往具有双边市场效应（Armstrong, 2006），但是，很多平台型企业并不满足于仅仅成为一个中介，而是致力于利用自己的平台构造相对完整的商业网络体系，建立一套以双边市场平台为基础的"生态系统"。生态型企业首先是多元化的企业，与传统管理学理论中的"一家企业要专注于自己擅长的领域"理念不同，生态型企业都是多元发展的。只有将多个发展维度进行整合，满足用户相对全面的需求，企业的发展才能够有更快的增速和更大的规模，超越平台型企业的发展规模瓶颈。比如小米在创业之初是做 MIUI 系统的，当其聚集大量的"米粉"之后，开始做手机；当手机销量达到一定规模后，小米开放自己的平台，为更多的产品提供平台支撑，打造更加优惠的精品产品。通过平台，创业公司研发的产品能够获得更高的销售额。正是通过这种方式，小米在短短几年时间就实现了快速发展。

三、数字化时代企业的新商业模式

从工业时代到互联网时代，以及目前正在经历的从互联网时代到数字化时代的变

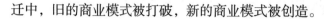

迁中，旧的商业模式被打破，新的商业模式被创造。

在总结企业利用互联网技术和大数据技术进行商业模式创新的方法的基础上，本书提炼了以下六种形态的商业模式。

（一）资源共享化

资源共享化是指利用信息技术，采集各种资源的信息并聚合资源，通过数据精准匹配资源拥有方和资源需求方，形成有效的资源配置。例如，某公司有生产某个零配件的产能，但如果盲目生产，就有可能造成库存积压。而另一家公司需要一批零配件，但苦于找不到合适的供货商。将两者的需求在一个平台上通过算法进行匹配，形成合约，然后自动下单，这就构成了一个共享经济的模型。从本质上看，滴滴、Uber 和 Airbnb 就是这样的平台。资源拥有方资源闲置，得不到有效利用，而资源需求方又有强烈的需求，建立一个系统平台能够将双方的诉求基于时间、地点和需求差异化进行精准匹配。而在生产领域，这样的平台还很少，之前阿里巴巴的 1688 线上商城就提供了这样的交流平台，但仅仅服务于某些产品，并不是服务于所有"资源"。未来，基于产业的互联网平台能够在产业链上形成延展的共享经济平台，产生新的"产业运营商"。

（二）产品服务化

产品服务化是将卖产品转化为卖服务，消费者不需要购买产品，只需要为产品提供的服务付费。早期产品服务化的典型模式是酒店，消费者不需要自己购买住房，而是支付一日或者几日的"租金"就可以获得房子的使用价值。这种模式后来逐步延伸到很多社会服务上，比如对于婚纱这类非日常必需品，消费者也倾向于租赁而非购买，只需在特定场合使用，之后归还并支付相应的租金。而服务提供者则需要购买这个产品，拥有该产品的所有权。因此，产品服务化的本质是使用权与所有权的分离。

随着大数据和互联网技术的发展，产品服务化的概念得到了进一步的扩展和创新。例如在汽车行业，除传统的销售模式外，贷款购车、共享汽车等新型服务模式涌现。这些模式允许消费者在不拥有汽车所有权的情况下，通过支付服务费用来获得汽车的使用权。随着技术的进步，产品服务化的范围正在不断扩大，从电池、雨伞到房间和自行车，都可以作为服务化产品提供给消费者。然而产品服务化的成功实施需要找到可持续的盈利模式。如果服务收入无法覆盖运营成本和产品成本，那么这种商业模式将难以为继。因此，在设计和运营产品服务化模式时，必须仔细考虑成本结构、收入来源和盈利策略，确保商业模式的可行性和持续性。

（三）服务智能化

企业为了提高服务质量和增强客户体验，利用数字技术实现智能化，并在智能化服务的过程中采集更多的数据用于商业决策，形成一个基于数据的闭环。这就形成了一种新的商业模式——服务智能化。

在传统服务模式中，无论是售前、售中还是售后服务，均依赖于人工。为了满足消费者个性化需求，提供定制化服务，这种模式对服务人员的专业素质提出了较高要求。为此，企业需要投入大量资源对服务人员进行培训，以确保服务质量。同时，为了提升一线服务人员的能力与积极性，企业还需采取各种激励措施，这不仅增加了运营成本，而且服务质量的稳定性也难以得到保证。

然而，随着智能机器人技术的引入，服务行业的数据采集变得更加智能化和自动化。智能机器人面对提问不仅能够提供快速、准确的应答，工作效率与有经验的客服人员相当，还能够实时记录客户的反馈，并进行自动分析。这些分析结果为产品研发、物流、服务等方面的改进提供了有力的支持，并有助于提升客户体验。

服务的智能化升级不仅发生在客户服务端，也发生在产品的使用过程中。例如智能电视通过收集用户观看习惯的数据，能够分析出用户的偏好，并自动推送相关节目，甚至允许用户保存想看的节目，待空闲时观看。这种智能化服务基于数据，不仅能够满足不同用户的个性化需求（千人千面），还能适应同一用户在不同情境下的变化需求（一人千面）。

微案例

在工业品或者B2B领域，产品服务化和服务智能化也逐步成为新的创新点。通用电气公司（GE）向空客公司提供的发动机安装了各种智能的数据采集器，将飞行过程中发动机的相关数据不断传回GE的数据中心总部；数据中心可以跟踪获取该架飞机的飞行参数、发动机运行参数、发动机转速、振动频率、机油液位、发动机损坏程度等信息，并做出让飞机继续飞行或者停机检修的判断，确保飞机在飞行时拥有良好的性能状态，降低飞机故障率和减少飞机安全事故。

现在，绝大多数大型机床设备都已经安装了数据采集模块，该模块可以在设备运行时采集数据，并进行实时分析，从而使得在数据体系下实现设备全生命周期管理成为可能。这些回传的数据不仅能够为客户提供具有预见性的维护及保养服务，还能协助客户改善生产工艺、优化设备操作、提高设备的运行效率、降低设备故障率等。而设备厂家则可以利用多个客户回传的数据对设备的产品性能进行分析，为设备的研发设计、制造及优化提供了依据，这就形成了良性循环和互动。产品服务化、服务智能化也能够通过设备数据采集和回传得以实现。

（四）员工社会化

员工社会化是指借助互联网平台，让社会上的闲置劳动力可以灵活参与企业的生产（即不需要正式雇佣），社会劳动力在企业的平台上为客户提供服务并获得劳动报酬，而当社会劳动力没有提供服务时，企业也不需要向劳动者支付固定薪资及其他福利。平台成为连接劳动者（员工/社会劳动力）和服务对象（客户）的纽带。

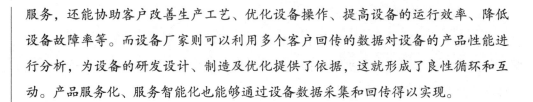

微 案 例

滴滴专车的模式就是如此。有空闲时间的司机在平台上注册，经过平台审核之后就可以成为平台上的司机，平台可以为有出行需求的客户指定专车司机接送。司机不是滴滴的员工，且司机所驾驶的车辆也不是滴滴的资产，司机自行承担车辆的保养和运营费用，滴滴则因为为司机找到了"活儿"，所以要收取一定的佣金。借助这个平台，滴滴没有任何司机或车辆资产，却成了国内最大的网约车公司。这就是员工社会化的典型应用案例。

现在有的企业通过发展微商销售自己的产品，无须雇用销售人员，不用向微商支付固定的劳动报酬，微商只从自己销售的产品中获得佣金，按照固定的比例获得收益，卖得越多，收益越多，这种激励体系比雇用销售团队更加有效。微商通过微信朋友圈销售产品，没有实体店铺的租金，也没有雇用销售团队的成本压力，因此拥有很高的自由度。而企业只要有好的、受欢迎的产品，仍然可以将产品销往世界各地。这也是员工社会化的一种表现形式。

员工社会化还有另外一种表现形式。比如宝洁现在建立了一个科研创新平台，同各大高校合作，当宝洁有研发难题或者研发课题时，将其发布到这个平台上，平台上的科研院所、自由科学家、实验室、大学老师或者研究生可以在平台上寻找自己感兴趣的课题，对于攻克了这些课题的机构或个人，宝洁将支付一定的知识产权费用，买下这个科研成果，然后通过自己的生产和销售体系将该科研成果商业化，但平台上的那些科研人员并非宝洁的员工，而是社会劳动力。这样宝洁在不额外雇用研发人员的情况下，凭空多了几十万名为自己提供科研服务的社会劳动力储备。这也算是一种科研任务众包模式，本质上是利用社会闲置科研劳动力为自己提供科研服务，将员工社会化。

从表面上看，这种模式与数据技术无关，其实背后的平台运营者在数据采集和数据分析上花费了大量的精力，如果没有知识图谱和深度的数据分析与挖掘，未能实现需求和科研能力的精准匹配，这个平台的效率就会大幅度降低，甚至无法运行。

（五）客户员工化

客户员工化是指本来是自己销售产品和服务的对象，因为对产品的认可，成为企业产品销售的核心力量，像员工一样为企业推广产品。通过推广企业的产品，客户自己也会获得收益，甚至会将推广产品发展为自己的职业。

早期的直销企业在发展销售团队时，一般是先将自己的产品给客户使用，如果客户使用产品之后感觉很好，就让客户推荐给自己的亲戚朋友使用，客户成功推广产品后就能够获得佣金。这样客户不仅使用企业的产品，还在销售企业的产品，成了企业销售团队的一分子，但是，企业不需要为该"销售员"支付固定工资，只需要以相对较低的价格供应产品即可，客户把产品以更高的价格卖出后，通过产品的差价获得回报。这是早期直销企业的经营模式，安利、玫琳凯、雅芳等都曾采取这种模式。目前这个基于实物的直销体系正在被虚拟化。基于移动互联网，很多客户通过自己聚集的朋友圈、"粉丝"推广产品，这些人因为自己的"粉丝"众多，由客户变成销售企业产品的主力军。

员工社会化和客户员工化在形式上有些相似，但起点不同。前者是凝聚社会劳动力为自己的客户提供服务，后者则把客户培养成推广自己产品的销售团队。从企业运营费用控制的角度来讲，两者的效果是一样的：不用支付固定薪资，能够让更多的人为自己的企业"添砖加瓦"，助力企业发展壮大。

（六）公司平台化

公司平台化是一种组织业务形态的创新，在信息技术和数据技术快速发展的过程中，越来越多的企业从原来封闭的组织架构逐步转型为开放的组织架构，任何有能力、有技术、有产品的第三方都可以借助信息技术和数据技术参与企业的经营。在企业的边界被打破之后，企业逐步衍生成一种平台化的组织，为平台上的第三方赋能并享受这种赋能带来的红利（如图 1-15 所示）。

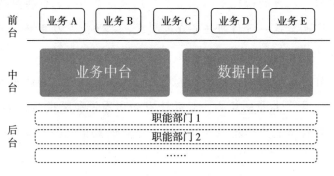

图 1-15　平台化组织架构

资料来源：魏江，杨洋，邬爱其，等 . 数字战略 [M]. 杭州：浙江大学出版社，2022。

微案例

　　淘宝通过构建一个互联网的电商平台，吸引商家在平台上销售产品，通过聚集顾客获得流量，商家在平台上能够销售更多自己的产品，就有更多的商家愿意加盟，更多商家加盟之后会有更多的商品，消费者就能够在平台上买到更多的东西。形成正向循环之后，淘宝这个平台就成为一个自动运行的机器，不断发展壮大。淘宝通过聚焦商家服务，以让商家免费使用平台的方式吸引了大量的商家，从而保证商品的丰富性，并以商家为中心构建了一个支付和信用服务体系，借助用户评价和支付宝构建交易的信用体系，将其打造成一个巨大的平台。

　　除电商平台外，有些企业也在谋求内部管理的平台化和产业链的平台化。例如海尔通过"人单合一"的管理创新，打破企业与员工原有的雇佣关系，以共同投资创业的方式，将海尔分化为上千个小的业务单元，独立核算，并以阿米巴经营[①]方式为"小海尔"提供服务。避免了初创企业过高的融资成本、管理成本、营销成本和人力资源成本，并通过独立核算的模式激励每个"小海尔"有更强的市场竞争力，将海尔转化成一个"公司平台"。这个平台提供的是创业服务、创新服务、品牌服务、供应链服务、市场营销服务等，甚至包括管理服务、人力资源服务、财务服务等，这是典型的公司内部管理的平台化升级。

---

① 即根据不同产品、工序、客户或地区等，将大组织划分成许多独立经营、独立核算的小集团，每个阿米巴组织就像一个小企业，有经营者，也有销售额、成本和利润。

创 新 标 杆

宝马汽车的数字战略：ACES

在 2017 年亚洲消费电子展（Consumer Electronics Show，CES）上，宝马汽车正式推出 ACES 数字战略。"ACES"即四个英文单词的首字母缩写：Automated（自动化）、Connected（互联化）、Electrified（电动化）和 Services（共享化）。目的是为消费者提供一个更安全、更高效、更便捷、更有乐趣的智能移动出行生活方式。

作为汽车行业的领导者，宝马汽车在不断巩固传统汽车行业领导地位的同时，还主动投身到新的数字化和互联世界中。通过 ACES 战略，宝马汽车定义了未来五到十年甚至二十年汽车行业变化的方向。通过 CES 这个平台，宝马汽车展示了先进的科技和理念，让消费者、媒体了解宝马汽车对未来的规划，更重要的是通过未来蓝图，使他们看到宝马汽车现在做的事情，以及怎么样重塑未来出行。

宝马汽车表示，ACES 战略涵盖的技术不会由一家公司来完成，宝马汽车会和行业内最领先的企业进行合作，构建一个生态系统。这个生态系统有三个部分：第一部分是保证核心技术由宝马汽车自己内部拥有，比如自动驾驶算法，这代表了公司内部的科研能力；第二部分是三家德系汽车公司共同拥有的，也就是 HERE 高清地图业务；第三部分属于宝马汽车的供应商，比如英特尔，它给宝马汽车提供必要的产品零部件。这些不同层次、不同模块的生态系统共同组成合作生态圈。

思考

宝马汽车的数字战略会对企业及其消费者产生什么样的影响？

第三节　数字化企业的组织特征

组织应该追求什么？当走向数字化的时候，会有什么样的组织呢？任何资源或者能力都需要由组织来框定，以使其能够发挥应有的作用。因此，作为数字创新战略的重要组成部分，重塑组织架构势在必行。改变组织架构的目的是改变数据和组织内部技能的传输与分享机制，使数据在整个组织上下层级与左右智能层级间高效传输、共享，使技能可以高效地在组织内部分享。

一、数字化组织的五种能力：5S 模型

数字化能力的 5S 模型是两项研究的结合：一项是瑞士洛桑国际管理发展学院（IMD）和思科（Cisco）合办的全球商业转型中心的研究；另一项是波士顿大学奎斯特罗姆商学院（Boston University Questrom School of Business）文卡·文卡查曼（Venkat Venkatraman）教授在其著作《数字化决策》（*Digital Matrix*）中的研究。该模型包含了数字化组织的五种特质，所有特质的对应的英文单词都以 S 开头，故称 5S 模型。

1. 敏感（Sensing）

敏感能力是指组织对数字化趋势和变化的感知和理解能力，包含对新兴技术和市场趋势的敏感度，以及对组织内外部环境变化的敏感度。

首先，敏感能力要求组织能够准确地感知和理解数字化领域的趋势，例如新兴技术、市场需求、消费者行为、竞争动态等方面的变化。通过跟踪行业报告、市场调研、竞争情报和创新案例，组织可以保持对数字化趋势的敏感度。

其次，敏感能力还要求组织能够深入分析外部环境，包括政策法规、经济状况、社会文化、科技进步等方面的影响因素。通过了解外部环境的变化，组织可以预测趋势和评估风险，为组织数字化做出明智的决策。

最后，敏感能力还要求组织对自身的资源和能力有准确的认知。这包括识别和评估组织内部的数字化能力和技术基础设施，以确定是否需要进一步投资和发展特定的数字化能力。

2. 悟性（Savvy）

悟性能力是指组织在数字化环境中做出明智决策和行动的能力。这种能力要求组织具备洞察力、判断力和战略性思维，以应对复杂的数字化挑战和机遇。组织要能够深入洞察数字化环境中的关键因素和模式；具备有效的判断能力，能够在不确定和快速变化的数字化环境中做出明智的决策；具备战略性思维，能够将数字化转型与组织的整体战略目标相结合。

3. 规模化（Scale）

规模化能力是指组织在数字化转型中能够扩大与复制数字创新和解决方案的能力。这包括构建灵活、可扩展与可重复使用的数字化基础设施和平台，以支持业务的快速增长和扩展。通过规模化能力，组织可以实现更高效地运营、降低成本，提高生产效率，满足更广泛的市场需求，在数字化领域中获得更大的竞争优势。

4. 视野和焦点（Scope and Focus）

视野是组织对未来的愿景和战略方向的宏观认知。在数字化环境中，组织的视野需要超越传统的业务领域和范围，能够捕捉新兴技术、市场趋势和消费者需求的变化。拥有广阔的视野意味着组织能够看到全新的、不同的和创新的机会，为组织的发展探索新的领域。

焦点是指组织在实施战略与行动时的专注力和集中力。虽然视野可以扩展到多个领域，但组织需要有明确的焦点，以便有效利用资源和能力，迅速行动并实现目标。焦点帮助组织避免分散注意力和资源，集中精力在关键领域，并通过持续的努力和专注来取得突破。

拥有广阔的视野意味着组织能够更早地识别新兴趋势和机遇，而明确的焦点则使组织能够迅速制订相应的行动计划并投入资源。

5. 速度（Speed）

速度能力是指组织在数字化转型中采取行动的迅速性和灵活性。这包括快速响应市场和技术变化的能力，以及快速实施和迭代数字化解决方案的能力。行动迅速是数字化组织在竞争激烈的市场中保持优势的重要因素之一。

飞鹤部署数据中台

飞鹤成立于 1962 年，是中国婴幼儿配方奶粉研发和生产制造企业。随着品牌的扩张、渠道掌控力的增强、营销模式的多样化，飞鹤在企业内部数据管理方面产生了很多新需求，如客户数据分析、营销管理等。

为了提高对需求的响应速度，飞鹤建立了以产品为前台、数据为中台、服务能力为后台的"三台"组织。简单来说，数据中台就是使用一个技术平台，打通企业所有的业务流程，汇聚企业所有的数据，并将之反馈给前台产品。通过强化整个企业的信息和数据处理能力，以前依靠人力进行的信息传递，现在通过互联网与数据中台就可以很容易地实现。

2019 年，飞鹤率先与阿里云达成合作，启动业内第一家数据中台建设项目，并在营销侧全面上线运营。飞鹤数据中台建设分三个阶段进行，目前已完成第一阶段。第一阶段以消费者服务和门店销售为核心，规划九大业务场景，满足四大

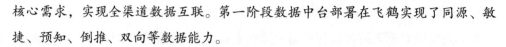

核心需求，实现全渠道数据互联。第一阶段数据中台部署在飞鹤实现了同源、敏捷、预知、倒推、双向等数据能力。

同源：统一数据源，让企业各个层级对同一业务情况达成统一认知。

敏捷：提升算力，可以连续动态地掌握业务情况，加强精细化数据管理。

预知：预知风险，发现问题和机遇，如不同地区、不同渠道增长异常。

倒推：数据贯通，打破业务板块的壁垒，意识到业务流程上的问题，倒逼业务平台层优化。

双向：通过数据价值赋能业务前端，同时业务数据回流，形成双向闭环。

思考

飞鹤部署数据中台体现了 5S 模型中的哪些特质？对其他组织实现数字化的路径有什么启发？

二、数字化组织的必然结果：敏捷组织

敏捷性作为一种新能力，通过缩短计划和执行周期来发展瞬态竞争优势，成为未来组织生存必备技能之一。敏捷组织是指具有高度灵活性和适应性的组织，能够对快速变化的市场环境和技术发展做出反应。这种组织能够在面对不确定与复杂的挑战时迅速调整战略、流程和资源，以保持竞争优势和持续创新。成为敏捷组织的关键因素包括以下几点。

（1）灵活的组织架构：敏捷组织通常采用扁平化的组织架构，减少层级，加强团队间的沟通和协作。这种架构能够促进快速决策和资源配置。

（2）快速决策机制：敏捷组织具有去中心化的决策机制，使得决策更加迅速，更贴近实际情况。决策权被下放到更低的层级，员工被鼓励在自己擅长的领域做出创新性的决策。

（3）持续学习和改进：敏捷组织注重学习和反馈，不断改进自身的流程和方法。通过实验和迭代的方式，快速验证假设并快速调整战略，以适应变化的市场需求。

（4）强调客户价值：敏捷组织以客户为中心，不断了解客户需求并提供价值。它们注重与客户的密切互动，倾听客户的反馈，并根据反馈调整产品和服务。

（5）技术和工具支持：敏捷组织通常采用先进的技术和工具，如项目管理工具、协作平台、数据分析工具等，以提高工作效率和增进团队协作。

要成为敏捷组织，组织需要不断培养和发展敏捷文化，并在组织的各个层级和部门中推广敏捷的思维方式。这需要领导层的支持和承诺，以及员工的积极参与和持续学习。同时，组织需要不断优化自身的流程和结构，以确保能够快速适应变化的市场环境。

创新标杆

Zapier 的敏捷组织与分布式工作模式

Zapier 是一家提供自动化工作流程的软件公司，其平台帮助用户将不同的应用程序连接在一起，简化和自动化重复性任务。作为一家完全分布式的公司，Zapier 没有传统的集中办公地点，而是通过敏捷组织的策略实现了高效运作和持续创新。

（1）灵活的组织架构：Zapier 的组织架构极为扁平化，整个公司由分布在全球各地的远程团队组成。这种扁平化架构减少了层级和管理壁垒，使得团队能够快速沟通和协作。每个团队都拥有高度的自治权，可以根据项目需求迅速调整人员和资源配置。

（2）快速决策机制：在 Zapier，决策权被下放到团队的最低层级，员工被鼓励在自己擅长的领域做出快速、独立的决策。这种去中心化的机制确保了决策更贴近实际情况，使公司能够迅速响应市场需求和技术变革。例如，当客户反馈某个应用集成存在问题时，负责的团队可以立即采取行动进行调整和改进，而无须层层上报。

（3）持续学习和改进：Zapier 非常重视持续学习和迭代改进。公司定期举办"Zapier Retreats"——线上或线下的团队活动，员工在这些活动中分享经验、进行头脑风暴，并探讨新的工作流程和工具。这种文化使得 Zapier 的员工能够不断提升技能，并在快速变化的技术环境中保持敏捷。

（4）强调客户价值：客户需求是 Zapier 所有行动的核心驱动力。公司持续跟踪用户的反馈和使用情况，并迅速迭代产品以满足用户的需求。例如，当 Zapier 的客户希望实现更多应用程序之间的集成时，团队会快速评估需求并优先开发新的"Zap"，确保客户获得最大的价值。

（5）技术和工具支持：作为一家技术驱动的公司，Zapier 依靠先进的工具来支持其分布式团队的协作和敏捷性。公司广泛使用协作平台、项目管理工具和内部开发的自动化工具，确保每个团队能够高效运作并实时共享信息。这些技术工具不仅提高了工作效率，还帮助 Zapier 保持了组织的敏捷性。

通过灵活的组织架构、去中心化的决策机制、持续学习与改进、客户至上的理念以及先进的技术支持，Zapier 成功地在分布式工作模式中保持了高度的敏捷性。这使得公司能够快速适应市场需求的变化，并持续提供高质量的产品和服务，成为全球领先的自动化平台之一。

三、组织对数字化的不同准备水平

许多组织早在几年前就已经开始了数字化之旅，但是依然有许多组织没有准备好进入数字化时代。麻省理工学院信息系统研究中心进行了一项研究，试图阐明企业对数字化的准备程度。它从两个维度深入研究了组织的准备情况：①组织为客户提供了什么样的数字化体验；②公司的运营流程有多高效。该研究将组织分为四个象限，突出了开始进行数字化之旅的组织，其组织特征是如何促进自身为数字化的未来做好准备的。该研究的负责人沃纳（Woerner）和韦尔（Weill）定义了四个象限中的关键属性，如图 1-16 所示。

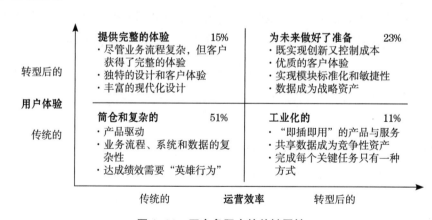

图 1-16 四个象限中的关键属性

资料来源：拉兹·海飞门，习移山，张晓泉. 数字跃迁：数字化变革的战略与战术 [M]. 北京：机械工业出版社，2020。

从图 1-16 中可以看出，在该研究中，大多数（51%）组织处于简仓和复杂的象限中，这意味着这些组织还没有为数字化做好准备；只有大约四分之一（23%）的组织做好了充分的准备；其余的组织或多或少处于准备阶段。尽管大多数组织的管理层都在讨论数字化变革的问题，但是很多组织完全没有做好应对数字化挑战的准备。

1. 筒仓和复杂的

这类组织在用户体验和运营效率方面表现都比较差。筒仓型组织通常是传统的、科层制的、刚性的，决策缓慢，改革难以推动。这类组织在设计和开发产品时，更注重技术和功能，而忽视了用户体验。它们缺乏对用户需求和市场趋势的深入了解，导致产品的设计和功能不符合用户期望。同时这类组织的业务流程、系统和数据可能非常复杂，存在多个重叠的流程和冗余的系统，导致效率低下和资源浪费。数据可能分散在不同的系统和部门中，缺乏集成和可靠性。在低效的组织中，可能依赖个别员工的"英雄行为"来完成任务和解决问题。

典型例子如 GE，作为一个历史悠久的制造巨头，GE 长期以来以复杂的组织架构和科层制管理而闻名。在其数字化转型初期，GE 面临着多个业务部门之间沟通不畅、IT 系统不兼容等问题，这些问题限制了其在用户体验和运营效率方面的提升。

2. 工业化的

处于这个象限的是在用户体验方面表现较差，但在运营效率方面表现较好的组织。它们的业务流程可能非常高效，能够迅速交付产品和服务。这类组织往往重视数据的收集和分析，将数据视为竞争性的资产，它们可能拥有高效的数据管理和分析系统，能够实时监控和分析数据。这类组织通常在关键任务和流程上表现出高度标准化和规范化的特征，无法根据特定客户的需求提供个性化和定制化的服务。这导致客户感受到的是一种标准化的处理方式，其特定的要求和偏好无法得到满足。

典型例子如沃尔玛（Walmart），沃尔玛在供应链管理和数据分析方面表现出色，能够实现高度标准化和高效的运营流程。然而，其在个性化客户服务和数字体验方面曾经受到批评，难以在满足特定客户需求上提供足够的灵活性。

3. 提供完整的体验

处在这个象限的是在用户体验方面表现较好，但在运营效率方面仍有提升空间的组织。它们为客户提供了良好的数字化体验，但在业务流程上可能存在一些瑕疵或不够高效。这类组织需要关注业务流程的改进和优化，以提高效率并更好地满足客户需求。

典型例子如 Netflix，Netflix 在用户体验上表现出色，提供个性化推荐和直观的用户界面，但在早期的内容分发流程上曾面临挑战。例如，在国际化扩张初期，内容授权和本地化处理相对滞后，影响了全球用户的整体体验。

4. 为未来做好了准备

处在这个象限的是在数字化转型方面表现最优秀的组织。它们为客户提供了高质量的数字化体验，例如用户友好的界面、个性化的服务和顺畅的交互。同时，这类组织还具备高效的运营流程，能够快速响应客户需求，提供高效的产品和服务。它们通常是市场的领导者，以创新和卓越的执行能力而闻名。数据成为这类组织的战略资产，组织以数据为基础，通过数据分析和洞察力来支持决策制定；通过持续的数据分析和监测，不断优化运营流程和运营模型。

典型例子如苹果公司，苹果公司不仅以其优质的产品设计和客户体验著称，还拥有高度优化的供应链和运营流程。苹果公司能够迅速响应市场需求，通过创新和卓越的执行力保持市场领先地位，是为未来做好了充分准备的数字化领导者。

四、组织数字化的路径

尚未做好充分准备的组织需要采取的转型路径如图 1-17 所示。

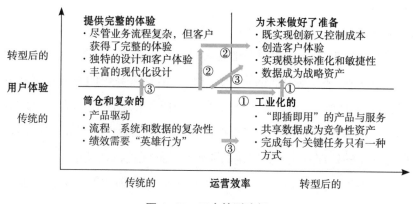

图 1-17 三个转型路径

资料来源：拉兹·海飞门，习移山，张晓泉. 数字跃迁：数字化变革的战略与战术 [M]. 北京：机械工业出版社，2020。

1. 路径 1：先进行标准化

先进行标准化通常是指组织投入大量的资源，将其系统转换为标准化系统，继而相应地更改业务流程，最后对数据的标准化进行投资（消除重复数据，提高数据质量，并将其转换为所有应用程序的共享数据）。这条路径的意义是：首先过渡到"工业化的"象限，然后过渡到"为未来做好了准备"象限。这是一条漫长、复杂且代价高昂的道路，甚至有时候，组织中的系统会变成无法继续使用的状态，进而无法支持先进的数字流程和解决方案。

2. 路径 2：先提升用户体验

先提升用户体验是指组织投入大量资源来提升用户体验并实现用户体验的集成，

进而过渡到"为未来做好了准备"的状态。这些组织可以将资源投入应用程序开发来改善用户体验，并建立客户呼叫中心和开发工具来加强客户管理。尽管在业务流程和非集成数据管理中存在困难和挑战，但是它们可以优先提升客户体验，然后通过逐渐转换核心系统，最终过渡到"为未来做好了准备"的状态。

3. 路径3：集成步骤

集成步骤是指组织采取适度的向前或向后的步伐，改进某些业务流程，然后改进客户体验等。这条路径由于需要更改核心系统，并立刻开放给客户，因此也是资源和风险密集型的。执行这些集成的过程最终将使组织更接近于"为未来做好了准备"这个象限。

4. 路径4：建立一个新的组织（未体现于图1-17中）

有时候，用新系统替换现有系统的挑战过于巨大、代价过于昂贵，以至于组织必须选择一种不同的路径——建立一个新的组织，在新旧系统并行的情况下优化和使用新的系统。这样就可以进行创新的商业实践，并快速提供高质量的客户体验。

组织的管理层必须检查这些替代方案，并决定使组织从当前状态转型成"为未来做好了准备"的状态。总之，特别是对大型、客户密集型、资源密集型和产品密集型的组织来说，转型是复杂和具有挑战性的，会面临许多风险。这对于组织来说是一个战略考量，因此管理层必须仔细考虑每种选择的意义，并做出最终决策。

本章小结

1. 数字经济是指以数字技术为基础，通过互联网、大数据、云计算、区块链、物联网等信息技术的应用，实现资源的高效配置和经济活动的优化，推动传统的工业经济向信息经济、知识经济、智慧经济转变的一种经济形态。

2. 数字经济分为数字产业化和产业数字化两大部分。数字产业化通常指的是将数字技术作为新的产业来发展，形成以数字技术为核心的产业体系。产业数字化是指传统产业通过应用数字技术来提升效率、优化流程、创新产品和服务。

3. 与数字经济密切相关的概念有信息经济、网络经济、知识经济、平台经济、共享经济等，这些概念共同构成了数字经济全貌，并分别呈现了数字经济不同层面的特色。

4. 数字经济涉及九大定律，分别是摩尔定律、梅特卡夫定律、吉尔德定律、贝佐斯定律、达维多定律、长尾理论、信息透明定律、网络协同效应、马太效应。

5. 数字化可以从三个维度理解，分别是要素数字化、业务数字化、数字化转型。

6. 数字化时代，企业的组织形态可以分成四种，分别是零维的独立企业、一维的产业链企业、二维的平台型企业和三维的生态型企业。

7. 数字化时代企业的新商业模式包括资源共享化、产品服务化、服务智能化、员工社会化、客户员工化、公司平台化。

8. 数字化组织的五种能力包括敏感、悟性、规模化、视野和焦点、速度。

9. 成为敏捷组织是企业数字化的必然要求。

10. 根据企业在提供的用户体验和运营效率两个方面的差异，可以将企业的数字化准备水平划分为四种不同的阶段，分别是筒仓和复杂的、工业化的、提供完整的体验、为未来做好了准备。尚未做好数字化准备的企业可以通过四条路径进阶为数字化企业。

第二章
数字创新与数字创新战略的本质内涵

    上一章提到数字化为现代社会带来了数据的便捷存储、高效处理和快速传输，它是将传统的非数字形式的数据、信息或过程转换为数字形式的重要过程。然而，数字化只是开始。随着技术的不断演进和创新思维的涌现，人类正在经历着以数字化为基础的数字创新历程。数字创新不仅仅是技术的应用，更是在各个领域中发现、提出并实现新的解决方案和商业模式的过程。它推动着社会、经济、文化等方面的发展，为人类创造了前所未有的机遇和挑战，引领我们迈向更加智能、高效和创新的未来。政府、企业、学界是如何定义数字创新的？它分为哪些层级？数字创新战略有哪些类型和内容？本章将回答以上问题。

◈ 学习目标：

    1. 了解数字创新的层级和内涵；

    2. 了解数字创新战略的内涵和框架；

    3. 熟悉企业数字创新战略的类型。

课 前 阅 读

《数造新实体——数字技术赋能实体经济案例研究（2023 年）》蓝皮书

    2023 年 10 月 27 日，人民网财经研究院数字经济研究中心发布了《数造新实体——数字技术赋能实体经济案例研究（2023 年）》蓝皮书，16 个具有行业典型性、先进性的数实融合案例入选蓝皮书。

    为推动数字经济与实体经济深度融合，加快传统产业数字化转型升级，人民网于 2022 年 4 月启动第一期"数造新实体——数字技术赋能实体经济"课题研究项目。经过筛选，首批 100 个案例进入案例库并在全网公开展示，其中 14 个具有行业典型性、先进性的实践案例入选了《数造新实体——数字技术赋能实体经济案例研究（2022 年）》蓝皮书。

2023 年 5 月，人民网启动第二期"数造新实体——数字技术赋能实体经济"课题研究。课题得到了来自国务院发展研究中心、中国国际经济交流中心、中国工业经济联合会、中国国家创新与发展战略研究会、中国电子学会政策研究与国际合作中心、中国科学院软件研究所、清华大学互联网治理研究中心、中央财经大学中国互联网经济研究院、浙江大学机械工程学院等院所专家的支持。

课题研究紧密结合中央"加强科技创新、建设现代化产业体系"的最新要求，以数字技术为箭、以发展实体经济为靶心，重点关注在"加快传统产业高端化、智能化、绿色化升级改造""培育壮大战略性新兴产业""发展数字经济和现代服务业""开辟新领域、新赛道，培育竞争新优势"等方面具有创新性、代表性和借鉴意义的典型案例。这些案例集中展示了人工智能、大数据、云计算、边缘计算、区块链等数字技术在工业互联网、智慧城市、数字乡村、金融科技、生成式人工智能、网络安全等 20 余个产业方向的创新应用，进一步扩大案例库的行业覆盖面，提升了案例的典型性和代表性。2023 年，最终 16 个入选案例如表 2-1 所示。

表 2-1　数字技术赋能实体经济典型案例

应用方向	企业名称	具体案例
赋能制造业数智升级	徐工矿机	基于工业互联网的智慧矿山运营管控创新应用
	中国华电	生产运营监管及可视化应急指挥系统
	中核武汉	中国核电工业互联网平台（DHP）
	中交兴路	中交兴路物流科技能力平台
	国家电投	智能生产集控工业互联网平台创新应用
	海康威视	海康威视助力屈唐光伏电站运维提质增效
	世纪互联	"全域托管云"助力国产芯片设计产业提速发展
赋能服务业融合创新	阿里云	数字化转型助力航空业复苏（以南航为例）
	360 集团	税务行业标准大模型
	交银金科	智慧交易链平台
	中国太保	太平洋保险基于全栈信创的保险云原生平台建设

续表

应用方向	企业名称	具体案例
赋能政府智慧升级	万邦能源	基于车 – 桩 – 网协同的充电运营信息消费服务平台
	优必选科技	优必选智慧养老社区场景化解决方案
	嘉善西塘	嘉善西塘"只要点一次"乡村共富小屋
	万方数据	产业科技创新服务平台
延伸案例	贝壳	贝壳 3D 楼书

当前，我国已全面进入以数字经济为重要引擎的新发展阶段，数字技术赋能实体经济融合发展已成为实现高质量发展的重要驱动力。这些案例正是数实融合的鲜活例证，也是产业界积极主动适应和引领新一轮产业科技变革，有力推进高质量发展的生动实践。按照规划，下一步课题组将围绕入选案例进行专家研讨、实地调研，最终形成《数造新实体——数字技术赋能实体经济案例研究（2023 年）》蓝皮书报告。

资料来源：人民网.《数造新实体——数字技术赋能实体经济案例研究（2023 年）》蓝皮书入选案例发布 [EB/OL].（2023-10-28）[2024-09-01]. http://finance.people.com.cn/n1/2023/1028/c1004-40105443.html。

思考

1.通过查找这些数字创新优秀企业案例的资料，你觉得数字创新与数字创新战略的本质和内涵是什么？

2.企业负责任的数字创新活动是如何提升企业核心竞争力的？

第一节　数字创新的层级和内涵

一、数字创新的层级

近些年，数字创新已成为个人、企业、行业乃至国家的时髦词汇。国际上一些知名的咨询公司、IT 公司、协会、企业以及国家政府就数字创新这个话题展开了积极的讨论。综合不同视角和内容，数字创新可以分为四个层级。

（一）现象级

第一层级是现象级。数字创新是一种广泛存在的社会现象，深入人们生产和生活的方方面面。网购、外卖、快递和移动支付，全方位的数字化生活可以让一个人长时间足不出户，靠数字技术独自生活。

早在 1996 年，美国学者尼古拉斯·尼葛洛庞帝（Nicholas Negroponte）[1] 出版的《数字化生存》一书中就探讨了数字化生存这一话题。尼葛洛庞帝早就观察到，数字化生存是一种社会生存状态，即以数字化形式显现的存在状态；它还是一种生存方式，即应用数字技术，在数字空间工作、生活和学习的全新生存方式，是在数字化环境中所发生行为的总和及其体验和感受。

在互联网所构建的社区环境和另类生存空间，人们可以寻找和体验各种超越现实空间拘囿的生存状态。例如：

体验虚拟生存状态：超越现实，实现自我；

感受网络人机交流的魅力：实话实说，重在过程；

体会虚拟社区的逼真：另类自我，真实呈现；

尝试新型的感情交流与体验：摒弃物质属性，重新学会爱人；

领略网络语言千姿百态：另类语言表达，另类存在体验等。

拓 展 阅 读

数字"你"的一天

当第一缕阳光透过窗帘，你的智能闹钟轻柔地唤醒了你。这不是一个普通的闹钟，它通过分析你的睡眠周期，选择了最佳的唤醒时刻。你伸了个懒腰，智能手表上的健康数据已经同步更新，告诉你昨晚的睡眠质量和今日的活动建议。数字创新的早晨，是健康和效率的开始。

吃过早餐，你通过面部识别系统轻松进入办公室。你的工作台是一个高科技的互动桌面，它可以识别你的手势，将你的工作计划和会议日程直观地展示在你面前。数字创新在这里不仅仅是工具，它已经成为你工作的一部分，让你的决策更精准，协作更流畅。

---

[1] 尼葛洛庞帝是麻省理工学院教授、麻省理工学院媒体实验室主席和共同创办人。1996 年 7 月被《时代》周刊列为当代最重要的未来科学家之一。

午餐时间，你决定尝试一家新的餐厅。通过智能推荐系统，你发现了一家提供健康餐食的餐厅，并用移动支付轻松下单。这家餐厅利用大数据分析顾客的口味和健康需求，提供个性化的菜单。数字创新在这里展现了它的连接力量，将你和世界紧密相连。

下午的会议中，你展示了一个创新项目。这个项目利用了最新的 AI 技术，通过深度学习分析市场趋势，为公司提供了前所未有的洞察。你的同事们对这个项目赞不绝口，因为它不仅提高了工作效率，还为公司带来了新的增长机会。数字创新在这里成为战略驱动力，推动着公司向前发展。

下班后，你决定放松一下。你戴上 VR 头盔，进入了另一个世界。在这里，你可以体验到任何你能想象的场景，无论是攀登险峰，还是在海底探险。数字创新在这里为你提供了无限的可能，让你的想象成为现实。

夜深了，你躺在床上，智能床铺根据你的身体数据调整了床垫的硬度和温度，确保你有一个舒适的睡眠。你的智能家居系统也在默默地工作，调节室内的温度和湿度，保证你的睡眠质量。数字创新在这里成为你的守护者，让你的每一个梦都更加甜美。

这就是"你"的一天，一个由数字创新编织的日常生活。从健康监测到工作协作，从个性化服务到战略决策，再到娱乐和睡眠，数字创新无处不在，它不仅仅是技术的应用，更是一种生活方式，一种让我们的生活更加美好、更加智能的方式。

（二）趋势级

第二层级是趋势级。支撑各类数字创新现象的背后是各行各业数字化转型与数据洞察的一股浪潮和趋势。当下，数字创新在各行各业中都已经成为一个时尚的话题。在高等教育、零售、生命科学、政务、银行、制造业等领域中，针对数字创新的投入大幅增长。如图 2-1 所示，高等教育、零售、生命科学、政务、医疗、银行、保险、通信服务、石油和天然气行业对数字创新投入的比例大幅增加，超过 10%。从 2021 年 Gartner 的调研中可以看到，绝大多数覆盖到的重点行业都有非常明显的信号和趋势：几乎所有企业都在不遗余力地增加数字创新的投入，只有很小一部分的企业认为它们会缩减一定的数字创新投入，其占比是非常小的。

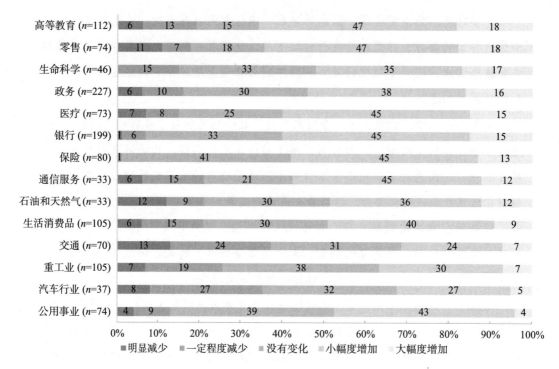

图 2-1　数字创新投入的增加比例（分行业）

资料来源：Gartner 官网。

注：为取整数，图中数字存在一定统计误差。

（三）战略级

第三层级是战略级。任何一个组织，小到普通企业，大到国家，都应该把数字创新作为一个长远发展战略。当今，世界上大部分发达国家都在大力推进数字创新，纷纷把数字经济当作经济发展的新引擎。

企业层面的数字创新是一项战略级任务。《2021 年 Gartner 董事会调查》（2021 *Gartner Board of Directors Survey*）显示，数字计划是未来两年战略业务的重中之重。同时，受新冠疫情影响，70% 的 CIO（首席信息官）增强了其在高影响力数字计划中的领导力。但实际上，在企业中推进高价值的数字化项目是一项高度复杂的任务。大幅度增加数字创新投入，对于企业和 CIO 来说都是一把双刃剑，存在相当大的风险。具体来说，数字创新做得好对企业可能是助力，做得不好则有可能造成大量资源的错配和浪费。现在的 CEO（首席执行官）已经有一种共识：企业其实对"花不花钱"这件事已经不做讨论，大家都认为"花钱没问题，而且要多花"。但有一个问题是，这个钱有没有花到"点"上。

（四）技术级

第四层级是技术级。数字创新和数字技术密切相关。数字技术的最底层原理就是把现实世界的所有信息，包括文字、图像、音频、视频等，都转化为二进制的数字 0 和 1，对这些信息进行处理的底层程序也是由二进制的 0 和 1 构成。这些二进制数字成为数字世界的基本元素。基于这一逻辑，数字技术就有了数据同质化（Data Homogeneity）、可重新编程性（Reprogrammability）和可供性（Affordance）这三个层层递进的特性。

数据同质化是指不同类型的信息（如文字、图像、音频、视频等）在数字化后都以统一的二进制编码形式存储和处理。数据同质化提高了数据的互操作性和可用性，降低了数据处理与管理的成本和复杂性，促进了信息流动和共享。

可重新编程性是指由于数字技术将所有的数据与信息都转换成了二进制数字 0 和 1，于是数字系统或设备可以通过对二进制数字的编程实现不同场景下重新配置、调整或更新其功能和行为的能力，而无须对硬件进行物理修改。这种特性使设备具备高度的灵活性和可扩展性，用户可以根据需求随时更新或添加新的功能，使设备能够适应不同的应用场景和技术发展。

可供性是指数字技术为用户提供了直观、易于理解和操作的界面或功能，使用户能够轻松地利用数字系统进行交互和操作。这包括了系统的友好性、易用性和可理解性等方面。可供性改善了数字系统的用户体验和使用效率，降低了用户学习和操作的难度，促进了数字技术的普及和应用。

二、数字创新的多维度解释

当前关于数字创新的定义并不一致，政府部门、咨询公司、ICT 界以及企业界都有不同的关注点，如表 2-2 所示。

表 2-2　不同主体对数字创新的定义

角色	定义依据	核心要素
政府部门	强调企业或社会向数字经济的迁移	经济、政策导向
咨询公司	重视企业实现数字创新的方法论	方法论、顶层设计
ICT 界	关注技术、平台和数据治理能力	技术、解决方案
企业界	从行业或企业业务特点出发定义数字创新	业务特点、信息化现状

政府部门的定义中，关键词是"经济"。政府部门对数字创新的定义更加宏观，更多地强调企业或社会向数字经济的迁移，鼓励发展与数字技术相关的新经济。这体现

了政府部门对数字经济和数字化发展大趋势的认识与把控，也代表着政策导向。

咨询公司的定义中，关键词是"方法论"。无论是埃森哲、麦肯锡、德勤还是Gartner，它们都认为企业数字创新与所有咨询项目一样，最重要的是企业如何做。一套合适的方法论是企业实现数字创新和数字化转型的重要保障，因此一般从顶层设计出发，按照一定的方法论进行规划、设计和实施。同时对企业文化、组织管理等方面的因素有比较全面的思考。

ICT界的定义中，关键词是"技术"。目前，无论是微软、国际数据公司（International Data Corporation，IDC），还是华为、阿里巴巴等信息技术公司，它们讨论数字创新的时候都更加关注技术、平台和数据治理能力等，着力推出自己的"完整解决方案"（Total Solution）。

企业界给出的论述则更多、更细，各具行业特色。由于所处行业不同，企业界大多数是从行业甚至是企业本身的业务特点和信息化发展现状出发对数字创新进行定义，很多论述其实也是在分析企业自身在信息安全、全线产品化、物联网建设、5G应用等方面的现状和问题。

三、数字创新的概念定义

从学理上来讲，数字创新的概念源于信息系统（Information System，IS）研究中对数字技术的相关研究。本书梳理了现有学术研究中对数字创新内涵的解释，见表2-3。

表2-3 数字创新的内涵

视角	来源	内涵
结果	Yoo et al.(2010); Nylén & Holmström (2015)	企业通过在创新过程中应用数字技术进而产生不同形式的创新成果
	Nambisan et al.(2017)	利用数字技术促进新的产品、流程或商业模式的生成及变化
	余江等 (2017)	将数字技术与物理组件进行组合，形成新产品、新工艺和商业模式
	Vega & Chiasson(2019)	由大数据、云计算、人工智能等数字技术驱动的数字化产品、流程和商业模式创新
过程	Boland et al.（2007）	企业使用新的数字工具、渠道和方法改善企业运营效率，提升企业创新绩效的过程
	Bharadway et al.（2013）	在创新过程中采用信息、计算、沟通和连接技术的组合
	谢卫红等（2020）	不同主体对数字化资源进行重组的活动
综合	Fichman et al.（2014）	基于数字技术所进行的产品、过程或商业模式创新
	Abrell et al.（2016）	在创新过程中通过使用数字技术生产产品和提供服务的过程，包括创新过程绩效提升和创新结果产生

视角	来源	内涵
综合	刘志阳等（2021）	将数字技术嵌入创新过程的各个环节与层面（产品服务、组织流程、商业模式）并发挥作用，为个人或组织带来多元化创新结果
	王玉荣等（2022）	企业利用数字技术从事以价值创造为目的的一切活动
	魏江（2021）	创新过程中采用信息、计算、沟通和连接技术的组合，并由此带来新产品、生产过程改进、组织模式变革、商业模式创新和改变等

上述学者对数字创新的定义尽管视角不同，但本质是一致的。综合诸多学者对数字创新的定义，本书认为，企业数字创新是以价值创新为目的，将数字技术充分嵌入创新过程的各个环节和层面，并由此带来新产品、生产过程改进、组织模式变革、商业模式创新和改变等。

从上述定义来看，数字创新有以下三个核心要素。

（1）数字技术：数字创新构建在数字技术重大突破的基础上，如大数据、云计算、区块链、物联网、人工智能、VR 等技术。

（2）创新产出：常用的创新产出包括产品创新、流程创新、组织创新、商业模式创新等。

（3）创新过程：不同于以往的创新，数字创新的全过程中都将有可能嵌入数字技术，产生突破式的创新效果。

数字创新具有二重性：一方面，基于数字技术在创新过程中的应用，数字创新使得传统的组织边界、企业边界甚至产业边界变得模糊且不重要，这是数字创新收敛性的体现；另一方面，数字技术的数据同质化和可重新编程性这两个特性使得创新的迭代速度呈指数级上升，这是数字创新自生长性的体现。

第二节　数字创新战略的内涵和类型

一、数字创新战略的概念定义

美国战略管理专家迈克尔·A.希特（Michael A. Hitt）认为，当一个公司成功地制定并且执行价值创造战略时，它将获得战略竞争力（Strategic Competitiveness）。战略（Strategy）就是用来发展核心竞争力，获得竞争优势的一系列综合的、协调性的约定和行动。战略的选择表明了公司能做什么，不能做什么。战略管理过程（Strategic Management Process）是公司获得竞争优势和超额利润所必需的，它是由约定、决策和行动所组成的一套体系，见图2-2。

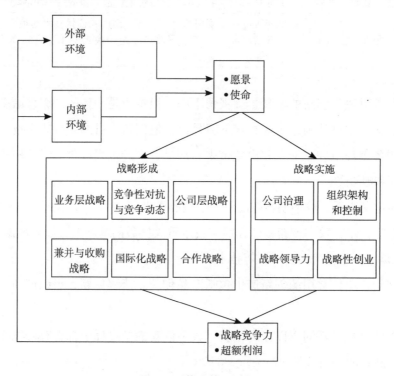

图 2-2　战略管理过程

资料来源：希特，爱尔兰，霍斯基森.战略管理：概念与案例 [M].12 版 . 刘刚，梁晗，耿天成，等，译 . 北京：中国人民大学出版社，2017。

数字创新战略是指企业以数字技术驱动其业务流程的各个阶段，将数字创新作为价值创造的主要手段，最终实现企业获得竞争优势和超额利润的长远目标。

从上述定义来看，数字创新战略有以下三个要素。

（1）从目的来看，数字创新战略的目的是实现企业获得竞争优势和超额利润的长远目标，而这个目标正好是企业的战略目标。因此，企业数字创新战略与企业其他的战略活动一样，是一种长远的、有规划的活动。这也表明了数字创新战略是一个长期的过程，而不是一个短期的信息化项目。

（2）从驱动力来看，数字创新战略的驱动力是数字技术。企业的战略活动有很多，比如并购、多元化、低成本、差异化等，不是由数字技术驱动的战略不能称为数字创新战略。

（3）从手段来看，数字创新战略的核心逻辑是以数字创新撬动价值创造。这些价值体现在业务流程的各个环节，例如探索新业务、已有业务的提质增效、现有流程的优化、现有人员的效率提高等。以上都是通过数字创新的引入，从原有业务中新创造出来的价值。

二、数字创新战略的内容框架

制定完整的数字创新战略需要考虑如图 2-3 所示的内容。

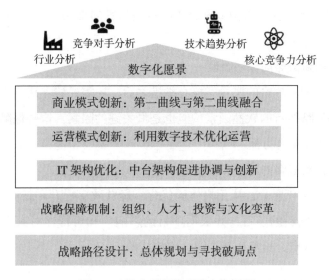

图 2-3　数字创新战略的内容框架

资料来源：刘继承 . 数字化转型 2.0：数字经济时代传统企业的进化之路 [M]. 北京：机械工业出版社，2021。

具体来说，包括以下几个关键点。

1.解析数字化对于所处行业的冲击

企业应首先聚焦内外环境的变化，解析数字化给所处行业带来的冲击。数字化的影响是多方面的，从产品服务层面、运营层面到商业模式层面都可能出现变化。企业要保持开放的视野，同时愿意积极拥抱数字化带来的变化。战略规划依赖于四个要素：行业分析、竞争对手分析、技术趋势分析和核心竞争力分析。

2.锚定数字创新战略愿景

在梳理数字化的影响后，企业需要进一步明确数字创新战略的愿景。企业需要具体论述在数字化的影响下，自身的价值主张、竞争优势以及希望达成的目标。目标来自以下三方面的支持和确认：整合资源（人、财、物）的潜力有多强；目标如果不能实现，公司能否生存或是否会被淘汰；围绕实现这个目标做了怎样的准备。

3. 规划数字创新战略的核心举措

在规划数字创新战略的核心举措上，企业需要重点关注以下三个方面。

（1）商业模式创新：推动核心业务适应数字化时代的要求，在保持现有业务的基础上真正开启第二曲线创新，实现第一曲线与第二曲线的融合。

（2）运营模式创新：重点在全渠道用户统一运营、平台化运营、数据驱动运营等方面有所突破，实现业务运作的提质增效。

（3）IT 架构优化：企业架构最显著的特点是从纵向烟囱式系统向横向转型，中台架构将是未来 IT 架构的核心。

4. 明确数字创新战略的保障机制

在明确了数字创新战略的愿景、核心举措之后，还需要建立战略实施的保障机制，这些保障机制是战略执行的软性因素，但也是最关键的因素。这些保障机制涉及组织、人才、投资、文化变革等方面。

5. 明确数字创新战略的路径和破局点

最后要围绕数字化愿景，从用户体验优化、运营效率提升和新商业模式拓展等需求出发，梳理数字创新的项目，并根据项目的影响力和可行性对其进行优先级排序。寻找数字创新的切入点，聚集优势资源，实施战略。

三、数字创新战略的类型

（一）按照创新领域划分

从创新领域来看，数字创新战略可以分为数字产品创新战略、数字流程创新战略、数字组织创新战略、数字商业模式创新战略。

1. 数字产品创新战略

数字产品创新是最常见的数字创新战略。数字产品创新战略就是将数字技术融入产品创新战略。换言之，数字产品创新战略是指对特定市场来说新的产品或服务包含了数字技术，或者被数字技术支持。数字产品创新主要包含两大类：纯数字产品、数字技术和物理部件相结合的产品（即常说的智能互联产品）。

纯数字产品是诸如 App 等只有数字技术支持的产品。人们利用纯数字产品购买商品、与朋友聊天、获取新闻、打开或关闭家中电灯、办公或娱乐等。全球一半以上的人口都是互联网用户，数字产品已然成为人们与世界沟通的重要手段，尽管不少数字产品仅仅是在后台默默运行。例如中国平安的陆金所推出了基于 AI 算法的智能化理财产品，从用户的实际操作和数据出发，客观了解用户的风险承受能力与风险偏好，为其提供个性化理财方案。再如 Keep 等社交运动软件从本质上也是以数字技术为基础的。

智能互联产品是数字技术与物理部件结合后的产品。例如，小米 MIUI 与雀巢怡养合作推出了"智能营养健康平台"。用户通过小米智能穿戴设备记录健康数据后，平台依靠大数据和科学算法为用户提供个性化营养报告与膳食建议。这个智能互联产品中，物理部件只是其中一部分，智能营养健康平台还包括操作系统、应用软件、用户交互系统等数字部件，并和云端数据进行连接，形成了一个新的产品系统。

要进行数字产品创新，企业应该至少特别关注以下三个方面。

（1）数字产品创新需要一整套数字技术基础设施的支持。如图 2-4 所示，数字部件和产品云的开发需要企业对应的数字基础设施（物理部件）作为支撑。

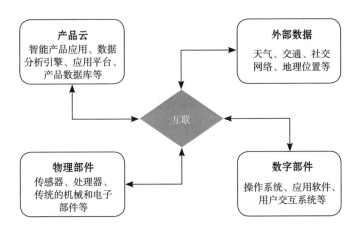

图 2-4　典型智能互联产品的构成

资料来源：魏江，刘洋，等 . 数字创新 [M]. 北京：机械工业出版社，2021。

（2）数字产品创新过程中要特别关注不同数字资源的整合与重组。例如，天气、交通、社交网络、地理位置等相关的外部数据在互联网上已经广泛存在，整合这些数字资源，并结合餐馆的数据，即可形成大众点评、美团外卖等创新产品。

（3）数字产品创新过程要与企业战略产生协同。无论如何，纯数字产品或智能互联产品的推出都需要与企业战略形成协同。

2. 数字流程创新战略

数字流程创新战略是指应用数字技术来改进、完善甚至重构原有创新的流程框架。在数字经济时代，创意产生、新产品开发、产品试制与制造以及物流和销售等环节都可能被数字技术颠覆。比如在产品研发阶段，有了数字仿真、数字孪生技术的支持，企业研发成本将大大降低；物联网技术的应用使得企业生产流程各环节变得十分透明；

客户通过虚拟客户环境（Virtual Customer Environment，VCE）参与包括产品构思、产品设计和开发、产品测试、产品营销和传播以及产品支持等价值创造活动；3D 技术的使用让不同的参与者在不同时间和地点都能参与创新过程。

微案例

以 TCL 集团为例，它的智能化工厂运用了数字孪生技术，通过对物理工厂的完全数字镜像，实现了生产前的预演、生产中的监控诊断以及生产后的评估优化。此外，全面导入 AI 诊断，通过物联网收集生产线数据，继而进行大数据分析，利用 AI 技术结合专家经验建立模型进行 AI 诊断，实现生产流程的自检与自我优化。

在进行数字流程创新时，要注意两个方面。第一，数字流程创新的时间和空间边界变得模糊，换句话说，由于数字技术的引进，很多传统的时间和空间限制变得不再重要。第二，数字流程创新中往往会涌现出许多衍生创新（Derivative Innovation），这一点至关重要，但却往往被忽略。

3. 数字组织创新战略

数字组织创新战略是指组织在数字化转型过程中，通过采用新兴数字技术和数据驱动的方法，对业务流程、组织架构、企业文化及运营模式进行创新，以提高效率、优化资源配置、提升市场竞争力和实现可持续发展。这一战略不仅仅是对技术的应用，更是对整个组织体系的重塑。数字组织创新战略包括以下内容。

（1）数字化流程优化。通过流程自动化和智能化技术（如机器人流程自动化、AI 和大数据分析）优化内部和外部业务流程，提高效率并降低运营成本。

（2）数字化组织架构创新。利用数字化工具实现组织的扁平化、虚拟化和分布式协作模式，以提升响应速度和灵活性。例如，通过远程协作平台和云计算技术支持全球团队协作。

（3）数据驱动的决策管理。通过构建数据湖和分析平台，实时获取业务数据并加以分析，从而为决策提供科学依据，提升决策的精准性和前瞻性。

（4）数字化客户体验创新。利用数据分析和个性化推荐技术提升客户体验。例如，通过社交媒体互动和数据分析优化客户服务策略。

4. 数字商业模式创新战略

数字商业模式创新战略是指企业利用数字技术和数据驱动的方法，重新定义价值创造、传递和获取的方式,从而形成全新的商业模式或对现有模式进行重大升级。这种战略旨在打破传统商业模式的局限,通过技术赋能和生态系统构建,获取持续的竞争优势。

数字商业模式创新不仅仅是技术应用,还涉及商业逻辑的重新设计,例如从产品导向转变为服务导向,从单一收入流转变为多元化收入流等。数字商业模式创新战略具体包括以下几种策略。

(1)平台化战略:构建数字平台,通过连接供需双方或多方参与者,实现价值交换的最大化。典型如电商平台、共享经济平台。

(2)订阅式模式:将产品或服务转化为按周期收费的订阅服务,如流媒体服务(Netflix)或软件即服务(Software as a Service,SaaS)模式,提供持续性收入。

(3)按需服务模式:通过实时数据和物联网技术,按客户需求提供个性化服务,如共享出行、云存储等。

(4)数据驱动的增值服务:通过数据分析提供附加价值,例如基于客户数据的精准推荐和预测服务,或通过数据售卖实现新的收入来源。

(二)按照数字创新主体划分

按照数字创新主体的不同,数字创新战略可以分为数字化转型创新战略和数字原生创新战略。

1. 数字化转型创新战略

数字化转型是以用户为中心、以数字技术为手段、以价值创造为目的实现转型升级和创新发展的过程。具体而言,数字化转型的核心是以用户为中心,真正为用户服务、为用户创造价值;数字化转型的驱动力和新动能是数字技术,其他驱动力带来的企业变革不能算是数字化转型;数字化转型的目的是价值创造,要通过数字技术创造新的价值,充分激发数据要素创新驱动潜能,实现新的指数级增长;数字化转型的本质是业务创新战略,要打造与提升数字化时代生存和发展能力,培育发展新动能,创造、传递并获取新价值,实现转型升级和创新发展。

数字化转型包含以下几个方面。

(1)技术转型。在大多数人的理解中,数字化转型首先是信息技术的转型。传统的竖井式信息技术架构已经不能满足业务需求,分布式、平台式、中台架构得到了互联网企业的验证,也得到了越来越多传统企业的认可。于是,技术转型成为数字化转型的基础,大量的新技术应用也被包装为成功案例被广为传播。

(2)营销数字化。营销是数字化开展最早的领域,很多企业都在电商平台开通网店开始线上销售，后来又开展O2O（Online to Offline）业务，实现线上线下融合，再到之后的数字化门店改造、私域流量、用户画像等，逐步实现了人、货、场的数字化重构。

（3）内部管理与运营数字化。以用户为中心必然会对原有的以产品为中心、以自我为中心的运营和管控模式带来巨大冲击，如何开展管理与运营的数字化成为很多企业数字化转型关注的重要问题。管理与运营的数字化在不同的行业和企业中的表现不同，很多企业逐步开展集约化运营、一体化运营、数据化运营，推动管理与运营的升级。

（4）商业模式与产品创新。组织对数字化转型的理解正在逐步从技术、应用和营销层面向模式、组织、战略领域深入。商业模式与产品创新数字化是指企业利用数字技术和创新思维，对商业模式与产品进行重新设计和优化的过程。

Gartner研究了企业数字化转型中的关键问题，总结了如图2-5所示的数字化转型冰山模型。该模型的可见部分是在数字化转型过程中直接可见的、容易观察和量化的因素。这些因素通常包括企业采用的数字技术、实施的项目和计划、组织内部的改变和变革等（如智能终端、云技术、大数据分析、全渠道体验）。而隐藏部分是在数字化转型过程中不太容易察觉或难以量化的因素。这些因素可能包括组织文化、员工态度和行为、领导力和管理方式等（如激励、融资和运营模式，业务创新、能力、思维，组织变革能力，合规和风险管理）。Gartner研究发现大部分管理者关注的数字化问题相当于冰山的表面，只有少部分领先企业的管理者关注的是深埋在水面之下的更深层次的问题，水面之下的冰山对企业数字化转型的价值10倍于冰山表面，也可以说，数字

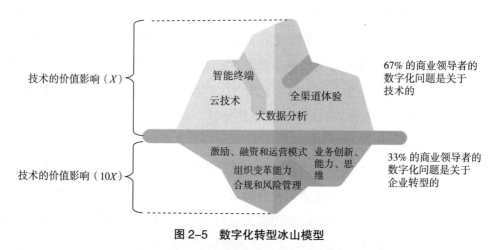

图2-5 数字化转型冰山模型

资料来源：刘继承.数字化转型2.0：数字经济时代传统企业的进化之路[M].北京：机械工业出版社，2021。

化转型的关键因素隐藏在水面之下。

传统的战略制定方法的核心是以资源为核心的布局思维,不论是 PEST 分析、SWOT 分析、五力模型还是波士顿四象限分析等,其核心思想都是以企业自身资源及能力禀赋为支点,进行科学的布局。数字化时代,在新技术的推动下,颠覆性创新、非连续性创新层出不穷,必须采取新的战略思路,即以创新为核心的战略思维,只有那些持续创新的企业才是真正数字化的企业,才能在数字经济时代屹立不倒。

2. 数字原生创新战略

数字原生创新战略即数字原生企业所实施的数字创新战略。数字原生企业是指诞生于数字经济时代,成立之初就拥有数字化思维,其产品及服务、运营流程、管理方式、战略决策、业务模式、市场策略等各个方面都基于数字技术所创造的条件来进行设计的一类数字化企业。数字原生企业具有以数字化思维为核心思维模式、以新一代数字技术为核心驱动力、以人才和数据为核心资产、以数字平台为核心载体、以创造客户价值为核心导向、以快速迭代为核心手段、以建立拓展数字创新生态系统为核心目标七个特点。

本书进一步将数字原生创新战略划分为衍生型数字原生创新战略、新生型数字原生创新战略和供生型数字原生创新战略,具体分类见表 2-4(详见本书第五篇内容)。

表 2-4　数字原生创新战略细分及特征

数字原生创新战略类型	具体模式	内涵要点	典型案例
衍生型数字原生创新战略	基于平台的开放式创新	传统企业衍生建立数字原生平台,实施开放式创新	海尔 HOPE 创新生态系统
	基于场景的用户创新	将现有技术或产品应用于特定的场景,解决特定场景中用户的痛点或问题	海尔"三翼鸟"品牌
	基于工业互联网的服务创新	建立工业互联网平台,为全产业链提供数字技术服务	河钢数字
新生型数字原生创新战略	数字技术驱动的产品创新	诞生于数字经济时代的企业基于新一代数字技术开展业务、实施运营	希音
	数字技术驱动的内容服务创新	借助数字技术的力量,为用户提供更丰富、个性化和便捷的内容服务	字节跳动
供生型数字原生创新战略	基于云计算技术的全场景创新	利用云计算技术,面向不同场景和需求,提供全方位的创新解决方案	华为云
	基于人工智能技术的全场景创新	利用人工智能技术,面向不同场景和需求,提供全方位的创新解决方案	小视科技

资料来源:作者根据相关资料整理。

（1）衍生型数字原生创新战略。衍生型数字原生创新战略是指传统企业以数字化思维衍生出全新数字平台、数字化子品牌或数字化子公司，以辅助特定传统企业或产业链实现数字化的战略。衍生型数字原生创新战略的目的是通过数字化提升传统企业或产业链的效率。本书主要介绍三种衍生型数字原生创新战略，分别是基于平台的开放式创新、基于场景的用户创新、基于工业互联网的服务模式创新。

第一，基于平台的开放式创新。基于平台的开放式创新是指传统企业衍生建立数字原生平台，实施开放式创新，促进企业数字化的战略。比如海尔 HOPE（Haier Open Partnership Ecosystem）创新生态系统就是一种典型的基于平台的开放式创新。从 2009 年开始，海尔开始打造开放式创新系统，从最初成立的开放式创新中心，逐步演变成开放式创新平台，如今已经逐步升级为开放式创新生态系统。海尔依托 HOPE 平台，在全球范围内快速整合技术和知识，从而构建共创、共享、共赢的创新生态。

第二，基于场景的用户创新。基于场景的用户创新是指将现有技术或产品应用于特定的场景，通过解决特定场景中用户的痛点或问题，来创造更大价值的过程。在这个过程中，除企业自身以外，用户是另一创新主体，他们通过参与技术或产品的设计和开发，实现数字原生企业技术的突破和商业价值的增加。与传统创新范式不同，场景驱动创新的动力是各个特定场景下用户的关键需求，而非科研人员的奇思妙想，这从根本上改变了科技创新到成果转化的复杂过程，促进了有针对性的科学技术创新，实现了在实践应用中创新、在市场环境中创新。海尔"三翼鸟"品牌的创新模式就是典型的基于场景的用户创新。

第三，基于工业互联网的服务创新。基于工业互联网的服务创新是指传统企业的数字原生子公司通过建立工业互联网平台，为全产业链提供数字技术服务的战略。工业互联网平台犹如工业领域的操作系统，它可以为工业企业打造"前、中、后台"技术架构，汇聚企业内各种后台资源（包括各种业务系统和工业设备），以数字主线和数字孪生为核心打造数字中台，沉淀工业知识和经验成为各种业务模型，快速、灵活地支持前台的各种工业 App。河钢数字就是典型的基于工业互联网的服务创新。

（2）新生型数字原生创新战略。新生型数字原生创新战略是指创立于数字经济时代的企业基于新一代数字技术开展业务、实施运营的创新模式。新生型数字原生创新战略的目的是基于数字化以全新的商业模式提升企业运营效率，获取竞争优势。本书主要介绍两种新生型数字原生创新战略，分别是数字技术驱动的产品创新和数字技术驱动的内容服务创新。

第一，数字技术驱动的产品创新。数字技术驱动的产品创新是指将数字技术应用于产品设计和制造，以提升产品质量、性能、功能和扩大应用范围，或生产当前市场上没有的新产品，从而满足市场需求的过程。数字技术驱动的产品创新具有技术前沿性、用户需求深度挖掘、数据驱动决策、高度数字化和智能化以及敏捷创新和快速迭代等主要特征。希音的服装生产销售模式就是一种典型的数字技术驱动的产品创新。

第二，数字技术驱动的内容服务创新。数字技术驱动的内容服务创新是指借助数字技术的力量，为用户提供更丰富、个性化和便捷的内容服务。随着数字技术的迅猛发展，内容服务行业也在不断创新和变革。数字技术驱动的内容服务创新主要表现在以下四个方面：个性化内容推荐与定制化服务、用户生成内容、交互式内容体验与沉浸式技术、版权保护与内容安全。字节跳动就是一个典型的通过数字技术驱动的内容服务创新获得成功的企业。

（3）供生型数字原生创新战略。供生型数字原生创新战略是指企业基于新一代数字技术为更广泛的数字化转型需求提供数字技术服务的战略。供生型数字原生创新战略的目的是为各个行业的数字化转型赋能，提升整个社会的运行效率。根据基于数字技术的不同，本书介绍了两种不同的场景驱动创新，分别是：基于云计算技术的全场景创新和基于人工智能技术的全场景创新。

第一，基于云计算技术的全场景创新。基于云计算技术的全场景创新是指利用云计算技术，面向不同场景和需求，提供全方位的创新解决方案。云计算作为一种基于互联网的计算模式，通过将计算资源、存储和服务等提供给用户，实现按需使用、灵活扩展和高效管理。华为云就是一家典型的实施基于云计算技术的全场景创新战略的企业。

第二，基于人工智能技术的全场景创新。基于人工智能技术的全场景创新是指利用人工智能技术，面向不同场景和需求，提供全方位的创新解决方案。人工智能作为一种模拟人类智能的技术，通过模式识别、自然语言处理、机器学习、深度学习和大模型等技术手段，使计算机能够模拟和执行人类智能任务。小视科技就是一家典型的实施基于人工智能技术的全场景创新战略的企业。

◎ 本章小结

1.数字创新的四个层级分别是现象级、趋势级、战略级和技术级。

2.企业数字创新是以价值创新为目的，将数字技术充分嵌入创新过程的各个环节和层面，并由此带来新产品、生产过程改进、组织模式变革、商业模式创新和改变等。

3. 数字创新的三个核心要素分别是：①数字技术，数字创新构建在数字技术重大突破的基础上，如大数据、云计算、区块链、物联网、人工智能、VR 等技术；②创新产出，常用的创新产出包括产品创新、流程创新、组织创新、商业模式创新等；③创新过程，不同于以往的创新，数字创新的全过程中都将有可能嵌入数字技术，产生突破式的创新效果。

4. 数字创新战略是指企业以数字技术驱动其业务流程的各个阶段，将数字创新作为价值创造的主要手段，最终实现企业获得竞争优势和超额利润的长远目标。

5. 按照数字创新领域划分，数字创新战略可以分为数字产品创新战略、数字流程创新战略、数字组织创新战略、数字商业模式创新战略。

6. 按照数字创新主体划分，数字创新战略可以分为数字化转型创新战略和数字原生创新战略。

第二篇

数字创新战略的技术基础

第三章
数字技术总览与基础技术

历史证明，科技进步在生产力的持续发展和经济形态的演变升级中，始终扮演着不可或缺的角色。数字技术是这一轮科技革命的关键引擎，它可以将原本分散的设备、企业、市场等连接起来，不但能够实现企业内部研发、生产、供应链、市场等环节的联动发展，而且能够通过强化不同企业间及企业和市场间的连接与互通，提升企业创新效率，改变其创新方式和创新类型，拓展其创新空间。

学习目标：

1. 了解不同数字化时代的技术特征；

2. 理解数字技术的概念；

3. 了解大数据、云计算、物联网、数字孪生的发展历程、定义特征、应用领域、未来发展方向。

课前阅读

致21世纪20年代的人们

展信佳！

你们好！我是2050年的一位普通居民，写这封信给你们，是想要分享一下我们这个时代的科技进步和生活变化。我希望通过这封信，让你们对未来的世界有一个美好的憧憬。

自动驾驶的普及

2050年，自动驾驶已经完全融入我们的日常生活。无论是在城市还是在乡村，自动驾驶汽车都成为主要的交通工具。车辆通过先进的传感器、激光雷达和AI算法，实现了高度精准的导航和驾驶。车祸几乎成为历史，交通事故率降至极低水平。人们可以在车内安心工作、休息或娱乐，不再受堵车和长时间驾驶的困扰。公共交通系统也全面智能化，无人驾驶巴士和地铁确保了出行的快捷和高效。

智能体的广泛应用

智能体在各个领域发挥着重要作用。家庭中有智能管家，它可以管理家务、购物、健康监测等一切事务。智能体还能陪伴老人和孩子，为他们提供个性化的照顾和教育。企业中，智能体可以优化生产流程，进行数据分析，辅助决策制定，提高了生产力和工作效率。农业中，智能体通过无人机和智能传感器，还可以实时监测农作物生长情况，进行精准农业操作，大幅度提升了农作物产量和质量。

虚拟社区的兴起

虚拟社区已成为人们社交、工作和娱乐的重要场所。通过 VR 和 AR 技术，人们可以进入一个完全沉浸式的虚拟世界，与全球各地的朋友、同事进行互动。虚拟办公使得远程工作变得更加高效和自然。人们可以在虚拟会议室中与同事讨论项目，甚至参与虚拟旅游和演唱会，享受全球各地的美景和文化活动。虚拟社区不仅提供了丰富的社交和娱乐体验，也成为学习和创新的重要平台。

医疗和健康管理的变革

AI 在医疗领域的应用极大地改善了健康管理和疾病治疗。智能诊断系统通过分析海量医学数据，快速准确地识别疾病，并提供个性化的治疗方案。基因编辑和再生医学技术使得许多遗传病和退行性疾病得以治愈。智能健康监测设备实时追踪我们的健康状况，预警潜在的健康问题，并提供相应的预防措施建议。远程医疗使得偏远地区的人们也能获得高质量的医疗服务，真正实现了健康无国界。

环境保护与可持续发展

2050 年，科技不仅改变了我们的生活方式，也大大改善了环境。智能能源管理系统通过优化能源使用，减少了碳排放。可再生能源成为主要能源，太阳能、风能和氢能等清洁能源广泛应用。智能城市通过 AI 和物联网技术，实现了资源的高效利用和废物的智能处理，城市变得更加绿色和宜居。我们还通过环境监测和预测系统，及时应对自然灾害，保护生态环境。

文化和教育的创新

教育已不再局限于传统的课堂。VR 和 AR 技术使得学习变得更加生动和具有互动性。学生们可以通过虚拟实验室进行科学实验，探索微观世界和宇宙奥秘。AI 导师为每个学生提供个性化的学习计划，因材施教，使得每个学生都能充分发挥其潜力。文化和艺术也得到了极大的繁荣和创新，虚拟博物馆、虚拟演出等新形式层出不穷，使得文化交流更加便捷和丰富。

总的来说，2050 年的世界是一个科技高度发达、生活得到极大改善的时代。科技不仅提升了我们的生活质量，也促进了社会的进步和可持续发展。希望你们能从我们的世界中找到对未来的希望和信心。

愿你们一切安好，期待你们迎接并创造更加美好的未来！

致以最诚挚的问候！

2050 年的一位居民

第一节　数字技术发展与内涵

一、数字化时代发展的技术特征

如图 3-1 所示，人类社会目前经历了四次重大的工业革命，每一次革命都在技术、经济、社会和文化方面带来了深远的变革。

第一次工业革命始于英国，以机械化生产为标志。蒸汽机的发明和应用带来了工厂的系统建立，促进了纺织业、冶金业和交通运输业的飞速发展。

第二次工业革命以电力的广泛应用和大规模生产为特征。电力驱动的机械设备、流水线生产模式的引入以及钢铁和化学工业的发展，大大提升了生产效率和产品质量。

第三次工业革命也称信息革命，其主要特点是电子技术、计算机和信息技术的广泛应用。互联网的兴起、信息化管理和自动化生产改变了传统的生产和通信方式，推动了全球化进程。

第四次工业革命，即数字化革命，比前三次工业革命的影响力更大。以 AI、物联网、云计算和大数据为代表的智能技术融合，推动了数字化、智能化和网络化的发展。新兴技术的应用不仅改变了生产模式，还深刻影响了社会生活、经济模式和工作方式。

如今，人类已进入第四次工业革命，数字技术（如 AI、物联网、大数据分析等）正以前所未有的速度和规模渗入我们的生活、工作和产业中。

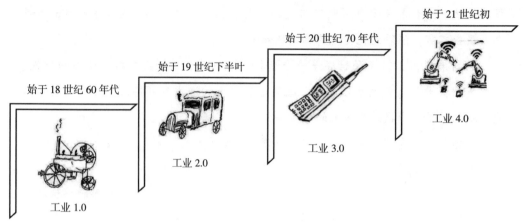

始于 21 世纪初

始于 20 世纪 70 年代

始于 19 世纪下半叶

始于 18 世纪 60 年代

工业 1.0

工业 2.0

工业 3.0

工业 4.0

图 3-1　四次工业革命

资料来源：上海市经济和信息化委员会，中国信息通信研究院华东分院 . 5G+ 智能制造白皮书 (2019)[R/OL].(2019-09)[2025-01-20]. https://app.sheitc.sh.gov.cn/res_base/sheitc_gov_cn_www/upload/article/file/2019_4/12_5/wguzk3sffhuj.pdf。

以数字技术驱动的第四次工业革命，正在改变着人类文明的进程，其具体演进过程如下。

工业革命的酝酿期从 20 世纪 50 年代中期开始，历经约 45 年的演进，直至 20 世纪末，随着互联网的普及而告一段落。这一时期，IBM、惠普、Digital、英特尔、微软和苹果等公司异军突起，发展势头强劲。该时期的数字技术大多应用于商业组织，其成效通过商业效率的提升来衡量。

（一）第一个数字化时代——数字化

第一个数字化时代开始于 2000 年左右，持续了大约 10 年，以 SMAC（社交、移动、分析、云）技术的出现为显著特征。第一个数字化时代的重心从商业组织转移到消费者和客户，消费者和客户开始掌控消费节奏及需求。这一时期，消费者的消费期望急剧上升，促使组织开发人性化的应用程序，以满足他们随时随地访问的需求。这一时期的代表性例子包括：

（1）电子商务平台：亚马逊、阿里巴巴等电子商务平台的迅速发展；

（2）企业资源规划（Enterprise Resource Planning，ERP）系统：SAP、Oracle 等 ERP 系统的广泛应用；

（3）数字支付系统：PayPal、支付宝等数字支付平台的普及。

（二）第二个数字化时代——数字互联

第二个数字化时代开始于 2010 年年初，大约持续 10 年，以数字互联为主要特征，信息技术的深度整合和广泛应用推动了各行各业的转型升级。这一阶段的典型代表是物联网、大数据分析和云计算的广泛应用与普及。物联网通过各种智能设备和传感器，实现了设备、系统和人之间的实时互联与信息交换；大数据分析则帮助企业从海量数据中提取有价值的信息，以辅助决策和优化业务流程；云计算使得企业可以按需获取计算和存储资源，降低了 IT 成本，并提高了数据处理能力和灵活性。这一时期的代表性例子包括：

（1）物联网：Nest 恒温器和智能家居设备的普及是物联网技术发展的典型例子；智能城市项目的实施，通过传感器和联网设备，实现了城市管理的智能化和精细化；

（2）大数据分析：Hadoop 和 Spark 等大数据技术在这一时期得到了广泛应用，企业利用这些技术进行数据挖掘和分析，优化业务流程并进行精准的市场营销；

（3）云计算：亚马逊 AWS、微软 Azure 和谷歌云等云计算服务的普及，使得企业能够弹性地获取计算和存储资源，大幅提升了企业的 IT 基础设施效率和可扩展性。

（三）第三个数字化时代——智能化

我们目前正处于数字化时代的第三个浪潮之中，这一阶段的开始标志是 AI 技术的重大突破和普及应用。2020 年年初，深度学习、自然语言处理和计算机视觉等 AI 技术迅速发展，推动了智能系统和自动化解决方案的广泛应用。同时，5G 技术的普及增强了智能设备之间的互联互通，进一步加速了智能化进程。该阶段的典型例子包括：

（1）AI 应用：谷歌的 AlphaGo 战胜世界围棋冠军，标志着 AI 技术在复杂决策和学习能力上的突破；特斯拉的自动驾驶技术展示了 AI 在交通领域的革命性应用；

（2）智能制造：德国的"工业 4.0"战略和中国的"智能制造 2025"计划，推动了制造业的智能化转型，智能工厂和柔性生产线得以广泛应用，实现了生产效率和质量的提升；

（3）机器人技术：波士顿动力公司的机器人在物流、医疗、服务等领域的应用，展示了机器人技术在实际生活中的广泛潜力；亚马逊的仓库自动化机器人大幅提高了物流效率；

（4）智能决策系统：金融领域的智能投顾系统利用 AI 进行投资组合管理，提高了投资决策的准确性和效率；医疗领域的 AI 辅助诊断系统提高了疾病诊断的准确性和速度。

二、数字技术的定义

数字技术并不是被创造出来的，而是随着互联网的迭代，在市场需求中应运而生的。从学术概念上说，数字技术是一种可以将各种信息（无论信息的载体是图、文、声、像还是其他形式）转化为计算机可以识别的语言进行加工、储存、分析以及传递的技术。

本书将常用的数字技术及其细节技术分支进行了梳理，包括大数据、云计算、物联网、AI 四大类技术，附加作为技术底座的通信技术和安全技术。具体技术分支见表3-1。

表 3-1 数字技术类别框架

技术类型	技术分支
大数据	数据采集：Chukwa、Flume 数据存储：Hadoop HDFS、NoSQL 数据库（如 MongoDB） 数据处理：Apache Spark、MapReduce 数据分析：机器学习算法、统计分析、数据挖掘 数据可视化：Tableau、Power BI
云计算	基础设施即服务（IaaS）：Amazon EC2、Microsoft Azure 平台即服务（PaaS）：Google App Engine、Heroku 软件即服务（SaaS）：Salesforce、Google Workspace 容器和微服务：Docker、Kubernetes
物联网	传感器技术：温度传感器、压力传感器 网络通信：LoRa、NB-IoT、5G 数据处理和边缘计算：Edge Computing 物联网平台：AWS IoT、Azure IoT Hub 数字孪生、VR、AR
AI	机器学习：监督学习、无监督学习、强化学习 深度学习：神经网络、卷积神经网络（CNN）、循环神经网络（RNN） 自然语言处理：语音识别、文本分析、机器翻译 计算机视觉：图像识别、视频分析 AI 大模型、AI 智能体
技术底座	通信技术：5G、卫星互联网、Wi-Fi 技术、网络协议 安全技术：防攻击预防、网络安全、加密解密、数据隐私保护等

大数据技术包括数据采集、存储、处理、分析和可视化的全流程，旨在从海量数据中提取有价值的信息。大数据是数字技术的关键组成部分，它为决策支持、业务优化和创新应用提供了基础。

云计算技术通过互联网提供计算资源和服务，实现了计算资源的按需分配和灵活扩展。云计算是数字技术的基础设施，支持大规模数据处理和应用部署。

物联网技术通过智能设备和传感器，实现物理世界与数字世界的连接和互动。物联网是数字技术的重要应用领域，推动了智能家居、智慧城市和工业 4.0 的发展。

AI 技术模拟人类智能，实现机器的自动化和智能化。AI 是数字技术的前沿领域，可应用于自动驾驶、智能助手、医疗诊断等方面。

通信技术是数字技术的底座之一，提供了数据传输和网络连接的基础。通信技术确保了各类数字技术的互联互通和高效运行。安全技术保障数字技术的安全性和可靠性，防止数据泄露和网络攻击。安全技术是数字技术的保护伞，确保信息和系统的安全。

数字技术的关键核心技术框架如图3-2所示。

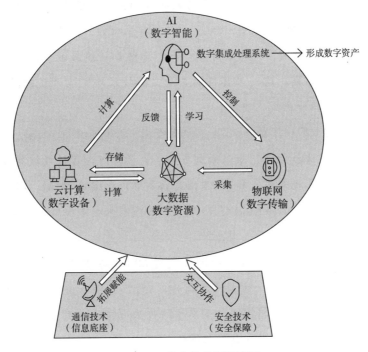

图3-2 数字技术框架简图

根据数字化生产的要求，各类数字技术在生态系统中扮演不同但相互依存的角色：大数据技术作为数字资源，提供了海量数据的采集、存储和分析能力，是其他技术实现智能化应用的基础。云计算技术作为数字设备，提供了强大的计算能力和存储资源，使得大数据分析和AI应用能够高效进行。物联网技术作为数字传输手段，连接各种设备和传感器，实现数据的实时采集和传输，为大数据提供丰富的数据源。AI技术作为数字智能，利用大数据和云计算提供的资源，进行智能分析和决策，实现自动化和智能化应用。通信技术作为信息底座，确保数据在不同设备和系统之间的快速、安全传输，支持物联网和云计算的广泛连接。安全技术作为安全保障，保护数据的完整性、隐私和安全，确保整个数字生态系统的稳健运行。

上述六大数字技术紧密结合，相互支持，共同推动数字经济的高速、高质量发展。

通过融合应用，这些技术的成果实现了指数级增长，为各行各业带来了前所未有的创新和变革。

拓 展 阅 读

Gartner 发布 2024 年中国数据、分析和人工智能技术成熟度曲线

Gartner 是全球最具权威的 IT 研究与顾问咨询公司，成立于 1979 年。其发布的 Gartner 技术成熟度曲线（Hype Cycle）非常有影响力，该曲线通过图形化的方式展示了技术的生命周期，包括萌芽期、期望膨胀期、泡沫破裂低谷期、稳步爬升复苏期和生产成熟期。这一工具帮助企业了解技术从诞生到成熟的各个阶段，从而做出更明智的投资和战略决策。

Gartner 于 2024 年 8 月发布 2024 年中国数据、分析和人工智能技术成熟度曲线（见图 3-3），该曲线显示，未来两到五年，大量具有颠覆性或较高影响力的创新技术可能会实现主流采用。其中 AI 相关的创新包括复合型 AI、国产 AI 芯片、大语言模型（Large Language Model，LLM）和多模态生成式人工智能（Gernerative Artificial Intelligence，GenAI）。

Gartner 研究总监表示："到 2027 年，超过 60% 的企业机构将把 AI 素养纳入数据和分析战略，而目前这一比例还不到 5%。到 2028 年，50% 构建于 2023 年之前的中国数据和分析平台，将因为与生态系统脱钩而过时。到 2028 年，30% 的企业将把数据变现或数据入表纳入其数据战略。"

图 3-3 中与 AI 相关的几项创新技术如下所示。

1. 复合型 AI

复合型 AI 是指组合利用（或融合）不同 AI 技术来提高学习效率、生成层次更丰富的知识表现形式。复合型 AI 提供了更丰富的 AI 抽象机制，并最终提供了一个能够以更有效方式解决更广泛业务问题的平台。复合型 AI 可为中国企业带来两大益处。第一，将 AI 的力量推广至无法访问大量历史或标签数据、但拥有大量人类专业知识的企业。第二，扩大 AI 应用的范围，提升此类应用的质量，这也意味着能够应对更多类型的推理挑战。根据所应用的具体技术，还可产生其他一系列益处，包括提高可解释性、韧性，以及支持增强智能。

2. 国产 AI 芯片

由于美国对高性能 AI 芯片的限制，中国企业不得不自行研发 AI 芯片，以满

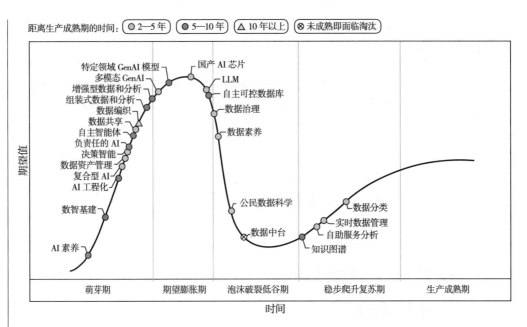

图 3-3　2024 年中国数据、分析和人工智能技术成熟度曲线

足本土 AI 快速发展的需求。

最新的 GenAI 技术需要使用数千个 AI 加速器来训练基础模型和支持推理工作负载。由于先进制造工艺的限制，国产 AI 芯片的性能落后于全球领先供应商产品的性能。因此，中国企业需要对 AI 基础设施进行更多投资。IT 行业的领导者应将重点放在 AI 应用上，而不是使用针对推理工作负载优化的国产 AI 芯片来训练基础模型上。

3. LLM

LLM 是一种使用大量无标签文本数据进行训练的 AI 基础模型。借助该模型，应用可以完成一系列任务，包括回答问题、内容生成、内容摘要、检索增强生成（Retrieval Augmented Generation，RAG）、代码生成、语言翻译和会话聊天。

此类模型拥有广泛的应用场景，包括文本生成、问答系统构建、文档总结和分类、文本翻译和编辑等。

4. 多模态 GenAI

多模态 GenAI 能够在生成式模型中组合利用多种类型的数据输入和输出，例如图像、视频、音频、文本和数值型数据。多模态功能允许模型与不同模态下的输出进行交互，并生成相应的输出，有效提升了 GenAI 的可用性。

多模态 GenAI 支持添加以往难以实现的新特性和功能，将对企业应用产生颠覆性影响。目前，多模态模型通常仅限于两种或三种模态，但未来几年内，将涵盖更多类型的模态。

资料来源：Gartner 发布 2024 年中国数据、分析和人工智能技术成熟度曲线 [EB/OL].（2024-09-25）[2024-10-08]. https://www.gartner.com/cn/newsroom/press-releases/2024-china-ai-da-hc。

第二节　大数据与云计算：数字世界的能源与计算引擎

一、大数据：数字世界的能源

（一）大数据的发展历程

大数据（Big Data）作为一种重要的数字技术，已经深刻地改变了全球经济、社会和科技的发展方式。从概念萌芽到广泛应用，大数据的发展历程大致可以分为以下几个阶段：萌芽期、起步期、发展期和成熟期（见表 3-2）。

表 3-2　大数据的发展历程

时期	特点
萌芽期 （20 世纪 60 年代至 90 年代）	大数据的起源可追溯至计算机和数据库技术的发展。20 世纪 60 年代，数据库管理系统（Database Management System，DBMS）出现，为数据的存储和处理奠定了基础。70 年代，关系型数据库管理系统（Relational Database Management System，RDBMS）提升了数据处理效率，但当时的数据规模有限，尚未形成大数据概念
起步期 （20 世纪 90 年代至 21 世纪初）	随着互联网和电子商务的兴起，数据量呈指数级增长。谷歌在这一阶段开发了 MapReduce 和分布式文件系统等技术，为处理大规模数据提供了新的工具。这一时期，大数据概念逐渐形成
发展期 （21 世纪初至 20 世纪 10 年代初）	大数据技术进入快速发展期。开源框架 Hadoop 的发布，使分布式数据处理成为主流。云计算的兴起进一步降低了大数据处理成本。社交媒体的爆发性增长，带来了大量非结构化数据，推动了大数据技术的应用
成熟期 （20 世纪 10 年代至今）	这一阶段，大数据技术广泛应用于 AI、医疗、金融等领域，数据分析从描述性统计转向预测性分析。与此同时，数据治理和隐私保护受到重视，法规（如《通用数据保护条例》）促使企业在数据合规和价值创造之间寻求平衡

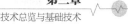

（二）大数据的定义及特征要素

大数据指的是传统数据处理应用软件不足以处理的庞大或复杂的数据集。大数据的特征要素可以总结为6V1C，具体如表3-3所示。

表3-3　大数据的特征要素

特征要素	描述
数据量 （Volume）	指数据的规模或总量。在大数据环境中，需要处理的是海量的数据，这是大数据最直观的特征
速度 （Velocity）	指数据的生成和处理速度，包括数据的实时产生、流动和处理的能力
多样性 （Variety）	指数据类型的多样性。大数据可以包括结构化数据（如数据库中的数据）、半结构化数据（如 XML 文件）和非结构化数据（如文本、视频和图像）
准确性 （Veracity）	指数据的质量和可靠性。在大数据环境中，确保数据的准确性和可信度至关重要
连通性 （Valence）	指数据元素之间的连接和关系。在大数据环境中，不同数据元素之间的关联可以揭示出有意义的模式和趋势
价值 （Value）	指从大数据中提取出的价值。收集和处理大数据的主要目标是从中获得有价值的信息和知识
复杂性 （Complexity）	指数据的复杂程度，包括数据的来源多样性、处理的复杂性以及管理和分析数据时面临的挑战

资料来源：作者根据互联网资料整理。

（三）大数据的构成要素

1. 数据量

在互联网发明以前，人类知识主要通过书本和口头传播；在互联网发明以后、大模型面世以前，多样化数据以越来越快的速度碎片化地侵入我们生活的方方面面，我们确实能够挖掘更多的数据，但却不能驾驭如此大的数据量，渐渐地，在碎片化的冲击中，我们提取知识的能力似乎在减弱；大模型面世后，挖掘更多数据的趋势似乎更加明显，但好在大模型能够在一定程度上提高我们的生产力——能提供多种多样的思维框架和自动的执行能力，使得我们可以较轻松地去做更有价值的事。

IDC 曾预测全球数据总量将在 2024 年达到 147ZB，而 2025 年将会达到 181ZB，其中 1ZB 约为 10^{21} 字节（单位详细换算见表3-4）。

表 3-4 数据量单位换算

单位	大小
b	1/8 字节
B	单位字节
KB	2^{10} 字节（约为 10^3 字节）
MB	2^{20} 字节（约为 10^6 字节）
GB	2^{30} 字节（约为 10^9 字节）
TB	2^{40} 字节（约为 10^{12} 字节）
PB	2^{50} 字节（约为 10^{15} 字节）
EB	2^{60} 字节（约为 10^{18} 字节）
ZB	2^{70} 字节（约为 10^{21} 字节）
YB	2^{80} 字节（约为 10^{24} 字节）

至 2025 年，数据使用量和数据存储量将快速增长，如图 3-4 和图 3-5 所示，其中使用量更偏指数级增长，而存储量更偏线性增长。另外，IDC 称在收集的数据中仅有 57% 的数据被利用，仍有接近一半的数据没有得到利用。

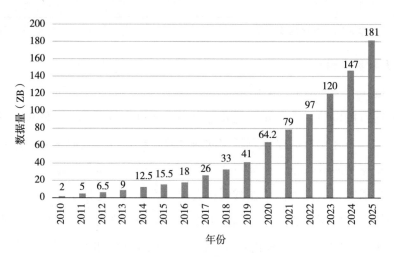

图 3-4 全球数据使用量

资料来源：IDC 官网，http://www.idc.com，访问日期：2025 年 2 月 17 日。

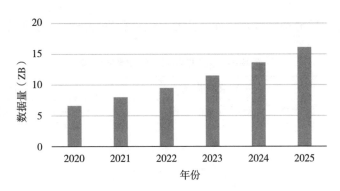

图 3-5 全球数据存储量

资料来源：IDC 官网，http://www.idc.com，访问日期：2025 年 2 月 17 日。

2. 地理分布

IDC 发布的报告《数据时代 2025》（*Data Age* 2025）将数据分布的物理位置分为三个部分——核心（The Core）、边（The Edge）和端点（Endpoints），其中核心包括传统数据中心和云数据中心，边包括手机信号塔（Cell Towers）和分支机构（Branch Offices），而端点包括个人电脑、智能手机和物联网设备（IoT Devices）（见图 3-6）。在中国场景中，大数据产业以中心城市为核心，周边城市呈梯度发展。越是一线城市，越是核心经济圈，大数据产业发展就越快。

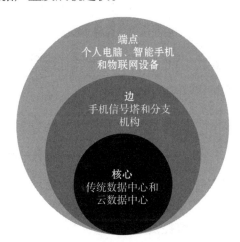

图 3-6 数据分布的物理位置

资料来源：IDC. 数据时代 2025[EB/OL]. [2025-01-20]. https://www.seagate.com/files/www-content/our-story/trends/files/data-age-2025-white-paper-simplified-chinese.pdf。

3. 数据分类方式

在大模型面世前，数据的分类方式参考人类或机器的处理难度（见表 3-5），大模型面世后，数据则按数据基础的模态分类（见表 3-6）。需要强调的是，大模型的出现不是否定了原有数据分类的方式，而是让原有处理数据的方式更加灵活了。

表 3-5　大模型面世前的数据分类

数据类型	定义与特点	示例
结构化数据	有明确格式和组织方式的数据，可以轻松查询和处理	数据库中的表格数据、Excel 中的表格数据
半结构化数据	不符合严格数据模型的数据，但包含标签或其他标记来分隔语义元素	XML 文件、JSON 文件
非结构化数据	没有预定义数据模型，也不易被机器读取和处理的数据	文本文档、视频、音频、图片

资料来源：作者根据互联网资料整理。

表 3-6　大模型面世后的数据分类

数据类型	定义与特点	示例
文本数据	由字符组成的数据，可以是结构化的、半结构化的或非结构化的	书籍、网页内容、社交媒体帖子、电子邮件
图像数据	以电子格式存储的图形和图片	扫描文档
音频数据	声音的数字化记录	音乐文件、语音记录
视频数据	包含时间序列的图像集合，可以展示动态场景	电影、短视频、监控录像
流数据	实时生成并持续流动的数据	金融交易数据、传感器数据、实时社交媒体数据
图数据	用于表示和分析实体间复杂关系和网络的数据，通常包含节点和边	社交网络图、知识图谱、物流网络

资料来源：作者根据互联网资料整理。

（四）大数据的应用领域

作为数字 PC 时代的"石油"，大数据驱动着现代社会高效运转，其应用领域主要有电商领域、电子政务领域、医疗领域、安防领域、金融领域和电信领域。

1. 电商领域

具体包括：①一方面，给买家提供选择信息；另一方面，平台可以分析点击次数、转化率、回购率和产品评估等，给卖家提供平均销售额、平均价格等信息，以便卖家进行策略调整。②识别消费者行为和预测消费者偏好。平台可以利用所生成的大量消费者行为数据，分析消费者购买意向和消费习惯，构建用户画像，并通过识别目标群体来预测未来消费者偏好。③精准营销。通过分析消费者偏好，平台可通过推荐系统给消费者推荐类似商品以提高销售额。④优化配送方案。利用消费者数据可以找出最省时的配送路线、配送方式等，从而进一步整合物流资源，提高运输能力水平以缩短配送的时间。

2. 电子政务领域

具体包括：①政府网站大数据分析。通过用户浏览网站后留下的大量信息，网站一方可以将用户信息存入数据库，并利用大数据技术对相关信息进行分类，以实现网站信息向用户的精准推送。经过大数据处理后的数据信息，逐渐成为政府行政决策的重要依据，并能够在一定程度上保证行政决策的有效性和科学性。②信用平台建设。政府用大数据技术建立以个人为单位的信用数据库，收集相关部门所掌握的居民信用资料，进而对比、整合得出准确的个人信用情况。③信息共享平台与电子政务。大数据技术建设的信息共享平台可以帮助政府通过网络获取社会各领域相关数据，并对数据资源进行有效整合。这有助于政府开展横向、纵向信息全方位共享，突破传统政务工作空间限制，进而促进跨区域政府业务开展。④辅助决策系统。庞大的数据有助于辅助决策系统进行精准决策，但有时相关决策并不能突出"以人为本"的工作理念，因此政府要谨慎对待。

3. 医疗领域

具体包括：①构建医疗数据库。传统的医疗数据都是纸面化的，而大数据技术使得医疗数据成为系统，有助于医院进一步全局性地掌握患者病情以及其他信息，也有助于信息共享。②辅助临床决策。医生可以更全面地对患者数据进行横纵向对比，而不仅仅是依靠以往经验进行诊断，据此医生可以挖掘更深层的病因以帮助患者治疗。③辅助医药公司决策。医药公司可以根据公共疾病发病比例等情况分析药品需求的变化趋势，做出更加符合实际情况的资源分配决策来开发和生产药品。同时还可以对广泛群体反应进行分析以得到更全面、更科学的副作用信息。

4. 安防领域

具体包括：①智能交通。智能交通管理系统可以在海量数据、恶劣网络环境和复杂业务处理情况下，实现大量图像数据、视频数据的实时网络传输和快速持久化存储等。该系统实现了对目前城市道路交通中异常行为的智能识别和自动报警等，从而减轻了交管监控人员的工作负担，提高了监测准确度，使得交通管理工作更高效。②公共安全。在公共安全领域，大数据可辅助公安人员快速开展治安防控、警情研判及指挥决策，发掘公安信息资源价值。

5. 金融领域

具体包括：①运营优化。通过挖掘市场与渠道数据，金融机构能更精准地定位市场机会，优化渠道布局。同时，通过利用客户信息，金融机构能够定制更符合客户需求的产品和服务，提升客户满意度。此外，舆情分析有助于及时发现并解决潜在问题，优化公司形象和业务方向。②精准营销。在客户画像基础上开展实时营销、交叉营销和个性化推荐等。③风险管控。在中小企业贷款方面，可以通过企业的生产、流通、销售、财务等相关信息来量化企业信用额度以开展有效的中小企业贷款；在识别欺诈交易和反洗钱方面，可以利用持卡人基本信息、交易历史、客户历史行为模式、现存行为模式等进行实时交易反欺诈和反洗钱分析。

6. 电信领域

具本包括：①网格管理和优化。包括对基础设施建设的优化和网络运营管理的优化。基础设施建设的优化是通过大数据实现基站和热点的选址以及资源分配等；网络运营管理的优化是通过大数据分析网络流量、流向变化趋势来及时调整资源配置、优化网络质量等。②市场与精准营销。包括通过客户画像深入了解客户行为偏好和需求特征，来进行个性化推荐与预测未来需求，以及通过数据形成客户社交网络来进一步挖掘营销机会。③客户关系管理。包括客服中心优化和客户生命周期管理。通过预测客户下次呼入的需求、投诉风险等来提前缩短客户呼入处理时间；利用客户生命周期管理，可以在客户获取阶段用算法挖掘高潜客户，在客户成长阶段进行交叉销售提升人均消费额，在客户成熟阶段对客户精准分群推行不同的忠诚计划，在客户衰退阶段提前发现高流失风险客户并作相应关怀，在客户离开阶段通过大数据挖掘高潜回流客户。

二、云计算：数字世界的计算引擎

（一）云计算的发展历程

聚焦中国情境，云计算的发展历程可以分为五个阶段——理论完善及引入阶段、发展准备阶段、稳步成长阶段、高速发展阶段以及云智一体化阶段，见表3-7。

表3-7　云计算发展阶段

阶段	主要趋势
理论完善及引入（1959—2005）	云计算的相关理论逐步发展，相关概念慢慢清晰，同时部分企业开始发布初级云计算平台，提供简单的云服务
发展准备（2006—2009）	国内外云计算厂商布局云计算市场，但解决方案和商业模式尚在尝试中，成功案例较少
稳步成长（2010—2012）	云计算产业稳步成长使得云计算生态环境建设和商业模式构建成为这一时期的关键词，另外越来越多的厂商开始介入云计算领域。出现大量的应用解决方案，成功案例逐渐丰富

续表

阶段	主要趋势
高速发展 （2013—2022）	云计算产业链、行业生态环境基本稳定；各厂商解决方案更加成熟稳定，提供丰富的 XaaS 产品；用户云计算应用取得良好的绩效，并成为 IT 系统不可或缺的组成部分。云计算已成为一项基础设施
云智一体化 （2023 年至今）	AI 在云平台上得到广泛应用，使得云计算服务更加智能化、个性化

资料来源：作者根据互联网资料整理。

（二）云计算的定义与组成部分

1. 云计算的定义

根据美国国家标准与技术研究院（National Institute of Standards and Technology，NIST）的定义，**云计算是一种能够通过网络便捷、按需访问一个可配置的共享资源池的服务，资源池中包括网络、服务器、存储、应用程序等资源，这些资源能够通过最小的管理努力或最少的与服务提供商的互动得到快速配置和释放**。简单来讲，云计算就是通过互联网远程访问和使用计算资源的服务。

2. 云计算的组成部分

云计算的组成部分可以分为五个基本特征、五种服务模式以及四种部署方式，见图 3-7。

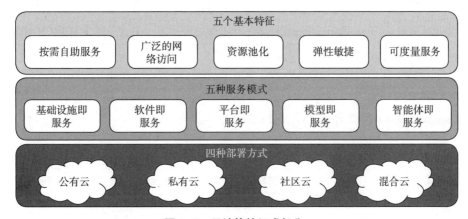

图 3-7　云计算的组成部分

资料来源：王良明 . 云计算通俗讲义（第 3 版）[M]. 北京：电子工业出版社，2019。

云计算的五个基本特征如下。

（1）按需自助服务（On-demand Self-service）：用户可以根据自己的需要从共享的资源池中获取服务，同时不需要或很少需要服务提供商的协助。

（2）广泛的网络访问（Broad Network Access）：用户能够随时随地使用云终端设备

（例如，手机、平板电脑、笔记本电脑、台式机等）接入并使用云端的计算资源。

（3）资源池化（Resource Pooling）：服务提供商将各类软硬件资源（网络、服务器、存储器、应用程序等）组合在一起形成了资源池，方便用户按需获取服务。

（4）弹性敏捷（Rapid Elasticity）：云端的资源可以很好地适应需求的变化，根据需要随时自动分配或回收。

（5）可度量服务（Measured Service）：用户使用了多少云端的资源是可以度量的，系统会根据使用的资源的规模按量计费。

五种服务模式可以分为基础设施即服务（Infrastructure as a Service，IaaS）、软件即服务（Software as a Service，SaaS）、平台即服务（Platform as a Service，PaaS）、模型即服务（Model as a Service，MaaS）以及智能体即服务（Agent as a Service，AaaS），见表3-8。

表3-8　云计算服务模式

服务模式	术语解释	通俗解释
基础设施即服务	提供虚拟化的计算资源作为服务	租了土地与建筑材料
平台即服务	提供软件开发和部署平台作为服务	租了毛坯房
软件即服务	提供基于云的应用程序作为服务	租了精装房
模型即服务	提供机器学习、深度学习模型以及通用（或垂直）大模型作为服务	租了智能化的精装房
智能体即服务	提供以大模型为核心的智能助理	租了定制智能化的精装房

资料来源：作者根据互联网资料整理。

四种部署方式分别为公有云（Public Cloud）、私有云（Private Cloud）、社区云（Community Cloud）和混合云（Hybrid Cloud），见表3-9。

表3-9　云计算部署方式

部署方式	术语解释	通俗解释
公有云	提供由第三方运营的云计算资源，服务可供公众使用	公共健身房
私有云	提供专用于特定组织的云计算资源，通常位于该组织的内部网络中	自家健身房
社区云	提供服务于特定社群或组织群体的云计算资源，共享基础设施和数据服务	小区健身房（限定仅对小区业主开放）
混合云	结合了公有云和私有云服务，提供更灵活的数据部署选项和优化资源利用	公共健身房和自家健身房

资料来源：作者根据互联网资料整理。

（三）云计算的行业应用

1. 教育云

教育云是指利用云平台实现教学数字化、电子化、信息化、无纸化，为教师提供良好的平台，构建个性化教学的信息化环境，支持教师的有效教学和学生的主动学习，促进学生思维能力和群体智慧发展，提高教育质量。其优势在于将现有的教育网、校园网进行升级，并整合出公用教育资源库，方便教学使用与统一管理，从而提高教学质量。

教育云一般包括云计算辅助教学（Cloud Computing Assisted Instructions，CCAI）和云计算辅助教育（Cloud Computing Based Education，CCBE）等多种形式。

云计算辅助教学是指学校和教师利用云计算支持的教育云服务，也就是充分利用云计算所带来的云服务为教学提供资源共享、无限存储空间的便利条件。

云计算辅助教育，或者称"基于云计算的教育"，是指在教育的各个领域中，利用云计算提供的服务来辅助教育教学活动。云计算辅助教育是一个新兴的学科概念，属于计算机科学和教育科学的交叉领域，它关注未来云计算时代的教育活动中各种要素的总和，主要探索云计算提供的服务在教育教学中的应用规律，与主流学习理论的融合，相应的教育教学资源和教学过程的设计与管理等。

2. 金融云

金融云是利用云计算的一些运算和服务优势，为银行、基金、保险等金融机构提供 IT 资源和互联网运维服务，将金融业的数据、用户、流程、服务及价值通过数据中心、客户端等技术手段分散到"云"中，以改善系统体验，提升运算能力，重组数据价值，为用户提供更高水平的金融服务，并同时达到降低运行成本的目的。

3. 政务云

随着政务信息资源开发利用的深入，电子政务平台的应用系统和硬件设备在不断增加，从而导致整个电子政务平台的建设和运行成本（包括电力成本、空间成本、维护成本等）不断攀升。同时政府各部门建设的应用系统之间数据不能共享，形成数据孤岛，严重制约了电子政务统一平台的发展。云计算作为一种新的软件服务模式，具有整合软硬件资源、较低的客户端要求和统一维护平台的特点。将云计算模式应用到电子政务平台建设上来，可以最大限度地共享数据资源、节约建设和运行成本、提升平台的负载能力、降低维护难度。政务云应用集中在公共服务和电子政务领域，即公共服务云和电子政务云。

公共服务云定位为由政府主导，整合公共资源，为居民和企业的直接需求提供云服务的创新型服务平台。根据公共服务的行业又可对公共服务云进行细分，如医疗云、社保云、园区云等。公共服务云需要整合各种公共资源，适宜部署到公有云中。

电子政务云是为政府部门搭建一个底层的基础架构平台，把传统的政务应用迁移到平台上，然后共享给政府各部门，提升各部门的服务效率和服务能力。考虑到电子政务系统在安全方面的特殊要求，电子政务云更适合选择私有云。

4. 智能交通云

智能交通云平台是一种面向政府决策、交通管理、企业运营和公众出行等多重需求而构建的先进服务体系。该平台致力于创建一个综合性的智能交通云服务系统。它通过与铁路、民航、公安、气象、自然资源、旅游、邮政等相关部门的数据资源进行有效交换与共享，建立起一个全面而高效的综合交通数据交换体系和大数据中心。利用监控、监测以及交通流量分布优化等先进技术，智能交通云平台能够构建一个包含车辆属性信息和静态信息、动态实时信息的综合运行平台。

智能交通云平台的实施，实现了对全网的全面覆盖，为交通疏导、应急指挥、智能出行、出租车和公交车管理、智能导航等提供了一系列服务。它确保了交通信息的充分共享，实现了对公路交通状况的实时监控和动态管理，极大地提升了监控力度和智能化管理水平。

智能交通云平台的运用，能够确保交通运输的安全和畅通，推动构建一个协调运行的新一代综合交通运输体系，实现人、车、路和环境之间的和谐共生。

5. 医疗健康云

医疗健康云是指使用云计算、云存储、云服务、物联网、移动互联网等技术手段，通过医疗机构、专家、医疗研究机构、医疗厂商等相关部门的联合、互动、交流、合作，为医疗患者、健康需求人士提供在线、实时、最新的健康管理、疾病治疗、疾病诊断、人体功能数据采集等服务与衍生产品开发。

医疗健康云将提供"从摇篮到坟墓"的健康管理，也就是全人全程健康管理系统，把人体的致病原因用准确的医学术语记录下来，便于医生发现问题。从胎儿期的产检记录，到日常的体检报告，实时的人体体征数据，以及每次医生的诊断结果，每一个和健康有关的信息都会以数据的形式被记录下来，社区责任医生会根据这些记录，帮助居民进行健康管理，提醒居民该注意哪些健康事项，同时海量的居民健康信息的汇聚，也可以帮助疾控部门进行当地流行病学的统计，发现一些各地高发的疾病，开展高发疾病的防治工作。

（四）云计算的发展趋势[①]

从整体来看，云计算正面临一场由大模型引领的变革，主要体现在以下三个方面。

第一，生成式 AI 正在推动整个云服务行业的全面升级。据硅谷知名风险投资公司 a16Z 估计，应用层厂商大约有 20%—40% 的收入用于推理和模型微调，这部分收入通常直接支付给云服务提供商或第三方模型供应商。而第三方模型供应商也会将大约一半的收入再投入云基础设施，这意味着生成式 AI 总收入的 10%—20% 流向了云服务提供商。此外，目前大模型训练所需的算力正以每 3—4 个月翻倍的速度增长，这一增速远超摩尔定律的预期。

第二，传统云生态系统正在逐渐向新型云生态系统过渡。在传统云生态中，软件和服务是核心，云服务提供商仅提供基础的云服务（如计算、存储、网络等），而其他服务则由合作伙伴来提供。这种生态模式虽然分工明确、边界清晰，但也带来了服务成本高、协同效率低等问题。在大数据和大模型时代，新型云生态系统将更多地以多租户平台和 AI 原生应用为核心。

第三，云服务提供商正在积极推出大模型平台，目的是降低大模型训练和使用的门槛。例如，百度推出了面向 B 端企业用户的文心千帆大模型平台，提供一站式的大模型定制服务，包括数据管理、自动化模型定制微调和推理服务云端部署等，同时还提供企业级的文心一言推理云服务；腾讯云推出了新一代 HCC 高性能计算集群，采用了最新一代腾讯云星星海自研服务器和 NVIDIA H800 Tensor Core GPU，提供高达 3.2T 的超高互联带宽；阿里云推出了魔搭社区，这是一个面向用户的模型服务型平台，致力于降低模型使用门槛，为多个场景提供适配的应用程序接口（Application Programming Interface，API）；华为在 2023 年研发了昇腾系列 AI 芯片，在美国对中国禁售高端 AI 芯片的大背景下，为中国企业的 AI 发展提供了新的选择和机遇。

具体来说，云计算未来的发展重点可以总结为以下四个部分。

1. 边缘计算与实时云

边缘计算通常被认为是云计算的拓展，而非传统意义上的云计算服务。通常，数据和计算资源位于远程数据中心，而边缘计算则靠近数据源。边缘计算通常与物联网相关，它通过将数据处理靠近数据收集点来最小化延迟并提高数据处理效率，比如自动驾驶相关场景就运用了边缘计算。边缘计算更贴近实时处理，而相应地，也需要实时云作为基础。一个容易理解的例子就是云游戏，它对数据传输、低延时和稳定的连

[①] 方文三. 大模型终将改变云计算格局 [EB/OL].（2024-01-10）[2025-01-20]. https://cloud.it168.com/a2024/0110/6836/000006836560.shtml。

接有很高的要求。

云计算中心提供强大的计算能力和大规模存储，而边缘计算提供快速的数据处理和响应能力。它们通常结合使用，可以称为云边协同计算，以实现各自优势来满足不同业务需求。

2. 云安全

当越来越多的企业等主体逐渐迁移到云上时，云安全就变得非常重要了。在未来，保证云安全对云服务提供商和客户异常重要。随着大模型的出现，网络犯罪的可能性越来越大，其中包括云空间上的数据窃取与泄露。据 Gartner 预测，2025 年，全球最终用户在公有云服务上的支出预计将达到 7234 亿美元。因此，将云安全放在首位并执行一致的安全政策则非常重要。

3. 多云及容器云

对于容灾能力要求较高的业务，用户可以在单一云厂商的不同区域搭建多个集群，也可以选择在不同云厂商的不同区域搭建多个集群，即实施多云策略。

容器云（Container Cloud）是一种基于容器技术的云计算平台，用于管理和运行容器化应用程序。它提供了一种轻量级、可移植和可扩展的方式来打包、部署和管理应用程序。容器化应用程序可以在不同的环境中运行，包括本地、私有云和公有云。容器云提供了跨平台和跨云服务提供商的可移植性，使应用程序可以在不同的环境中无缝迁移和扩展。

4. 绿色计算

由于云计算所提供的强大算力需要消耗巨量的能源，因此减少能源消耗以减缓温室效应迫在眉睫。绿色计算包括贯穿电脑、芯片和其他科技组件从生产到回收生命周期的有意识环境实践，其目的在于最小化对环境的影响和对能源的消耗。

第三节　物联网与数字孪生：
现实世界的神经系统与动态映像

一、物联网：现实世界的神经系统

（一）物联网的发展历程

物联网的历史可以追溯到 20 世纪 80 年代初，全球首个隐含物联网概念的设备是位于卡内基梅隆大学的可乐贩卖机，它能够连接到互联网并检查库存。1991 年，马克·维瑟（Mark Weiser）提出普及计算的概念，为物联网的发展拓展了重要的道路。随后，雷扎·拉吉（Reza Raji）在 1994 年提出了可将小量的数据汇集至一个大的节点的概念。进入 21 世纪，随着价格低廉的计算机芯片和高带宽通信网络的出现，物联网开始快速发展，我国已有数十亿台设备连接到互联网。

聚焦我国物联网的发展，其历程可以分为三个阶段——萌芽期、初步发展期和快速成长期，如图 3-8 所示。

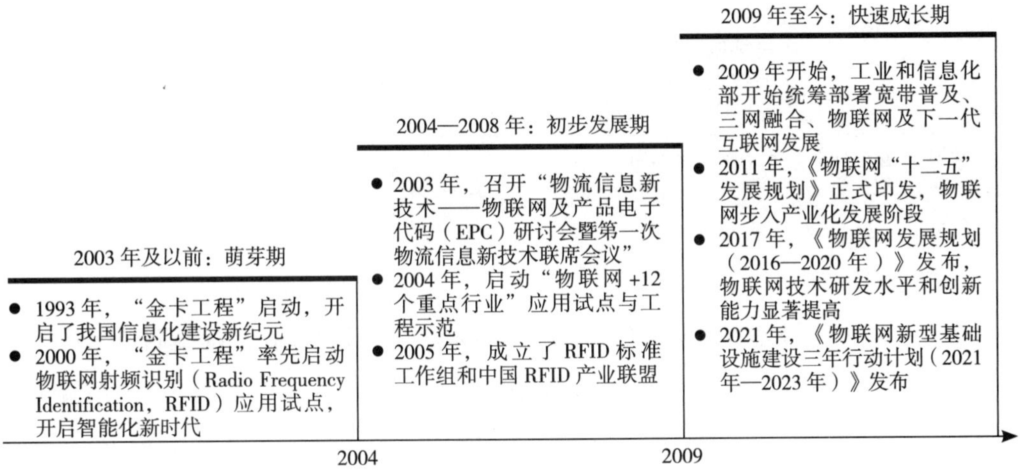

图 3-8　我国物联网发展的三个阶段

资料来源：前瞻产业研究院官网。

（二）物联网的定义及特征

物联网的概念最早于 1999 年由麻省理工学院 Auto-ID 研究中心提出，2005 年国际电信联盟（ITU）在信息社会世界峰会上正式确定了"物联网"的概念。从功能角度，ITU 认为"世界上所有的物体都可以通过互联网主动进行信息交换，实现任何时刻、任何地点、任何物体之间的互联，即实现无所不在的网络和无所不在的计算"；从技术角度，ITU 认为"物联网涉及 RFID 技术、传感器技术、纳米技术和智能技术等"。

准确来说，物联网是指通过 RFID、红外感应器、全球定位系统、激光扫描器等信息传感设备，按约定的协议，把任何物体（Non-PC）与互联网相连接，进行信息交换和通信，以实现对物体的智能化识别、定位、跟踪、监控和管理的一种网络。

相比传统的互联网，物联网有三个基本特征，具体如表 3-10 所示。

表 3-10　物联网的三个基本特征

基本特征	详细介绍
各种感知技术的广泛应用	物联网中部署了海量的多种类型的传感器，每个传感器都是一个信息源，而不同类型的传感器所捕获的信息内容和信息格式不同。传感器获得的数据具有实时性，其按一定的频率周期性地采集环境信息并不断更新数据。因此，物联网是各种感知技术的广泛应用
建立在互联网之上的泛在网络	物联网中的传感器定时采集的信息需要通过网络传输，由于数据量极大，在传输过程中，为了保障数据的正确性和及时性，必须适应各种异构网络和协议要求。因此，物联网是一种建立在互联网之上的泛在网络
具有智能处理的能力	物联网不仅提供了传感器的连接，还能够对物体实施智能控制。物联网将传感器和智能处理相结合，利用云计算、模式识别等各种智能技术，不断扩大应用领域。通过对传感器获得的海量信息进行分析、加工和处理，得到有意义的数据，从而适应不同用户的不同需求，发现新的应用领域和应用模式。因此，物联网本身具有智能处理的能力

资料来源：作者根据互联网资料整理。

（三）物联网的行业应用

1. 工业互联网

工业物联网也被称作工业 4.0，是应用数据采集、远程监控来提高制造生产和工作管理等流程效率的工业技术。工业物联网是物联网的主要应用领域，各种终端传感器、即时通信技术、互联网技术不断融入工业生产的各个环节，可以大幅提高制造效率，改善产品质量，降低产品成本和资源消耗，将传统工业生产提升到智能制造的阶段。工业物联网是一个工业设备的智能网络，也是一个采用多样化的网络实现数据采集、监控、共享和计算分析的系统。每个工业物联网都由三层结构组成：负责生产制造的工业设备；可以感知、采集和传输数据的网关设备；用户进行远程监控、控制的终端设备和平台。总体来说，就是"数据产生—数据采集—数据处理—数据传输—数据监控—数据反馈"的整个流程。

通过实时的数据采集实现设备的远程维护，可以更快地发现问题，节约处理的时间和成本，同时提供轻松智能的办公场景。工业互联网在智能制造、智慧环保、能源管理方面有着广泛的应用。在工业实际应用中，工业物联网是生产流程优化、供应链追溯、质量管理和预测性维护的关键。

物联网技术的应用提升了生产线过程检测、生产设备监控、材料消耗监测的能力和水平，生产过程中的智能监控、智能控制、智能决策、智能修复的水平不断提高，从而实现了对工业生产过程中加工产品宽度、厚度、温度等因素的实时监控，提高了产品质量，优化了生产工艺流程。

2. 车联网

车联网是指依托信息通信技术，通过车内、车与车、车与路、车与人、车与服务平台的全方位连接和数据交互，为交通参与者提供安全、智能、舒适、高效的综合服务。基于车联网，能够形成汽车、电子、信息通信和交通运输等行业深度融合的产业形态。

根据 2021 年 3 月发布的《国家车联网产业标准体系建设指南（智能交通相关）》，车联网（智能交通相关）技术主要包括以下三方面。

（1）智能交通基础设施。智能交通基础设施的重点是基于道路的交通信息感知、与车辆协同配合的智能化路侧系统。路侧系统向车辆发送高精度地图信息、定位辅助信息、交通规则信息、交通环境信息、基础设施信息、实时交通状态、危险预警提示等，车辆可以实现精确定位，及时掌握路段层面信息，扩展感知范围。同时，路侧系统可实现路口、互通区、匝道区及路段范围内的协同控制，提高车辆在交叉口、合流区、分流区、互通桥区、关键路段的运行安全和效率。此外，路侧系统将路段层面的交通状态、交通环境、交通事件等信息反馈至管控中心，可提高交通参与者的全局感知能力。

（2）车路信息交互。车路信息交互的重点是交通参与者与路侧基础设施的信息交互，将人、车与智能交通基础设施联系起来，内容包括路侧通信系统、车路信息交互规则等。此外，车辆还向路侧系统和管控中心反馈其运行信息、异常状态等，提高系统的感知精度和响应速度。

（3）车联网运输管理与服务。车联网运输管理与服务侧重路网层面宏观信息感知与服务。信息中心将路网交通状态、路网交通环境、交通控制及调度、应急处置等信息发送至路侧系统，路侧系统根据需要将信息转发至车辆。对全局性的地理数据、气象、交通事件等信息，信息中心可通过通信网络直接发送到车辆。

3. 智慧医疗

建设智慧医疗，主要是指实现物联网技术和我国医疗事业的全面融合发展，以确保医疗领域的信息互联互通，实现不同组织单位之间的共享协作，并分享临床经验，以保障诊断的科学性。同时还可以将物联网技术运用到公共卫生事件预防中，推动我国医疗事业发展，实现全方位改革和创新。依托物联网技术，可使医疗事业突破发展瓶颈和真正实现智能化建设，以推动我国医疗事业走向繁荣发展之路。智慧医疗有以下特点。

（1）实现互联互通。智慧医疗体系通过运用物联网技术、云计算技术，可以使医院的各类电子病历数据信息以及医疗设备服务器材实现和传感器数据的全方位整合，进行集中存储、分类管理，同时对患者的就诊经历进行持续性记录。患者可以自主选择医生或更换医院，通过授权的医生可以随时查看患者的病历，以及在疾病治疗过程中的医疗措施、医疗保险等。

（2）服务性。智慧医疗体系通过对数据进行标准化建设，保障数据信息采集的准确性，同时还可兼顾系统的兼容性和可拓展性，以确保医疗机构彼此之间实现信息与医疗资源的全面共享，解决传统医疗服务过程中的信息孤岛问题。

（3）预防性。依托物联网技术，可以促使数据信息的捕获、感知、测量、传递过程更为高效，并通过运用边缘计算技术、云计算技术和大数据分析技术，实现对海量数据信息的全面综合分析，发现患者的重大病症，对可能出现公共卫生风险的事件，在第一时间做出响应并处理。

（4）激励创新。智慧医疗体系通过运用大量以物联网技术为代表的高新技术，除了可以缓解医疗工作者的诊断压力，还可以为其创新提供辅助工具，推动临床创新和研究工作顺利进行，使得医疗服务能力得到全方位提升。

（5）可靠性。智慧医疗体系以物联网技术为依托所获得的海量数据信息，在数据区块链技术的支持下，除了可以让医生搜索所需信息，保障诊断过程的科学合理，也可以高度维护患者个人隐私数据信息的安全。

4. 智慧农业

智慧农业是指通过现代科学技术与农业种植的结合，实现农业生产无人化、自动化、智能化管理。智慧农业就是将物联网技术运用到传统农业中，对农业生产过程与灾变预警等进行感知与控制，使农业生产更具有"智慧"。

智慧农业应用系统通过前端感知设备获取农作物生长环境信息，如土壤水分、土壤温度、空气温度、空气湿度、光照强度、植物养分含量等数据；应用系统负责存储和处理传感器节点发来的数据信息，以直观的可视化方式动态显示给用户，并对农业园区进行依据场景状态的自动化灌溉、降温、液体肥料施肥、喷药和灾害预警等控制处理。

基于物联网技术的智慧农业应用系统有以下主要功能：

（1）数据采集与监测功能。在农业园区内实现自动信息检测与控制，通过配备无线传感器节点、太阳能供电系统、信息采集和信息路由设备搭建无线传感传输系统。农业生产人员可通过监测数据对环境进行分析，并根据需要调动各种执行设备，完成调温、调光、换气等动作，实现对农作物生长环境的智能控制。

（2）视频监控功能。在农作物与环境、土壤及肥力间的物物相联的关系网络中，可通过多维信息与多层次处理实现农作物的最佳生长环境管理及施肥管理。但是对管理农业生产的人员而言，仅有数值化的信息是不够的。视频监控为物与物之间的关联提供了更直观的表达方式，能够直观地反映农作物的实时状态，可以较好地实现数据可视化，既可以直观反映一些农作物的长势，也可以从侧面反映农作物生长的整体状态及肥料水平。

（3）农产品溯源与安全。通过对农产品的有效识别和对生产环境、加工环境的监测，可实现农产品溯源，进行可靠的全程质量监控，从而建立农产品溯源与安全系统。在这样的应用场景下，用户可以迅速了解农产品的生产过程，从而为农产品供应链提供完全透明的展示途径，增强用户对农产品安全性的信心，并且保障合法经营者的利益，提升可溯源农产品的品牌效应。

（四）物联网的发展方向

经过多年的发展，我国已在网络通信以及一些特定场景具备成熟的产业体系，基于此，以物联网产业为推动数字经济发展的主要抓手，既把握住了先进感知、高端通信等重点关键基础设施和工业互联网、智慧城市等核心场景，又充分发挥了现有政府部门的组织职能，利用现有协作网络，提高了资源统筹的效率，筑牢发展根基。2021年，工业和信息化部等八部委印发《物联网新型基础设施建设三年行动计划（2021—2023年）》，从创新、生态、应用和支撑四个方面进行了全面部署。在此背景下，我国物联网行业呈现以下发展趋势。

1. 物联网应用的市场潜力将逐步释放

物联网不再仅限于对家庭和个人提供消费升级的一些新产品，而是已经开始广泛应用到人们的衣食住行游购娱等各个方面，从一定程度上体现出物联网改变生活的效应。当前物联网在全屋智能、健康可穿戴设备、智能门锁、车载智能终端等消费领域上的应用保持高速增长态势。共享经济蓬勃发展，不断推动物联网消费类应用产品创新。未来，硬件技术升级、产业生态搭建，将是消费类物联网市场发展的主要驱动力量。

2. 产业物联网升级将深化物联网应用发展

物联网与工业、农业、能源等传统行业深度融合形成产业物联网，成为传统行业转型升级所需的基础设施和关键要素。当前物联网应用正在向工业研发、制造、管理、服务等业务全流程渗透，农业、交通、零售、医疗等行业物联网集成应用试点也在加速开展。物联网与北斗、大数据、AI、边缘计算等技术融合，将助推物联网在更多领域的应用发展。

3.智慧城市驱使物联网规模化应用

"数字孪生城市"正在成为全球智慧城市建设热点，通过交通、能源、安防、环保等各系统海量的物联网感知终端，可实时全面地感知真实城市的运行状态，构建真实城市的虚拟镜像，支撑城市监测、预测等各类应用，实现城市智能管理和调控。

二、数字孪生：现实世界的动态映像

（一）数字孪生的发展历程

数字孪生中"孪生"的基本思想最早起源于 20 世纪美国国家航空航天局（NASA）的阿波罗计划，通过留在地球上的航天器对发射到太空的航天器进行工作状态的仿真模拟，进而辅助航天员完成决策，明显减少了各种操作结果的未知性。"数字孪生"一词首次出现于 2009 年美国空军研究实验室提出的"机身数字孪生体"概念中，而"数字孪生"首次作为独立概念出现则是在 2010 年 NASA 的两份技术报告中，其被定义为集成多物理量、多尺度、多概率的系统或飞行器仿真过程。此后，数字孪生正式进入公众的视野，也开始得到各研究领域的重视。2014 年，迈克尔·格里夫斯（Michael Grieves）在其撰写的《数字孪生：通过虚拟工厂复制实现卓越制造》（*Digital Twin：Manufacturing Excellence through Virtual Factory Replication*）一文中对数字孪生的理论和技术体系进行了系统的阐述。2015 年，GE 基于数字孪生体，实现对发动机的实时监控、检查及维护。2017—2019 年，Gartner 连续三年将数字孪生列为当年十大战略科技发展趋势之一。

（二）数字孪生的定义及特征

数字孪生（Digital Twin）是指针对物理世界中的物体，通过数字化的手段构建一个在数字世界中一模一样的"数字孪生体"，借此来实现对物理实体的了解、分析和优化。数字孪生充分利用物理模型、传感器更新、运行历史等数据，集成多物理量、多尺度、多概率的仿真过程，在虚拟空间完成映射，从而反映相对应的实体装备的全生命周期过程，借助物理实体的数据进行实时演化，并在过程中进行仿真、控制、预测等操作，将结果反馈给物理实体，从而起到优化并协助物理实体的作用。

数字孪生具有五个典型特点——互操作性、可拓展性、实时性、保真性和闭环性，如表 3–11 所示。

表 3-11　数字孪生的五个典型特点

典型特点	通俗解释	学术解释
互操作性	允许多样的数字模型有效映射现实世界，以满足不同场景和需求对物理实体的不同表征	数字孪生中的物理对象和数字空间能够双向映射、动态交互和实时连接，因此数字孪生具备以多样的数字模型映射物理实体的能力，具有能够在不同数字模型之间转换、合并和建立"表达"的等同性
可拓展性	类似于乐高积木，数字孪生可以不断增加和替换部分零件，以构建更复杂和全面的模型	数字孪生技术具备集成、添加和替换数字模型的能力，能够针对多尺度、多物理量、多层级的模型内容进行扩展
实时性	如同实时新闻报道，数字孪生即时反映现实世界中的每一个变化	数字孪生技术要求数字化，即以一种计算机可识别和可处理的方式管理数据以对随时间轴变化的物理实体进行表征。表征的对象包括外观、状态、属性、内在机理，形成物理实体实时状态的数字虚体映射
保真性	如同高清电影中的特效，数字孪生在模拟现实世界时，尽量接近真实场景	数字孪生的保真性指描述数字虚体模型和物理实体的接近性。要求虚体和实体不仅要保持几何结构的高度仿真，在状态、相态和时态上也要仿真。值得一提的是，在不同的数字孪生场景下，同一数字虚体的仿真程度可能不同。例如工况场景中可能只要求描述虚体的物理性质，并不需要关注化学结构细节
闭环性	强调数据可视化和决策	数字孪生中的数字虚体，用于描述物理实体的可视化模型和内在机理，以便于对物理实体的状态数据进行监视、分析推理、优化工艺参数和运行参数，实现决策功能，即赋予数字虚体和物理实体一个大脑。因此数字孪生具有闭环性

资料来源：赵波，等．一文看懂数字孪生——概述 [EB/OL]．（2020-11-23）[2024-09-01]．https://m.thepaper.cn/baijiahao_10112661。

数字孪生由五大要素构成：物理实体、虚拟空间等价孪生体、数据、关联、服务，如图 3-9 所示。

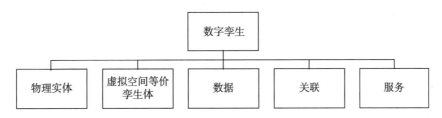

图 3-9　数字孪生的五大要素

物理实体包括物理世界中的各个物件、系统以及传感设备。其中，传感设备用于实时收集物件和系统的状态以及相应数据。虚拟空间等价孪生体可以理解为数字孪生体，用于在数字空间中表征对应的物理实体，包括实体的属性、特征等各维度参数。

数据既包括直接获取的物理实体的数据，也包括在数字空间中生成的数据。关联代表各部分之间的实时联系，物理数据被传输到数字模型中，将数字孪生生成的数据反馈给物理实体，以便调整与优化。服务则代表数字孪生整个系统产出的结果及其对现实的意义。

（三）数字孪生应用领域

1. 基于数字孪生的产品设计

产品设计是指根据用户使用要求，经过研究、分析和设计，提供产品生产所需的全部解决方案的工作过程。基于数字孪生的产品设计是指在产品数字孪生数据的驱动下，利用已有物理产品与虚拟产品在设计中的协同作用，不断挖掘产生新颖、独特、具有价值的产品概念，转化为详细的产品设计方案，不断降低产品实际行为与设计期望行为间的不一致性。基于数字孪生的产品设计更强调通过全生命周期的虚实融合，以及超高拟实度的虚拟仿真模型建立等方法，全面提高设计质量和效率。其框架分为需求分析、概念设计、方案设计、详细设计和虚拟验证五个阶段。

基于数字孪生的产品设计表现出如下新的转变：驱动方式由个人经验与知识驱动转为孪生数据驱动；数据管理由以设计阶段数据为主扩展到关注产品全生命周期数据；创新方式由需求拉动的被动型创新转变为基于孪生数据挖掘的主动型创新；设计方式由基于虚拟环境的设计转变为物理与虚拟融合协同的设计；交互方式由离线交互转变为基于产品孪生数据的实时交互；验证方式由以小批量产品试制为主转变为以高逼真度虚拟验证为主。

2. 基于数字孪生的生产物流精准配送

生产物流包括企业内部物流（车间物流）和企业外部物流（企业之间物流），是保证企业正常生产、提高生产效率、降低产品成本的关键。数字孪生生产物流是在孪生数据驱动下，通过物理实体与虚拟模型的真实映射、实时交互、闭环控制，实现生产物流的任务组合优化、运输路线规划、运输过程控制等在物理世界、信息世界和上层物流服务系统之间的迭代运行，从而达到生产过程物流无缝化和智能化的一种新的生产物流运行模式。

3. 基于数字孪生的产品质量分析与追溯

产品质量分析与追溯指在设计正确合理的制造工艺的同时，对生产过程中加工精度、所受应力等因素综合考虑，实现产品的加工质量分析，并在出现质量问题时，可以追溯加工中的每个环节，找出原因，从而改进加工工艺、控制加工质量。基于数字孪生的产品质量分析与追溯指在采集物理车间中各个制造工序所承受的切削力误差、定位精度、工件热变形等信息基础上，通过在虚拟车间仿真计算，以对产品加工质量进行分析和预测。此外，产品的加工过程及相应的加工参数被记录在虚拟车间中以便进行产品质量追溯。

（四）数字孪生的发展方向

1. 向其他应用领域拓展需求

数字孪生提出初期主要面向军工及航空航天领域的需求，近几年才逐渐向电力、汽车、医疗、船舶等民用领域拓展，并且有非常广阔的市场前景。而由于缺乏通用的数字孪生参考模型与创建方法的指导，数字孪生相关领域的落地应用受到严重阻碍。当前的研究和实践表明，在相关领域应用过程中，我们需要解决的第一个挑战就是如何根据不同的应用对象和业务需求创建对应的数字孪生模型。

2. 与新的信息技术深度融合

数字孪生相关领域的落地应用离不开新的信息技术的支持，其中包括基于物联网的虚实互联与集成技术，基于云模式的数字孪生数据存储与共享服务，基于大数据与AI 的数据分析、融合以及智能决策，基于 VR 与 AR 的虚实映射与可视化显示等。数字孪生必须与新的信息技术深度融合才能实现信息物理系统的集成、多源异构数据的"采—传—用"，进而实现物理数据的融合、支持虚实双向连接与实时交互，开展实时过程仿真与优化，提供各类按需使用的智能服务。

3. 普适工业互联

普适工业互联包括物理实体之间的互联与协作，物理实体与虚拟实体的虚实互联与交互，物理实体与数据 / 服务间的双向通信与闭环控制，虚拟实体、数据及服务间的集成和融合等，是实现数字孪生虚实交互与融合的基石。实现普适工业互联是数字孪生的应用前提。目前部分研究已经开始探索面向数字孪生的实时互联方法，包括面向智能制造多源异构数据实时采集与集成的工业互联网 Hub、基于 Automation ML 的信息系统实时通信与数据交换、基于 MT Connect 的现场物理设备与模型及用户的远程交互，以及基于中间件的物理实体与虚拟实体的互联互通等。

◎ 本章小结

1. 从学术概念上说，数字技术是一种可以将各种信息（无论信息的载体是图、文、声、像还是其他形式）转化为计算机可以识别的语言进行加工、储存、分析以及传递的技术。

2. 常用的数字技术包括大数据、云计算、物联网、AI 四大类技术，附加作为技术底座的通信技术和安全技术。

3. 大数据的构成要素包括数据量、地理分布、数据分类方式。

4. 云计算是一种能够通过网络便捷、按需访问一个可配置的共享资源池的服务，资源池中包括网络、服务器、存储、应用程序等资源，这些资源能够通过最小的管理努力或最少的与服务提供商的互动得到快速配置和释放。

5. 云计算的五个基本特征分别是按需自助服务、广泛的网络访问、资源池化、弹性敏捷、可度量服务。

6. 云计算的五种服务模式分别是基础设施即服务（IaaS）、软件即服务（SaaS）、平台即服务（PaaS）、模型即服务（MaaS）以及智能体即服务（AaaS）。云计算的四种部署方式分别为公有云、私有云、社区云和混合云。

7. 物联网是指通过 RFID、红外感应器、全球定位系统、激光扫描器等信息传感设备，按约定的协议，把任何物体（Non-PC）与互联网相连接，进行信息交换和通信，以实现对物体的智能化识别、定位、跟踪、监控和管理的一种网络。

8. 物联网有三个基本特征，其一在于它是各种感知技术的广泛应用，其二在于它是一种建立在互联网之上的泛在网络，其三在于它本身具有智能处理的能力。

9. 数字孪生是指针对物理世界中的物体，通过数字化的手段构建一个在数字世界中一模一样的"数字孪生体"，借此来实现对物理实体的了解、分析和优化。

10. 数字孪生具有五个典型特点，分别是互操作性、可拓展性、实时性、保真性和闭环性。数字孪生的五大要素分别是物理实体、虚拟空间等价孪生体、数据、关联、服务。

第四章
数字创新的大脑：人工智能

人工智能已成为数字化时代的核心驱动力，被誉为"数字创新的大脑"。谷歌 CEO 桑达尔·皮查伊（Sundar Pichai）认为，人工智能是人类正在研究的最深刻的技术，比研究火、电或我们过去所做的任何事情都要深刻。本章将带领读者深入探索这一颠覆性技术的全貌。首先，回顾人工智能的发展历程、基础概念、主要学派和未来趋势。接着，分析人工智能的主流大模型、两种核心的大模型开发范式以及大模型的前沿进展。最后，聚焦提示工程这一新兴技术，探讨如何通过优化人与人工智能的交互，充分释放其潜能。掌握本章内容，将为数字创新战略的学习奠定坚实的技术基础。

学习目标：

1. 理解人工智能的发展历程和内涵；

2. 了解人工智能的主要学派和发展趋势；

3. 了解主流大模型及其使用与开发；

4. 学会应用提示工程。

课前阅读

随与 AI：智能办公 Agent 助力货代行业转型

国际货运代理行业是接受客户委托完成货物运输的某一个环节或与此有关的环节，涉及这方面的工作都可以直接或间接地找货代企业来完成，以节省资本。

随与 AI 是广州空间折叠科技有限责任公司创立的 AI 品牌，致力于在 AI 大模型基础上创造符合特定场景应用的 AI 产品，让企业拥有"随时随地随便用，能看能说能干活"的 AI 助理。为了提升货代企业的核心竞争力以及降低人力成本，随与 AI 开发了一个针对货代行业的先进智能办公解决方案——随令。这个方案为 AI 大模型这颗大脑接入了能干活的手，并将 AI 的能力嵌入企业的工作流程，为货代行业定制了一个多智能体（Multi-Agent）系统，从 AI 协助烦琐工作与数据库分析两个角度实现降本增效，实现智能回复、自动编写邮件、自动询价、自动生成报告等办公工作的自动化。随令解决方案框架见图 4-1。

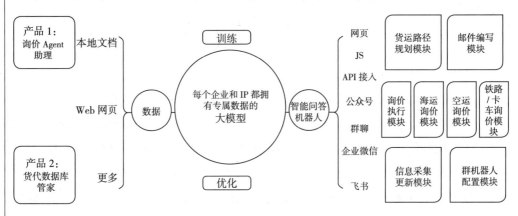

图 4-1　随令解决方案框架

具体工作流程如下：

第一，初步规划路径。用户输入运输的相关具体信息（如起点、终点、货物类型等），随后 Agent 进行路径拆分和规划，得到路径安排结果。

第二，获取供应商列表。根据路径结果，Agent 将获取各个路段可用的服务供应商信息列表。

第三，询价。Agent 将挂起一个等待任务，通过邮件的编写和发送进行各路段的询价。

第四，数据提取与分析。每当收到新邮件反馈后 Agent 将进行信息的分析提取，并更新等待任务的信息状态。

第五，报告方案规划结果。Agent 通过任务监测工具查看方案询价完成度，最终根据信息反馈，设计出若干条可行的规划路径供销售人员选择。

当前随令产品已在国际物流代理行业中得到应用，它将客户公司的销售人员从重复性工作中解放，提高了工作效率，降低了人力成本，降本增效成果显著。随令也表示将持续升级服务，提供更智能、更高效的办公解决方案，以满足货代行业数智化转型的需求。

思考

随与 AI 的智能办公解决方案在货代行业的应用体现了数智化转型的潜力和优势。你认为采用这样的 AI 助力方案对货代行业的未来发展有何影响？

第一节　人工智能的前世今生

一、人工智能发展历程

如图 4-2 所示，截至目前，人工智能的发展历程可分为七个阶段：孕育期、形成期、基于知识的系统（专家系统）、神经网络的复兴、机器学习和统计学方法的兴起、深度学习时代和大型预训练模型时代。

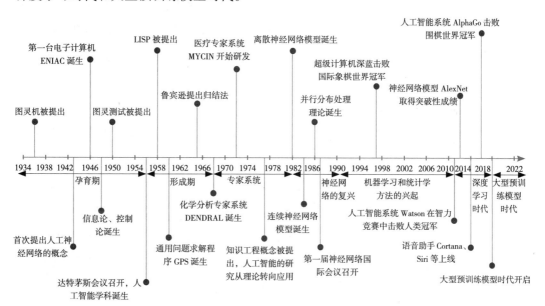

图 4-2　人工智能的发展历程

（一）孕育期（1956 年以前）

1936 年，英国数学家艾伦·M. 图灵（Alan M. Turing）提出了图灵机这一划时代的抽象计算模型，为计算机科学与人工智能的诞生奠定了坚实的理论基础。1943 年，心理学家沃伦·S. 麦卡洛克（Warren S. McCulloch）和数理逻辑学家沃尔特·H. 皮茨（Walter H. Pitts）首次提出了人工神经网络的概念，为神经网络的未来发展铺平了道路。1945 年，约翰·冯·诺依曼（John von Neumann）提出了存储程序的概念，随后在

1946年，世界上第一台电子计算机 ENIAC 的问世，为人工智能的发展提供了重要的物质基础。1948年，克劳德·E.香农（Claude E. Shannon）发表了文章《通信的数学理论》（*A Mathematics Theory of Communication*），标志着信息论这一新学科的诞生，为心理活动的信息形式研究提供了数学模型。同年，诺伯特·维纳（Norbert Wiener）创立了控制论，这门学科研究与模拟自动控制的生物和人工系统，为计算机模拟研究和分析提供了基础。1950年，图灵发表了《计算机器与智能》（*Computing Machinery and Intelligence*）一文，提出了著名的"图灵测试"概念，为人工智能的智能评估提供了标准。

（二）形成期（1956—1968年）

1956年，在美国达特茅斯大学召开的为期两个月的学术研讨会上，"人工智能"这一术语被正式提出，标志着这一学科的正式诞生。1958年，麻省理工学院的约翰·麦卡锡（John McCarthy）提出了表处理语言 LISP，这一里程碑式的发明至今仍是人工智能系统重要的程序设计语言和开发工具。1960年，艾伦·纽厄尔（Allen Newell）和赫伯特·A.西蒙（Herbert A. Simon）研制了通用问题求解程序 GPS，为后来的专家系统和其他问题的求解方法奠定了基础。1965年，逻辑学家约翰·A.鲁宾逊（John A. Robinson）提出了归结法，这一自动定理证明方法后来在逻辑编程、形式验证和人工智能中的知识表示与推理等领域得到了广泛应用。

（三）基于知识的系统（1968—1982）

1968年，斯坦福大学的爱德华·费根鲍姆（Edward Feigenbaum）等成功研制了化学分析专家系统 DENDRAL，这被认为是专家系统的萌芽，也是人工智能研究从一般思维探讨到专门知识应用的一次成功尝试。1972年，费根鲍姆开始研发医疗专家系统 MYCIN，此后，众多著名的专家系统相继问世，如探矿专家系统 PROSPECTOR、青光眼诊断治疗专家系统 CASNET、钻井数据分析专家系统 ELAS 等。到了20世纪80年代，专家系统的开发开始商品化，为社会创造了巨大的经济效益。1977年，费根鲍姆在第五届国际人工智能联合会议上提出了知识工程的新概念，确立了知识处理在人工智能学科中的核心地位，推动了人工智能研究从理论到应用的转变。

（四）神经网络的复兴（1982—1990）

1982年，美国加州理工学院的约翰·J.霍普菲尔德（John J. Hopfield）利用统计力学的方法分析了神经网络的存储和优化特性，并提出了离散神经网络模型，这极大地推动了神经网络的研究。1984年，霍普菲尔德又提出了连续神经网络模型。1986年，大卫·E.鲁梅尔哈特（David E. Rumelhart）和詹姆斯·L.麦克利兰（James L. McCelland）等提出了并行分布处理理论，致力于探索认知的微观结构，其中多层网络的误差传播

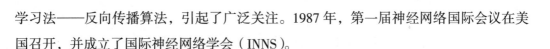

学习法——反向传播算法，引起了广泛关注。1987年，第一届神经网络国际会议在美国召开，并成立了国际神经网络学会（INNS）。

（五）机器学习和统计学方法的兴起（1990—2011）

1997年，IBM的深蓝超级计算机击败了国际象棋世界冠军加里·卡斯帕罗夫（Garry Kasparov），这是人工智能领域的一次重大突破。2011年，IBM的人工智能系统Watson在智力竞赛中战胜了人类冠军，再次证明了人工智能的水平。

（六）深度学习时代（2011—2018）

2012年，谷歌的神经网络模型AlexNet在ImageNet图像分类竞赛中取得了突破性成果，标志着深度学习在计算机视觉领域的崛起。2014年，微软发布了语音助手Cortana，苹果发布了语音助手Siri，推动了智能个人助手的普及。2016年，DeepMind（谷歌子公司）开发的人工智能系统AlphaGo击败了围棋世界冠军李世石，展示了深度强化学习在复杂博弈中的巨大潜力。

（七）大型预训练模型时代（2018年至今）

2018年，OpenAI发布了GPT（Generative Pre-trained Transformer）模型，该模型以强大的生成能力和泛化性能引发了业界关注。随后，一系列的预训练模型相继涌现。

二、人工智能的定义与分类

（一）人工智能的定义

人工智能（Artificial Intelligence，AI）指由人制造出来的机器所表现出来的智能。其作为计算机科学的一个分支，是通过对人的意识和思维过程的模拟，以达到智能的实质。

人工智能定义的内涵包括以下三个方面。

（1）模拟人类智能：人工智能的核心在于模拟和再现人类的认知功能，包括学习、推理、感知、互动和自我修正。

（2）自动化任务：人工智能通过算法和模型，使得机器可以自动完成特定任务，减少了人为干预。

（3）自适应学习：人工智能系统能够通过数据和经验不断改进与优化自身的性能，实现自适应和自学习。

（二）人工智能的分类

人工智能可以根据不同的标准进行分类，以下是几种常见的分类方式。

1. 基于功能视角

基于功能视角，人工智能可以分为弱人工智能和强人工智能。

（1）弱人工智能：弱人工智能能让机器具备观察和感知的能力，可以做到一定程度的理解和推理，是专注于特定任务的智能系统，如语音助手和推荐系统。弱人工智能不具备全面的智能，只能在限定范围内模拟人类智能。

（2）强人工智能：强人工智能能让机器获得自适应能力，解决一些之前没有遇到过的问题，具备与人类相当的智能水平，能够理解、学习和执行任何人类能完成的任务。目前强人工智能仍处于理论阶段，尚未实现。

2. 基于能力视角

基于能力视角，人工智能可以分为狭义人工智能（Artificial Narrow Intelligence，ANI）、广义人工智能（Artificial General Intelligence，AGI）和超人工智能（Artificial Super Intelligence，ASI）。

（1）狭义人工智能：专门设计用于执行特定任务的人工智能系统，如图像识别、自然语言处理等。

（2）广义人工智能：具备人类一样的通用智能，能够理解、学习和执行各种任务。

（3）超人工智能：超越人类智能水平的人工智能，具有自我意识和自主学习能力，目前属于假设阶段。

3. 基于技术视角

基于技术视角，人工智能可以分为规则系统、机器学习、深度学习和强化学习。

（1）规则系统：基于预定义规则和逻辑推理的人工智能系统，如专家系统。

（2）机器学习：通过数据训练模型，实现预测和决策的人工智能系统，包括监督学习、无监督学习。

（3）深度学习：基于多层神经网络的高级机器学习技术，用于复杂任务，如图像和语音识别。

（4）强化学习：模型通过与环境的交互获取反馈，优化决策策略。

三、人工智能研究的主要学派

目前在人工智能界主要的研究学派有符号主义、连接主义和行为主义等学派，分别以知识工程、机器学习和仿生机器人为代表。符号主义方法以物理符号系统假设和有限合理性原理为基础，连接主义方法以人工神经网络模型为核心，行为主义方法侧重研究"感知—行动"的反应机制。

（一）符号主义

符号主义学派认为人工智能源于数学逻辑，人类认知和思维的基本单元是符号，而认知过程就是在符号表示上的一种运算。符号主义致力于用某种符号来描述人类的认知过程，并把这种符号输入计算机，从而模拟人类的认知过程，实现人工智能。符号主义的代表是知识工程，而知识图谱是新一代知识工程的具体体现。

（二）连接主义

基于神经元和神经网络的连接机制与学习算法的人工智能学派就是连接主义（Connectionism）。连接主义学派通过算法模拟神经元，并把这样一个单元叫作感知机，多个感知机组成一层网络，多层这样的网络互相连接最终得到神经网络。这种方法能够进行非程序的、可适应环境变化的、类似人类大脑风格的信息处理。这种学派的主要观点认为，大脑是一切智能活动的基础，因而从大脑神经元及其连接机制出发进行研究，搞清楚大脑的结构以及它进行信息处理的过程和机理，有望揭示人类智能的奥秘，从而真正实现人类智能在机器上的模拟。连接主义的代表是机器学习。

（三）行为主义

行为主义学派认为智能行为的基础是"感知—行动"的反应机制，基于智能控制系统的理论、方法和技术，研究拟人的智能控制行为。1991年，罗德尼·布鲁克斯（Rodney Brooks）提出了无须用知识表示的智能和无须推理的智能。他认为，智能只在与环境交互作用中表现出来，不应采用集中式的模式，而是需要具有不同的行为模块与环境交互，以此来产生复杂的行为；此外，任何一种表达方式都不能完善地代表客观世界中的真实概念，因而用符号串表示智能过程是不妥当的。以这些观点为基础，布鲁克斯研制出了一种机器虫，用一些相对独立的功能单元，分别实现避让、前进和平衡等基本功能，组成分层异步分布式网络，取得了一定的成功，特别是为机器人的研究开创了一种新的方法。行为主义的典型代表是仿生机器人。

四、人工智能发展新趋势

（一）生成式 AI、AIGC 与 ChatGPT

生成式 AI（Generative AI）是一种颠覆性的技术，它可以生成以前依赖于人类思想的人工制品。生成式 AI 的基础是深度学习，特别是神经网络技术，它可以通过分析大量的训练数据来学习数据的分布和模式，然后利用这些学习到的模式来生成新的数据，而不仅仅是对已有数据的模仿或分类。其不仅可以生成高质量的文本，还可以用于图像生成、音乐创作、视频生成等各种领域。

AIGC（Artificial Intelligence Generated Content）即人工智能生成内容，简单来说就是由人工智能算法生成的内容，它可以涵盖多种形式的内容，例如文章、新闻报道、视频、音频、图像等。表 4-1 和表 4-2 列出了当前 AIGC 领域的独角兽企业。

表 4-1　2023 年前 AIGC 独角兽

公司名称	业务	成立时间	地区	知名产业投资方	估值（亿美元）
OpenAI	大语言模型、多模态模型	2015 年	美国	微软	1 000
Midjourney	AI 文字生成图片	2021 年	美国	–	100
Hugging Face	开源社区	2016 年	美国	谷歌、亚马逊、英伟达、英特尔	45
Stability AI	大语言模型、多模态模型	2019 年	英国	英特尔	40
Jasper	AI 营销	2021 年	美国	–	15

　　资料来源：程茜 .2023 年冲出 23 家新晋 AIGC 独角兽：最高估值千亿，6 家来自中国 [EB/OL].(2024-01-04)[2025-01-20]. https://zhidx.com/p/409254.html。

表 4-2　2023 年新晋 AIGC 独角兽

公司名称	业务	成立时间	地区	知名产业投资方	估值（亿美元）
Anthropic	大语言模型	2021 年	美国	谷歌、亚马逊、Salesforce、Zoom	184
CoreWeave	GPU 云服务	2017 年	美国	英伟达	70
Character.AI	大语言模型	2015 年	美国	–	>50
Inflection AI	大语言模型	2022 年	美国	微软、英伟达	40
Cohere	大语言模型	2019 年	加拿大	英伟达、甲骨文、Salesforce	30
Glean	AI 搜索	2019 年	美国	–	20
Mistral AI	大语言模型	2023 年	法国	英伟达、Salesforce	20
Helsing	AI 军事分析	2021 年	德国	–	18
Quantexa	AI 金融分析	2016 年	英国	–	18
智谱 AI	大语言模型	2019 年	中国	蚂蚁、阿里巴巴、小米、腾讯、美团、联想创投	15
Runway	AI 视频生成	2018 年	美国	谷歌、英伟达、Salesforce	15
AI21 Labs	大语言模型	2017 年	以色列	英特尔资本	14
MiniMax	大语言模型	2021 年	中国	腾讯、高瓴、米哈游	12
光年之外	大语言模型	2018 年	中国	腾讯、美团	11.6
Replit	AI 编程	2016 年	美国	–	11.6
百川智能	大语言模型	2023 年	中国	阿里巴巴、腾讯、小米	>10

续表

公司名称	业务	成立时间	地区	知名产业投资方	估值（亿美元）
零一万物	大语言模型	2023 年	中国	阿里云	>10
Adept AI	大语言模型	2021 年	美国	–	>10
Imbue	AI Agent	2021 年	美国	英伟达	>10
Synthesia	AI 视频生成	2017 年	英国	英伟达风投、谷歌投资	10
Typeface	AI 企业营销	2022 年	美国	Salesforce、谷歌投资	10
智元机器人	具身智能机器人	2023 年	中国	百度、比亚迪、奇绩创坛	10
DeepL	AI 翻译	2017 年	德国	–	10

资料来源：程茜 .2023 年冲出 23 家新晋 AIGC 独角兽：最高估值千亿，6 家来自中国 [EB/OL]. (2024-01-04)[2025-01-20]. https://zhidx.com/p/409254.html。

ChatGPT（Chat Generative Pre-trained Transformer）是 AIGC 的一种代表性模型。它是一种人工智能技术驱动的自然语言处理工具，使用了 Transformer 神经网络架构，是一种用于处理序列数据的模型。其拥有语言理解和文本生成能力，能够通过连接大量的语料库来训练模型，这些语料库包含了真实世界中的对话，使得 ChatGPT 具备"上知天文，下知地理"的能力，还能根据聊天的上下文进行互动，做到与真正人类几乎无异的聊天交流。ChatGPT 还能完成撰写邮件、视频脚本、文案、翻译、代码等任务，其利用深度学习技术和大规模数据训练的方式，实现了在自然语言理解和生成方面的巨大进步。2022 年 11 月，OpenAI 发布 ChatGPT，仅用 5 天其注册用户数就超过 100 万人（见图 4-3），2 个月用户注册数破亿（见图 4-4），成为互联网发展史上用户增长第二快的消费级应用（AI 相关领域第一）。

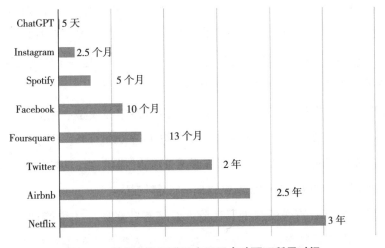

图 4-3　海外主流互联网应用用户破百万所用时间

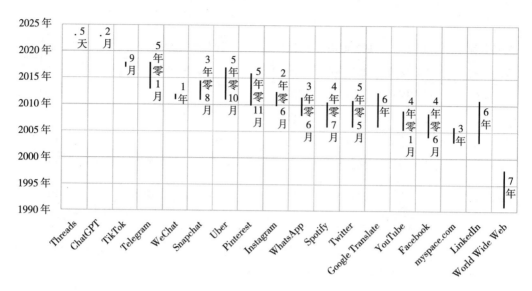

图 4-4　全球主要应用程序用户破亿所用时间

资料来源：http://www.visualcapitalist.com，访问时间：2025 年 1 月 13 日。

（二）从 AI 大模型迈向通用人工智能

OpenAI 正在训练下一代的人工智能 Q*，据称，Q* 的一大特点是有能力修改自身代码以适应更复杂的学习任务，这一特点向来被看作诞生人工智能"奇点"的必要条件。在人工智能发展领域，"奇点"特指机器拥有了自我迭代的能力，进而在短时间内迅猛发展，导致超出人类控制。

通用人工智能实现之后就可被用于解决各种复杂的科学难题，例如，寻找外星人与地外宜居星系、人工核聚变控制、纳米或超导材料筛选、抗癌药研发等。这些问题通常需要花费人类研究员数十年的时间来寻找新的解决方案，部分前沿领域的研究量已超出人力极限。而通用人工智能在自己的虚拟世界中拥有几乎无限的时间和精力，这使得其在部分容易虚拟化的任务中，有可能替代人类研究员。但届时，人类如何监督智能水平超过人类的人工智能，确保其不会危害人类，又是一个值得思考的问题。

（三）合成数据打破人工智能训练数据瓶颈

合成数据是指在模仿真实数据的基础上，由机器学习模型利用数学和统计科学原理合成的数据。合成数据可以用于模拟真实数据的特征和分布，用于机器学习和数据分析任务。合成数据的主要目的是在保护隐私的同时提供足够的数据量，用于训练模型，或者在真实数据难以获取或成本高昂时作为替代品。

有研究表明，模型的规模至少要达到 620 亿参数量后，才可能训练出"思维链"能力，即进行分步骤的逻辑推理。然而，迄今为止人类产生的不重复的、可供训练的

优质数据远远不够。使用 ChatGPT 等生成式 AI 生成数量级巨大的高质量合成数据，是未来人工智能获得更高性能的必要途径。

（四）量子计算机可能率先应用于人工智能

作为电子计算机发展到今天的最前沿应用，各界对人工智能始终存在算力不足的隐忧。2023 年 11 月，OpenAI 甚至宣布暂停 ChatGPT Plus 付费订阅新用户的注册，以确保现有用户拥有高质量体验。显然，作为全球性能最强的生成式 AI，ChatGPT 已遇到算力等方面的瓶颈。

人工智能领域的算法，大部分属于并行计算的范畴。而量子计算机擅长进行并行计算，因为它可以同时计算与存储 "0" 和 "1" 两种状态，无须像电子计算机那样消耗额外的计算资源，譬如串联多个计算单元，或将计算任务在时间上并列。计算任务越复杂，量子计算的优势就越明显。

2022 年，来自谷歌、微软、加州理工学院等机构的研究者从原理上证明了 "量子优势" 在预测可观测变量、量子主成分分析以及量子机器学习中确实存在。量子机器学习实际上就是量子计算在人工智能领域的应用，也体现出未来量子计算与人工智能两大前沿技术合流的趋势。

第二节　人工智能的应用

百度创始人李彦宏认为，大模型时代真正的价值在于原生应用。本节将简单介绍主流大模型，两种核心的大模型开发范式——检索增强生成（RAG）和微调（Finetuning），以及大模型的前沿进展——智能体（Agent）与原生应用。

一、主流大模型

大模型（Large Model）通常指的是具有大量参数的人工智能模型，这些模型能够处理复杂的任务并生成高质量的结果。大模型具有数亿到数万亿个参数量，需要大量的计算资源和训练数据来训练。大模型通常基于深度学习架构，如卷积神经网络（CNN）、循环神经网络（RNN）、长短期记忆网络（LSTM）、门控循环单元（GRU）、Transformer 等。大模型在图像识别、自然语言处理、语音识别、推荐系统等多个领域都取得了显著的成果。

（一）按模型用途分类

根据模型用途的不同，大模型可以分为自然语言处理模型、计算机视觉模型和多模态模型。自然语言处理模型主要用于文本分析、机器翻译、文本生成等任务，例如GPT系列（OpenAI）、Bard（谷歌）、文心一言（百度）；计算机视觉模型主要用于图像识别、视频分析、图像生成等任务，例如ViT系列（谷歌）、文心UFO（百度）、盘古CV（华为）、INTERN（上海人工智能实验室）；多模态模型能够处理多种类型的数据，如文本、图像、音频等，例如DingoDB多模向量数据库（九章云极DataCanvas）、DALL-E（OpenAI）、悟空画画（华为）、Midjourney。

OpenAI推出的GPT-4模型是2023年顶尖的大模型。GPT-4模型于2023年3月发布，具备复杂的推理能力、高级编码能力、多种学术学习能力等，具有可媲美人类水平的表现。GPT-4是第一个可以同时接受文本和图像作为输入的多模态模型，由八个不同的模型组成，每个模型都有2 200亿个参数。

谷歌的PaLM 2（即Bard）是2023年最好的自然语言处理模型之一，支持超过100种不同的语言和20多种编程语言，包括JavaScript、Python、Prolog、Verilog、Fortran等。它还是一个多模态模型，能够理解和生成音视频内容。PaLM 2有多个不同规模的版本，包括Gecko、Otter、Bison和Unicorn，这使得它可以在不同设备上部署，例如在智能手机上就可以运行较小的Gecko模型。2024年，越来越多的科技公司开始研究多模态模型。图4-5展示了全球代表性多模态模型的发展时间线。

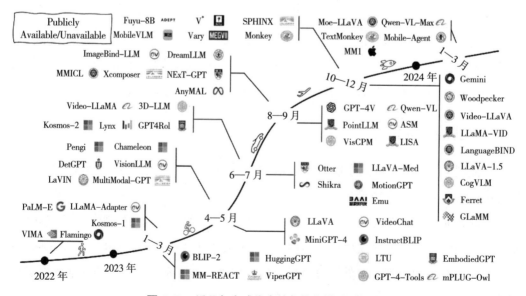

图4-5　近几年全球代表性多模态模型时间线

资料来源：Yin S, Fu C, Zhao S, et al. A survey on multimodal large language models[J]. ArXiv:2306. 13549, 2023.

（二）按应用领域分类

根据应用领域的不同，大模型可以分为通用大模型、行业大模型和垂直大模型。

通用大模型是指那些具有广泛适用性的模型，它们通常使用大量多样化的数据进行预训练，以便能够处理多种不同的任务和领域。例如，OpenAI 的 GPT-4 和谷歌的BERT 都是通用大模型。

行业大模型是针对特定行业或领域需求定制的模型。这些模型在预训练阶段可能会使用特定行业的数据，以便更好地理解和处理该行业特有的问题。例如，针对金融行业的模型可能会使用金融新闻、报告和文献等数据进行预训练，以便更好地进行金融文本分析、风险评估和交易策略生成。

垂直大模型是指那些专注于特定任务或应用场景的模型。它们通常使用特定类型的数据进行训练，以优化对特定问题的处理能力。例如，一个专门用于医疗图像分析的模型，可能会使用大量的医疗影像数据进行训练，以便能够更准确地识别疾病征兆。垂直大模型的特点是针对性强，能够在特定领域内提供专业化的服务。表 4-3 展示了根据应用领域分类的部分大模型。

表 4-3　按应用领域分类的部分大模型（截至 2023 年年底）

机构	大模型名称	类型
百度	文心一言	通用
智谱华章	清言	通用
阿里云	通义千问	通用
科大讯飞	星火	通用
华为	盘古	行业（工业）
腾讯	混元	通用
百川智能	百川	通用
上海人工智能实验室	书生	通用
深度求索	DeepSeek Coder	垂直（代码）
复旦大学	MOSS	垂直（科研）
智源人工智能研究院	悟道·天鹰等	通用
面壁智能	CPM 等	通用
OpenAI	ChatGPT	通用
微软	Bing Chat	通用/垂直（搜索）
谷歌	PaLM2、Bard、Gemini	通用
Anthropic	Claude	通用

续表

机构	大模型名称	类型
Meta	LLaMA 系列	通用
Bloomberg	BloombergGPT	行业（金融）

资料来源：王文广. 188 个大模型和 20 个开源基础模型，《2023 大模型产业发展白皮书》全面解析国内外大模型发展情况[EB/OL].(2023-11-06)[2025-01-20]. https://zhuanlan.zhihu.com/p/665386224。

二、检索增强生成和微调 [①]

目前大模型已经具有强大的语言理解、指令跟随和语言生成的能力，但也存在知识时效性受限、专业能力有限和定制化成本高的局限性，这也限制了大模型进一步落地的可能。因此，本小节将介绍两种核心的大模型开发范式——检索增强生成和微调，来通过不同思路拓展其能力以突破其面临的局限。

1. 检索增强生成

检索增强生成（RAG）是一种将生成模型与外部检索系统相结合的技术。普通生成模型依赖于预训练过程中的数据来生成内容，但这些数据通常具有时效性和领域覆盖的局限。RAG 通过在内容生成前引入检索机制，从外部知识库中获取最新的、与用户问题相关的信息，从而提高答案的精准性和时效性。

例如，在企业智能客服中，当用户咨询"你们最新款智能手机有哪些功能？"时，RAG 系统会首先从产品数据库中检索最新的产品信息，然后生成详细的回答，包括手机型号、功能和价格等。这种方式不仅能确保回答的准确性，还能大大提升用户体验。在法律领域，RAG 可以帮助律师快速检索相关法规或案例，从而提供更权威的法律建议。

RAG 的优势在于其时效性和高准确性。它能通过结合权威数据来提升模型生成内容的可靠性。然而，RAG 也有一些劣势，例如知识库的数据质量和检索算法的效率不够稳定。如果检索出的数据不准确或不相关，生成的回答也会受到影响。因此，在实际应用中，建立高质量的知识库和高效的检索系统是 RAG 应用成功的关键。

2. 微调

微调是一种针对特定任务或领域优化大模型的方法。预训练得到的大模型通常是通用的，能够处理多种类型的任务，但在具体领域的专业任务中，其性能可能需要进

---

① 此处感谢 Datawhale Breaker LM-Lab 提供的资料。

一步提升。利用特定领域的数据对模型进行再训练（即微调），可以使其更适合具体场景。

例如，在医疗领域，一家医院可以通过微调一个大模型，使其能够更准确地识别医学影像中的病变部位。当医生将患者的 X 射线摄影胶片输入系统时，微调后的模型能够自动标注疑似病灶位置，从而辅助医生快速诊断。在金融领域，一家银行可以通过微调模型来分析客户的财务数据，帮助评估贷款风险，提升风控水平。

RAG 和微调是提升大模型性能的两种关键技术路径。RAG 通过接入外部知识库，为用户提供实时、准确的回答；微调则通过针对性优化，使模型在特定领域中表现更加出色。这两种方法已经在多个行业中展现出强大的应用价值，将在未来进一步推动人工智能技术的普及与深化应用。

三、智能体与原生应用

1. 智能体的定义

智能体（Agent）是指在特定环境中感知、决策并采取行动的自主系统。智能体能够根据环境的变化进行实时响应，并通过与外界的交互实现目标。智能体通常具备以下四方面核心特征。

（1）自主性：智能体能够独立执行任务，而无须人工干预。

（2）感知能力：智能体能够感知外部环境的信息。

（3）决策能力：智能体能够基于感知到的信息进行决策。

（4）执行能力：智能体能够采取行动来实现其目标。

2. 智能体的分类

智能体可以根据其功能、复杂性和应用场景进行如下多种分类。

（1）反应型智能体：这种智能体直接根据环境的当前状态做出响应，但不具备记忆和学习能力。它的行为规则是预先定义的，适用于简单的、静态的环境。例如，自动驾驶车辆中的简单避障系统。当车辆前方检测到障碍物时，系统会立即采取行动，如刹车或转向。这种智能体不需要记忆和规划，只根据传感器输入做出即时反应。

（2）基于目标的智能体：这种智能体不仅能感知环境，还能基于设定的目标进行行为规划。它能够选择最佳的行动方案，以达成预期的目标。例如导航应用中的路径规划系统。它的目标是使用户从当前位置到达指定目的地。该智能体会根据实时路况、交通信息等数据，选择最优路径，动态调整行驶路线，以便用户快速、安全地到达目的地。

（3）基于学习的智能体：这种智能体能够通过与环境的交互逐步学习并改进其行

为。它使用机器学习算法来调整策略，以优化其决策过程。常见的例子是电子商务网站或者流媒体平台中的推荐系统。这种智能体通过分析用户的浏览、购买或观看历史数据，逐步学习用户的偏好，进而提供个性化的商品或内容推荐。随着用户与系统的持续交互，推荐系统会不断提高其推荐的准确性。

（4）多智能体系统：这种系统由多个智能体组成，这些智能体通过合作或竞争来完成复杂任务。每个智能体都具有一定的自主性，但它们的行为会相互影响。例如无人机群的协同作业。多台无人机（每台都是一个独立的智能体）共同执行任务，如搜救、农田监控或环境监测。每台无人机可以独立执行任务，但它们之间也会相互通信与协调，以优化整体任务的完成效果。比如在搜救任务中，无人机群会自动分配搜索区域，以覆盖更广的区域并减少重复搜索。

3. 智能体的框架

在人工智能中，智能体以大语言模型（以下简称"大模型"）为基础。图4-6介绍了常用的智能体框架。在这张图的实线框内，以大模型为核心向右指向规划行动（Planning & Action）模块，这个模块包含规划行动迭代等，表示系统在实施行动前可能会进行计划、迭代和反思等；在这个模块决定好行动后指向行动执行器（Action Executor）模块，这个模块包含代码模块（Python 执行器）、搜寻模块（搜索）等，最后指向大模型表示调用大模型；另外，实线框外的环境，包含人类反馈、指令及大模型对环境的观察。总体来说，这个框架表示以大模型为核心的智能体不仅能理解、适应、学习系统外的环境，还能自主规划、行动以实现目标。

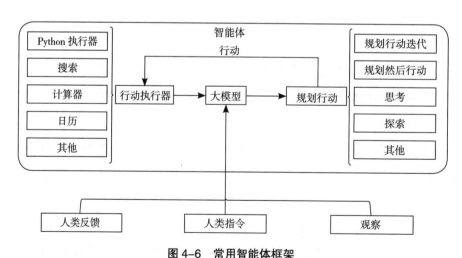

图 4-6　常用智能体框架

4. 原生应用中的智能体技术

原生应用（Native Application）是指为特定平台或操作系统（如 iOS、Android、

Windows 等）开发的软件应用。原生应用通常可以充分利用平台的硬件和软件特性，提供高性能和良好的用户体验。

智能体技术在原生应用中得到了广泛的应用，提升了应用的智能化程度和用户体验。以下是几个典型的应用场景。

（1）智能助手：原生应用中的智能助手能够理解用户的自然语言指令，帮助用户完成日常任务，如日程安排、信息查询、智能家居控制等。苹果的 Siri、谷歌助手和微软的 Cortana 都是这种应用的典型代表。

（2）个性化推荐：基于对用户行为数据和偏好的分析，智能体能够在原生应用中实现个性化推荐功能。例如，音乐播放应用可以根据用户的历史收听记录推荐歌曲，购物应用可以根据用户的浏览和购买历史推荐商品。

（3）自动化任务处理：智能体可以在原生应用中实现自动化任务处理功能。例如，智能日历应用可以根据用户的日程安排自动发送提醒或安排会议，邮件应用可以自动分类和标记电子邮件。

（4）AR/VR：智能体在 AR/VR 应用中扮演重要角色，通过感知用户的动作和环境，智能体可以实时调整虚拟场景或提供互动体验，增强用户的沉浸感。

应用才是关键。大模型的成功虽然给予人类巨大的想象空间，但其成本却十分高昂，若不能将其应用于各行各业来使其边际成本无限下降，供给端便无法满足海量的潜在需求。截至 2024 年 1 月，科技巨头正尝试开发相关应用，比如微软的 Copilot、OpenAI 的 GPT 系列，但微软 Copilot 仍在亏损阶段，OpenAI 仍在"烧钱"阶段，而这些应用的载体仍是智能体框架。如果说要运用到各行各业，业界专家和创业者都认为智能体拥有良好的预期，但应用端仍在探索阶段，这一方面受限于大模型能力不够强，另一方面需要相关领域深刻的业务理解，而这供需两端的对接需要一段时间。

第三节　提示工程

虽然大模型可以用自然语言直接上手实操，但毕竟大模型的输出本质上是概率生成，因此写出好的自然语言模板，即提示工程（Prompt Engineering），来触及大模型的相关参数以得到良好的输出则非常重要。本节将从框架技巧、流程技巧和高级技巧三个角度进行介绍。其中框架技巧注重提示的结构和组织，提供一个稳固的基础。流程技巧关注提示设计的步骤和方法，指导用户逐步优化提示。高级技巧致力于提升提示质量和效果，解决复杂问题，提高回答的深度和准确性。三者的联系表现在以下三个方面。

（1）整体性：框架技巧提供了基础结构，流程技巧在此基础上进行细化和优化，高级技巧则进一步提升提示的质量和效果。

（2）互补性：框架技巧、流程技巧和高级技巧相互补充，共同形成一个完整的提示工程体系，帮助用户从基础到高级逐步掌握提示设计的各个方面。

（3）连续性：提示设计从框架技巧开始，通过流程技巧不断优化，最终运用高级技巧进行精细调整和提升，形成一个连续的提示优化过程。

一、提示工程的框架技巧

框架技巧侧重于提示设计的结构和组织方式。其目的是确保提示具备清晰的目标、明确的背景信息和富有逻辑的结构。这些技巧帮助用户构建基础的、高质量的提示，从而获得有效的回答。框架技巧一般遵循如下问题解决思路。

1. 明确问题目标：清晰地定义提示的目的，确保问题具体且目标明确

【举例】

原问题：什么是人工智能？

优化问题：人工智能的定义是什么？请列出三个主要的应用领域，并举例说明每个领域中的具体应用。

说明：通过明确问题目标，模型可以理解用户希望获得的不仅是定义，还有主要应用领域和具体应用的实例。

2. 提供背景信息：在提示中包含必要的上下文，使模型能理解问题的背景和需求

【举例】

原问题：如何提高网站的流量？

优化问题：对于一个刚上线的电子商务网站，如何通过搜索引擎优化（SEO）和社交媒体营销来提高网站的流量？

说明：提供背景信息，使模型了解问题的上下文，特别是针对刚上线的电子商务网站，从而获得更具针对性的回答。

3. 分步引导问题：将复杂问题分解为更小的、可管理的步骤，引导模型逐步回答

【举例】

原问题：什么是数据分析？

优化问题：

（1）数据分析的基本概念是什么？

（2）数据分析的主要步骤有哪些？

（3）在数据分析的过程中，如何选择合适的分析工具？

说明：将复杂的问题分解为更小的问题，使模型逐步回答每个部分的问题，从而获得更全面和细致的解答。

4. 指定回答格式：明确要求模型以特定格式回答，以确保回答的结构和内容符合预期

【举例】

原问题：列举一些大数据技术。

优化问题：请列出五种常见的大数据技术，并为每种技术提供简要描述和一个应用实例，按照以下格式回答：

（1）技术名称；

（2）描述；

（3）应用实例。

说明：通过指定回答格式，确保模型的回答结构清晰，内容全面，便于用户理解和使用。

同时框架技巧还存在一些经典话术结构，表4-4中介绍了三种框架技巧。

表4-4　三种框架技巧

框架	解释	示例
APE	Action（行动）：指为达成目标或解决问题所需采取的步骤 Purpose（目的）：指进行某项任务或项目的理由或目标 Expectation（期望）：指对项目或任务结果的预期	请帮我写一篇有关小米手机的销售文案，目的是让大家了解小米手机的优势和价格，让用户对该产品有一定的了解和认识并且能够购买该产品，同时文案要通俗易懂、清新脱俗
CARE	Context（背景）：你所处的情境或环境以及任务背景 Action（行动）：描述你为了应对这个问题或挑战所采取的具体行动 Result（结果）：任务预期的结果 Example（示例）：你需要提供一个具体的例子来证明你的行动和结果	最近我运营的小红书有关女性生理知识的账号一直没有过多的流量，希望你可以设计一个活动，可以让更多的人看到我们，了解我们。我们希望可以通过这次活动，增加账号的粉丝数量，举一个例子，比如举办女性生理知识答题竞赛活动，通过答题奖励来获取粉丝
RACE	Role（角色）：指定所要扮演的角色 Action（行动）：描述为了完成任务，需要执行的具体步骤 Context（背景）：说明任务背景或者上下文 Expectations（期望）：指对项目或任务结果的预期	现在在你是一位优秀的产品经理，我想请你根据用户的描述更新产品，首先请你了解用户的需求，然后根据需求对产品进行改进，用户的需求为……我们的产品目前……该产品在设计后可以提高用户满意度，增加用户量

资料来源：作者根据互联网资料整理。

二、提示工程中的流程技巧

流程技巧是指在提示设计中，按照系统化的步骤和方法逐步优化提示的过程。其目的是通过系统的流程，从初步提问到获得满意答案的过程中，不断细化和调整提示，以提高问题的精确性和模型回答的质量。流程技巧帮助用户在与大模型交互时，有序地获取所需信息，并逐步提升提示效果，能够更大程度地发挥大模型的推理能力并一定程度上避免幻觉（Hallucination）。使用流程技巧的步骤如下。

1. 初步提问

从宽泛的问题开始，了解模型的基本回答能力。

例子：请解释一下区块链技术的基本概念。

2. 逐步细化

根据初步回答，细化问题，获取更具体的信息。

例子：区块链技术有哪些主要应用领域？

3. 重复验证

通过不同角度或方式重复提问，验证回答的一致性和准确性。

例子：除了金融行业，区块链技术在供应链管理中有什么应用？

4. 总结与反馈

在获得满意回答后，总结主要内容，并根据需要提供反馈。

例子：总结区块链技术在金融和供应链管理中的主要应用，并指出其优势。

【举例】

1. 初步提问

问题：什么是机器学习？

目标：了解模型对机器学习基本概念的解释。

2. 逐步细化

问题：机器学习有哪些主要类型？

目标：获取关于机器学习不同类型的详细信息。

3. 重复验证

问题：监督学习和无监督学习有什么区别？

目标：验证模型对机器学习不同类型的理解，并获取深入的解释。

4. 总结与反馈

问题：总结机器学习的主要类型及其区别。

目标：整合之前获得的信息，形成完整的理解。

三、提示工程的高级技巧

高级技巧是指在提示工程中运用更加复杂和精细的方法，优化与大模型的交互，以获取更准确、详细和有深度的回答。这些技巧通常涉及对提示内容的进一步细化、上下文管理、多步骤交互以及结合特定领域的知识，确保模型提供的回答高度符合用户需求。使用高级技巧的步骤如下。

1. 上下文管理

在连续对话中，保持和利用上下文信息，以确保模型理解问题的背景和细节。

例子：在关于"机器学习"的多轮对话中，使用前一个回答的内容作为后续问题的背景信息。

2. 细化提示

提出更具体和精确的问题，避免模糊和宽泛的提问。

例子：不只是问"什么是机器学习？"，还要问"机器学习中的监督学习和无监督学习有何区别？"。

3. 多步骤交互

分阶段提出问题，通过逐步深入的方式，引导模型给出详细回答。

例子：先问"什么是区块链技术？"，然后问"区块链技术在供应链管理中的应用有哪些？"，最后问"如何实现这些应用？"。

4. 结合领域知识

在提示中包含特定领域的知识或术语，确保模型提供更专业和符合实际需求的回答。

例子：在金融领域，使用专业术语如"去中心化金融"或"智能合约"。

5. 验证和反馈循环

通过不同角度和方式重复提问，验证模型回答的准确性，并根据反馈不断调整和优化提示。

例子：提出多个相关问题，交叉验证模型的回答一致性和准确性。

【举例】

1. 上下文管理

问题 1：什么是物联网？

回答：物联网是指通过互联网将各种设备连接起来，实现数据交换和通信的技术。

问题2：物联网在智能家居中的主要应用是什么？

目标：利用前一个问题的回答作为背景，深入了解物联网的具体应用。

2. 细化提示

问题：区块链技术有哪些优势？

优化问题：在供应链管理中，区块链技术有哪些具体优势？

3. 多步骤交互

问题1：什么是人工智能？

问题2：人工智能有哪些主要应用领域？

问题3：在医疗领域，人工智能的应用具体表现在哪些方面？

4. 结合领域知识

问题：解释一下去中心化金融的基本概念。

优化问题：去中心化金融中的智能合约是如何实现自动化交易的？

5. 验证和反馈循环

问题1：什么是大数据分析？

问题2：大数据分析有哪些主要技术？

问题3：请详细描述数据挖掘在大数据分析中的应用。

拓展阅读

牛人观点

在2024年亚洲消费电子展（Consumer Technology Association，CES）上，吴恩达和李飞飞两位专家都认为这次由大模型所引发的AI浪潮并不会像七年前那波AI热潮一样在热闹几年后进入"冰河期"。吴恩达表示他对自主智能体（Auto Agent）的崛起感到兴奋，而李飞飞则认为用辅助智能体（Assistive Agent）更符合现状。两位专家都强调了这种智能体在任务（Task）层面而非工作（Job）层面的作用，即以大模型为核心的智能体能更高效地帮助人类完成任务而非直接替代人类工作。

大模型挽救数字人

2023年9月23日，一位闪着数点金色光芒的巨型数字人从钱塘江踏浪而来，一步步跑到第十九届亚运会开幕式主会场，它在点燃主火炬塔的同时也点燃了全球观众的热情。大模型面世，数字人热度再次升温。

元宇宙也曾是新技术风口，然而小冰公司CEO徐元春曾指出，"一个3D数字人运营一年可能要花五六百万元"，而曾经在抖音吸粉无数、拿下超过200个品牌合作的"柳夜熙"的一条短视频便要花几十万元。由于缺乏大规模的商用场景，仅凭小部分B端需求难填数字人烧钱的无底洞，数字人的发展因此陷入"寒冬"。

随着生成式AI的崛起，百度副总裁袁佛玉直言："百度AI算法的突破，能让虚拟数字人制作成本十倍、百倍地下降，还能让虚拟数字人生产周期从动辄几个月，缩短到小时级别。虚拟数字人制作成本，将从百万元级别降低到万元级别。"

智能汽车下一个战场：AI大模型

知名投资人与创业导师周鸿祎表示要"All in AI"。目前，高通已经尝试将大模型在电脑上运行，苹果尝试让大模型在手机上跑起来，而未来每台汽车也会搭载大模型。

在2024年CES上，大众、奔驰、宝马等汽车企业均宣布将搭载大模型。国内问界、红旗、长城等多家汽车企业也先后宣布接入大模型。除了与第三方供应商合作，部分品牌也选择自主研发，比如理想汽车自研Mind GPT认知大模型。语音交互功能是大模型上车的第一步，如果将目光放长远，业内将出现大模型用于自动驾驶的一些尝试与探索。

尽管目前大模型发展还不成熟，在智能座舱上的应用还仅限于语音交互，但从行业长远的眼光看，大模型可能将汽车行业带入下一个智能化阶段。

AI开源组织领航者Datawhale

2023年，Datawhale与智谱AI、Dify.AI等一起入选中国新锐技术先锋企业，标志着其成立五年以来的显著成就。自2018年创立以来，Datawhale致力于构建AI领域的开源学习社区，伴随学习者共同成长。截至2023年年底，Datawhale在三百多名贡献者的精心打磨下，已经开源了51门学习课程，初步构建了一套"人工智能培养方案"，而且出版了《机器学习公式详解》《Pandas数据处理与分析》《强化学习教程》《CHATGPT原理与应用开发》四本数据科学与AI领域的学习用书，并和阿里云、百度、DataFountain、OpenMMLab、清华大学、上海交通大学等机构开展合作。

Datawhale创始人范晶晶在2023年全球人工智能开发者先锋大会（GAIDC）中对记者表示："我们关注AI开发者的成长路径，有育、学、产、研、创，包括他在什么地方接受AI教育、怎么学习、到产业界怎么找工作、怎么做科研、怎么创业。"他进一步解释道："左边是产业，右边是人才，（只有）这两个产生了桥梁的连接，才能进一步形成一个良性的生态，加快上海的产业发展，促进上海整个产业 GDP 提升。"

正是因为创始人范晶晶始终秉持社区优先、以学习者为中心以及保护学习者权益的价值观，Datawhale 才得以迅速发展壮大。这些开源与普惠的理念不仅迅速推广了 AI 技术，而且培养了相关的人力资源，搭建起产学研的桥梁，为 AI 的未来应用落地做出了不可磨灭的贡献。

资料来源：汤一涛．李飞飞、吴恩达对谈：这一次，AI 冬天不会到来 [EB/OL].(2024-01-12)[2025-01-20]. https://www.36kr.com/p/2599721494035337；谷月．大模型挽救数字人 [EB/OL].(2023-10-18)[2025-01-20].https://zhuanlan.zhihu.com/p/662007468；张书鹏，王丽．周鸿祎：All in AI，未来大模型 10 大趋势 [EB/OL].(2024-01-08)[2025-01-20].https://www.163.com/dy/article/INV0FN4D05198NMR.html。

本章小结

1. 人工智能的发展历程可分为七个阶段：孕育期、形成期、基于知识的系统（专家系统）、神经网络的复兴、机器学习和统计学方法的兴起、深度学习时代和大型预训练模型时代。

2. 人工智能指由人制造出来的机器所表现出来的智能。其作为计算机科学的一个分支，是通过对人的意识和思维过程的模拟，以达到智能的实质。

3. 人工智能的内涵包括三个方面：模拟人类智能、自动化任务、自适应学习。

4. 基于功能视角，人工智能可以分为弱人工智能和强人工智能；基于能力视角，人工智能可以分为狭义人工智能（ANI）、广义人工智能（AGI）和超人工智能（ASI）；基于技术视角，人工智能可以分为规则系统、机器学习、深度学习和强化学习。

5. 人工智能界主要的研究学派有符号主义、连接主义和行为主义等学派。

6. 人工智能发展有以下新趋势：生成式 AI、AIGC 与 ChatGPT，从 AI 大模型迈向通用人工智能，合成数据打破人工智能训练数据瓶颈，量子计算机可能率先应用于人工智能。

7. 大模型通常指的是具有大量参数的人工智能模型，这些模型能够处理复杂的任务并生成高质量的结果。

8. 大模型的基础使用方式是提示工程，两种核心的大模型开发范式是检索增强生成和微调，大模型的前沿进展是智能体与原生应用。

第三篇

数字创新战略的理论基础

第五章
技术创新理论

随着科技的飞速发展，技术创新已成为推动社会进步和企业成长的核心动力。本章将带领读者深入探索技术创新理论，特别是与数字创新战略紧密相关的创新理念。本章将从创新的内涵与模式出发，理解创新不仅仅是产品或服务的更新迭代，更是一种思维方式和文化氛围的变革。在此基础上，本章将深入探讨创新的过程。最后，本章将详细剖析技术进步的 S 曲线和第二曲线的理论框架，揭示技术创新如何经历起伏跌宕，以及如何在关键时刻实现突破与转型。通过本章的学习，读者将能够把握技术创新的核心要义，获得制定和实施数字创新战略有力的理论支撑。

学习目标：

1. 掌握创新的内涵与模式；
2. 熟悉创新的过程模型和动态模型；
3. 掌握数字创新的流程；
4. 掌握技术进步（扩散）的 S 曲线和第二曲线。

课前阅读

百年以来企业创新模式的变迁及启示

一个时期主流的创新模式取决于新技术的推动与经济社会变革的拉动。第一次工业革命时期，主流的创新模式是发明者即创新者。第二次工业革命催生了基于实验室的创新，它属于有组织的创新。第三次工业革命是开放创新和网络创新时代，是硅谷领导的创新。如今，第四次工业革命来临，人类进入互联网数字创新时代，创新模式是数字创新创业。每一个时代，都会产生胜利者和失败者。只

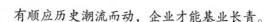

有顺应历史潮流而动，企业才能基业长青。

第一次工业革命中的创新模式：发明者即创新者

在人类社会从农业文明步入工业文明的进程中，随着科学技术的不断发展，劳动生产率快速增长，企业的创新模式也不断发生变革。在第一次工业革命中，企业的创新模式主要是发明者即创新者。其中，瓦特是最为典型的例子。他既是发明家，也是第一次工业革命中的重要企业家。自 1776 年制造出第一台有实用价值的蒸汽机之后，瓦特持续改进蒸汽机，并推销自己的产品，使得蒸汽机在工业上得到广泛应用，开辟了人类能源利用的新时代。在设计和制造蒸汽机的过程中，瓦特申请了许多技术发明专利，通过对知识产权的保护获得了一定的垄断收益。同时期许多各个阶层的发明家在获得发明专利保护和资助的情况下，亦纷纷建立了工厂企业，促使很多不同职业背景的人都进入制造业。

第二次工业革命中的创新模式：基于实验室的技术创新

在第二次工业革命中，基于实验室的技术创新成为大企业创新的主要模式。这种模式更侧重于供给端，是线性的创新模式，在从基础研究、应用研究到最后的生产销售过程中，均以企业为主导。熊彼特最早提出"企业家比科学家还重要"的观点，他主张"是企业家把创新引入了市场"。德国企业最早开始建立内部实验室，例如染料业的巨头巴斯夫（BASF）、拜耳（Bayer）等企业，开始聘请科学家进行科研工作，并为科学家们提供相应的薪酬方案，解决了知识产权在发明者与企业之间的分配问题，促进了该领域的快速发展。之后，这种大企业建立实验室的组织创新模式也进入了美国，尤其是众多大企业，均开始建立研究与开发实验室，把好的发明推向市场，获得垄断和超额利润。因此，在第二次和第三次工业革命之中，美国企业通过建立大规模实验室，产生了大量基于科学的创新，走在了世界前列。这个时期，像 AT&T、IBM、杜邦、柯达等，都是行业的创新者。同时，企业也须提供足够的资金和资源，让科学家可以自由地按照个人偏好寻找课题、开展科研。这一时期，以贝尔实验室为代表的组织产生了许多伟大的发明，例如晶体管、激光、太阳能电池、UNIX 操作系统等。贝尔实验室一共获得了三万多项专利，共计十余人获得了诺贝尔奖。该模式的特点是重视知识产权保护、企业垄断和技术人员的高话语权，创新过程呈线性且注重系统性研究。

第三次工业革命中的创新模式：开放创新和网络创新

然而，这种基于实验室的技术创新模式在 20 世纪 80 年代左右受到了如下两方面的挑战：一是大企业的垄断引发社会质疑。科学突破和资本集中导致小企业被吞并，垄断组织崛起。二是日本企业的崛起对美国企业构成威胁。日本企业通过模仿创新，引进欧美技术，强化流程和供应链创新，使其产品在相机、笔记本电脑等领域超越美国。美国企业意识到，这种大规模支持科学的创新模式，即以中央研究院为龙头的创新模式，已经不能适应市场竞争的需要了。从此美国开始削减和关闭一些研究院，走向了开放创新的模式。开放创新模式强调知识的流出和流入，要求企业更多地加强与大学的合作，减少自身对科研的投资，同时也可以把自己的知识产权许可给其他企业使用，从而获得回报。

在美国的企业开始转变创新模式的同时，恰逢美国国会在 1980 年通过了《拜杜法案》（Bayh-Dole Act），该法案赋予大学和非营利机构对联邦资助发明的专利权，推动大学科研成果向中小企业转移。在这个过程中，硅谷逐渐成为新的创新圣地。在这里，大量创业企业借助风险投资迅速成长，微软、谷歌等新型企业相继涌现。硅谷的开放创新模式凸显了金融市场和创新网络的重要性，推动创新从传统大企业向小企业和技术驱动的创业转型。

第四次工业革命中的创新模式：数字创新创业

21 世纪以来，随着信息技术快速发展，互联网企业成为主流。与农业经济和工业经济时代不同，这一时期，信息和数据成为重要生产要素。在这个过程中，一个新的时代——互联网创新时代来临，也可以说这是第四次工业革命。该阶段的创新以数字化为核心，企业（如谷歌、亚马逊、Meta 等）通过数字基础设施、应用软件和开放源代码推动创新。虽然开放创新模式存在难以控制核心技术和知识产权保护有限的风险，但也降低了创新门槛，使中小企业能迅速进入市场。信息流通加快、企业间相互学习，降低了创新成本。马斯克是这一模式的倡导者，他反对垄断，支持竞争与创新，公开了特斯拉和 SpaceX 的专利。与此同时，互联网时代的创新强调用户至上和产品快速迭代，企业内部更加开放，鼓励从下至上的创新涌现，员工可以获得尝试新想法的自由度和资源。此外，随着数据成为重要的创新要素，平台公司因为拥有多种数据资源而自然成为最强的创新领导者。因此，在这样的情境下，需要企业内部更加开放，而不是沿用等级森严的科层制模式。企业在互联网时代的创新模式，更加强调企业本身是一个健康、可持续的生态系统，进而实现知识和创新的快速迭代。

资料来源：柳卸林.百年以来企业创新模式的变迁及启示 [J].管理评论，2024,36(1): 103-106。

思考

第一次工业革命以来，企业的创新模式发生了什么样的演变？这种演变是如何体现技术进步（扩散）的 S 曲线和第二曲线的？

第一节　创新的内涵与模式

一、创新的内涵

哈佛大学教授约瑟夫·A. 熊彼特（Joseph A. Schumpeter）首先从经济学角度系统提出了创新理论。熊彼特在其 1912 年德文版的《经济发展理论》一书中，系统地定义了创新的概念。他认为，所谓创新，是指把一种从来没有过的关于"生产要素的新组合"引入生产体系。创新的目的在于获取潜在利润。

熊彼特将创新概括为以下五种形式：

（1）引入新的产品或提高产品的质量；

（2）采用新的生产方法、新的工艺过程；

（3）开辟新的市场；

（4）开拓并利用新的原材料或半成品的新供给来源；

（5）采用新的组织形式。

彼得·F. 德鲁克（Peter F. Drucker）将创新划分为技术创新和社会创新两种主要形式。创新最初的含义主要以技术创新为主，是指创造新技术并把它引入产品、工艺或商业系统，或者创造全新的产品和工艺以及对现有产品和工艺的重大技术改进，并且产品被引入市场（产品创新）或生产工艺得到应用（工艺创新）。

经济合作与发展组织（OECD）在《奥斯陆手册》（Oslo Manual）中对技术创新有以下定义：技术创新包括新产品和新工艺，以及产品和工艺的显著的技术变化。如果在市场上实现了创新（产品创新），或者在生产工艺中应用了创新（工艺创新），就可认为实现了创新。因此，创新包括了科学、技术、组织、金融和商业的一系列活动。

二、创新的类型

创新经常被划分为不同的类型，不同类型的创新要求不同类型的潜在知识，并且对产业的竞争者和消费者具有不同的影响。以下列出了最常用的对创新分类的六个维度。

（一）按创新对象划分：产品创新与工艺创新

产品创新指的是通过引入新技术、新功能和新设计，开发出具有更高附加值和更好用户体验的新产品。这种创新通常直接面向市场和消费者，目标是满足新的需求或创造新的市场。

数字应用场景：在数字创新背景下，产品创新表现为各种智能设备、应用软件和数字服务的不断推陈出新。例如，智能手机的不断迭代、新型可穿戴设备的推出，以及基于人工智能的个性化推荐系统等，都是产品创新的典型案例。

工艺创新指的是通过改进生产工艺、流程和技术，提高生产效率、降低成本或提升产品质量。它通常不直接面向市场，而是通过提升生产过程的效率和效果，间接地为企业和消费者带来价值。

数字应用场景：在数字创新背景下，工艺创新包括自动化生产线、智能制造系统和数字孪生技术的应用。例如，通过工业物联网实时监控生产设备，通过大数据分析优化生产流程，以及通过 3D 打印技术实现个性化定制，都是工艺创新的重要体现。

（二）按对产品的改变程度划分：架构创新与元件创新

架构创新指的是通过重新设计系统或产品的整体结构，以实现更高效、更灵活的功能和性能。这种创新通常涉及对系统或产品整体设计的根本性变革，强调模块化、互操作性和系统集成。

数字应用场景：在数字创新背景下，架构创新主要包括云计算架构的设计、物联网生态系统的构建和 5G 网络架构的优化。例如，云计算通过虚拟化技术和分布式计算，重构了传统的 IT 基础设施，使得资源利用率大幅提升；物联网通过建立互联互通的设备网络，实现了智能家居、智慧城市等应用；5G 网络通过创新的网络切片技术，提供了高带宽、低延迟的通信服务。

元件创新指的是对系统或产品中的单个元件进行改进和优化，以提升其性能、可靠性或功能。这种创新通常是在现有产品或系统的基础上进行的，强调单个元件的技术突破和改进。

数字应用场景：在数字创新背景下，元件创新主要包括半导体芯片的升级、电池技术的改进和传感器性能的提升。例如，半导体芯片的升级推动了计算能力的快速提升，使得人工智能和大数据分析成为可能；电池技术的改进延长了移动设备和电动车的使用时间；高精度传感器的开发促进了自动驾驶和智能制造的发展。

（三）按对技术成果所实现的创新程度划分：根本性创新与增量性创新

根本性创新指的是通过引入全新的技术、产品或商业模式，彻底改变现有市场或创造新的市场。这种创新通常带来颠覆性的变革，显著提升生产力或改变人们的生活方式。

数字应用场景：在数字创新背景下，根本性创新包括人工智能、区块链和量子计算等新兴技术。例如，人工智能通过深度学习和大数据分析，推动了自动驾驶、智能医疗等领域的突破性进展；区块链技术通过去中心化的账本系统，彻底改变了金融交易和数据管理方式。

增量性创新指的是对现有产品、技术或工艺进行小幅改进和优化，不断提升性能、降低成本或改善用户体验。这种创新通常是渐进的、持续的，旨在逐步提升市场竞争力。

数字应用场景：在数字创新背景下，增量性创新包括对智能手机功能的逐步提升、软件版本的不断更新，以及生产流程的优化等。例如，智能手机在新一代产品中提升摄像头性能，增加电池续航时间；软件开发中通过持续集成（Continuous Integration, CI）和持续交付（Continuous Delivery, CD）方法，逐步提升用户体验和系统稳定性。

（四）按组织内部事前的学习行为倾向划分：开发式创新与探索式创新

开发式创新是建立在既有知识的基础上，通过优化企业既有的技能、过程和结构，来迎合既有的市场和客户。

数字应用场景：在数字创新背景下，开发式创新体现在产品优化、服务改进、客户体验提升等方面。例如，智能手机制造商每年推出新款，更新摄像头技术或处理器；银行通过优化网上银行服务，提供更快捷的交易处理和更个性化的客户支持；电子商务平台通过优化网站界面和购物流程，提升客户的在线购物体验。

探索式创新是依靠新知识或者脱离既有的知识，通过为企业提供新的设计、创造新的市场、开发新的分销渠道，来迎合潜在的市场和客户，类似一种激进式创新。

数字应用场景：在数字创新背景下，探索式创新既包含企业通过与其他行业的合作，学习探索新的技术，例如，科技公司与医疗行业合作，开发用于远程医疗的智能设备；还体现在通过数字手段发现未被满足的用户需求，并开发新的产品或服务来满足这些需求上，例如，一些初创企业利用大数据分析开发新的社交媒体平台，建立与市场的联系。

（五）按创新资源的组织方式划分：分布式创新与重组式创新

分布式创新是指创新所需技术和其他能力在一系列企业和其他知识创造机构之间

广泛分布的创新，例如分布于不同地域的各个子公司的企业员工成功地实施创意、任务及其他创新过程（适用于有不同地理位置分布的分公司的企业），以及分布于不同地理位置的企业间的创新合作（陈劲和郑刚，2016）。

数字应用场景：在数字创新背景下，分布式创新包含开源软件开发、跨国公司的全球研发网络和全球性合作项目等。例如，开源软件（如 Linux 操作系统和 Apache 服务器）通过全球开发者的共同贡献和协作，不断推进技术的进步和功能的完善；跨国公司通过建立全球化的研发团队和供应链网络，快速响应市场需求和技术变革。

重组式创新指的是在现有技术、资源或商业模式的基础上，通过重新组合和整合，创造新的价值和竞争优势。这种创新强调灵活性、快速响应和跨界整合能力。

数字应用场景：在数字创新背景下，重组式创新可以体现为跨行业合作、平台经济和生态系统构建。例如，数字支付平台结合了金融服务和技术创新，重新定义了支付体验和金融服务模式；智能物联网解决方案将传感器技术、数据分析和云计算集成，创造了智能城市和智能工厂等新兴应用。

（六）按对现有市场的影响程度划分：延续性创新与颠覆性创新

延续性创新是在现有技术或产品基础上进行改进和优化，旨在提升产品性能、降低成本或增加功能。这种创新通常在现有框架内进行，是渐进性的改进和提升。

数字应用场景：在数字创新背景下，延续性创新包括对软件功能的更新迭代、制造流程的优化，以及现有硬件设备的性能提升等。例如，英特尔的新一代微处理器都是建立在前一代的技术基础之上的。因此，新一代的微处理器所包含的创新都补充了英特尔的现有技术，使之更有价值。

颠覆性创新指的是引入一种新技术或产品，通常在市场上创造新的价值网络，打破现有市场格局并重新定义产品性能标准。这种创新通常具有颠覆性，可能使现有技术或产品变得过时，甚至无用。

数字应用场景：在数字创新背景下，颠覆性创新主要体现在数字技术进入传统场景进而颠覆其原运营生态。例如，区块链技术通过去中心化和智能合约，颠覆了传统银行和金融服务；自动驾驶技术的发展，使得传统汽车制造和交通运输行业面临重大变革。

三、创新的基本模式

在数字创新背景下，创新模式主要分为基于科学技术的创新（Science – Technology –

Innovation，STI）和基于学习、使用和互动的创新（Innovation by Doing, Using and Interacting，DUI）。

（一）STI 模式

STI 模式依赖于科学研究和技术开发，是一种以知识和技术突破为核心驱动的创新模式。它强调通过系统的研究与开发（Research & Development, R&D），实现新技术和新产品的产生。STI 模式通常涉及基础研究、实验开发和技术验证等过程。例如，人工智能的发展依赖于算法的创新和计算能力的提升；量子计算机的研究则需要深入的物理学理论和实验支撑。在数字创新背景下，STI 模式推动了许多关键技术的突破，如大数据分析、物联网、5G 通信和区块链技术等。这些技术的进步为各行业的数字化转型提供了强有力的支撑。

微案例

在数字创新背景下，STI 模式的典型例子是英特尔公司。作为全球领先的半导体制造商和技术创新者，英特尔依赖科学研究和技术开发来推动其产品的演进。例如，英特尔在芯片设计和制造过程中进行深入的基础研究和实验开发，致力于提升芯片的计算能力和效率。其研发团队不断探索新的半导体材料、制造工艺和集成电路设计，以满足不断增长的计算需求和市场的创新要求。通过 STI 模式，英特尔不仅推动了芯片技术的发展，还在大数据、物联网和 5G 通信等关键技术领域取得了重要进展，为全球数字化转型提供了关键支持。

（二）DUI 模式

DUI 模式强调通过实际使用、用户反馈和互动进行创新。它注重从用户体验和市场需求出发，通过持续的学习和改进实现创新。DUI 模式中的创新往往是渐进的、迭代的。社交媒体平台和电商网站就是典型的例子，它们通过分析用户行为，不断优化算法和界面设计，以提升用户体验和满意度。在数字创新背景下，DUI 模式广泛应用于互联网服务、移动应用、游戏开发和电子商务等领域。这些领域的竞争激烈，用户需求变化迅速，通过快速响应用户反馈和市场变化，企业能够不断提升自身竞争力。

DUI 模式的典型例子是 Facebook。作为全球最大的社交媒体平台之一，Facebook 通过 DUI 模式不断进行创新和优化。该平台通过分析用户行为数据和持续收集用户反馈，不断更新其算法和界面设计，以提升用户的整体体验和参与度。Facebook 不仅在社交互动方面进行改进，还通过推出新功能和服务来满足不断变化的市场需求，如广告平台和在线社群功能。这种基于用户体验和市场需求的迭代式创新模式，使得 Facebook 能够保持其在全球社交媒体市场中的领先地位，并不断增强其竞争力。

　　在数字创新背景下，STI 模式和 DUI 模式各有其应用领域和优势。STI 模式主要应用于需要技术突破的领域，如新材料、智能制造、生物技术等，它依赖科学技术的前沿突破，通常需要较长的研发周期和较大的投入。DUI 模式则更多应用于需要快速响应市场和用户需求的领域，如互联网服务、移动应用、电子商务等，它通过用户反馈和市场互动，进行快速迭代和改进。两者的主要区别在于创新驱动来源不同：STI 模式依赖科学技术的深度研究和突破，而 DUI 模式依靠用户体验和市场互动进行持续改进与创新。

第二节　创新过程

一、创新过程模型

　　20 世纪 50 年代以来，技术创新过程经历了五代具有代表性的模型，分别是技术推动模型、市场拉动模型、耦合互动模型、集成 / 并行模型、系统集成与网络化模型。

　　（一）第一代：技术推动模型（Technology Push Model）

　　第二次世界大战后的 20 年，随着半导体、电子信息技术、新材料等新技术的蓬勃发展和一些产业的新技术突破并成功商业化，许多新的商业机会开始出现，大大推动了社会进步和经济发展，科学技术的地位和作用得到广泛认可，大量企业通过开发新产品取得了巨大的成功。在这种背景下，出现了第一代创新过程模型——技术推动模型。该模型的一个基本假设是从来自应用研究的科学发现到技术发展和企业中的生产行为，并最终导致新产品进入市场都是一步步前进的。该模型的另一个基本假设就是更多的研究与开发就等于更多的创新（如图 5-1 所示）。当时由于生产能力的增长往往跟不上需求的增长，很少有人注意市场的地位。

图 5-1　技术推动模型（20 世纪 50 年代—60 年代中期）

资料来源：Rothwell R. Towards the Fifth-generation Innovation Process[J]. International Marketing Review, 1994, 11(1):7–31。

（二）第二代：市场拉动模型（Market Pull Model）

20 世纪 60 年代后期，竞争加剧，生产效率显著提高，尽管企业仍在不断开发新产品，但企业更多地关注如何利用现有技术变革，扩大规模、多样化地实现规模经济，获得更多的市场份额。此时，许多产品已经基本供求平衡。企业创新过程研究开始重视市场的作用，因而导致了市场拉动模型的出现。该模型中市场被视为引导研发的思想源泉，如图 5-2 所示。

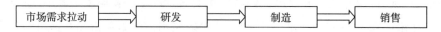

图 5-2　市场拉动模型（20 世纪 60 年代—70 年代）

资料来源：Rothwell R. Towards the Fifth-generation Innovation Process[J]. International Marketing Review, 1994, 11(1):7–31。

（三）第三代：耦合互动模型（Interactive and Coupling Model）

20 世纪 70 年代，随着两次石油危机的暴发，大量产品供过于求，企业更多地关注如何提高产量、降低成本。这一时期也是创新过程研究的一个高潮，许多学者通过实证方法研究了成功创新过程的本质和特点，为企业开展有效的创新提供理论支持，减少或避免资金或资源的浪费。大量研究显示，对科学、技术和市场三者相互联结的一般过程而言，线性的技术推动和市场拉动模型都过于简单和极端化，并且不典型。大卫·C. 莫厄里（David C. Mowery）和内森·罗森伯格（Nathan Rosenberg）于是总结出了耦合互动模型（如图 5-3 所示）。

（四）第四代：集成 / 并行模型（Integration/Parallel Model）

进入 20 世纪 80 年代，企业开始关注核心业务和战略问题。这一时期的一个显著特征是西方国家开始意识到日本企业在全球市场上的优势不仅来自模仿和精益生产、质量导向的生产过程，而且来自新产品开发过程，后者能够使日本企业比西方国家的

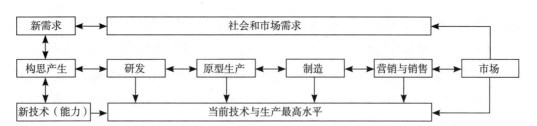

图 5-3　耦合互动模型（20 世纪 70 年代初—80 年代中期）

资料来源：Rothwell R. Towards the Fifth-generation Innovation Process[J]. International Marketing Review, 1994, 11(1):7-31。

企业更快、更有效地不断推出新产品。当时领先的日本企业的两个最主要特征是集成开发与并行开发，这对于当时基于时间的竞争是至关重要的。

　　虽然第三代创新过程模型包含了反馈环，并有一些职能间的交互和协同，但它仍只是逻辑上连续的过程。塞缪尔·B. 格雷夫斯（Sammuel B. Graves）在对日本汽车工业的研究中总结提出了集成/并行模型，其主要特点是各职能间的并行性和同步活动期间较高的职能集成（见图 5-4）。

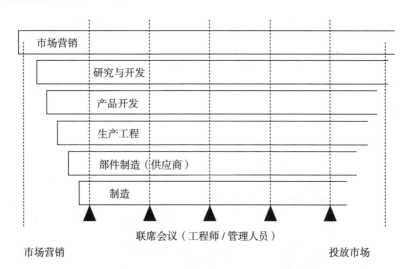

图 5-4　集成/并行模型的一个典型例子（Nissan 的新产品开发过程）

资料来源：Rothwell R. Towards the Fifth-generation Innovation Process[J]. International Marketing Review, 1994, 11(1):7-31。

（五）第五代：系统集成与网络化模型（System Integration and Network Model）

　　20 世纪 90 年代以来，越来越多的学者和企业意识到，新产品开发时间与企业竞争优势密切相关。但产品开发周期的缩短也往往意味着成本的提高。格雷夫斯指出，新产品开发时间每缩短 1% 将平均导致开发成本提高 1%—2%。第三代、第四代、第五代创新过程的产品开发时间与成本的关系如图 5-5 所示。罗伊·罗斯威尔（Roy Rothwell）进一步发现，一些领先的创新者正在向时间更短、成本更低的以系统集成和网络化为特征的第五代创新过程转变，其中包括更加整合的产品开发技术、组织、制度、生产等，更紧密的企业间纵向和横向联系，以及更多地运用先进复杂的电子信息工具箱（见图 5-6 ）。

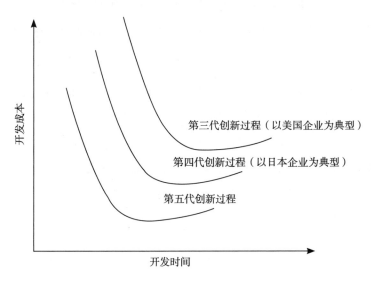

图 5-5　第三代、第四代、第五代创新过程的产品开发时间与成本的关系

资料来源：Rothwell R. Towards the Fifth-generation Innovation Process[J]. International Marketing Review, 1994, 11(1):7-31。

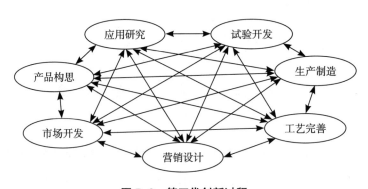

图 5-6　第五代创新过程

资料来源：Rothwell R. Towards the Fifth-generation Innovation Process[J]. International Marketing Review, 1994, 11(1):7-31。

罗斯威尔指出，第四代和第五代创新过程模型的主要不同是后者使用了先进的 IT 和电子化工具来辅助设计和开发活动，包括模型模拟、基于计算机的启发式学习以及使用计算机辅助设计和计算机辅助制造系统的企业间和企业内开发合作。开发速度和效率的提高主要归功于第五代创新过程的高效信息处理创新网络，其中先进的电子通信技术增进了第四代创新过程的非正式（面对面）信息交流。表 5-1 列示了系统集成与网络化模型的基础战略因素和主要特点。

表 5-1　系统集成与网络化模型的基础战略因素和主要特点

基础战略因素	·时间战略（更快、更有效的产品开发） ·注重质量和其他非价格因素的开发 ·重视企业的灵活性和灵敏度 ·重视战略性客户 ·与主要供应商的战略合作 ·横向技术合作战略 ·电子数据处理战略 ·全面质量管理战略
主要特点	整个组织和系统的集成： ·并行和集成（职能间）的开发过程 ·产品开发中早期供应商的参与 ·产品开发中主要客户的参与 ·在适当地方建立横向技术合作
	适用于快速决策的灵活平面组织架构： ·给予低层级管理人员更多的权力 ·给予产品拥护者和项目领导者权力
	发达的内部数据库： ·高效的数据共享系统 ·产品开发方法，基于计算机的启发式学习，专家系统 ·使用三维计算机辅助设计系统和模拟技术辅助产品开发 ·跟计算机辅助设计 / 计算机辅助制造系统连接，加强产品开发的灵活性和产品的可制造性
	有效的外部数据连接： ·使用互联网的计算机辅助设计系统与供应商共同发展 ·在客户接口上使用计算机辅助设计 ·与 R&D 实验室进行有效联系

资料来源：Rothwell R. Towards the Fifth-generation Innovation Process[J]. International Marketing Review, 1994, 11(1):7-31。

事实上，自第三代创新过程模型开始，创新"互动"的观点日益受到重视，包括企业研发系统内部各部门之间、研发部门与其他部门间、生产者与客户或供应商间，以及与其他企业的互动等。互动的复杂性进一步促进了"创新网络"的研究，包括正式（如其他企业或研究机构基于合作的研发合作）与非正式（如研究人员间私下信息交流）的网络。

第四代和第五代创新过程模型的出现，是技术创新管理理论与实践上的飞跃，标志着从线性、离散模型转变为集成、网络化复杂模型。由于创新过程和产品对象的复杂性大大增强，创新管理需要系统观和集成观。而现代信息技术和先进管理技术的发展为第四代、第五代创新过程模型的应用提供了有力支撑。

二、创新动态模型

（一）技术创新动态过程的 U-A 模型

国际著名的技术创新管理专家詹姆斯·M. 厄特巴克（James M. Utterback）和威廉·J. 阿伯纳西（William J. Abernathy）通过对美国汽车工业技术创新的动态变化进行考察和长期研究，于 1975 年从创新内容角度提出技术创新的动态过程模型（U-A 模型）。该模型认为，一个产业或一类产品的技术创新过程总体可划分为三个阶段，产品和工艺的创新频率体现出随时间变化的动态特征，并且产品创新和工艺创新存在重要的相互关系，如图 5-7 所示。

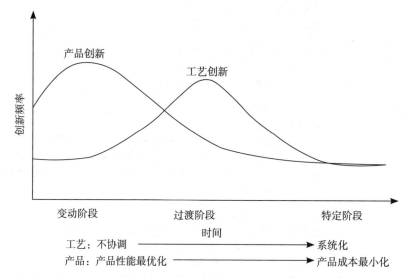

图 5-7　技术创新的动态过程模型

资料来源：Utterback J M. 把握创新 [M]. 高建，李明，译. 北京：清华大学出版社，1999。

1. 变动阶段

在一类产品或一个产业部门的形成时期，工艺与产品的变化极其迅速。产品创新在这一阶段同时面临技术和市场的不确定性，新产品使用的技术处于发散状态，不成熟、昂贵又不可靠，导致产品的性能不稳定；市场不稳定，企业还无法明确定位目标市场。由于技术和目标不确定，尚未形成主导设计，竞争的焦点是产品的功能，产品创新频率最高；频繁变化的产品设计阻碍了相应的工艺创新，因而工艺创新频率较低。

2. 过渡阶段

主导设计出现，形成产品标准，创新进入过渡阶段。用户对创新产品已有清晰的理解，市场接受创新产品；企业大量生产创新产品，采用适用于大规模生产的组织形式，管理与控制显得更为重要，竞争的焦点是产品的质量与价格。企业已经根据标准设计采用专用的生产设备和原材料，产品结构已经不允许做大的变动，产品创新频率下降，以工艺创新为主，企业追求高效率、低成本的制造过程。

3. 特定阶段

产品完全定型，已被其他企业模仿，竞争基础是产品的质量与成本之比。产业发展极为重视质量、成本和产量。高度自动化的生产将完全定型的特定产品与其高效率、低成本的制造过程紧密结合，产品与工艺中的任何一个细小变化都将引起其他相应部分的变化，因而变化十分困难且昂贵。产品和工艺创新仅以缓慢的渐进方式进行，重大产品或工艺创新较少出现。

这种在特定阶段为提高效率而采用的刚性自动化设备，同技术创新互不相容。特定阶段意味着一个产业有可能被新一轮突破性创新毁灭。那些精于管理、有很强的创新能力的大公司在面对某些类型的市场和技术上的变化时，无法保持其在行业的领先地位。日本汽车制造业应用的柔性制造系统为解决这一矛盾做出了重要贡献。企业采用大规模定制策略，在标准化产品平台上生产出满足不同需要的独特产品，以产品的多样化和适用性满足客户各种需要。柔性制造系统和大规模定制策略，为已走到创新尽头的特定阶段的产品找到了新出路。

表 5-2 概括了技术创新在上述三个阶段的动态特征。

表 5-2　技术创新在三个阶段的重要特征

	变动阶段	过渡阶段	特定阶段
创新类型	频繁的重大产品变革	上升的需求导致重大的工艺变革	产品的渐进性改革，效率和质量的累积提高
创新源	行业领先者，产品用户	制造商，产品用户	通常是供应商
产品	多样化设计，通常是定制的	至少稳定一种产品的设计以保证足够的产量	大部分是无差异的标准化产品
生产工艺	灵活但低效，能适应重大变革	逐渐变得刚性，仅在主要工艺上做一些改进	高效，资本密集，刚性，变革成本高
研发	由于技术的高度不确定性，不集中于特定技术	主导设计出现，集中于特定的产品特性	集中于渐进的产品技术，强调工艺技术

续表

	变动阶段	过渡阶段	特定阶段
设备	通用设备,需要熟练工人	某些子工艺过程自动化,建立独立的自动化小组	使用专用设备,大部分自动化,工人主要进行监督和控制
工艺变革成本	低	中	高
竞争者	少,但随着市场份额的变动而增加	多,但随着主导设计的出现而减少	少,处于市场份额稳定的典型的垄断阶段
竞争基础	产品性能	产品多样化,适用性	价格
组织控制	非正式、灵活,强调创业精神	项目组或工作组	强调结构、规划、目标
行业领导者的弱点	模仿者,专利的挑战,成功的产品突破性创新	更高效、更高质量的产品制造商	提供更优的替代产品的技术创新

资料来源:Utterback J M. Mastering the Dynamics of innovation[M]. Boston, MA:Harvard Business School Press, 1994。

拓展阅读

在数字创新背景下,数字支付技术为 U-A 模型提供了一个典型的解释案例。

1. 创新阶段(U 阶段)

初始阶段:数字支付技术最初出现在 20 世纪 90 年代末,最早的形式包括在线银行支付和电子钱包。该技术允许消费者通过互联网进行在线购物和电子转账,但安全性和用户友好性还不够高。

提升阶段:随着网络安全技术的进步和移动互联网的普及,数字支付技术迅速发展。安全性更高的支付网关和电子支付平台开始出现,如 PayPal 和支付宝,这些平台通过简化支付过程和提供更好的用户体验,推动了数字支付技术的普及。

2. 应用阶段(A 阶段)

普及阶段:进入 21 世纪 10 年代,数字支付技术已经成为全球范围内的主流支付方式。消费者可以通过智能手机应用或网页轻松完成支付,具体应用包括在线购物、移动支付和 P2P 转账,提升了支付的便捷性和效率。

整合阶段:未来,数字支付技术预计将进一步整合到更广泛的金融生态系统中。随着区块链技术和加密货币的发展,数字支付可能会加强安全性和隐私保护方面的技术,同时提供更多创新的金融服务和智能合约功能。

3. U-A 模型解释

通过 U-A 模型，我们可以清晰地看到数字支付技术的发展路径。

创新阶段（U 阶段）：从最初的在线银行支付和电子钱包到安全性和用户友好性的提升，数字支付技术在技术和商业模式上不断创新，为后续发展奠定了基础。

应用阶段（A 阶段）：在普及和整合阶段，数字支付技术已经深入人们日常生活，成为人们支付和资金管理的重要工具，促进了全球金融体系的变革和创新。

这个例子展示了如何通过技术创新的 U-A 模型来理解数字创新的发展过程——从技术探索到广泛应用的演进，以及这种创新如何改变了人们的支付习惯和金融行为。

（二）二次创新与后二次创新模型

1. 二次创新模型

浙江大学吴晓波教授基于对中国等发展中国家企业创新动态过程的长期深入分析，于 1995 年在经典 U-A 模型基础上提出了二次创新模型，如图 5-8 所示。二次创新可以定义为那些在技术引进基础上，囿于已有技术范式，沿一次（原始）创新所定义的技术轨迹所进行的创新。这种模型是基于引进技术再加以消化吸收进而再创新的技术创新模式，主要表现为渐进性创新。二次创新模型特征与 U-A 模型相反，在创新过程中先集中于所引进产品的工艺创新，然后在此基础上致力于产品创新。

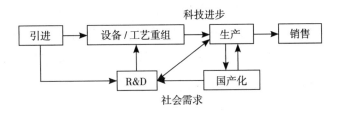

图 5-8　基于引进、消化、吸收的二次创新模型

资料来源：吴晓波.全球化制造与二次创新：赢得后发优势 [M].北京：机械工业出版社,2006。

智能手机操作系统的引进、消化、吸收与再国产化

引进：早期，中国智能手机市场主要依赖国外的操作系统，如 Android 和

iOS。国产品牌的智能手机几乎全部使用谷歌的 Android 系统。

消化：随着市场需求的增长，国内企业逐渐开始深入研究和理解 Android 系统的核心技术，通过自主开发和优化，增强系统的本地化和适应性。例如，小米、华为等企业在引进 Android 系统的基础上，开发了 MIUI 和 EMUI 等定制操作系统。

吸收：这些企业并不是停留在简单的定制化层面，而是深入吸收了 Android 系统的技术精髓，进行深度优化和功能扩展。通过添加本地化服务、提升用户体验，逐步打造出具有独特竞争力的操作系统。

再国产化：最终，国内企业在操作系统领域实现了再国产化，开发出了具备自主知识产权的操作系统。华为推出的鸿蒙操作系统（HarmonyOS），不仅适用于智能手机，还扩展到物联网设备，成为一个广泛应用的生态系统，标志着数字创新从引进到自主创新的完整过程。

2. 后二次创新模型

后二次创新模型指直接到国外吸收实验室技术和新兴技术，实现跨国价值活动控制和自主知识产权，这种以实验室技术和新兴技术引进为代表的创新囿于技术范式程度较低，技术引进往往发生在主导设计确立前，因此可被认为是与一般二次创新不同的"后二次创新"。全球化背景下，后二次创新的实验室技术和新兴技术都是通过海外研发活动获得的，这种海外研发活动已有一定的一次创新特征，但因为其技术还是从发达国家获得，海外研发的目的是在技术先进国家寻求技术资源，所以它仍可被认为是二次创新的一种高级类型。这种模式主要是依靠在国外投资建厂，进行海外研发和生产，从而推动全球市场销售（见图 5-9）。

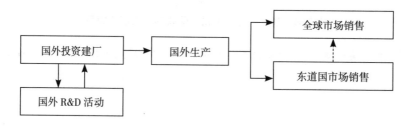

图 5-9　后二次创新模型

资料来源：吴晓波. 全球化制造与二次创新：赢得后发优势 [M]. 北京：机械工业出版社,2006。

微案例

华为 5G 技术的后二次创新

华为 5G 技术的发展过程体现了后二次创新模型，从引进和吸收国外先进技术，到自主研发和掌握核心知识产权，再到实现跨国价值活动的控制，成功推动了 5G 技术的创新和应用。

引进与吸收：华为早期通过引进国外先进的通信技术和实验室研究成果，逐步积累了在通信领域的技术基础。华为还与全球顶尖大学和研究机构合作，吸收最新的 5G 技术和标准。

自主研发：在吸收国外技术的基础上，华为投入大量资源进行自主研发，逐步掌握了 5G 核心技术，包括 Massive MIMO、边缘计算和网络切片等。华为建立了全球领先的 5G 实验室，进行深入的技术研究和创新。

跨国价值控制与自主知识产权：通过持续的研发投入和技术积累，华为不仅实现了 5G 技术的自主知识产权，还在国际标准制定中占据重要地位。华为的 5G 技术和设备在全球市场中广泛应用，控制了跨国价值链的重要环节，华为因此成为 5G 领域的领军企业。

三、数字创新流程

数字化时代的企业在开展数字创新时将经历启动、开发和应用三个过程，接下来本小节将详细介绍这三个过程。

（一）启动

数字创新启动（Initiating Digital Innovation）涉及企业识别潜在的数字化转型机遇，并为之做好需要准备的一系列活动。尽管数字创新的重要性已为越来越多的企业和管理层所认可，但组织领导力的不足、内部制度与文化的障碍以及执行创新时的阻力，都使得启动数字创新面临挑战。这些挑战源自数字创新往往需要组织对运作流程、制度架构等核心要素进行深刻的变革。

1. 制定数字战略

组织应基于外部数字化趋势和内部资源优势来明确其价值创造的领域（例如，决定推出哪些数字产品，如何优化创新流程，是否进行组织架构和商业模式的数字创新等）以及价值获取的策略（例如，是否建立平台或生态系统，如何与网络伙伴共享价值等）。在推动数字创新的初期，制定清晰的数字战略至关重要，因为它为组织提供了关于未来方向、行动计划和策略的共识。

2. 架构数字资源

在启动数字创新之前，组织必须首先决定是构建自己的数字基础设施还是利用现有的外部设施。做好决定后，组织应该全面评估其内部和外部可能需要的或已经拥有的数字信息资源。至关重要的是，组织需要拥有能够适应变革环境的人才，因为数字创新不仅需要掌握数字技术的专业人才，还需要组建能够整合多元技能并持续学习新数字创新技能的动态创新团队。

3. 提升数字创新能力

首先，鉴于数字技术不断进步的特性，组织必须持续监测并适应数字环境的快速变化，以便发掘新的创新机遇。这种组织在内外部数字环境中发现与创新相关的机会的能力，是在进行数字创新前必须培养的关键技能。其次，组织必须具备强大的吸收能力，它对于数字创新的初期阶段极为重要，主要包括识别、吸收并应用外部知识的能力。最后，培养双元能力，也就是重组、整合现有资源与新资源，创造新的复杂资源组合的能力——不仅对于正在经历数字化转型的企业来说至关重要，对于推动数字创新也同样不可或缺。

4. 构建数字创新导向的文化

在启动数字创新的阶段，组织还需构建数字创新导向的文化。具体而言，数字创新导向文化包含承担风险的文化，允许试验（Experiment）、组织即兴创作（Improvisation）和学习的文化，以及组织内分享观点和分权决策的文化。

（二）开发

数字创新开发（Developing Digital Innovation）指企业将启动阶段产生的创新想法发展成一个可以应用的数字创新的过程。在数字创新开发阶段，企业的核心任务集中在创新主体对预期成果的构思以及如何将创新概念与企业现有的知识体系相融合。与常规的创新流程相比，数字创新开发是一个动态的、不断演进的过程，它不具有明确界定的起点和终点。换句话说，数字创新开发是一个动态交互过程。

1. 设计逻辑

数字创新开发强调问题与解决方案之间的动态设计互动。与传统的创新流程相比，数字创新的界限更为模糊，因此，当前的研究主要依托设计科学理论来探讨这一过程。实际上，考虑到数字技术具有的分层和模块化特征，数字创新的起点通常源于元需求，即对需求背后更深层次需求的探索。在此基础上，建立元设计原则，然后与各创新参

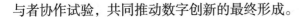

与者协作试验，共同推动数字创新的最终形成。

2.开放式创新

数字创新的过程本质上是包容的，涉及的创新者并非一开始就明确设定。在实践中，随着数字技术的发展，创新过程中的关键要素——包括参与创新的主体及其所能提供的贡献、参与的方式和最终的成果——均经历了转变。因此，在推动数字创新的开发时，组织应当采取开放式创新的策略，以适应这些变化，并有效地整合组织外部和内部的创新资源。

3.情境交融

数字创新开发强调将数字技术与具体的应用场景相融合。由于数字技术具有高度的可塑性，同一项技术根据不同的应用需求可以催生多样化的创新成果。这就要求组织在开发数字创新时，持续探索数字技术与企业所处的情境及社会文化环境的结合点。当前业界所倡导的"场景化"趋势正是基于这样的理念。在数字创新的过程中，将数字技术与组织的价值主张、文化、行业背景以及用户的社会认知等因素相结合，能够创造出新的意义和价值。例如，在短视频应用领域，尽管所采用的数字技术大同小异，但通过与组织和用户的特定情境相结合，以及与用户的持续互动，中国市场已经孕育出一百多个活跃的短视频 App，每个都有其独特的市场定位和用户群体。

4.持续迭代

数字创新开发是一个不断循环和递进的过程。这种自我增长的特性意味着数字创新需要一个动态、自反馈、可扩展且能够持续优化的流程。在这个流程中，数据挖掘技术、数据探索和叙事分析等工具是支持持续更新的关键。此外，在这一持续迭代的过程中，组织学习起到了至关重要的作用：对环境认知的不断刷新以及对组织知识的持续挖掘，构成了数字创新持续进化的重要支撑。

（三）应用

数字创新应用（Implementing Digital Innovation）涉及组织变革的多个方面。首先，数字创新应用要求组织不断改进其价值创造流程。利用数字技术，如社交媒体，创新主体可以促进客户深度参与组织的互动和沟通，从而产生大量数据，包括客户的使用习惯和组织内部各环节的数据。这些数据为创新主体提供了改变其价值创造方式的基础。为了有效利用这些数据，组织需要建立专门的团队来分析数据，这样的分析不仅能迅速提高运营效率，还能发现创造新客户价值的机会。

其次，数字创新应用促使组织重新思考其价值网络。数字技术降低了沟通成本，增强了创新网络的连通性，增加了网络中对知识多样性和整合这些多样性知识的需求。

随着创新网络连通性的增强，更多的利益相关者得以参与到价值共创中来。

最后，数字创新应用要求组织架构的变革。除了数字组织创新本身就涉及组织架构的改变，其他类型的数字创新同样需要组织架构的持续演进。正如前文所述，数字创新的开发需要结合特定使用情境的数字技术，同样地，数字创新的应用也需要将创新与特定组织情境相融合，这就要求跨部门的协作和整合。

第三节 技术进步（扩散）的 S 曲线和第二曲线

在技术的浩瀚星海中，每一项创新都如同一颗璀璨的星辰，经历着诞生、成长、成熟直至最终的蜕变或消逝。本节将首先探索描述技术发展的曲线模型——S 曲线和第二曲线，这是理解技术生命周期和企业持续创新的关键。

一、S 曲线

经过反复验证，随着投入的增多，一项技术的性能进步率和市场接受率都呈 S 形。尽管技术进步的 S 曲线和技术扩散的 S 曲线是相关的（技术性能的进步加速了市场对技术的认可，反过来市场的广泛认可激发了对技术进步的投资），但技术进步和技术扩散在本质上是不同的过程。下面首先描述技术进步的 S 曲线以及由此派生出的颠覆性创新概念，然后介绍技术扩散的 S 曲线。

（一）技术进步的 S 曲线

技术进步的 S 曲线是一种描述技术演进和性能改进模式的理论模型。如果用技术性能以及在技术进步上投入的资金和努力作为两条坐标轴，可以看到这样一条典型的 S 曲线：开始技术进步随着投入的增加是缓慢的，接着加速，然后又减慢（如图 5-10 所示）。该模型表明，任何一项技术的发展通常都会经历三个阶段：初期的缓慢增长、中期的快速提升以及后期的增长减缓，最终趋于成熟和饱和。

（1）初期阶段：这一阶段，技术刚刚出现，创新者面临许多挑战和不确定性。技术性能提升缓慢，市场接受度低，研发投入大，但回报不明显。

（2）中期阶段：一旦技术突破关键障碍，技术性能会迅速提高，市场需求和接受度显著增长。这一阶段通常伴随着大规模的应用推广和商业成功。

（3）后期阶段：这一阶段，技术的发展趋于饱和，性能提升变得缓慢，市场也趋于稳定。此时，新的替代技术可能开始出现，原有技术的改进空间有限。

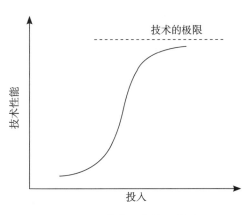

图 5-10　技术进步的 S 曲线

资料来源：希林 . 技术创新的战略管理 [M].4 版 . 王毅，谢伟，段勇倩，等，译 . 北京：清华大学出版社，2015。

以智能手机技术的发展为例，我们可以清晰地看到技术进步的 S 曲线。

初期阶段（20 世纪末—21 世纪初）：1993 年，IBM 与 BellSouth 合作推出了世界上公认的第一部智能手机——IBM Simon。这一时期，尽管智能手机为用户提供了较为先进的功能，如电子邮件和初步的互联网接入，但性能提升缓慢，市场接受度较低，技术成本高昂。研发重点主要集中在克服技术障碍和提升用户体验。

中期阶段（2007—2015）：2007 年苹果公司发布了 iPhone，随后谷歌推出了 Android 操作系统，智能手机进入快速发展阶段。技术性能飞速提升，功能越来越强大，出现了触摸屏、多媒体功能、强大的应用生态系统等。智能手机逐渐取代传统手机，成为人们生活中不可或缺的一部分。市场需求呈爆发式增长，出货量迅速攀升，智能手机的创新速度和市场接受度都达到顶峰。

后期阶段（2016 年至今）：智能手机技术逐渐趋于成熟。尽管仍有创新，如面部识别、5G 网络、折叠屏幕等，但总体性能提升速度明显放缓。市场也趋于饱和，全球智能手机销量增长放缓，新兴市场成为主要增长点。此时，消费者的换机周期延长，制造商更多地在优化现有技术和提升用户体验方面下功夫。

在这个过程中，智能手机的发展经历了从技术发展初期的缓慢起步，到中期的快速崛起，再到后期的平稳发展和成熟。技术进步的 S 曲线很好地解释了这一过程，显示出技术生命周期的典型轨迹。随着新的技术（如 AR、VR、人工智能等）的出现，智能手机可能会进入下一轮 S 曲线，开启新一轮的技术演进和市场发展。

（二）S 曲线的双重性

S 曲线非常清晰地表明了创新的双重性：组织要么成功引领创新，要么被竞争对手超越。在数字化时代，S曲线的双重性更加明显。理想情况下，能更快地利用数字技术实施和传播创新的组织，才能在商业领域中取得成功。以下是体现创新双重性的几个例子。

1. 成功引领创新的组织

创新型组织，诸如微软、Facebook、谷歌、苹果、亚马逊、Netflix 和特斯拉，以及在中国市场崭露头角的百度、今日头条、腾讯、优酷等，均是基于数字技术崛起的企业。这些企业通常被誉为"数字原住民"或"数字土著"。对于这些企业来说，数字化技术是其业务和运营模式的基础。相比之下，像沃尔玛、哈雷－戴维森或前进保险这些企业，它们是诞生于数字化时代之前的资深组织，被称为"数字移民"，这些组织在数字化时代同样取得了显著的成功。"数字原住民"和"数字移民"这两种类型的企业都是利用数字技术进行创新的良好例子。这是创新的积极面（从竞争对手的角度来看是消极面）。

2. 被竞争对手超越的组织

另外一些企业，如柯达、诺基亚、摩托罗拉、黑莓、Borders 连锁书店、Tower Records 以及 Blockbuster，都曾是各自领域的佼佼者。然而，随着科技的飞速发展和市场的不断变化，它们面临着以下严峻的挑战：

（1）数码摄影发明者柯达，未能及时把握创新技术的革命性变革，导致其在市场竞争中逐渐失去优势；

（2）诺基亚、摩托罗拉和黑莓等手机制造领域领先者在智能手机革命中未能及时抓住机会并及时转型，或被变卖给其他企业，或仍在努力进行自我修复；

（3）亚马逊通过 Kindle 和 iBooks 让读者体验并过渡到电子阅读的模式，这一变革对 Borders 连锁书店造成了巨大冲击；

（4）唱片连锁店 Tower Records 也面临类似的困境，在数字化音乐趋势的推动下，不得不向 MP3 数字化音乐及 iPod 等音乐播放器转型；

（5）影像视频租赁连锁店 Blockbuster 在其他公司推出创新的商业模式（例如在线订购电影并能在家中通过邮件接收）后濒临破产。

这些企业的失败案例都揭示了一个共同的问题：它们未能将数字技术与商业模式有效地结合，导致在市场竞争中失去了优势。这些曾经的领先者，最终因竞争对手的创新而宣告失败。这是创新的消极面（从竞争对手的角度来看是积极面）。

（三）颠覆性创新

技术并不一定都有机会达到极限，因为新的不连续技术可能导致原有技术的过时。当一种创新满足了原有的市场需求，但是以一种全新的技术为基础时，称之为不连续的技术创新。例如，从螺旋桨式飞机到喷气式飞机的转变，从卤化银作为感光材料的摄像到数码摄像的转变，从复写纸到复印机的转变，以及从乙烯基录音技术（或者类似的磁带）到高密度唱片的转变都是不连续的技术创新。

在早期阶段，从投入的回报率来看，新技术可能不如现有的旧技术，因此企业通常没有研发新技术的动力。但是，如果这种颠覆性技术拥有一条更陡峭的 S 曲线［如图 5-11（a）］或者其 S 曲线能够达到更高的性能极限［如图 5-11（b）］，就可能到了某个阶段后，新技术的投入回报率要比旧技术的高得多。新进入企业更倾向于选择这种颠覆性的技术，而在位企业面临两难的选择：是努力延长现有技术的生命周期还是投入资源并转换到新技术上？如果在一定的投入下，颠覆性的技术的性能潜力大得多，那么从长远来看，它很可能取代旧技术。

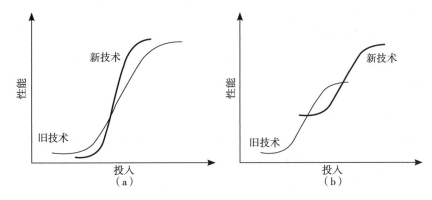

图 5-11　技术进步的 S 曲线——引入不连续技术

资料来源：希林 . 技术创新的战略管理 [M].4 版 . 王毅，谢伟，段勇倩，等，译 . 北京：清华大学出版社，2015。

颠覆性创新是一种改变市场格局的创新模式，常常从低端市场或用户需求未得到满足的细分市场起步，通过逐步改进，最终渗透主流市场，替代现有复杂昂贵的技术。它改变了市场格局，常常使原有市场领导者陷入困境。这一概念由克莱顿·克里斯坦森（Clayton Christensen）在其著作《创新者的窘境》中首次提出，描述了新技术如何颠覆传统技术和市场领导者。

颠覆性创新并不是一开始就瞄准主流市场的高端需求，而是通过提供简单、便利且经济的解决方案，满足特定用户群体的基本需求。随着时间的推移，这些创新技术不断改进，逐步满足更广泛的用户需求，最终对现有市场和技术产生深远影响。总的来说，颠覆性创新呈现如下特点。

（1）简单且经济：颠覆性创新在初期通常提供简单、经济的解决方案，满足基础需求。例如，早期的数字相机虽然图像质量不如传统相机，但其便捷性和低成本也吸引了一部分用户。

（2）逐步改进：颠覆性创新通过持续改进和优化，逐渐提升技术性能和用户体验。以智能手机为例，最初仅提供基本的通信功能，但随着技术的发展，逐步集成了拍照、娱乐、办公等多种功能。

（3）从边缘到主流：颠覆性创新往往从边缘市场开始，逐步渗透主流市场。当新技术的性能和质量达到或超越现有技术水平时，它们就开始替代原有技术，改变市场格局。

（4）挑战现有市场领导者：颠覆性创新对现有市场领导者构成重大挑战。传统企业通常专注于高端市场和现有客户需求，忽视了新兴技术的潜力。当颠覆性创新逐步成熟并进入主流市场时，传统企业可能面临巨大的市场冲击和竞争压力。

颠覆性创新的出现一般有如下前提。

（1）未满足的市场需求：颠覆性创新通常从现有市场未能充分满足的需求入手。这些需求往往存在于低端市场或全新的市场领域，主流企业通常忽视这些市场，因为其利润较低或技术要求不同。

（2）技术上的突破：尽管起初表现为简单且低性能的技术，但后期颠覆性创新通过不断改进和优化，逐步提升其性能和用户体验。技术的逐步突破是颠覆性创新成功的关键。

（3）现有技术的局限性：现有技术在进入其 S 曲线的成熟阶段后，性能提升空间有限，市场需求趋于饱和。这时，颠覆性创新的机会逐渐显现。

微案例

诺基亚——100 分的输家

诺基亚曾是全球手机市场的领导者，以其高质量的功能手机著称。然而，面对智能手机的颠覆性创新，诺基亚未能及时适应，最终失去了市场主导地位。智能手机最初作为功能较为简单的产品，满足了特定用户群体的需求。随着苹果公司 2007 年推出 iPhone，智能手机技术迅速发展，逐步集成了互联网接入、应用程序、多媒体等功能，吸引了大量用户。

诺基亚在智能手机崛起初期，对其潜力估计不足，仍专注于功能手机的改进和市场维护。诺基亚尽管也推出了自己的智能手机，但因操作系统和用户体验不佳，无法与 iPhone 等智能手机品牌竞争。诺基亚的市场份额急剧下降，最终被微软收购。

技术进步的 S 曲线描述了技术性能提升的典型模式，颠覆性创新则是在现有技术进步的 S 曲线趋于成熟阶段时，从低端市场或需求未得到满足的区域起步，最终进入主流市场并替代现有技术。颠覆性创新开启新的 S 曲线，这种关系揭示了技术演进和市场动态的复杂性，强调了新技术在旧技术生命周期成熟阶段的颠覆性潜力。两者结合，展示了技术和市场如何相互作用，推动创新和行业变革。

（四）技术扩散的 S 曲线

S 曲线也常常用来描述一种技术的扩散形态。与描述技术进步的 S 曲线不同，技术扩散的 S 曲线图的两条坐标轴分别为技术采用量和时间，这条曲线呈现 S 形的原因是：在初始阶段，当市场推出不为大众所熟悉的新技术时，技术采用量缓慢增长；当技术逐渐为大众所熟知并且拥有了大量市场的时候，采用量迅速增加；最后市场达到饱和状态，采用量的增长速度又减慢了。例如，当市场上刚出现电子计算器的时候，首先使用的人是一小部分科学家和工程师，这些人在此之前使用计算尺。然后计算器开始渗透到更大的会计市场和商业用户市场，接着学生和普通民众也开始使用计算器，市场进一步扩大。在这些市场都达到饱和之后，对于新进入的企业来说，已经没有多少机会了。

一般来说，技术扩散比信息扩散要慢得多，这是技术扩散更特别的一个特征。例如，埃德温·曼斯菲尔德（Edwin Mansfield）发现，尽管很多人都意识到工业机器人在工作效率上的巨大优势，但是经过了 12 年之后，在潜在的市场用户中只有一半采用了工业机器人。假如一项新技术与旧技术相比有很大的进步，为什么一些企业向新技术的转变要比别的企业慢得多？问题的答案可能隐藏在新技术包含的知识的复杂性以及使新技术发挥效用的配套资源的开发中。尽管应用新技术的一些必需的知识可以通过手册或者其他文件来传播，但是要完全了解和发挥新技术的潜力，所需的一些其他知识只能通过经验来积累。还有一些关于新技术的知识是不可言传的，需要通过人与人之间的广泛接触才能实现技术扩散。对于一项新技术的潜在采用者来说，尽管意识到新技术的潜在优势，但只有在能够获取这些知识的时候才会采用新技术。

此外，对于许多技术而言，只有在一系列配套的资源得到开发之后，这些技术对广大的潜在用户来说才是有价值的。例如，英国化学家汉弗莱·大卫（Humphry Davy）于 1809 年发明了第一盏电灯，之后很长一段时间这种电灯并不实用，直到发明了能将灯的电弧包住的灯泡，以及能将灯泡抽成真空管的真空泵之后，电灯才具有实用性。这种早期的灯泡只能使用几个小时，直到 1880 年，托马斯·A. 爱迪生（Thomas A.

Edison）在早期发明家的工作的基础上发明了使灯泡寿命延长到 1200 小时的灯丝。

最后，我们应该清楚，技术扩散的 S 曲线是技术进步的 S 曲线功能的一个部分，技术如果被更好地开发，对消费者就更加有用，从而能够促使用户采用这项技术。此外，由于学习曲线和规模优势可以促进技术进步，成品的价格通常会降低，因此进一步加速了用户对新技术的采用。

二、第二曲线

（一）第二曲线的基本内涵

每一种技术的增长都是一条独立的"S 曲线"：一项技术在导入期技术进步比较缓慢，一旦进入成长期就会呈指数级增长，但是技术进入成熟期就走向曲线顶端，会出现增长率放缓、动力缺乏的问题。而这个时候，会有新的技术在下方蓬勃发展，形成新的"S 曲线"，最终超越传统技术。因此，新旧技术的转换更迭，共同推动形成技术不断进步的高峰，从而带动"新经济"的发展，这就形成了第二曲线的理论。第二曲线理论如图 5-12 所示。

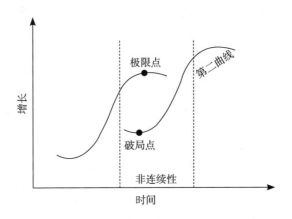

图 5-12　第二曲线理论示意图

资料来源：刘继承 . 数字化转型 2.0：数字经济时代传统企业的进化之路 [M]. 北京：机械工业出版社，2021。

第二曲线理论最早是由英国管理学家查尔斯·汉迪（Charles Handy）提出的，汉迪认为：任何一条增长的 S 曲线，都会滑过抛物线的极限点，持续增长的秘密是在第一条曲线消失之前，开始一条新的 S 曲线。此时，时间、资源和动力都足以使新曲线度过它起初的探索挣扎的过程。为了便于区分，将前一条 S 曲线称为"第一曲线"，将新的 S 曲线称为"第二曲线"。

第二曲线理论与克里斯坦森的颠覆性创新异曲同工，所谓第一曲线就是延续性创新，这种创新是沿着既有通道的创新，如对现有技术的持续改进、产品的升级迭代、流程的不断优化等，通常表现为线性增长。第二曲线就是非延续性创新，是从一个经济结构向另一个经济结构的转换，这种创新往往能够带来指数级增长。

延续性创新致力于在原有技术领域进行不断的完善和提升，努力做到更好、更快、更强，以更好地满足现有主流用户不断增长的需求。延续性创新有一个隐含假设：只要努力，就能够持续增长。经典战略理论认为企业应该"坚守本业"。企业的成功建立在一组独特的竞争技能上，而这种技能要用许多年才能积累出来。因此，企业应该始终坚持做自己的核心专业领域，而不要轻易转到新的领域。这种理念在技术稳定发展时是合适的，但在新旧技术变革更替的时期，成熟企业却常常会因为傲慢、迟缓而被市场抛弃，无论是技术、产品、组织或者公司，随着持续的增长，一定会到达增长的极限点，处于极限点时，即使投入再多的人力、物力，产出率也会不增反降。企业要想避开这个陷阱，就必须善于发现并尽早利用颠覆性技术，具有敏锐的市场洞察力，制定面向未来的创新战略，推动企业走出加速成长的第二曲线。

企业要想真正做到基业长青，就需要在第一曲线和第二曲线之间做出合理的组合管理（见图5-13）。例如，谷歌公司就应用了一个鼓励创新政策，叫作"70/20/10"原则：将70%的资源用来加强其核心业务，用20%的资源专注于拓展核心业务，剩下的10%被分配给一些长期看来可能重要的边缘概念上。该政策确保谷歌在不断提升其核心的搜索和广告业务的同时，仍有足够的资源去开发新的业务并推出实验性产品，简言之，

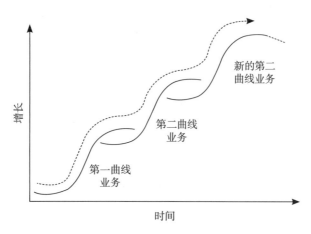

图 5-13　第一曲线和第二曲线的组合管理

资料来源：刘继承. 数字化转型 2.0：数字经济时代传统企业的进化之路 [M]. 北京：机械工业出版社，2021。

"70/20/10"原则就是将资源在"现在—接下来—未来"之间做出合理分配。遵循这样的比例,企业才能既通过第一曲线的持续发展维持稳定的地位,又通过第二曲线创新应对来自其他企业的颠覆和跨界打击。

数字化时代,企业要构建一套均衡的组合式创新策略,在基于现有成熟业务的延续性创新业务、针对未来的前沿风险(非延续性)业务之间寻求一个合理的平衡点,两条曲线不断交替进化才能确保长期繁荣。

拓 展 阅 读

第二曲线与颠覆性创新

第二曲线理论和颠覆性创新不是完全相同的概念,但它们之间有一定的关联。表 5-3 展示了二者之间的关系。

表 5-3　第二曲线与颠覆性创新的关系

	第二曲线	颠覆性创新
创新驱动方面	强调企业必须在现有业务达到顶峰之前,启动新的增长曲线,主动寻找和培育新业务或新技术	强调新技术从低端市场起步,通过不断改进和渗透,最终替代现有技术,实现市场颠覆
市场切入方面	不限定新业务或新技术的市场切入点,可以是任何具有增长潜力的领域	通常从低端市场或未满足需求的细分市场切入,逐步发展壮大
战略实施方面	侧重于企业战略层面的整体规划和时机选择,强调在现有业务增长趋缓前,及时启动第二曲线	侧重于技术和产品的具体发展路径,从低端市场逐步渗透主流市场,实现颠覆
以诺基亚为例	诺基亚在功能手机业务达到顶峰时,未能及时启动智能手机等新技术的第二曲线,导致市场份额迅速被苹果等手机厂商蚕食	苹果等品牌的智能手机最初并不被看好,但通过不断改进技术和用户体验,从低端市场逐步渗透主流市场,最终颠覆了诺基亚的功能手机市场

(二)打造第二曲线

第二曲线创新往往是非延续性技术实现的突破性创新,是企业在技术、管理等方面的间断和跳跃,比如苹果公司推出 iPhone,不仅颠覆了传统手机市场,还开启了智能手机的新时代,彻底改变了人们的生活方式和沟通方式。又如流媒体平台 Netflix 的兴起,它从提供 DVD 租赁服务转型为提供流媒体服务,最终成为原创内容制作的领导者,重塑了整个娱乐产业的格局。

突破性创新是企业发展的关键机遇，然而它们的开展通常伴随着高度的不确定性和风险。面对这样的挑战，企业需要进行审慎规划，精准预测并把握下一次颠覆性技术浪潮到来的时机。成功往往在经历一系列重大失败之后才会到来，企业需要在创新过程中尽可能增加尝试的机会，同时采取措施减少失败的次数。

实现第二曲线创新的关键思路有三点：一是思考现有成熟的新技术可能带来的创新机会；二是从用户需求入手，分析需求未被满足的最大空间在哪里；三是分析行业中新出现的颠覆者，哪些公司最有机会构建何种新产品和新服务。

第二曲线创新不是凭空产生的，而是在原有业务中由于技术、模式的变化自然生成出来的新业务，用李善友教授的理论来说就是分形创新。企业的主营业务构成第一曲线，在发展过程中会产生无数代表次级创新的小 S 曲线，促进企业主营业务的增长。当其中某些次级创新受到消费者、市场或者资本等的青睐时，就有可能成长为第二曲线，因此第二曲线是自然成长出来的（见图 5-14）。

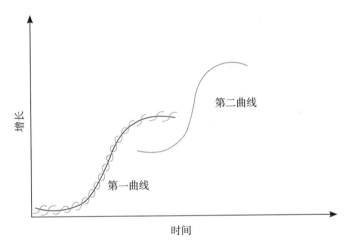

图 5-14　以分形创新实现第二曲线创新

资料来源：刘继承. 数字化转型 2.0：数字经济时代传统企业的进化之路 [M]. 北京：机械工业出版社，2021。

第二曲线创新的指数级增长并非从无到有的创造，而是在第一曲线里注入创新，当环境变化时，很可能其中某个子创新就会成长为第二曲线，新业务是创新的自然结果。因此，一定要专注第一曲线，也就是原有的业务，但是要在其中不断探索创新。

那些极具颠覆性的创新，其实都源于第一曲线的分形创新。例如，亚马逊最初只是一家网上书店，后来发展成为全球商品品种最多的网上零售商。为了应对全球用户的高并发访问需求，亚马逊开发了自己的云平台（AWS），后来云平台对外开放，取得了成功，就连其竞争对手苹果公司也要依靠 AWS 所提供的云服务。这就是一个典型的通过原有业务分形创新成长出第二曲线的案例。

 本章小结

1. 创新是指把一种从来没有过的关于"生产要素的新组合"引入生产体系。创新的目的在于获取潜在利润。

2. 技术创新按创新对象可以划分为产品创新与工艺创新；按对产品的改变程度可以划分为架构创新与元件创新；按对技术成果所实现的创新程度可以划分为根本性创新与增量性创新；按组织内部事前的学习行为倾向可以划分为开发式创新与探索式创新；按创新资源的组织方式可以划分为分布式创新与重组式创新；按对现有市场的影响程度可以划分为延续性创新与颠覆性创新。

3. 基于科学技术的创新（STI）依赖于科学研究和技术开发，是一种以知识和技术突破为核心驱动的创新模式。它强调通过系统的研究与开发（R&D），实现新技术和新产品的产生。

4. 基于学习、使用和互动的创新（DUI）强调通过实际使用、用户反馈和互动进行创新。它注重从用户体验和市场需求出发，通过持续的学习和改进实现创新。

5. 技术创新过程的研究经历了五代具有代表性的模型：第一代，技术推动模型；第二代，市场拉动模型；第三代，耦合互动模型；第四代，集成/并行模型；第五代，系统集成与网络化模型。

6. 创新动态模型包括技术创新动态过程的 U-A 模型、二次创新与后二次创新模型。

7. 二次创新可以定义为那些在技术引进基础上，囿于已有技术范式，沿一次（原始）创新所定义的技术轨迹所进行的创新。后二次创新模型指直接到国外吸收实验室技术和新兴技术，实现跨国价值活动控制和自主知识产权。

8. 数字创新流程包括启动、开发和应用三个过程。

9. 技术进步的 S 曲线是一种描述技术演进和性能改进模式的理论模型。最初技术进步随着投入的增加是缓慢的，接着加速，然后又减慢。

10. 颠覆性创新是一种改变市场格局的创新模式，常常从低端市场或用户需求未得到满足的细分市场起步，通过逐步改进，最终渗透主流市场，替代现有复杂昂贵的技术。它改变了市场格局，常常使原有市场领导者陷入困境。

11. 任何一条增长的 S 曲线，都会滑过抛物线的极限点，持续增长的秘密是在第一条曲线消失之前，开始一条新的 S 曲线。此时，时间、资源和动力都足以使新曲线度过它起初的探索挣扎的过程。为了便于区分，将前一条 S 曲线称为"第一曲线"，将新的 S 曲线称为"第二曲线"。

第六章
数字战略理论

在数字化浪潮席卷全球的今天，如何制定和实施有效的数字战略已成为企业竞争的关键。本章将基于战略管理理论，深入剖析与数字创新战略密切相关的战略管理理论内容。本章将首先探讨数字战略分析的重要性，通过内外部环境分析，帮助企业把握市场脉搏和竞争态势。接着，我们将详细阐述数字战略的形成过程，包括业务层战略、竞争战略和公司层战略，以及它们如何共同构成企业的战略体系。最后，我们将重点关注数字战略的实施，包括公司治理、组织架构和组织控制、战略领导力等方面的内容，确保战略能够落地生根并产生实效。通过本章的学习，读者将能够掌握数字战略管理的精髓，本章的内容也将为企业在数字化时代取得竞争优势提供有力的战略指导。

学习目标：

1. 掌握数字战略分析的方法；
2. 熟悉数字战略形成的过程；
3. 熟悉数字战略的实施过程。

课前阅读

上汽大通的数字化转型之路

数字化时代，企业面临着前所未有的挑战和机遇。数字技术的快速发展，使得传统企业纷纷踏上数字化转型之路，试图通过数字战略保持竞争优势。上汽大通汽车有限公司（以下简称"上汽大通"）是上海汽车集团股份有限公司全资子公司。上汽大通通过数字化平台和智能工厂，再造流程，真正实现"由用户选择"的理念，这不仅提升了用户体验，也为企业带来了竞争优势。2019 年，上汽大通被世界经济论坛（World Economic Forum, WEF）评选为"灯塔工厂"[①]企业。当时，在全世界范围内，只有两家汽车企业获此殊荣，一家是上汽大通，另一家是德国宝马。上汽大通的数字化转型是中国汽车工业数字化发展的一个成功案例，为其他汽车企业提供了宝贵的经验和启示。

1. 数字化时代的内外部环境分析

进入 21 世纪后，上汽大通所在的汽车工业领域正经历着剧烈的变化。外部环境方面，汽车行业竞争激烈，新兴的电动汽车和智能网联汽车不断涌现，上汽大通需要通过数字化转型来提升竞争力。随着互联网的普及，消费者越来越倾向于在线购车和个性化定制，这要求上汽大通能够提供更加灵活和个性化的服务。与此同时，数字技术迅猛发展，物联网、大数据分析、AI 和云计算等新兴技术为企业带来了颠覆性的机遇。传统工业企业面临的一个关键挑战是如何在数字化浪潮中保持市场竞争力。

内部环境方面，首先，上汽大通早期以商用车起家，随着市场的发展，用户对乘用车、SUV 等多样化产品的需求日益增长，这要求上汽大通能够快速响应市场变化，提供定制化解决方案。其次，上汽大通背靠上汽集团，拥有强大的技术支持和研发能力，为其数字化转型提供了坚实的基础。

2. 数字战略的形成

上汽大通的数字战略主要从以下三个层面展开。

（1）业务层战略。

C2B 模式：上汽大通推行 C2B（Customer to Business）模式，通过"蜘蛛智选"等数字化平台，实现用户直接参与产品设计和定制，满足用户个性化需求。

数字化营销：利用大数据和 AI 技术进行市场分析和用户行为预测，实现精准营销和提升用户体验。

（2）竞争战略。

差异化竞争战略：上汽大通率先在汽车行业内实施 C2B 模式，允许用户参与车辆的设计和配置过程，提供个性化的产品，满足消费者对车辆独特性的需求；布局新能源领域，推出了包括纯电动、插电式混合动力和氢燃料电池等多种

---

① "灯塔工厂"是由世界经济论坛与麦肯锡咨询公司共同遴选的"数字化制造"和"全球化 4.0"示范者，被称为世界上最先进的工厂。

能源形式的车型，以满足不同市场和消费者的需求；推出高端新能源序列"大家"系列，在高端市场树立了品牌形象，并在安全测试中获得优异成绩，逐渐打破日系多用途汽车（Multi-purpose Vehicle, MPV）的市场垄断地位；积极拓展海外市场，尤其在澳大利亚、新西兰、英国等发达国家市场取得了显著成就，成为"全球发达国家首选中国车"品牌。

成本领先战略：通过互联网和云计算技术，实现企业与用户及伙伴的数字化直联，优化供应链管理，降低成本并提高效率；上汽大通的南京 C2B 工厂作为工业 4.0 的代表，实现了生产过程的自动化和智能化，提高了生产效率，降低了生产成本。

（3）公司战略。

上汽大通的公司战略旨在通过数字化转型实现业务多元化，将创新作为公司发展的核心，不断探索新技术在汽车制造和销售中的应用；利用数字化手段，加速全球市场的拓展，提升品牌的国际影响力。

3. 数字战略的实施

在战略实施阶段，上汽大通通过优化公司治理、调整组织架构和强化战略领导力，确保了数字化转型的顺利进行。

（1）公司治理。

公司治理层面，上汽大通建立以数据为核心的决策机制，确保公司治理的科学性和有效性。公司利用"我行 MAXUS"平台和"蜘蛛智选"平台等数字化工具，收集用户数据，进行需求分析和产品迭代，从而实现数据驱动的决策制定。

（2）组织架构。

组织架构层面，上汽大通将逐级汇报的科层制组织转变为以用户为中心的流程型组织，使所有的员工协同在一起，以用户的需求为导向，组织架构服务于业务流程，满足用户价值，实现组织在线。为了实现以用户为中心的组织架构转型，上汽大通贯彻"以人为本"的思想理念，以为经销商、管理者和员工赋能的方式保障转型成功。

（3）战略领导力。

战略领导力层面，首先，领导层通过工作坊（Workshop）和内部沟通平台（如"通通来 8"），鼓励员工参与变革，提出建议，增强员工的归属感和责任感。这种开放和透明的沟通方式有助于减少员工的负能量，提升正向赋能，使员工愿意拥抱变革。其次，注重人才的数字化转型，通过专业咨询公司对在职干部进行数字化人才盘点，建立起数字化人才画像，为组织转型做好准备。最后，鼓励员工自我学习和自我驱动，通过"i大通"平台提供线上学习资源，支持员工的专业成长和职业发展。

上汽大通的数字化转型之路是一个系统化的工程，涉及从战略制定到实施的各个层面。前期通过对内外部环境的深入分析，明确了数字化转型的方向和目标。在战略形成阶段，上汽大通聚焦于业务创新、市场竞争和公司长远发展，制定了清晰的数字战略。在战略实施阶段，公司通过优化公司治理、调整组织架构和强化战略领导力，确保了数字化转型的顺利进行。

第一节　数字战略分析

一、战略概述

（一）战略与战略管理

企业战略是用来发展核心竞争力，获得竞争优势的一系列综合的、协调性的约定和行动。企业战略具有全局性、长远性、指导性、竞争性、风险性、相对稳定性和适应性等特征。

我们可以将战略管理定义为：企业确定其使命，根据其外部环境和内部条件设定企业的战略目标，为保证战略目标的正确落实和实现进行谋划，并依靠企业内部能力将这种谋划和决策付诸实施，以及在实施过程中进行控制的动态管理过程。一个规范的战略管理过程大体可分为三个阶段，分别是战略分析阶段、战略规划与实施阶段、战略评价与反馈阶段，如图6-1所示。

（二）数字战略

数字战略是指通过利用数字技术，更优地配置数字资源来创建和实现新的数字能力、打造数字化组织，更好地服务于公司业务组合、业务单元发展和客户需求导向的战略体系。

企业数字战略包括以下要素。

（1）愿景和目标：明确企业在数字化时代的愿景和长远目标，确定数字化转型的

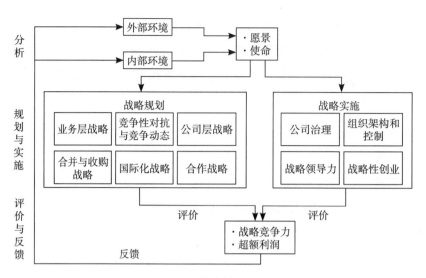

图6-1　战略管理过程

资料来源：希特，爱尔兰，霍斯基森.战略管理：概念与案例：第12版[M].刘刚，梁晗，耿天成，等，译.北京：中国人民大学出版社，2017。

方向和具体目标。

（2）客户体验：通过数字技术提升客户体验，包括个性化服务、实时响应和全渠道互动。利用数据分析了解客户需求和行为，提供更加精准和高效的服务。

（3）业务流程优化：利用自动化、AI和物联网等技术优化业务流程，提高效率和降低成本。例如，实施智能制造和供应链管理，提升生产和物流的智能化水平。

（4）数据驱动决策：构建数据分析和管理体系，利用大数据、数据挖掘和预测分析进行科学决策。实时数据分析能够帮助企业快速响应市场变化和客户需求。

（5）技术创新：投资和应用前沿技术，如云计算、AI、区块链和物联网，推动产品和服务的创新。通过技术创新，实现差异化竞争优势。

（6）组织与文化变革：调整组织架构，鼓励跨部门协作，培育数字化思维和创新文化。建立灵活、敏捷的工作方式，支持快速决策和响应。

（7）安全与合规：强化网络安全和数据隐私保护，确保数字化转型过程符合相关法律法规和行业标准。

数字战略并不是一种全新的看待商业的方式，原有的那些有关成功战略的商业洞见也并不会因为竞争环境的日趋数字化而变得无关紧要。比如工业时代企业面临的竞争者威胁主要是行业内竞争者抢占市场份额，而在数字经济时代，企业面临的潜在竞争者威胁既可能是行业外竞争者的跨界竞争，也可能是行业内竞争者通过改变客户的行为或行业参与者之间的价值分配方式来完全颠覆行业。虽然潜在竞争者的内涵和竞争方式在数字经济时代发生了变化，但是企业需要考虑潜在竞争者威胁这一点并无不同。

二、数字化时代外部环境分析

（一）分析框架：宏观环境、行业环境与竞争对手

企业经营行为的改变是行业环境因素作用的结果，而行业环境因素的变动又是宏观环境因素驱动的。因此，在分析把握企业外部环境形势时，我们应首先考察、分析宏观环境因素的变动趋势，在此基础上再来分析行业环境因素及竞争对手行为的变化。

1. 宏观环境

对宏观环境因素做战略分析时，不同行业和企业根据自身的特点及经营的需要，分析的内容会有所差异，但一般都会对以下内容或因素进行分析。①政治法律（Political）因素：政局稳定状况，路线、方针、政策，政府行为，法律法规，各种政治利益集团，以及国际政治、法律因素。②经济（Economic）因素：社会经济结构，经济发展水平，经济总量与经济增长率，利率与汇率，通货膨胀率，以及经济基础设施。③社会文化（Social）因素：人口因素，文化传统，价值观，社会发展趋向，消费者心理，以及社会各阶层对企业的期望。④科技（Technologial）因素：技术进步的整体水平与趋势，技术创新激励与保护政策，新技术的发明与发展，科技成果转化速度，信息与自动化技术的发展，以及国家和企业研发投入比例。这四个因素的英文首字母合起来是"PEST"，因此宏观环境分析也称 PEST 分析。

2. 行业环境

行业由许多生产可相互替代的产品的公司组成，在竞争中，这些公司相互影响。一般来说，当公司参与某一特定行业的竞争时，通常会采用不同的竞争战略组合来获取高额利润。一个行业的结构特征将会影响一个公司的战略选择。与总体环境相比，行业环境（主要以特征的形式进行衡量）对公司为了获取成功所采用的竞争行动和反应有更直接的影响。研究一个行业时公司通常会考察五种力量，这五种力量会影响行业中所有企业获得利润的能力。这五种力量分别是：新进入者的威胁、卖方议价能力、买方议价能力、替代品的威胁以及竞争对手间的竞争强度。

3. 竞争对手

竞争对手是企业经营行为最直接的影响者和被影响者，这种直接的互动关系决定了竞争对手分析在外部环境分析中的重要性。在分析竞争对手前，首先要做的工作就

是明确谁是你的竞争对手。与企业关系最近的竞争对手是那些用与自己相同的战略服务于同一目标市场的企业。然而，竞争对手是会变化的，在确定竞争对手时，企业应主动地"选定"对手。

在竞争对手分析中，企业希望了解的信息包括：

（1）竞争对手的驱动因素是什么，即它未来的目标；

（2）竞争对手正在做什么，能做什么，即它当前的战略；

（3）竞争对手对行业有何看法，即它的假设；

（4）竞争对手的能力如何，即它的优势和劣势。

（二）数字经济时代企业面临的宏观环境

1. 政策方面："新基建"点燃数字引擎

作为"两个强国"战略的关键基础支撑，"新基建"政策自 2018 年提出以来，已然成为国家新经济体系建设的重要基石，也成为企业数字化发展的重要驱动力量。

"新基建"起初包括 5G 基建、特高压、城际高速铁路和城市轨道交通、新能源汽车充电桩、大数据中心、AI、工业互联网七大领域。2020 年 4 月，国家发展和改革委员会通过新闻发布会明确，"新基建"主要包括三个方面：信息基础设施、融合基础设施、创新基础设施。其中，信息基础设施主要是指新一代信息技术演化而成的基础设施，比如 5G、物联网、工业互联网、卫星互联网等新一代通信网络基础设施；以 AI、云计算、区块链等为代表的新技术基础设施；以大数据中心、智能计算中心为代表的新一代算力基础设施等。由此可见，"新基建"与传统的"铁公基"建设形成鲜明对比，前者是国家经济高质量发展的关键底座和引擎。而作为"新基建"的关键组成部分，5G、大数据中心、AI、工业互联网等重点基础设施的完善，正在为企业数字化发展提供肥沃的土壤。

2. 经济和社会方面："乌卡时代"重塑数字能力

"新基建"作为国内政策环境的核心，与"乌卡时代"这一充满高度复杂性和不确定性的商业环境交织在一起，为企业带来了前所未有的风险与挑战。宝洁公司前首席运营官罗伯特·麦克唐纳（Robert McDonald）用"VUCA"（乌卡）这一军事术语来形容这个多变的世界。这个由 Volatility（易变性）、Uncertainty（不确定性）、Complexity（复杂性）和 Ambiguity（模糊性）四个单词首字母组成的词语，如今已被广泛应用于商业领域，以描述企业在全球化、数字化背景下所面临的复杂商业环境。

"乌卡时代"为企业带来了六大核心挑战：经济环境的不确定性、消费者需求的个性化、市场竞争的复杂化、企业经营的生态化、技术体系的融合化以及数字系统的泛在化。

随着"乌卡时代"的到来，企业的核心能力体系也面临着重大的变革和升级。在信息化阶段，企业主要关注流程的标准化和运营的合规化，追求生产的高效、成本的降低和质量的保障。但进入数字化阶段后，这些传统的核心能力显得捉襟见肘，难以应对外部环境的快速变化。因此，企业需要激发在技术、数据、系统、流程、组织和场景等多方面的综合价值，构建适应时代发展的新型能力。

3. 技术方面：技术民主驱动数字原生

随着开源软件、云计算和 AI 等技术的不断进步，技术民主已不再是仅仅停留在政治学家和经济学家笔下的理想与浪漫。这些价格低廉、使用灵活且易于开发的技术，真正推动了技术民主时代的降临，使得更多的企业主得以掌握数字化能力。

"技术民主"这一概念源于政治学与经济学领域。技术哲学家安德鲁·芬伯格（Andrew Feenberg）曾指出，传统的民主理论主要聚焦于政治民主，而技术往往被排除在民主议题之外。基于异化的技术理性，技术的掌控者往往能够操纵实际的社会权利，从而削弱了政治民主的实际效果。芬伯格所倡导的"技术民主化"，旨在赋予那些缺乏财政、文化或政治资本的人们以参与技术设计和技术决策的权利。这种观点与"技术统治"和"技术霸权"形成了鲜明的对比。

技术民主亲民的价格、高效快捷的性能与简单易用的特点，必将推动数字技术的普及和平民化。如今，很多企业的业务运营已经完全以数字化为核心，新品牌在企业初创阶段就借助数字化工具取得了商业上的成功，这标志着数字原生时代的到来。

（三）数字化时代的行业环境分析

随着数字技术的迅猛发展，行业环境发生了显著变化。数字化时代的行业环境分析不仅延续了传统的分析框架，还引入了一些新的特点和现象，这些都深刻影响着企业的战略选择和竞争方式。

1. 数字化驱动的新竞争格局

数字化时代，技术的飞速发展使得行业界限变得更加模糊，跨界竞争成为常态。许多企业通过数字化手段，快速进入不同行业，形成了跨界融合的趋势。例如，电商巨头开始涉足金融服务，传统制造企业进入智能硬件领域。数字技术使得企业能够以较低的成本进入新市场，极大地增强了新进入者的威胁。

2. 数据作为核心资源的作用

数字化时代，数据已经成为企业竞争的核心资源。企业通过大数据分析、AI、物联网等技术，获取消费者行为、市场趋势等信息，进而优化产品和服务。这使得拥有大量数据资源的企业在行业竞争中占据了更大的优势。同时，数据的独占性和稀缺性也增强了卖方的议价能力，在数据供应商与企业之间的关系中表现尤为突出。

3. 消费者行为的变化与买方议价能力的增强

数字技术的普及改变了消费者的购买行为，消费者可以轻松获得产品的详细信息和比较不同供应商的服务。社交媒体和在线评价平台使得消费者的声音更具影响力，这增强了买方的议价能力。企业在制定战略时，需要更加重视消费者的反馈，并通过数字渠道与消费者建立更紧密的关系。

4. 替代品威胁的加剧

数字技术降低了新产品开发的门槛，替代品的种类迅速增加。例如，传统媒体行业受到数字媒体的强烈冲击，流媒体、社交媒体等成为传统电视、报纸的强大替代品。企业需要时刻关注技术的变革和新兴替代品的出现，调整产品策略以应对这些威胁。

5. 竞争对手间的竞争强度增加

数字化使得信息传播更加迅速透明，企业之间的竞争变得更加激烈。企业在竞争中不仅要比拼产品质量和价格，还要在技术创新、用户体验、品牌影响力等方面进行全方位较量。例如，电商平台之间的竞争不仅体现在价格战上，还体现在物流速度、支付便利性、用户界面设计等方面。

6. 网络效应与平台经济的影响

网络效应与平台经济的兴起造就了数字化时代的繁荣。许多行业涌现出以平台为核心的商业模式，如电商平台、社交媒体平台等。这些平台通过连接大量用户和商家，形成了强大的网络效应，极大地影响了行业的竞争格局。企业在分析行业环境时，必须考虑平台效应如何影响市场进入壁垒和行业利润分配。

（四）数字经济时代的竞争对手分析

在数字经济时代，企业的竞争对手分析变得更加复杂和多维。尽管传统的竞争对手分析框架依然重要，但随着数字技术的普及和行业边界的模糊，企业在识别和分析竞争对手时需要考虑新的特征和现象。

1. 竞争对手的多样性与动态性

在数字经济中，竞争对手的定义已经超越了传统行业的界限。企业可能面临来自不同领域的竞争，如传统制造业还需要应对来自科技公司的竞争。举例来说，零售业巨头亚马逊通过其云计算业务 AWS，与微软、谷歌等科技公司展开激烈竞争。这种跨行业竞争使得企业在确定竞争对手时，不仅要关注现有的直接竞争者，还要留意潜在的新进入者和跨界竞争者。

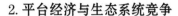

2. 平台经济与生态系统竞争

数字化时代的一个显著特点是平台经济的崛起，许多企业通过构建平台生态系统，连接多方参与者，形成网络效应。这种情况下，竞争不再仅仅是企业与企业之间的较量，而是平台与平台之间的生态系统竞争。以 iOS 系统和 Android 系统为例，它们之间的竞争不仅涉及智能手机硬件，还涉及应用商店、操作系统、开发者生态等多个层面。企业在分析竞争对手时，需要考虑其平台效应和生态系统优势。

3. 数据与算法驱动的竞争优势

在数字经济中，数据与算法成为企业竞争的重要驱动因素。拥有更多数据资源和更强大算法能力的企业往往能够更准确地预测市场趋势，提供个性化服务，从而在竞争中占据优势。例如，Netflix 利用其强大的数据分析和算法推荐技术，在流媒体服务市场上占据了领先地位。这意味着企业在分析竞争对手时，需要关注其数据资源的丰富性和算法技术的先进性。

4. 竞争对手的快速迭代与持续创新能力

数字经济的快速发展要求企业具备快速迭代与持续创新的能力。竞争对手的战略可能会因为技术进步或市场变化而迅速调整。例如，特斯拉在电动汽车领域的迅速崛起，就是通过不断创新和快速迭代产品来超越传统汽车制造商的典型案例。企业在分析竞争对手时，应特别关注其创新能力和应对市场变化的速度。

5. 数字化品牌和用户体验的影响

随着数字化进程的加速，品牌和用户体验成为企业竞争的重要领域。竞争对手通过数字化手段提升用户体验，建立更高的品牌忠诚度。例如，亚马逊通过其无缝的购物体验和快速配送服务，显著提升了用户满意度，从而在电商市场上保持领先。企业在分析竞争对手时，需要评估其在数字化品牌建设和用户体验提升方面的能力。

6. 全球化与本地化的竞争策略

数字经济使得企业的竞争对手可能来自全球各地，企业需要在全球化与本地化之间找到平衡。许多数字平台，如阿里巴巴和亚马逊，既在全球范围内扩展，又在不同市场采取本地化策略，以适应当地消费者的需求。企业在分析竞争对手时，应考虑其全球布局和本地化战略如何影响其市场竞争力。

三、数字化时代内部环境分析

（一）分析框架：资源、能力与核心竞争力

企业内部环境是企业经营的基础，是制定战略的依据和条件，是竞争取胜的根本。

内部环境分析的目的在于掌握企业资源能力上的优势与劣势，不断培育核心竞争力，构建持续竞争优势。资源整合在一起可以创造组织能力，能力又是核心竞争力的源泉，核心竞争力是建立竞争优势的基础。

1. 资源

从广义上讲，资源涵盖了一系列个人、社会和组织现象。资源本身并不能让公司为顾客创造价值，并以此为基础获得超额利润，资源整合在一起才能形成能力。企业资源中有些是有形的，有些则是无形的。有形资源是指那些可见、可量化的资产。生产器械、制造设备、分销中心以及正式的报告系统都是有形资源。无形资源是指那些深深地根植于企业的历史之中，随时间不断积累，并且相较于有形资源来说，竞争对手难以分析和模仿的资产。知识、管理者与员工之间的信任、管理能力、组织制度、科技能力、创新能力、品牌、企业的产品和服务的声誉、与他人（如员工、顾客和供应商）交往的方式以及组织文化都是无形资源。

2. 能力

单独资源本身往往不具有很高的价值。手术医生如果没有放射科医生、麻醉师、护士、手术器材、成像设备，以及许多其他资源的配合，就无法顺利完成工作。能力是企业若干资源有机组合后的结果和表现。一项好的技术必须与其配套的资金、设备和人员相结合，才能得以发挥作用，产生实际的生产力，也才有可能形成企业的竞争优势。因此，企业拥有资源后，还要学会对各种资源进行组合协调，以发挥其潜在的价值。制定有效的战略必须对企业能力状况进行分析和评价。

3. 核心竞争力

核心竞争力是一系列用于战胜竞争对手的核心资源和能力。核心竞争力凸显了公司的竞争力，反映了公司的独特个性，是组织在长期积累以及学习如何利用各种不同的资源和能力的过程中逐步形成的。作为采取行动的一种能力，核心竞争力是公司的"御宝"。在这些行动中，公司凭借核心竞争力可以比竞争对手表现得更好，还可以为产品和服务增加独特的价值。

虽然每一种核心竞争力都是一种能力，但并不是每一种能力都能成为核心竞争力。只有具备"有价值的""稀缺的""难以模仿的""不可替代的"四个特征的能力才是核心竞争力。

（二）数字资源、数字能力与数字核心竞争力

数字资源是指以电子形式存储、传输和处理的信息和内容，包括数据、数据库、数字化文档、多媒体文件（如图像、音频、视频）、软件和网络服务等。它们通过计算机、互

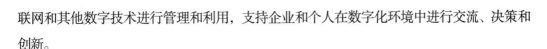

联网和其他数字技术进行管理和利用，支持企业和个人在数字化环境中进行交流、决策和创新。

1. 数字资源

数字资源有以下四个来源。

（1）内部生产过程：企业可以通过嵌入传感器的方式从内部生产线中获取信息和数据，并且加以识别、学习，从而提升设备与生产线的契合程度或者发现生产过程中传统资源分配不当的问题并优化生产线。

（2）外部披露数据：需要注意的是，企业利用这类信息前要对其进行清洗、结构优化和整理。

（3）客户交互过程：例如淘宝等电商平台往往通过与客户之间的信息交互，获得客户信息，对其进行结构化处理，然后存入资源池，用来对企业算法进行优化。

（4）数字产品使用过程：当前越来越多的家居、安防等设施具备数智功能，可以在用户使用其产品的过程中收集数据信息，获取用户的使用习惯、偏好，或者了解用户在使用过程中遇到的难点，从而改善自身产品。

数字资源的主要特性来自资源的数字化形式，数字化使得资源具有了互联、聚合的属性，从而赋予数字资源自生长性、时效性、交互性和动态性四个特征。

（1）自生长性：数字资源本身是自生长的，即使用数据的行为创造了新的数据。比如说，一位音乐爱好者在搜索自己想听的音乐时，其搜索音乐的行为本身就创造了关于搜索者兴趣或习惯的新数据。这些数据的生成是偶然的，与最初的意图无关，但是新数据可能具有较高价值。

（2）时效性：由于数字资源是以数据形式进行传播的，与传统资源相比它的传播与更新速度更快，且时效性更强，因此当下有价值的数字资源在下一次迭代的过程中可能就失去了价值。

（3）交互性：数字化使信息具备了互联与聚合的特点，增强了个人、企业内部以及企业间的连接。随着传感器嵌入生产线，管理者能够获得更加准确的生产线数据；数据的聚合使原本不相关的数据得以结合，用来解决以前不能解决的问题。

（4）动态性：由于数字技术的发展，越来越多的组织可以随时监控数据的变化，得到更加准确与高效的反馈，比如谷歌地图运用用户实时反馈的道路状况，提高了其收集到的路况信息的精确度。

2. 数字能力

数字能力是指能使企业整合数字资产和商业资源，利用数字网络来创新产品、服务和流程，以实现组织学习和客户价值的组织能力，也可以理解为企业获取、管理和利用数字资源，并将其最终转化为竞争优势的能力。

与传统的组织能力相比，数字化企业的信息能力、迭代能力尤其关键。

信息能力包含了对信息的获取、清洗、管理等，是对数字资源的触及、聚合和分析等数字化运营活动进行管理的能力。从海量数据中搜索到用户想要的信息，意味着对搜索引擎有很高的要求；虽然现在的搜索引擎已经基本具备了智能化的要求，但是对于特定行业或者企业而言，它们所需要的信息并不一定是大众生活通常所需要的信息，因此它们需要有自己的算法来获取数据和信息。数字经济时代的企业根据自己所需信息的侧重点开发出适合自己的独特算法，并在使用过程中逐步优化，使之与本企业更好地契合。

迭代能力是数字经济时代的一个重要标签，它包括快速重构资源、实现数字资源全新组合的能力，能够帮助企业更好地、动态地满足市场需求并抓住机会。迭代可以分为内部迭代和外部迭代。其中外部迭代指一个产品进入市场之后不断迭代，且每次迭代都寻求用户检验、总结经验、提升认知，以降低试错成本，准确捕捉用户需求。相比于传统的瀑布流开发，外部迭代更能够适应数字经济时代高度不确定和快速变化的外部环境。内部迭代则是指对内部设备、算法等进行迭代，使之与企业更加契合，让企业具备独特的获取、管理信息的能力。

3. 数字核心竞争力

与传统的能力与价值关系一样，数字能力本身只有与数字资源结合才能使企业具备持续的高竞争力。下面将从数字能力如何改变价值创造模式、价值获取模式和竞争方式三个方面来介绍数字能力如何帮助企业获取和保持竞争优势。

（1）数字能力改变价值创造模式。

数字化的特性带来了从信息中创造价值的新机遇。一方面，企业可以通过自身的数字能力，把商业模式投射到数字资源上，将数字资源转化为独有的有价值的资源；另一方面，数字能力可以帮助企业通过配置数字基础设施以降低人工干预的方式感知和捕捉信息。此外，机器学习、AI算法等技术使得用户信息可以被及时准确地反馈给企业，并帮助企业从中提取出有效数据作为改进产品的训练集数据，通过模型训练提升产品性能，提升产品的市场占有率。与此同时，机器学习作为一种重要的数字能力，可以提升搜索引擎的搜索质量，使数字平台更好地服务客户、匹配互补者，提升平台的智能化水平，为企业创造更多的经济价值。

（2）数字能力改变价值获取模式。

数字战略使人们更多地关注多样化收入模式的重要性。传统的商业模式中，谁享受价值谁就来支付，组织获取商业价值的主要方式是同产品的差异化或者成本优势。而数字化企业的商业模式是多样化且多层次的，公司提供产品或服务与获得价值往往不在同一层级。例如谷歌就在手机操作系统层面巩固生态系统地位，在 App 和广告层面获取价值。一方面，谷歌凭借数字能力开发出了初代的 Android 系统，为了推广系统获得市场份额，谷歌选择开源的方式，免费开放它的系统，由此拉拢了大量的手机厂商和移动运营商；另一方面，谷歌将通过广告和 Android 系统催生出来的一些服务和应用［如谷歌移动服务（GMS）］向用户收取费用，获取经济价值。

（3）数字能力改变竞争方式。

在数字经济时代，企业之间的竞争已经升级到所处的生态系统之间的竞争，而在生态系统中，共生会大于竞争。数字能力使得企业可以在多个市场创造机会，随着这些企业跨界进入新市场，行业边界变得模糊，竞争越来越少地发生在行业内的相似企业之间，而更多地发生在跨行业之间，甚至是原本的合作伙伴之间。例如阿里巴巴与顺丰原本是合作伙伴关系，但随着淘宝业务量的增长，阿里巴巴开始进军快递行业，成立菜鸟速递与顺丰进行竞争。

第二节　数字战略形成

一、业务层战略

业务层战略是指在具体的产品市场上，公司用来开发核心竞争力以获得竞争优势的一系列相互整合、协调的约定和行动。

业务层战略的目的是在公司与竞争对手的定位之间形成差异。为了形成这种定位的差异，公司必须决定是否要采取与众不同的行动。战略界定了组织领导者采取的行动方向。事实上，选择与竞争对手不同的行动或者以不同于竞争对手的方式采取行动（Porter，1996），这就是业务层战略的本质。因此公司需要谨慎地选择业务层战略，它涉及应如何执行价值链的主要活动和辅助活动来创造独特的价值。在当前复杂的竞争格局下，只有当公司明白如何对活动进行整合为顾客创造更高的价值时，才意味着业务层战略得到了成功的运用。

自迈克尔·E.波特（Michael E. Porter）1980年出版《竞争战略》一书以来，业务层战略的概念已得到广泛的传播和流行。根据波特的理论，企业在市场竞争中获得竞争优势的途径虽然很多，但最基本的有三种，即成本领先、差异化和聚焦，波特将其称为关于竞争的一般性战略。

（一）成本领先战略、差异化战略与聚焦战略

1. 成本领先战略

成本领先战略是企业努力发现和挖掘所有的资源优势，特别强调生产规模和出售标准化产品，在行业内保持整体成本领先地位，从而以行业最低价格为其产品定价的竞争战略。采用成本领先战略意味着企业可以通过其低成本地位来获得持久的竞争优势，从而成为行业中的高水平经营者。它与一般的削价竞争并不相同，后者往往以牺牲企业利润为代价，有时甚至亏本运营。

2. 差异化战略

差异化战略是指企业向顾客提供的产品和服务在行业范围内独具特色，这种特色可以给产品带来溢价。如果一个企业的产品或服务的溢价超过因其独特性所增加的成本，那么拥有这种差异化的企业将取得竞争优势。差异化战略并不是简单地追求形式上的特点与差异，它所关注的问题也是企业战略要解决的基本问题，即谁是企业的顾客，怎样才能创造价值，如何在满足顾客要求的同时盈利，怎样才能比竞争对手更有效率。

3. 聚焦战略

聚焦战略又叫重点集中或集中化战略，是将目标集中在特定的顾客群体或某一特定的地理区域，即在行业内很小的范围内建立起独特的竞争优势。与成本领先战略和差异化战略不同的是，实施聚焦战略不是为了实现全行业范围内的目标，而是围绕一个特定的目标开展经营和服务。采用聚焦战略的逻辑依据是：企业能比竞争对手更有效地为一小部分顾客群体服务。

（二）数字化与业务层战略的实施因素

数字技术的进步和应用，使得三大业务层战略在新的商业环境中更加重要和有效。具体有以下两个原因。

第一，基本原理具有普遍适用性。三大业务层战略的基本逻辑是帮助企业在市场中获得竞争优势。无论是在工业经济时代还是在数字经济时代，企业仍然需要在成本领先、差异化和聚焦三个方面做出战略选择，以应对市场竞争。

第二，动态市场中的战略适应性。在快速变化的数字经济中，市场和技术环境不断演变，但三大业务层战略具有较强的适应性。企业可以灵活应用这些战略，以应对新的市场挑战和机会。例如，数字经济中的初创企业可以通过聚焦战略进入利基市场，然后逐步扩大市场范围；大型企业则可以通过成本领先和差异化战略来巩固和扩展市场份额。

1. 数字化时代的成本领先战略要素

数字化时代，企业实施成本领先战略通常依赖以下几个关键因素。

（1）自动化和智能化：通过自动化技术（如机器人流程自动化）和智能化系统（如AI和大数据分析），优化生产和业务流程，降低人力成本和运营成本。

（2）供应链优化：利用物联网和大数据分析优化供应链管理，减少库存成本和运输成本，提高供应链的响应速度和效率。

（3）数字化生产：采用先进的数字化制造技术，如3D打印和工业物联网，提升生产过程的灵活性和效率，降低生产成本。

（4）云计算和虚拟化：利用云计算和虚拟化技术，减少IT基础设施和运维成本，提高数据存储和处理效率，实现规模经济。

（5）数字化营销和客户服务：通过数字营销和在线客户服务平台，降低市场推广成本和客户服务成本，提升营销效果和客户满意度。

2. 数字化时代的差异化战略要素

数字化时代，企业实施差异化战略通常依赖以下几个关键因素。

（1）深度客户理解：通过大数据分析和AI技术，深入了解客户的需求、偏好和行为，为客户提供个性化和定制化的产品和服务。

（2）创新和技术引领：不断推动技术创新，采用先进的数字技术和解决方案，开发独特的产品或服务，以区别于竞争对手。

（3）品牌建设和用户体验：通过数字化营销、社交媒体和在线平台，塑造强大的品牌形象和独特的用户体验，吸引和留住目标客户群体。

（4）生态系统整合和合作伙伴关系：构建数字化生态系统，整合内外部资源和合作伙伴，共同创造和提供与众不同的价值及服务。

（5）灵活的组织架构与运作模式：采用敏捷开发和快速响应的工作方式，使企业能够迅速调整战略方向和产品特性，以适应市场变化和客户需求。

（6）持续创新的文化：建立和培育创新文化，鼓励员工提出新想法和解决方案，促进组织内部的创新活动和探索精神。

3.数字化时代的聚焦战略要素

数字化时代，企业实施聚焦战略通常依赖以下几个关键步骤和策略。

（1）市场分析与选择：企业首先进行市场分析，识别和评估不同市场的机会和潜力。通过数据分析和市场调研，确定最具吸引力和增长潜力的目标市场或客户群体。

（2）产品或服务定位：确定企业的核心竞争力和差异化优势，设计符合目标市场需求的产品或服务。这些产品或服务应该能够有效地满足目标客户的特定需求或解决特定问题。

（3）技术和运营优化：采用先进的数字技术和解决方案，优化产品或服务的设计、开发和交付过程。利用物联网、云计算和大数据分析等技术，提升运营效率和客户体验。

（4）营销和销售策略：针对目标市场或客户群体，制定专门的营销和销售策略。这些策略可以包括精准的数字化营销活动、个性化的客户关系管理系统以及有效的销售渠道管理。

（5）客户体验和关系管理：注重客户体验的持续改进，确保产品或服务能够提供卓越的用户体验。建立稳固的客户关系，通过定期沟通和反馈机制，保持与客户的紧密联系。

（6）组织文化和资源配置：建立支持聚焦战略的组织文化和价值观。确保企业内部资源的有效配置和协调，以支持聚焦市场的需求和战略执行。

二、竞争战略

（一）竞争性对抗与竞争动态

竞争对手是指在同一市场中进行竞争、针对相同目标客户群提供相似产品的企业。竞争性对抗是指竞争对手为了获取有利的市场地位而采取的一系列竞争性行动，以及随之产生的竞争性反应。竞争性行为是指企业为了建立或保持竞争优势、提高市场地位而采取的竞争性行动以及随之产生的竞争性反应。企业在几个产品系列或不同区域市场同时开展的竞争称为多元化市场竞争。所有的竞争性行为，也就是在一个市场上参与竞争的所有企业采取的行动和随之产生的反应之和，称为竞争动态。

图 6-2 展示了企业层面竞争性对抗的直观模型，这种对抗通常是动态的、复杂的。竞争性行动和反应是企业成功创建并利用能力和核心竞争力获得有利竞争地位的基础。图 6-2 中列举了一系列企业与竞争对手之间常见的竞争行动，利用这一模型，企业可以了解应如何准确预测竞争对手的行为，降低与之相关的不确定性。

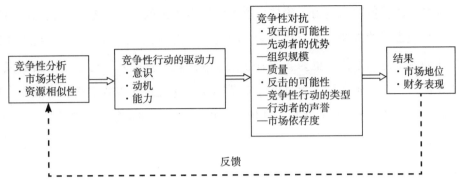

图6-2　一个竞争对抗模型

资料来源：Chen M J. Competitor analysis and interfirm rivalry: Toward a theoretical integration[J]. Academy of Management Review,1996, 21(1): 100–134。

（二）数字生态竞争战略

传统竞争大多是关于产品特性和成本的激烈竞争，但是在数据经济时代，竞争不再是"你死我活"的输赢之争，也不再是老式的"一对一"直接竞争，而是生态系统中既相互依存、相互促进又相互竞争的复杂关系。当前很多企业选择将自己整合进一个与自己拥有共同价值主张的数字生态系统中，通过与系统内其他参与者的交互来为用户创造更多的价值。

1. 数字生态系统

生态系统是生物学的基本概念，是指在一定的时间与空间中，生物与生物、生物与环境之间通过交互作用而共同演化，最终达到并保持平衡状态的动态系统。数字生态系统是个人和组织为了实现共同的价值主张，利用数字技术平台进行产品、服务创新和交易的联合体，具有技术平台和多边市场的双重特点。从技术架构上来看，数字生态系统的内核是由一系列技术模块耦合、衔接而成的技术平台；从市场架构来看，数字生态系统包含了数十个甚至数百个利基市场，每一个市场都有相应的参与者落位经营。

数字生态系统中的角色分为两种，一种是缔造者，另一种是参与者。数字生态系统的缔造者是提供底层数字基础架构及其相关服务，并履行系统的维护与治理职能的焦点企业，它们构筑了支撑系统不断演化、不断扩张的底层技术根基和上层制度大厦。数字生态系统的参与者是利用缔造者所提供的数字基础设施开展创新的企业，它们通过整合生态系统中的数字资源，实现自身的能力提升和价值创造。

2. 生态内竞合战略

（1）缔造者战略选择。

作为数字生态系统的缔造者，焦点企业除了对参与者行为进行基于制度的管理，提高系统整体的价值输出能力，确保生态系统沿着正确的方向扩张与演化，还会对参与者进行基于资源的赋能，搭建数字架构及其相关设施，为参与者在同一技术体系中开展合作创造了有利条件，也为参与者提供了利用数字资源开展运营与创新的宝贵机会。此外，焦点企业还会投入大量资源来帮助参与者提高利用数字资源的能力，帮助它们更快、更准确地触达核心客户，捕捉市场机会以及寻找创新伙伴等。

微案例

　　阿里巴巴集团是一个典型的数字生态系统缔造者。它通过创建电商平台（如淘宝、天猫）、支付系统（支付宝）、云计算服务（阿里云）等，连接了商家、消费者、物流和金融服务提供商，形成了一个高度互联、协作和共生的数字生态系统，推动了各行业的数字化转型。

　　经济组织的本质决定了焦点企业除了通过赋能和让利来创造价值，还会采取"为利而进"的行为来获取价值，保持系统建设的原动力。这些行为分为防御性行为和侵略性行为。防御性行为发生在参与者与焦点企业业务重叠，或仅需低成本即可进入焦点企业的业务领域时。如果参与者与焦点企业已形成竞争关系，并具备撼动其地位的能力，那么焦点企业会通过治理手段，在保证参与者整体盈利的基础上，限制其利润和活动范围，必要时甚至会将其逐出生态圈。侵略性行为是指当焦点企业发现参与者背后的市场有利可图时，它可能会在没有威胁的情况下采取更具侵略性的姿态，直接同参与者竞争。由于焦点企业在生态系统中拥有绝对的裁决权和丰富的数字资源，这种行为会令潜在成员望而却步，并让现有成员产生退出的念头。

　　（2）参与者战略选择。

　　在数字生态系统中，企业对经济价值的创造与分配有了新的理解。数字平台的出现使得数字生态系统的价值创造逻辑发生了质变，其实质是通过扩大互补品的规模使产品或技术的使用者数量快速超过网络效应临界值的过程。这一基本逻辑决定了生态系统中的参与者不再绞尽脑汁地从有限的蛋糕中分到尽可能多的份额，而是关心公共利益的创造。从期望与焦点企业、用户、供应商等利益相关者建立排他性的交易关系，到为助力系统扩张而形成包容性的协同创新网络。

　　当然，资源始终是有限的。在数字生态系统里，参与者之间的竞争表现为企业利用数字资源与能力来实现产品、流程、组织以及商业模式的创新，进而快速触达用户、培育用户、黏附用户。拥有大量数字资源并且对这些资源有敏感嗅觉的企业能够对市场需求做出及时、快速的响应，率先吸引用户的注意力。为了获取利益，除了上述"明争"，参与者有时甚至还会选择与平台主签订独家引流协议、雇用"水军"抹黑竞争对手等"暗斗"行为。还有的企业在自身能力逐渐完善后选择自立门户，试图建立自己的生态系统。

3. 生态间竞争战略

数字经济时代企业间一对一的竞争和较量逐渐让位于企业群组之间的对垒和交锋，最为典型的就是生态系统之间的竞争。生态系统的发展可以分为三个阶段：构建阶段、成长阶段和稳定阶段，每一个阶段生态间的竞争重点和竞争逻辑都会有所不同。

（1）生态系统构建阶段：打破在位生态系统壁垒。

在生态系统构建阶段，生态主首先要考虑的竞争挑战往往来自在位生态系统的挤压。该阶段重点在于打破在位生态系统壁垒，争取到一定数量的参与者，从而顺利构建起自己的生态系统。因此，生态主要通过释放生态信号和降低参与者进入壁垒的策略来构建自己的生态系统，或是通过蚕食在位生态系统的空间，直接参与其他生态系统的方式来获取竞争优势。

微案例

在数字创新时代，字节跳动通过构建抖音生态系统，成功打破了在位社交媒体平台壁垒。通过提供独特的短视频内容和强大的推荐算法，字节跳动吸引了大量用户和内容创作者，迅速壮大了自己的生态系统。同时，通过降低创作者进入壁垒和持续创新，抖音在全球范围内蚕食了传统社交媒体的市场份额，获得了竞争优势。

（2）生态系统成长阶段：兼顾规模与效率。

在搭建起生态系统后，在位生态系统的壁垒已经被打破。该阶段的重点在于通过进一步吸引潜在参与者、设计可行的生态架构以及赋能参与者，扩大生态系统的规模，力图实现生态系统的迅速成长。同时规模经济的实现又会不可避免地带来效率的损失，而生态系统的价值创造依赖松散耦合的参与者紧密配合，因此该阶段生态主面临的主要任务就是兼顾生态系统的规模与效率。

微 案 例

在数字创新时代，小米成功搭建起智能家居生态系统，展示了生态系统成长的过程。之后，小米继续吸引潜在参与者，设计互联互通的产品架构，并通过提供技术支持和市场推广赋能参与者，迅速扩大了生态系统规模。尽管规模经济带来了一定的效率损失，但小米通过紧密协作和开放平台，与各类智能设备制造商共同创新，实现了价值共创，有效平衡了生态系统的规模与效率。

（3）生态系统稳定阶段：激发生态系统创新。

经历了迅速扩张的成长期后，生态系统发展迎来了稳定阶段，这个阶段的生态系统已经实现了规模优势，生态系统中聚集的资源种类和体量都已经相当丰富。稳定期的生态系统除维持其规模和效率外，还不断催化生态系统内的创新，后者是生态主获取竞争优势的另一重要源泉。为了更好地激发生态系统创新，就需要培育生态系统内的信任，建立起一套标准化知识编码体系，同时树立起生态主的权威来保证生态系统持续发展的动能和后劲。

微 案 例

在数字创新时代，苹果的 iOS 生态系统呈现出稳定特征。经过迅速扩张，iOS 生态系统进入了稳定阶段，拥有丰富的资源和庞大的用户基础。这一阶段，苹果通过严格的应用商店（App Store）审核机制和开发者指南，建立起标准化知识编码体系。同时，通过持续创新和高质量的开发者支持，培育了生态系统内的信任，确保了开发者和用户的满意度，进而维持了生态系统的规模与效率，并催化了内部的持续创新。

三、公司层战略

公司层战略是指通过选取和管理不同市场上的不同业务来赢得竞争优势的行动。

公司层战略可以帮助公司进行新的有望提高公司价值的战略定位。公司层战略主要关心的问题是识别出企业应当参与的业务、在这些业务中它应当完成的价值创造活动，以及在不同业务领域中扩张或者订立合约的最佳手段，包括合并、收购和拆分等，其目的是帮助企业创造更高的价值、获取更高的绩效，因此，它主要强调两个问题：企业应该做什么业务？企业应该怎样去发展这些业务？

（一）多元化战略

经济的发展在引起市场需求和企业经营结构变化的同时，也使竞争日趋白热化。企业为了占领更多的市场份额和开拓新的市场，避免单一经营的风险，往往会选择多项业务战略的组合，这就是多元化战略。多元化战略也称为多样化战略、多角化战略或多种经营战略。多元化表示企业不仅在多个行业内从事生产经营活动，而且向不同的市场提供多种不同的产品。

多元化战略可以帮助企业分散风险，当某一行业遭遇周期性衰退或突发事件冲击时，其他行业的盈利可以为企业提供资金缓冲，保障整体经营的稳定性。

多元化战略也存在一些风险和挑战。首先，多元化战略可能会分散企业的注意力和资源，当企业进入新的市场或扩展新的产品线时，需要投入大量的资源和精力，这可能导致原有业务经营能力的削弱。其次，多元化战略意味着不熟悉的业务领域和市场，企业可能面临着与新领域相关的不确定性和风险。最后，多元化战略还可能使企业面临市场风险和竞争风险，因为不同市场的竞争程度、需求波动性、政策法规等因素都会影响企业的经营状况。

（二）企业数字战略推动多元化经营

在数字经济下，企业通过引进数字技术，实现企业在生产、运营、管理等方面的数字化，对企业的战略制定和决策执行产生了重要影响。国际多元化和产品多元化是企业两个重要的经营战略，企业数字化能够有效降低企业交易成本、促进企业与外界的联系和提升企业的信息处理能力等，进而推动企业国际多元化和产品多元化战略的实施。

国际多元化表现为企业的业务拓展到不同的国家或地区。企业数字化水平的提高，一方面能够降低国际市场交易费用，企业通过数字平台（如跨境电商平台）可以更好地连接国外市场消费者，跟进和掌握消费者的偏好与需求，降低信息搜寻成本和沟通成本；另一方面还能使企业更好地了解海外市场情况和政治、经济环境等，准确地进行机会识别和风险评估，降低不确定性和进入海外市场的门槛。同时，数字化水平的提升还增强了企业与海外利益相关者的联系，企业基于互联网、区块链、众包等信息系统能够更广泛地接触与协调不同国家（地区）的供应商、客户及合作伙伴，弱化国家（地区）间距离的约束，促进实现多国（地区）扩张。

微案例

在数字创新时代，海尔集团通过提升数字化水平，成功推动了其国际多元化战略的实施。海尔利用物联网、大数据和 AI 等先进技术，构建了一个全球互联互通的智能家居生态系统。通过搭建 U+ 智慧生活平台，海尔实现了全球家电产品和服务的互联互通，提升了用户体验。借助数字技术，海尔能够更好地理解和满足不同国家（地区）消费者的需求，定制本地化产品和服务。此外，海尔还通过 COSMOPlat 工业互联网平台，将全球供应链和制造资源进行整合优化，提高了生产效率和全球资源配置能力。数字化水平的提升不仅增强了海尔在国际市场的竞争力，还促进了其在全球范围内的业务扩展和品牌影响力提升，进而保障了其国际多元化战略的成功实施。通过数字化转型，海尔不仅实现了业务的全球扩张，还在国际市场上树立了创新和高效的企业形象。

企业数字化还促进了产品多元化，表现为企业在多个行业或产品市场中开展经营活动。首先，数字化水平的提升使企业能够更广泛、直接地与用户市场建立联系，降低交易成本；同时，用户需求的差异化和个性化反过来推动企业进入不同领域以开发多样化的产品。其次，数字技术的应用能够提升企业的信息处理与决策分析能力，有助于企业更好地分析和洞察消费者的行为偏好，挖掘潜在的市场增长点，为产品多元化经营奠定基础。最后，数字化能够推动企业传统生产方式和商业模式的变革，促使企业更加积极地嵌入外部创新网络，通过在不同产品市场获取知识资产和创新资源，提升竞争优势。

微案例

在数字创新时代，华为通过提升数字化水平，成功实施了产品多元化战略。最初，华为主要专注于通信设备制造，但随着数字技术的发展，华为利用大数据、云计算和 AI 等先进技术，迅速扩展其产品线。华为通过数字化转型，进入了智能手机、可穿戴设备、智能家居和企业服务等多个领域。其智能手机系列，如Mate和P系列，不仅在硬件上创新，还通过自研的操作系统和芯片提升用户体验。华为的智能家居生态系统HUAWEI HiLink，将各种家居设备连接在一起，实现了家居设备的互联互通。此外，华为云服务为全球客户提供高效、安全的云计算解决方案，进一步丰富了其产品线。数字化水平的提升，使华为能够快速响应市场需求，优化产品研发和生产流程，成功实施产品多元化战略，最终提升其在国际市场的竞争力。

第三节 数字战略实施

一、公司治理

公司治理是指用来管理利益相关者之间的关系，决定并控制组织战略方向以及组织业绩的一套机制。公司治理的核心是寻找各种方法来确保决策（特别是战略决策）的有效制定并促使公司获得战略竞争力。公司治理还可以看作建立和维持利益相关者（公司所有者和管理者）之间和谐关系的一种方式。

内部治理结构优化是公司治理目标得以顺利实现的基底和保证，内部治理结构的主要组成部分有股东、董事会、管理层等。凭借主体覆盖更广泛、信息来源更多样、独立特征更突出的监督优势，外部利益相关者能有效弥补内部治理在机制设计上的缺失和在执行力度上的不足，与内部治理结构相互配合、共同提高企业整体的公司治理水平。外部公司治理机制包括市场机制治理、市场中介治理、新闻媒体治理、产品竞争市场治理等。

（一）数字经济背景下的内部公司治理

1. 股东治理

股东作为企业所有者以及经营风险的最终承担者，为了捍卫自己的财产安全和投资回报，会首先行动起来，积极行使法律赋予的投票权利，主动参与公司治理事务。股东权益保护程度越好，股东投票机制越完善，股东对管理层的监督约束越强，企业的治理水平就越高，经营决策越规范，进而市场估值越理想，股东权益增值越大。除了"用手投票"、积极参与公司经营，股东还可以"用脚投票"，通过退出威胁使得管理层服从股东权威，规范公司运转。此外，企业还可以通过探索更多元的股权设计模式加强股东治理：多个大股东并存有助于提高股东的监督能力，调和控股股东与小股东间的利益冲突，遏制管理层的机会主义行为。

在数字经济背景下，股东治理呈现出新的特点和趋势。首先，随着融资环境的改善和资本社会化浪潮的推进，股权分散趋势明显，股东对公司的重要性降低，股东主动投票、股权转让甚至退出威胁的约束力减弱。因此，探索能有效维护外部股东利益的新机制成为关键。其次，公司治理的主要目标发生了变化。传统上，缓解股东与管理层间的利益冲突是主要目标，但在数字经济时代，主要目标已转变为充分激励掌握核心技术的管理层对企业持续进行人力资本投入，使传统的雇佣关系升级为平等共赢的事业伙伴关系。此外，创始团队赋予创业企业的长期价值导向虽然减少了经济利益冲突，但也会导致企业发展受到管理层价值观的过度影响，控制权膨胀下的个体决策局限性会带来新的治理风险。因此，在投资者保护与控制权稳定之间保持平衡成为公司治理的重要考量。最后，数字技术的发展为股东治理提供了新的可能性，比如云会议、区块链等技术使得中小股东能够更方便地参与公司治理，提高了股东治理的效率和水平。

2. 董事会治理

打造高效、专业、独立的董事会是推动公司治理顺利落实的关键环节，积极进取的董事会队伍能为企业审慎选聘最优管理者，监督高管勤勉尽责地履行职责，推动公司治理各项制度安排落地，提升公司价值和绩效表现。在筛选董事会成员时，决策者会充分评估候选人的经验、资质、特质以及技能，为企业输送高质量的人力资本。企业还会充分借力于活跃的外部候选人市场，利用市场机制对企业方监督形成有益补充，有效监督候选人时刻注意规范自身言行，尽职做好本职工作，提高决策及治理水平。董事（特别是独立董事）能通过其监督职能的充分发挥加强对管理层的约束效力，以规范企业经营，提高公司治理透明度。

对于处于数字化过程中的企业来说，为了交换企业发展必需的物质资本，有的创始人及其管理团队会放弃在股权结构上的控制地位，转而通过争夺董事会席位加强对公司日常权力中心的控制，达到保持控制与引入资本的双重目的。同时，不同于传统意义上对董事作用的关注大多集中在其监督职能上，数字技术的应用普及使董事更加了解公司的商业模式和业务模式，进而推动董事会职能由监督向建议转变，提高董事会的专业化水平。此外，董事会成员的多样化也变得更为重要，包括技术专家、数字化领域的专业人士，以及具备国际视野的人才，应该共同参与决策和监督。最重要的是，董事会需要强化治理的透明度和责任性，确保企业在数字化转型中的所有决策和行为都符合公司治理的最高标准，服务于股东和其他利益相关者的长远利益。

3. 管理层治理

两权分离下，所有者与管理者之间的效用函数冲突与委托代理成本是传统公司治理研究的重要组成部分。一方面，管理层持股比例低，从公司增值上可分享的资本回报非常有限，因此更有动机通过更直接的利益侵占方式（如超额薪酬、在职消费、低门槛的股权激励计划），将公司资源转移到自己手中。另一方面，管理层在过度自信、过度乐观错觉的驱使下有强烈的动机不惜以过度投资为代价去构建自己执掌的商业帝国体系，主观色彩浓厚的决策浪费了公司的自由现金流，降低了企业的生产经营效率，徒增资源配置损失。

在数字经济时代，以创始团队为主体的管理层与股东间的关系格局正在发生重大转变。一方面，熟谙企业创业历程与发展方向的管理层不再是股东及董事会的被动雇佣对象，而是企业未来真正的主导者和价值创造者，他们即使交出大部分所有权也能在创业内驱力的作用下优化发展决策，推动企业价值最大化，减少利益攫取与资源浪费。另一方面，数字技术企业的管理团队在专业水平上具有更强的不可复制性和不可替代性，股东常常难以从外部职业市场找到对企业商业模式及业务模式同等熟悉的替代者，股东相较管理层居于弱势地位，强势且缺乏权力制衡的管理者对企业发展而言是一把双刃剑。在具体的激励手段上，除传统的经济利益外，股东还会巧妙利用创业者对企业天然的责任感和使命感督促其努力工作，使创业者获得更多事业成就感。数字技术也极大地提高了投资决策的科学度、精准度以及生产效率的升级速度，帮助管理层充分及时地从企业的业绩改善中分享人力资本投资回报，削弱暗中谋求个人私利的动机，减少对企业资源的无效耗用和过度浪费，提升企业管理水平。

一个典型例子是特斯拉的管理层治理。以马斯克为首的创始团队在特斯拉的发展中发挥了主导作用，他们不仅仅是公司的管理者，更是价值创造的推动者。马斯克不畏股东压力，坚持推动电动汽车和可再生能源技术的创新，以及自动驾驶技术的发展，从而实现了特斯拉的长期战略目标。数字技术在特斯拉的运营中发挥了重要作用，支持马斯克及其团队做出精确和科学的投资决策，并通过数据驱动的方式优化公司的生产效率和管理水平，有效地减少了资源浪费和无效耗用，进一步提升了公司的整体竞争力和治理效能。

（二）数字经济背景下的外部公司治理

1. 市场机制治理

高度活跃的控制权争夺市场直接关乎企业控制权的配置格局。然而作为传统的外部治理手段，控制权争夺市场可能对新经济企业束手无策：出生在数字原生时代的企业早已通过双重股权结构、有限合伙协议架构等新型控制权配置方式将公司的所有权与控制权高度分离，外部的股权波动甚至控股股东变更可能都无法有效威胁管理层调整管理风格；同时，数字化企业的长期发展更依赖于掌握核心技术的创始团队，管理层不再是股东意志的附庸，亦无法轻易被市场替代，控制权争夺市场对其的约束力大大削弱。因此，如何通过制度安排重新激发控制权争夺市场之于新经济企业的活力，以及如何通过章程设计及合约规范弥补市场监督力度的不足，值得企业深入思考探索。

2. 市场中介治理

作为专业化的证券投资队伍，机构投资者在增加信息透明度、促进价格发现、提高市场定价效率的同时，也对公司治理领域产生了广泛影响。从传统角色上看，机构投资者大体通过直接干预或退出威胁两大渠道监督公司治理，推动个体意志的落地实践，维护自身的投资收益：他们积极行使投票权，提升自身话语权和影响力，提高公司决策的科学性；还能有效监督控股股东及管理层的经营决策，使他们减少对公司资源的挥霍，遏制其对公司利益的侵占挖掘，进一步降低代理成本，支持企业实现长远发展。机构投资者不仅能为持股企业带来积极影响，还能在行业内部产生良好的溢出效应，刺激同行企业提高信息披露质量、改善公司治理水平。

数字化时代，移动互联网技术和大数据技术为机构投资者提供了更为优越的角色施展空间，专业化程度极高的机构投资者更能凭借其敏锐的数字嗅觉，从决策优化实践出发，发动更广泛的数据收集渠道捕捉每一个具有额外信息含量的有用信息，迭代投资评估模型，提高投资效率。专业投资者与普通投资者之间的数字鸿沟进一步拉大，导致信息的收集、处理和分析方面出现新型信息不对称，这可能使信息获取劣势方暴露在不透明的交易陷阱中，市场效率遭受损失。

> **微案例**
>
> 数字化时代，证券投资领域的市场中介治理的典型例子是中国的公募基金公司。这些机构投资者利用移动互联网技术和大数据分析，提升了信息获取和分析

的效率，从而加强了对持股企业的治理监督，并提高了投资决策的科学性。例如，公募基金公司通过深入分析公司财务报表和市场动态，优化投资组合，同时积极行使股东投票权，提升公司治理的透明度和有效性。这些公募基金公司通过利用数字技术，能够更精准地评估企业的价值和潜力，减少投资风险，同时推动行业内其他企业改善信息披露和治理水平，提升整体市场的效率和透明度。因此，公募基金公司在数字化时代不仅强化了自身的投资效能，还在市场中介治理方面发挥了积极的影响力，推动了整个市场的健康发展。

3. 新闻媒体治理

新闻媒体也是不可或缺的外部公司治理渠道，其作用主要体现在信息中介和监督职能两方面。作为重要的外部信息中介，新闻媒体通过其专业的信息挖掘与收集、处理与分析工作，及时披露资本市场报告，减少各市场主体间的信息不对称，提高公司治理透明度及市场定价效率。在信息收集与传播过程中，新闻媒体同时践行着对市场主体的监督职能，包括高效识别企业的财务不端行为，约束企业控制人利用内部控制优势和信息优势攫取私利，增强经营合规性。在外部媒体的强力监督下，为了维护职业声誉，管理团队会积极修正不当行为，调整优化资本配置决策，收缩过度投资，降低企业代理成本，避免被媒体捕捉曝光。

在信息爆炸的数字经济时代，新闻媒体早已不局限于传统的电台电视、报纸杂志，以微博、微信以及自媒体平台为代表的社交媒体迅速发展，这类媒体用户群体庞大，参与活跃度高，市场影响强势。在大数据嵌入背景下，社交媒体相比传统媒体呈现出众多新特点：受众明确性强，传播自主性高，信息流动呈现一定的"圈子"效应，信息传播更加及时便捷，互动活跃且意见多元。这些特点决定了社交媒体的传播影响力远非传统媒体可比拟，一方面，社交媒体的监督和舆论"倒逼"机制有助于规范企业行为，优化公司治理。另一方面，它也会使企业及其管理者迫于潜在的舆论压力不敢承担风险，放任企业丧失发展机会。因此，辩证思考社交媒体对公司治理的影响，规范社交媒体行业环境以"扬长避短"是当下十分重要且紧迫的问题。

4. 产品竞争市场治理

产品竞争市场对微观企业公司治理影响的研究伴随对顾客资本重要性的认知加深而不断拓展完善。消费者及其沉淀下来的用户数据是企业宝贵的无形资产，能有效帮助企业建立并巩固行业竞争优势。用户数据还是企业重要的市场营销及关系维护方向，深度影响着企业的行为决策和价值方向。提升产品市场份额和行业竞争优势的重要途径之一就是重视消费者及潜在用户群体的使用反馈和产品需求，一方面，从资产市场角度来说，用户使用反馈常常内嵌关乎公司基本面的独特异质性信息，具有额外信息含量，有助于提高市场定价效率。另一方面，获取用户的产品需求有助于企业发挥信息优势，辅助企业生产决策及研发创新，帮助企业以产品牢固树立竞争优势，避免在行业洗牌中被清理出局。

在数字化浪潮下，市场风向瞬息万变，这就要求创业企业高度重视产品竞争市场对企业生死存亡的重大意义，运用信息科技手段广泛收集用户的个人特征、消费偏好、使用体验等消费端数据，打造自己的客户资源和信息资产，以用户需求为导向推动产品创新和业务创新，优化资源配置，提高治理水平。

微 案 例

产品竞争市场治理一个典型例子是 Netflix 利用大数据分析和用户反馈来推动产品创新和建立市场竞争优势。Netflix 通过深入了解用户的观影偏好和行为模式，精准地调整推荐算法和内容策略，提升用户体验和满意度。这种数据驱动的治理方法不仅帮助 Netflix 在竞争激烈的流媒体服务中保持竞争优势，还支持其在全球范围内维护和扩展用户基础，从而有效地影响企业的战略决策和市场定位。

二、组织架构和组织控制

（一）组织架构和组织控制的含义

组织架构指明了公司正式的报告关系、程序、控制、授权以及决策制定过程。组织架构决定了决策的制定，并对组织内在此决策下每个人应完成的工作做出规定。形成一个能有效支持企业战略的组织架构并不是一件容易的事情，尤其是在快速变化和动荡不安的竞争环境带来大量不确定性（或无法预测的变化）的情况下。当架构要素（报告关系和程序）与其他要素相一致时，这种架构就能帮助企业在竞争时更好地理解环境变化与不确定性之间复杂的因果关系。因此组织架构的一个重要贡献就是，通过促进战略的成功实施来帮助企业超越竞争对手，以有效地应对环境的不确定性。

组织控制是组织架构的重要方面。组织控制指导着战略的使用，指明了应如何比较现实结果和期望的结果，当两者之间的差距大到无法接受时，会建议采取正确的行动。设计得当的组织控制，能使企业清楚地认识到哪些行为有助于提高企业业绩。企

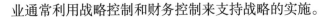

业通常利用战略控制和财务控制来支持战略的实施。

（二）数字化组织架构

快速发展的技术和市场给管理层带来了史无前例的信息处理压力，传统组织架构下不同组织层级之间的垂直障碍和职能部门之间的孤岛效应导致人员和业务流程广泛分离，管理成本增加，业务流程进展减缓，创新减少。在数字经济时代，为了使组织边界更加具有渗透性，提高企业感知商业环境和快速抓住商机的能力，管理者必须调整组织形式，突破僵化的科层制组织架构束缚。常见的数字化组织架构是以产品或服务为中心的平台型组织，通过建立起"三台组织"——围绕产品需求搭建的敏感前台、服务于产品的数据/业务中台、拥有强大服务能力的后台，来满足不断变化的客户需求。

在数字化过程中，扁平化的组织架构能够更好地促进权力下放，进一步赋能员工，也会让原有管理者的功能被点对点平台取代。因为科层制组织架构下的领导决策几乎都带有集权主义倾向，员工在组织中享有的分权程度非常低，他们虽然掌握最多的数据，却没有决策权，无法灵活、机动地响应客户诉求。因此组织需要改变数据的传输和分享机制或者改善组织架构，减少底层管理者报喜不报忧导致的信息失真、数据丢失和无法随时获得信息等弊端，通过简化决策流程和权力下放来激发决策结构性加速力、高层决策者感知力和一线员工创造力。

除了天生数字化的平台型企业，现实中有越来越多的传统企业正在从科层制组织架构逐渐向数字化组织架构转型。数字化组织架构有以下四种常见的类型。

1. 战术型组织架构

战术型组织架构是指企业仅在部分组织单元有针对性地使用数字技术，以高效的工作方式来实现目标。在这种模式下，数字化仍然处于业务边缘，因为只有少数业务单元的员工会接触到数字化工具。这种模式的缺点很明显——组织并不是在企业层面推行连贯的数字战略转型计划，对数字化工具的投入和使用都是割裂的，只有使用了数字化工具的部门的运行效率才有所提升，容易使部分业务单元产生孤岛效应。这种模式是布局数字化应用战略的第一阶段，在刚进军数字化市场的组织中极为常见。

举一个例子，传统制造业中的某些生产线采用了机器人和自动化设备来提升生产效率，但其他部门仍然依赖传统的手工操作和管理方式，这导致数字化应用仅在局部生产环节实施，而未形成全面的数字战略转型。

2. 支撑型组织架构

支撑型组织架构是指企业设立专门的数字化部门或平台来支撑发展其他业务单元。

数字化部门或平台负责整合数字战略和相应技能，而不是仅限于在个别业务单元零星地使用数字化工具。企业将数字战略视为优先事项，并在内部各个业务部门之间进行相互协作。这种架构能使组织更有效地感知市场、寻找数字化机会，也能够支撑业务部门之间的数字化交流。在支撑型模式下，数字团队部门会授权管理层来使用数字技术、改造组织架构，从而打破单个业务单元的孤岛效应。该类数字化架构很适合需要快速推出并迭代创新技术、产品和工作方式的组织。

例如，腾讯数字化产业团队（Tencent Digital Industry Team）就是这种组织架构的典型。该团队专门负责在腾讯内部整合和推动数字战略，包括互联网服务、社交媒体、数字娱乐和 AI 等领域的应用。他们致力于通过建立数字化平台和技术支持各业务单元，促进腾讯在市场中的数字化转型和创新。

3. 通用型组织架构

在通用型组织架构中，数字技术主要被用于所有部门间的信息沟通共享和知识分享。在这种架构中，数据科学、创新和快速原型设计等共享能力可以使组织在数字技术和工作方式上自给自足，不必总是依赖一个中心团队。管理层鼓励员工对成果的所有权下放，并允许大家不断学习和适应职业环境的变化。这种模式在数字化转型战略已到位的企业中比较常见，领导层和员工都已深刻理解数字化对组织的意义所在，因此会在创新、数据分析和变革等组织能力上进行着重培养。为试图消除不同部门之间的僵化分歧，使多个部门紧密合作，组织会创建一个包括技术、营销和财务部门负责人的"跨职能团队"，定期就某一特定主题召开专题会议，每个部门的负责人都会深入地参与讨论，会议结束后，组织会将讨论内容渗透到其他层面。

例如，阿里巴巴的"数字化营销与技术跨职能团队"专注于整合与推动阿里巴巴各业务部门之间的数字战略和技术应用，包括电商平台、支付系统、云计算服务等。他们通过促进信息共享和知识传递，加强各部门间的协作与创新能力，推动阿里巴巴在数字经济时代的持续发展和保持竞争优势。

4. 常态型组织架构

在常态型组织架构中，数字技术深度嵌入每一业务单元和日常业务活动，此时，距离建立一个真正灵活的、能对各个层面变化做出快速反应的企业已十分接近。数字技术成为日常工作生活的一部分，因此不再需要一个类似"支撑型"的数据信息集中化团队，整个组织运行的血液中都已经流淌着"数字化基因"，可以根据业务需求动态地组建和解散团队。常态型架构是在通用型架构基础上更进一步数字化后的形态，该模式一般在"天生数字化"的企业中较为常见。数字技术不仅实现了部门间的信息沟通共享和知识分享，而且所有业务部门和职能部门的数字化联通能最大限度地减少数据在传递过程中的遗失，提高功能间耦合运转效率。

三、战略领导力

（一）战略领导力

战略领导力是指预测事件、展望未来、保持灵活性并促使他人进行组织所需的战略变革的能力。战略领导力在本质上是多功能而非单一功能的，包括管理他人、管理整个组织，以应对全球经济中不断增加的变化。公司获取有效战略领导力的主要责任由高层管理者（特别是 CEO）承担，其他公认的战略领导者包括董事会成员、高层管理团队以及部门总经理。高层管理者的任务是确保公司战略管理过程的有效性，高层管理者通常以团队而非个人的形式做决策。

战略领导力的核心特征包括全局思维、长远眼光和敏锐的洞察力。这些能力使领导者能够制定和实施战略决策，统一和引导组织，创造机会以实现持续改进。

具体来说，战略领导力包括以下四个方面。

第一，构建和传播组织愿景。领导者需要有能力构建和传播一个清晰的组织愿景，激励团队成员朝着共同的目标努力。

第二，战略性思考。领导者需要具备全局思维和长远眼光，能够预见未来的趋势和挑战，并制定相应的战略。

第三，战略性行动。领导者需要将战略转化为具体的行动计划，并确保这些计划得到有效执行。

第四，战略性影响他人。领导者需要通过有效的沟通和激励手段，影响团队成员做出有利于组织长期发展的决策。

（二）数字领导力

数字领导力是领导者运用一系列数字资源影响组织成员的态度、情感和行为的能力，旨在推动组织数字化转型以及应对数字化环境。数字领导力是基于数字化时代背景形成的新概念，相比于传统领导力，其体现了更具时代性的丰富内涵。数字领导力对于组织顺利实施数字化转型具有重要作用。

数字领导力具有下列特点。

第一，数字领导力依赖数字资源施加影响力。与传统领导力不同，领导者在数字化技术变革环境下，以数字技术为生产工具，运用数字化设备和服务等数字资源建立组织成员关系，强调领导者有效利用以数字为特征的劳动资料的能力，即领导者能够运用技术、设备等数字资源来指导团队实现共同目标。

第二，数字领导力要求领导者应具有数字素养。数字化转型过程中，领导者要有强烈意愿进行角色学习和角色感悟，提升自身的数字技能和素养，建立和维持负责任的团队，培养对虚拟环境的信任感，增强组织对数字化环境的敏捷性和适应性。换言之，在组织数字化转型的实践层面，领导者须具备依据数字技术做出顶层设计与科学决策的能力。

第三，数字领导力要求领导者应具有共情能力。领导者应具有感知跟随者的情绪并能体验这些情绪的能力，站在跟随者的角度来解读数字化情境，并以同情、同理和同感的方式实现情感互动。

第四，数字领导力旨在影响跟随者的工作表现。数字领导力是领导者运用信息技术促使组织行为主体在态度、情感、思维、行为以及绩效等方面产生变化的能力。

（三）发展数字领导力的核心能力

数字领导力不仅涵盖了技术应用和数据驱动决策，还包括了领导团队适应和引领变革的能力。图6-3中呈现了发展数字领导力核心能力的结构维度。

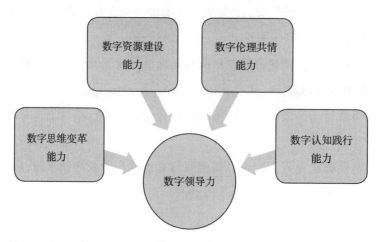

图6-3　数字领导力核心能力的结构维度

资料来源：张志鑫，郑晓明．数字领导力：结构维度和量表开发 [J]．经济管理，2023,45(11)：152-168。

1. 数字思维变革能力

数字思维变革能力是指在数字化转型过程中，领导者要做到自身的数字能力素质与数字经济赋予的新使命、新职能"对表"，能及时调整自身融入数字化进程和数字变革中，审视新数字技术环境、新数字发展战略、新数字实践模式的价值，同时摒弃守旧观念、守常思维和守成思想。

在数字化转型中，领导者需要具备数字思维变革能力，这意味着他们必须增强自身的数字能力素质，挑战现有的思维局限，并强调"思想洗澡"的重要性。领导者应当积极接受数字化带来的挑战，避免抵触和惧怕变革，还应合理运用数字化思维解决适应性难题。为了推动组织变革，他们需要改变个人的价值观念、思维方式和行为模式，运用数字技术促进员工的场景创新和变革。

在面对组织的数字创新问题时，领导者应集中精力进行深入的思考、关注和剖析，借助"平台＋算法"的模式超越传统的"流程＋经验"方法。数字经济时代，个性化和动态需求不断增加，领导者需要学会精准瞄准"移动靶"，而非固守于"固定靶"。正如管理学家德鲁克指出的，"重要的是趋势的变化"，领导者必须认识到数字技术的运行逻辑是量化、静态和沉默的，大数据通常反映的是既定的事实。

2. 数字资源建设能力

数字资源建设能力是指领导者作为数字资源建设的主体，应致力于借助组织内部的协调机制，实现数字资源有效流动，以满足员工对数字资源的需求，实现组织和个体等参与方的共赢。

数字资源建设能力强调领导者要善于管理数据资产和优化资源配置效率，实现数字资源有效运用，以满足员工对数字资源的需求。当前，数据赋能加速了组织流程的模式改变，加之数字技术的使用，诸如市场需求、生产计划、库存、物流等组织日常业务流程均通过实时更新的大数据进行传递。技术研发创新和商业模式管理创新，更加依赖于组织对内部运营情况以及外部市场情报和线索的全面系统掌握，即更加依赖多元化数据来源。因此，盘点、获取和规划数据资源的能力是数字领导力的重要体现。一方面，领导者应加强数据信息互联的共享程度，通过建立跨部门、跨层级的数据共享平台，实现不同部门的异构数据库之间的数据集成，确保数据自由流动。另一方面，受信息不对称的干扰，领导者要及时一体化调度数据资源，打通数据壁垒以共享数据资源，向组织各部门提供相对透明的要素信息和可供决策的资源配置方案。

3. 数字伦理共情能力

数字伦理共情能力是指领导者在数字化环境下对员工处境的感知、情绪的理解和情感的共鸣，即在组织数字化转型过程中，领导者出于共情涌现出领导力，关注员工并站在员工角度认知其信念、意图以及做出情感反应的能力，由此建立情感共同体并实现人与组织的协同发展。

数字伦理共情能力强调领导者要站在员工视角理解员工，避免将员工视为"数字人"。基于智能算法、大数据分析等数字技术的广泛使用，领导者能够实现对员工的精准画像，对偏离任何帕累托最优解的行为进行纠偏、管控甚至惩处，实现由"满意决策"向"最优化决策"的转变。

领导者应寻求管理决策自动化、大数据循证化、机器算法化与员工价值实现、情感体验和人性"在场"之间的平衡，避免采用完全理性的态度精准控制员工，避免通过数字技术工具干涉员工工作方式、态度倾向和价值选择。同时，领导者应增加对员工直接、立体和全面的观察，"键对键"不能代替"面对面"，削弱"数字帝国主义"给员工带来的距离感、剥夺感和无助感。进一步地，数字伦理共情能力更多关注人性，数字化转型过程中难免充斥类似"数字生产过劳"和"机器与人"的张力与冲突，数字领导力要求领导者体现对"人性"的尊重、理解和温情，将员工视为有尊严的、创造价值的劳动主体去尊重，相信员工个体的发展性、创造性和再生产性，推动员工成为数字创新的主体。

4. 数字认知践行能力

数字认知践行能力是指领导者要主动学习和掌握数字知识、技能和工具等关键工作资源，将其内化于心，并转化为有效的生产力最终落地在日常实践中，即"穷理"与"践履"应兼具。

数字认知践行能力强调领导者要"学中做、做中学"。一方面，领导者要善于学习数字知识，如数字信息处理方法、数字化沟通特点、分布式计算；以及掌握数字技能，如云计算、数字化营销、数字化分析和可视化分析。另一方面，数字认知践行能力不是简单地通过数字化书籍、讲座等渠道来培育，而要在组织数字化转型过程中，通过尝试性解决问题来提升。领导者对数字化转型的躬身入局，会帮助员工直面数字化转型挑战，增强员工接受数字技术的意愿，不断推动员工"见贤思齐"，促使其实施自我学习、自我调整、自我解读、自我纠偏、自我优化等自我管理。

拓 展 阅 读

数字领导力量表

张志鑫和郑晓明两位学者从员工视角开发了数字领导力量表，用于测试领导者数字领导力水平，见表6-1。

表 6-1　数字领导力量表

结构维度	题项
数字思维 变革能力	我的领导者具有数字化转型意识或变革意识
	我的领导者知道企业现状与数字化转型目标之间的差距
	我的领导者愿意接受数字技术
	我的领导者能够运用数据来精准分析客户的真实需求，而不是依赖以往的经验
	我的领导者在战略定位和规划方面与数字化转型方向是一致的
数字资源 建设能力	我的领导者有能力获取和掌握来自不同部门的数据、信息等数字资源
	我的领导者能够确保数字资源是开放共享的、线上线下互联互通的
	我的领导者具有良好的数字资源整合、分配的一体化调度能力
数字伦理 共情能力	我的领导者具有很强的共情能力，能够考虑我们的处境并帮助我们理解数字化转型
	我的领导者不会一味通过数字化系统发号施令，而是站在我们的角度和立场考虑问题，并选取合适时机线下沟通
	无论我们员工对数字化的理解水平如何，领导者都会帮助和鼓励我们，缓解我们对使用数字技术的抵触情绪
	我的领导者在运用数据来评估我们工作的同时，也会关注我们真实的情绪和内在的情感
数字认知 践行能力	我的领导者愿意学习各种数字信息化系统的实操
	我的领导者通过数字化相关的书籍、讲座和课程培养自身的数字能力
	我的领导者能够通晓与本行业领域关系最密切的数字技术
	我的领导者能够深入工作一线，发现企业在数字化转型过程中的实际困难
	我的领导者具有设计、部署和拓展新数字业务的能力
	我的领导者能够运用数字技术提高业务流程效率

资料来源：张志鑫，郑晓明.数字领导力：结构维度和量表开发[J].经济管理，2023，45(11)：152–168。

◎ 本章小结

1.企业战略是用来发展核心竞争力，获得竞争优势的一系列综合的、协调性的约定和行动。企业战略具有全局性、长远性、指导性、竞争性、风险性、相对稳定性和适应性等特征。

2.数字战略是指通过利用数字技术，更优地配置数字资源来创建和实现新的数字能力、打造数字化组织，更好地服务于公司业务组合、业务单元发展和客户需求导向的战略体系。

3. 宏观环境又称一般社会环境，是指影响一切行业和企业的各种宏观力量，如政治法律（Political）、经济（Economic）、社会文化（Social）、科技（Technological）等因素。这四个因素所对应的英文单词的首字母组合起来是"PEST"，因此，宏观环境分析有时简称"PEST 分析"。

4. "VUCA"（乌卡）是由 Volatility（易变性）、Uncertainty（不确定性）、Complexity（复杂性）和 Ambiguity（模糊性）四个单词首字母组成的词语，如今已被广泛应用于商业领域，以描述企业在全球化、数字化背景下所面临的复杂商业环境。

5. 数字化时代的行业环境分析不仅延续了传统的分析框架，还引入了一些新的特点和现象，具体包括数字化驱动的新竞争格局、数据作为核心资源的作用、消费者行为的变化与买方议价能力的增强、替代品威胁的加剧、竞争对手间的竞争强度增加、网络效应与平台经济的影响。

6. 随着数字技术的普及和行业边界的模糊，企业在识别和分析竞争对手时需要考虑新的特征和现象，具体包括竞争对手的多样性与动态性、平台经济与生态系统竞争、数据与算法驱动的竞争优势、竞争对手的快速迭代与持续创新能力、数字化品牌和用户体验的影响、全球化与本地化的竞争策略。

7. 有形资源是指那些可见、可量化的资产。生产器械、制造设备、分销中心以及正式的报告系统都是有形资源。无形资源是指那些深深地根植于企业的历史之中，随时间不断积累的资产，并且相较于有形资源来说，竞争对手难以分析和模仿。能力是企业若干资源有机组合后的结果和表现。核心竞争力是一系列用于战胜竞争对手的核心资源和能力。

8. 数字资源是指以电子形式存储、传输和处理的信息和内容，包括数据、数据库、数字化文档、多媒体文件（如图像、音频、视频）、软件和网络服务等。它们通过计算机、互联网和其他数字技术进行管理和利用，支持企业和个人在数字化环境中进行交流、决策和创新。数字资源具有自生长性、时效性、交互性和动态性。

9. 数字能力是指能使企业整合数字资产和商业资源，利用数字网络来创新产品、服务和流程，以实现组织学习和客户价值的组织能力，也可以理解为企业获取、管理和利用数字资源，并将其最终转化为竞争优势的能力。

10. 业务层战略是指在具体的产品市场上，公司用来开发核心竞争力以获得竞争优势的一系列相互整合、协调的约定和行动。最基本的业务层战略有三种，即成本领先战略、差异化战略和聚焦战略。

11. 竞争对手是指在同一市场中进行竞争、针对相同目标客户群提供相似产品的企业。竞争性对抗是指竞争对手为了获取有利的市场地位而采取的一系列竞争性行动，以及随之产生的竞争性反应。竞争性行为是指企业为了建立或保持竞争优势、提高市场地位而采取的竞争性行动以及随之产生的竞争性反应。企业在几个产品系列或不同区域市场同时开展的竞争称为多元化市场竞争。所有的竞争性行为，也就是在一个市场上参与竞争的所有企业采取的行动和随之产生的反应之和，称为竞争动态。

12. 数字生态系统是个人和组织为了实现共同的价值主张，利用数字技术平台进行产品、服务创新和交易的联合体，具有技术平台和多边市场的双重特点。

13. 防御性行为发生在参与者与焦点企业业务重叠，或仅需低成本即可进入焦点企业的业务领域时。侵略性行为是指当焦点企业发现参与者背后的市场有利可图时，它可能会在没有威胁的情况下采取更具侵略性的姿态，直接同参与者竞争。

14. 公司层战略是指通过选取和管理不同市场上的不同业务来赢得竞争优势的行动。

15. 企业为了占领更多的市场份额和开拓新的市场，避免单一经营的风险，往往会选择多项业务战略的组合，这就是多元化战略。

16. 公司治理是指用来管理利益相关者之间的关系，决定并控制组织战略方向以及组织业绩的一套机制。

17. 内部治理结构的主要组成部分有股东、董事会、管理层等。外部公司治理机制包括市场机制治理、市场中介治理、新闻媒体治理、产品竞争市场治理等。

18. 数字化组织架构包括战术型组织架构、支撑型组织架构、通用型组织架构、常态型组织架构。

19. 战略领导力是指预测事件、展望未来、保持灵活性并促使他人进行组织所需的战略变革的能力。

20. 数字领导力是领导者运用一系列数字资源影响组织成员的态度、情感和行为的能力，旨在推动组织数字化转型以及应对数字化环境。数字领导力的特点包括：依赖数字资源施加影响力、要求领导者应具有数字素养、要求领导者应具有共情能力、旨在影响跟随者的工作表现。

21. 发展数字领导力核心能力的结构维度包括：数字思维变革能力、数字资源建设能力、数字伦理共情能力、数字认知践行能力。

第四篇

数字化转型创新战略

第七章

数字化转型创新战略：发展的新引擎

前面的章节介绍了数字创新战略的管理内涵、技术内涵和理论内涵，本章及之后的章节将聚焦于数字创新战略的应用，具体包括数字化转型创新战略和下一篇的数字原生创新战略。数字化转型是传统企业实现转型升级的必由之路。但是传统企业在数字化转型过程中将面临各种不确定的风险。本章将深入探讨数字化转型的内涵与特征，以及数字化转型的模式类型。

学习目标：

1. 了解数字化转型的内涵与特征；
2. 了解不同层面数字化转型的模式类型。

课前阅读

多云融合：太古可口可乐的数字化转型之旅

2016—2017年，移动通信发展迅速，消费者的视线不再局限于狭窄的消费区域，大量消费者涌入数据市场。太古可口可乐业务量不断扩大，数字消费者不断增加。虽然在传统的数据中心模式下，太古可口可乐的IT系统尚可支持目前所有业务的运行。但是，随着企业日益发展壮大，新的环境需要更加灵活的IT系统、更加有效的运营模式。在综合考虑云计算在数字化转型中的优势和亚马逊在云计算方面的成熟技术后，太古可口可乐决定与亚马逊云合作，采用以IaaS云服务模式为基础的数字化转型战略。

1. 云中起航

（1）提出整体战略，确定迁移方案。

太古可口可乐拥有三个数据中心，涵盖多个业务系统，其面临的现实抉择是：

是将它们整体上云，还是分批次上云？目前大部分企业都选择分批次上云，这种方式进程慢、时间长，相较于整体上云，企业更有机会评估上云效益，进而可以随时调整数字化转型方向，降低数字化转型风险。

太古可口可乐总裁苏薇决定加快转型步伐，确定数字化转型战略——整体云迁移战略，升级 SAP（System Applications and Products）系统，包括 ERP、SCM、CRM 等在内的所有数据中心业务系统全部迁移至亚马逊云，完全关闭所有线下的数据中心。

（2）启动迁移工作，开启迁移测试。

数字化转型之路并非坦途，太古可口可乐在迈向云端的过程中也遭遇了诸多挑战。其中，最关键的挑战之一便是网络规划和测试。太古可口可乐拥有一套成熟的网络拓扑设计和网络安全设置，为业务运行提供了坚实保障。然而，在将系统迁移至云端的过程中，为了保证安全设置不变，工程师们需要对系统进行预迁移，并在确认系统有效运行后，才能正式进行迁移。

当迁移预演正式启动时，一系列问题接踵而至，其中最为棘手的便是 SAP 系统的上云问题。SAP 系统是太古可口可乐数据中心的核心，承载着公司所有运营数据文件。起初，太古可口可乐以为 SAP 系统的迁移只是简单的数据迁移，不会出现太大问题。然而，随着迁移工作的深入，问题逐渐浮现：SAP 系统采用了传统的集群技术和高可用架构，并依赖基于存储层复制的灾备同步和切换功能。而云计算作为一种新兴技术，缺乏对应传统技术方案的服务和概念，导致 SAP 系统难以与云平台兼容。

（3）完成迁移工作，实现成功上云。

在面临数字化转型的关键抉择时，太古可口可乐决定对现有的 SAP 系统进行兼容性修改，而非重建一个全新的基于云计算的系统。这一决策基于对成本效益的考量：云迁移本身已是一笔巨大的投资，而从头开始构建一个功能庞大的系统则意味着更高的成本。对于一个以薄利多销为特点的快速消费品公司来说，这样的开支显然是不切实际的。

太古可口可乐与亚马逊云达成了共识，共同探索如何对云服务平台进行必要的兼容性调整，以确保 SAP 系统能够顺利迁移至云端。这一过程中，双方团队逐步梳理出了哪些功能可以保留，哪些需要修改，以及哪些可以通过市场上已有的、符合云服务要求的软件来替代。通过不断的讨论、测试和方案规划，最终在预算范围内找到了最优的解决方案。

2018年11月，太古可口可乐成功完成了所有系统的切换；2019年3月，随着原有数据中心的清理和关闭，公司实现了全面上云。2019年也被太古可口可乐记为"战略元年"，标志着其正式踏上了数字化转型的征程。通过亚马逊云服务的支持，太古可口可乐的IT基础设施响应业务需求的时间从几个月显著缩短至几天。云服务的引入不仅简化了IT基础设施的运行和维护，还提高了运营的灵活性和弹性。更重要的是，它为公司引入新技术和新应用模块提供了强有力的支撑，为业务发展注入了新的活力。

2.多云融合

上云成功后，太古可口可乐的员工发现原先很长的IT设施响应时间大大缩短了，工作效率得以提高。然而大部分数字化功能主要还是集中在数据处理方面，对于各个流程的数据录入依旧需要人工操作。例如当商品生产完毕装箱下生产线，生产量需要生产车间工作人员手动盘点后录入SAP系统，然后商品运入库房，在入库之前还需要仓库管理员手动盘点确认，再上传至系统。这些流程易出现信息的不确定与不透明，同时也会增加生产成本。为了减少生产成本，提高生产效率，太古可口可乐需要一个更智能的系统。目前太古可口可乐的云服务供应商只有亚马逊，系统功能单一，增加了太古可口可乐数字化转型的风险。这几年国内云服务的不断成熟，给予了太古可口可乐更多选择。

（1）提升云服务，完成多云呈现。

太古可口可乐通过多次会议讨论，最终确定了"多云融合"战略。这一战略的核心在于结合多个云平台的技术系统，推动公司的数字化转型进程，提升现有系统功能，并实现各运作流程的信息透明化。通过多云融合，太古可口可乐能够发挥每个云平台的优势，减少单一云服务带来的风险，同时降低多平台操作的复杂性，便利数据流通。

2020年，太古可口可乐与阿里云达成合作，利用其强大的基础架构和网络支撑，推动全链数智化。这一合作标志着太古可口可乐多云计划的正式启动。随后，太古可口可乐又与腾讯云展开合作，通过腾讯优码提升公司的云服务能力，并推进数字化转型进程。

（2）深化云服务，构建多云协同。

目前，太古可口可乐与亚马逊云、阿里云和腾讯云都达成了深度合作，"多云融合"的战略目标已初见成效。但是，腾讯云的加入使多个云服务商造成的操作复杂问题愈发严重，且不同云服务在太古可口可乐有着不同的系统平台，致使平

台与平台之间的沟通还存在着一定的不及时性。

对此，太古可口可乐IT部门讨论是否可以创建一个平台去融合这些系统，以此实现多云融合。IT部门率先和阿里云进行该意向的商讨，经过讨论，太古可口可乐决定与阿里云一起合作创建一个"数据中台"，把太古可口可乐不同云服务系统的数据和功能汇总起来。

在数据中台上，太古可口可乐将各个分公司的所有数据全部上云，通过云将各个分公司联系起来。之前，分公司之间想了解其他地区的销售情况需要经过复杂的流程——首先需要向上级请示，经上级批准后与对方进行联系沟通，对方进行数据查询，然后申请、审批、确认，这一来一往耗费的时间多且流程烦琐。如今数据中台的建立将简化太古可口可乐各分公司数据来源渠道，缩短数据获取时间，提高办事效率。

数据中台融合了各个系统的功能，降低了操作难度，优化了数据处理参数。原来员工使用系统处理数据时需要记住复杂的操作流程，每一个新员工入职时都需要进行较长时间的培训，即便是熟悉系统的老员工有时也会操作失误导致数据结果错误。现在，数据中台将这些复杂的操作流程封装成组件，员工只需要明确数据的处理需求，按下对应的按钮即可得到需要的结果。

2022年3月10日，太古股份有限公司公布2021年度业绩，太古可口可乐2021年获得破纪录的溢利25.49亿元港币，较2020年增加23%。收益总额达540.69亿元港币，较2020年增加20%，太古可口可乐的数字化已经蓬勃发展起来。

思考

1. 结合案例和数字化转型内涵，分析太古可口可乐开展数字化转型的动力。

2. 假如你是一家传统企业的老板，结合太古可口可乐在数字化转型道路上对云服务的使用与升级，以及其未来数字化转型趋势，谈谈你对数字化转型的看法。

第一节　数字化转型的内涵与特征

一、数字化转型的内涵

20 世纪 80 年代，美国未来学家阿尔文·托夫勒（Alvin Toffler）在其著作《第三次浪潮》（*The Third Wave*）中已预言了信息技术将给社会经济带来的深刻影响。尽管当时"数字经济"和"数字化转型"这些术语尚未普及，托夫勒却敏锐地捕捉到了信息技术将对人类文明所带来的全面、系统和颠覆性的变革。

从宏观角度来看，数字化转型指的是数字技术与经济社会的深度融合，它通过数字化的技术和产品，对人类的生产与生活方式进行全面改造，建立在机械化、信息化和网络化之上，以数据信息驱动社会组织和生产方式的数字化更新。

从微观角度来看，数字化转型涉及基于数字技术的、以数据为核心的产品和服务转型以及流程优化重构的变革过程，旨在实现企业绩效和竞争力的根本提升。例如，从企业层面讲，数字化转型能够减少信息不对称，降低交易和物流成本，节省人力资源开支，提高企业的效率和质量；同时，它也能够改变企业的管理方式，推动组织架构向扁平化、网络化转型，并形成以用户为中心的柔性化、模块化的生产模式。

在产业层面，数字化转型意味着"数字产业化"和"产业数字化"，以及数字技术对产业链和产业布局的重大影响。新兴技术（如大数据、人工智能、区块链等）推动了新产业的形成，并催生了基于平台的经济新生态。数字技术的应用导致传统产业要素组合的变革，影响不同产业的就业需求，提升行业中间品的质量和可用性，从而引起产业链和产业布局的广泛调整。

最后，从价值创造的角度来看，数字化转型深度整合了生产和服务环节，不仅提供了最终产品，还通过让消费者参与生产和服务的全过程中来扩展价值创造。一些研究者甚至认为数字技术改变了产品的投入产出属性，创造了平台经济这种新的社会生产组织形式，将数字经济定义为继农业经济和工业经济之后的更高级的经济形态。

关于数字化转型的不同定义

黄丽华等（2021）认为，数字化转型是指数字技术通过组合应用，触发企业组织特性的重大变革，并重构组织结构和运行系统、重塑价值创造方式的过程。

吴非等（2021）认为，数字化转型是指企业借助前沿数字科技技术与硬件系统来推动生产资料与生产过程的数字化，从而达成提质增效的重要目标。他将数字化转型分为"底层技术运用"和"技术实践应用"两个层面。

中国国家标准《信息化和工业化融合 数字化转型 价值效益参考模型》（GB/T 23011-2022）中关于数字化转型的定义为：数字化转型是指深化应用新一代信息技术，激发数据要素创新驱动潜能，建设提升数字时代生存和发展的新型能力，加速业务优化、创新与重构，创造、传递并获取新价值，实现转型升级和创新发展的过程。

综合上述针对数字化转型的不同定义，本书重点关注企业数字化转型。本书认为企业的数字化转型是一个以数据为驱动，借助数字技术和智能算法，打通企业生产经营的各个环节，加强业务与技术融合，提升数字化运营水平，优化资源配置，实现管理升级和模式创新的过程（见图7-1）。在数字化转型中，大型企业可以利用丰富的资源进行全局规划和统一路线制定，重视数据治理和技术投入，调整组织架构和培养数字化人才。中小型企业则可以选择合适的转型领域，寻求合作和共享资源，关注政策支持和补贴，注重管理和组织的变革。通过这些措施，企业可以顺利实施数字化转型，提升竞争力，实现高质量发展。

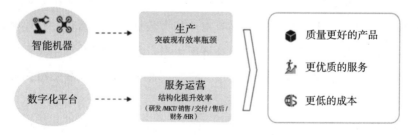

图7-1 企业数字化转型的本质

资料来源：华为企业架构与变革管理部. 华为数字化转型之道 [M]. 北京：机械工业出版社,2022。

二、数字化转型的特征

（一）数字化转型是一个长期战略，需要不断迭代

数字化转型是当今企业发展中的一个重要议题，它不是一个短期项目，而是一个

长期战略。在数字技术迅猛发展和全球竞争加剧的背景下，企业需要将数字化转型作为长期持续的战略进行规划和实施。

（1）数字化转型需要从企业的战略层面进行规划。

企业在进行数字化转型时，应该明确自身的发展目标和需求，以及数字化转型的意义和目标。数字化转型不应该仅仅依赖于个别项目的成功，而应该从企业的整体发展战略出发，将数字化转型纳入企业的长期发展计划。这意味着企业需要对数字化转型的战略目标进行明确的规划，制定相应的策略和措施，并持续跟踪和评估数字化转型的进展和成效。

（2）数字化转型是一个分阶段的过程。

企业不应该一开始就进行全局的转型，而是应该根据自身的现状和发展模式，制定适合的数字化转型战略。这意味着企业可以先选择一个重点领域进行数字化转型，先行先试，然后逐步扩大范围和深度，渐进式地实现数字化转型的目标。分阶段的转型有助于企业更好地掌握转型过程，降低风险并保持持续发展势头。同时，分阶段的转型也有助于企业更好地适应变化，及时调整转型策略，以适应市场的需求。

（3）数字化转型是一个不断调整和适应的过程。

随着社会的发展和业务的变化，企业需要不断调整数字化转型的方向和策略，保持敏锐的市场洞察力，及时调整转型计划，以适应市场的需求和变化。数字化转型需要与时俱进，不断更新技术和业务模式，以保持竞争优势。此外，企业需要不断学习和创新，与外部合作伙伴共同推动数字化转型的进程。

微案例

> 亚马逊的创始人杰夫·贝佐斯在公司早期就将长期增长视为核心战略。亚马逊的数字化转型从在线销售图书开始，但并未止步于此。随着时间推移，亚马逊逐步将业务扩展到销售几乎所有类型的商品，并且开发了自己的电子阅读器Kindle，进军电子书市场。它还推出了云计算服务AWS，占据了该行业的领先地位。在这个过程中，亚马逊不断迭代其技术基础设施和商业模式，使其能够支持新业务的拓展和现有业务的优化。

（二）数字化转型的关键举措是数据要素驱动

数据是继土地、劳动力、资本、技术之后的第五大生产要素，在企业构筑竞争优

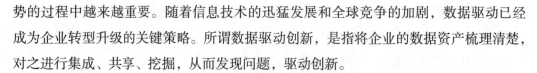

势的过程中越来越重要。随着信息技术的迅猛发展和全球竞争的加剧，数据驱动已经成为企业转型升级的关键策略。所谓数据驱动创新，是指将企业的数据资产梳理清楚，对之进行集成、共享、挖掘，从而发现问题，驱动创新。

（1）数据驱动有助于企业提升决策的科学性和准确性。

在传统的经营管理中，决策往往依赖于经验和直觉，存在主观性和片面性的问题。而数据驱动的决策则是基于大数据的分析和挖掘，具有客观性和全面性。通过对海量的数据进行整理和分析，企业可以获取更准确、更全面的信息，从而做出更科学、更准确的决策。数据驱动的决策可以帮助企业把握市场和需求的变化，及时调整经营策略，增强企业的竞争力和适应能力。

（2）数据驱动有助于发现问题和挖掘机会。

在大数据时代，企业面临信息量庞大、复杂多变的挑战。通过数据驱动的分析和挖掘，企业可以发现隐藏在数据背后的问题和机会。数据的洞察力使企业能够预见潜在的市场动向和消费者偏好，从而挖掘新的商业机会和创新点。此外，数据驱动还能帮助企业优化内部业务流程。通过识别业务流程中的瓶颈和问题，企业能够进行针对性的改进，从而提高生产效率和产品质量。这种以数据为依托的流程优化，是企业在竞争激烈的市场中保持竞争力的关键。

（3）数据驱动帮助企业实现精细化经营和个性化服务。

在传统的经营管理中，企业往往面临规模效应和标准化的困境。数据驱动可以帮助企业深入了解客户，预测其行为模式，进而提供更加个性化的产品和服务。这种定制化的服务能够显著提升客户的满意度和忠诚度，为企业带来稳定的客户关系和市场优势。同时，数据驱动还可以帮助企业实现供应链的精细化管理，优化库存和物流，提高供应链的效率和灵活性。

（4）数据驱动帮助企业实现运营效率和创新优势的提升。

通过数据的集成、共享与深度挖掘，企业能够显著提升运营效率，有效降低成本，从而显著提高利润率。数据驱动的核心价值在于其能帮助企业识别并采纳前沿技术和创新业务模式，从而实现业务创新的重大突破。通过对数据进行细致的分析和挖掘，企业能够洞察到潜在的商业模式和盈利途径，这不仅促进了业务的转型，也加速了服务与产品的升级。此外，它还能激发组织内部的变革，引领企业文化的转型。这种转型能够激发员工的创新潜力，提升整个企业的创新动力和市场竞争力。

微案例

　　宝洁采取了数据驱动的数字化转型创新战略，以提高运营效率并更好地理解消费者。举例来说，它通过数据分析来预测市场趋势，并据此指导产品开发和市场营销活动。宝洁利用消费者数据来制定个性化营销策略，确保在正确的时间、正确的地点向正确的消费者推送相关广告和促销活动。此外，宝洁也在内部运用数据分析来优化供应链管理，减少库存成本，提高生产效率。

　　（三）数字化转型是业务与技术双轮驱动的

　　数字化转型的驱动力源于业务与技术的深度融合，这是数字化与信息化最大的不同之处。在过去的信息化时代，技术部门通常被视为业务的支持部门，其职责通常是被动地满足业务需求和构建 IT 系统。然而，在数字化时代，业务与技术需要更加紧密地结合在一起，技术部门需要与业务部门共同创造商业价值。

　　（1）数字化转型需要业务部门和技术部门之间强有力的配合。

　　业务部门了解市场需求和客户需求，有深入的行业知识和经验。而技术部门则拥有技术专长和创新能力，能够提供解决方案和技术支持。只有两者紧密合作，才能实现数字化转型的目标。业务部门需要深入理解和应用技术，而技术部门需要更好地了解业务需求和业务场景。只有两个部门之间建立起良好的沟通和协作机制，才能将数字化转型的潜力最大化。

　　（2）数字化转型需要培养数字化人才队伍。

　　数字化人才需要具备业务与技术的融合能力。他们需要理解和应用新兴技术，同时具备深入的行业知识和经验。这样的人才可以在业务部门和技术部门之间建立桥梁，推动数字化转型的实施。因此，组织需要通过培训和发展计划，培养这样的数字化人才队伍。

　　（3）数字化转型需要组建业务与技术高度融合的综合团队。

　　业务与技术高度融合的综合团队可以将业务需求和技术实施紧密结合起来，共同推进数字化转型的进程。团队成员需要具备跨部门合作的能力，能够在业务部门和技术部门之间进行沟通和协调。通过这种方式，组织可以促进业务和技术的深度融合，推动数字化转型的顺利进行。

微案例

以海尔集团为例，该公司在数字化转型过程中展示了业务与技术的强有力配合。海尔通过建立"互联工厂"，将物联网技术深度嵌入生产流程，实现智能制造。为支持这一转型，海尔培养了一支具备数字技能的人才队伍，专注于大数据分析、物联网应用和智能制造技术。此外，海尔组建了业务与技术高度融合的综合团队，促进业务专家与技术人员紧密协作，确保数字技术能够有效驱动业务创新和效率提升。通过这些措施，海尔成功地在全球市场上保持了竞争优势。

（四）数字化转型是长期规划与局部建设协同进行的

数字化转型作为一种深刻影响企业发展轨迹的变革过程，其成功的关键在于精心设计的战略规划与灵活有效的实施策略。为确保数字化转型的稳步推进，首先要从宏观的战略层面对企业业务进行全面审视和规划，然后通过具体的业务实践，逐步实施和扩展。

数字化转型的战略规划要求组织从整体业务流程的角度进行深入分析与评估，确立转型的目标、方向以及实施路径。这一过程不仅涵盖业务模式的重构、产品与服务的创新，还包括对组织架构和文化的相应调整，旨在通过统一的规划和协调，保障数字化转型过程的一致性与连贯性。

然而，有了战略规划并不意味着数字化转型可以一蹴而就。实际操作中，必须着眼于业务的具体部分，循序渐进地开展转型，以避免管理和协同上的过度负担。特别是在数字化基础设施不健全、数字化人才短缺的情况下，局部而深入的推进方式更具可行性。因此，组织需确保局部实施策略与总体规划的高度一致性，并考虑局部实施的特殊需求和条件。

在具体实施数字化转型的过程中，选择重点领域是关键，这应基于企业的核心竞争力和市场需求来决定，保证局部项目的顺利开展能够有效支持整体转型目标的实现。同时，业务模式、企业文化及组织人才的匹配也至关重要，它们是局部实施策略成功的保障，能够显著提高转型的成功率和效益。

以京东为例，该公司在数字化转型过程中展现了精心设计的战略规划与灵活有效的实施策略。首先，京东从整体业务流程的角度进行深入分析与评估，确立了以智能供应链和无人仓储为核心的转型目标。然后，通过业务模式的重构和服务的创新，实现了统一的规划和协调。尽管有明确的战略规划，京东并未一蹴而就，而是从具体业务部分逐步推进，例如率先在部分仓库应用无人仓储技术。通过这一局部而深入的推进方式，京东确保了数字化转型的稳步推进，同时培养了数字化人才，最终实现了对整体转型目标实现的有效支持。

第二节　数字化转型的模式类型

数字化转型的模式多种多样，每种模式都有其独特的优势和适用场景。本书从战略视角、实现视角和行业视角三个维度，对数字化转型的模式进行分类。

一、战略视角的数字化转型模式

战略视角的数字化转型模式可以分为网络化转型、平台化转型、智能化转型与生态化转型，前两种转型利用云计算、移动互联网、大数据、社交媒体，后两种转型则利用人工智能、物联网、区块链、新 SaaS。需要指出的是，这四种转型模式并无优劣之分，企业需要根据自身所处行业市场变化，选择最适合的转型模式。

（一）网络化转型

企业网络化转型的本质是服务在线化，大多数实体产业都会经历"三叠浪"[①]，即线下企业、线上企业、智能企业三波革新浪潮。当三者叠加在一起时，往往是预先进行战略准备的创新型企业遥遥领先，并且引领改变所在行业的游戏规则。网络化转型的核心是实现全业务流程在线。

---

① 2019 年中国互联网大会上，阿里巴巴集团副总裁刘松认为，从产业升级的角度看，互联网过去 20 年可以分为以下三个阶段：信息化、消费互联网、产业智能化。这三个阶段后被称为"三叠浪"。

微案例

茅台的网络化转型与新零售策略

茅台作为中国知名的白酒品牌，积极迎接数字化转型，探索出一条网络化转型之路。面对消费市场和商业环境的变化，茅台从2003年开始线上布局，首先通过 B2B 电商平台为经销商提供线上分销支持。2010年，茅台进一步建设 B2C 电商平台"茅台网上商城"，直接面向消费者，逐步实现线上线下融合。

2015年，茅台推出"茅台云商"平台，运用大数据和云计算技术，为合作伙伴及经销商提供全渠道销售和精准营销支持，构建了一个高效的协同生态系统。茅台云商的"云端溯源"和"反黄牛"功能显著提升了消费者的体验。通过网络化转型，茅台实现了品牌的数字化升级，探索出传统企业利用数字技术优化业务模式、拓展市场和增强竞争力的成功路径。

（二）平台化转型

企业平台化转型的本质是服务平台化，位于产业升级"三叠浪"的中期，组织在这个时期比的是在线服务的增长加速度，而不是线下规模。例如，资产规模庞大的中国银行业转向互联网金融服务的过程中，"离柜业务率"是重要考核指标，浙商银行、南京银行等地方性银行通过互联网核心平台线上推广，迅速满足全国用户需求。而线下拥有全国各地支行网点的大型银行却转型缓慢，线下的规模优势反倒成为发展互联网金融的牵绊，备受年轻人喜欢的线上金融服务被反馈体验不佳、操作复杂，导致离柜业务率不高。

微案例

中国邮政的云端平台化转型

面对电子商务高速增长带来的物流压力，中国邮政积极推进平台化转型。2015年起，中国邮政与阿里云合作，构建基于云计算的寄递业务信息平台。通过这一转型，中国邮政得以优化全国快递网络和提升服务能力。

平台化转型帮助中国邮政在多个方面实现了创新。第一，采用数据驱动的流程改进，使客户体验成为业务的核心。第二，通过标准化操作流程，确保从前端到后端的一体化管理。第三，利用大数据进行智能分析和资源优化，提升运营效率。第四，开放的技术架构支持外部合作与生态建设，灵活适应各类业务需求。

最终，通过这一平台化战略，中国邮政在提升运营效率的同时，进一步推动了全行业的技术创新和服务升级。

（三）智能化转型

企业智能化转型的本质是业务自优化，例如：智能工厂自适应纷繁复杂的生产问题，智能教育自适应不同学生的学习进度，城市大脑控制的智能红绿灯自适应瞬息万变的交通路况……该转型发生在产业升级"三叠浪"的后期，在这个时期，业务某一核心环节实现智能化，或单体工厂生产线实现智能化；核心生产工艺环节通过智能化，得以更好协同，通常为供给侧或需求侧的"单边协同"，例如供应链优化、生产线调整、商品智能推荐。实现智能化转型的企业能够做到局部高精度，将资深行业专家的经验融入"行业大脑"模型，减少高端人工投入，并发现未知经验规律，给出精准改进的建议方案。

微案例

饿了么的智能化转型

为应对飞速增长的外卖订单量，饿了么与阿里云合作，建立了基于 AI 的智能派单系统，实现高效的订单分配。在这个系统中，AI 根据用户、餐厅、骑手等的海量实时数据，智能调度骑手，将新订单配送融入骑手的现有路线，大大缩短了配送时间。

为了支撑业务高峰期的计算需求，饿了么采用混合云架构，借助云计算的弹性能力应对每日的订单峰值。AI 系统不仅在大数据分析上实现了精细化，还通过智能化派单显著提升了配送效率，节省了大量人工成本。通过这一智能化转型战略，饿了么实现了从传统人工调度到智能调度的转型，让更多消费者能及时享用美食，体现了智能化在现代业务中的重要价值。

（四）生态化转型

企业生态化转型的核心是实现智能协同。当产业链实现全面在线化、数据化和智能化时，个性化需求、生产资源和人才将在一个生态协同的网络中自适应调度。智能推荐将帮助合作方跨界共享资源，通过"生态大脑"的算法，实现长尾服务的精准匹配。

在这个阶段，公司的边界变得模糊，平台的边界延展性和实时调度能力成为关键，全局在线智能协同成为主流趋势，数据驱动的需求发现和智能资源调配将优化线下供应链。产业格局趋于固化，即将迎来以"量子智能"为代表的新商业长周期。

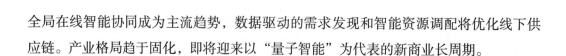

杭州的"城市大脑"生态化转型

为了应对城市交通拥堵与资源调配挑战，杭州市政府携手阿里云在 2016 年启动了"城市大脑"项目。"城市大脑"整合了全市四十多万个传感器和摄像头的数据，实时监控交通状况，并用机器学习优化信号灯的时长和车辆调度。这一系统不仅让试点路口通行效率提高了 15.3%，还达到了每日 500 次的准确报警，有效提升了城市交通管理的效率。

"城市大脑"作为智能生态系统，形成了政府、技术平台与市民三方协同的网络，使出行、执法、资源调配等环节实现智能化联动。此项目在杭州成功实践之后，进一步拓展至全国多个城市乃至国外，为城市治理探索出了一种全新的生态化转型模式。

二、实现视角的数字化转型模式

实现视角的数字化转型可以划分为四种类型，分别是精益式转型、增强式转型、创新式转型、跃迁式转型。

（一）精益式转型

精益式转型是指企业基于战略需要，从产品和服务、生产方式、管理方式或商业模式层面，找到重要和急需转型的场景进行数字化变革，从而更强有力地推动战略目标的实现，强化企业的战略优势。采取精益式转型策略的企业，其所处行业相对稳定，短时间内不需要重新设计战略和商业模式。精益式转型是目前数字化转型中企业广泛采取的一种策略。

精益式转型与构建企业数字中心（企业的数字化平台）的逻辑是一致的。按照平台的思路进行分析，一边是数据，一边是场景（应用），数据与场景之间存在跨边效应。一方面，企业数字化场景的增加会丰富和扩大企业的数据量；另一方面，数据的增加可以促进企业实现更多场景的数字化。场景中也存在网络效应，因为管理是一个系统，各种场景都是相互关联的，一种场景的数字化会激发另一种场景的数字化。因

此，企业在数字化转型中，通过一两个场景的数字化，可以带动和引发持续的变革。

微案例

民爆生产厂区视频智能管控解决方案

重庆某大型民爆企业为进一步推进智能化信息技术与安全生产的深度融合，打造"互联网＋安全生产"新型监管模式，对下属生产园区现有前端视频监控进行智能化升级，采用边缘识别方式结合原有监控摄像机对现场进行实时监控识别，一旦发现异常，会及时推送违规、报警信息至安全生产管理平台。

镇海炼化的数字化转型实践

中国石油化工股份有限公司镇海炼化分公司（简称"镇海炼化"）将"深化数字化转型的改革战略"列为公司三大战略之一，全面推进企业数字化建设。通过采用国际先进的工艺流程和自动化装备，配置30万台智能仪表，覆盖全厂的四层网络架构、4G无线专网以及大型云数据中心。数字化转型为镇海炼化带来了"四个转变"：单装置优化转变为全流程优化、各岗位分散优化转变为线上协同优化、原料组分优化转变为分子优化、计划安排和调度指挥由依靠传统经验向模型化和智能化转变。纵向上，提高了从公司决策层到执行层的运行效率；横向上，优化了从原料进厂、装置加工、在线分析到产品出厂的精益管理。

（二）增强式转型

与精益式转型类似，增强式转型也不存在战略与商业模式层面上的变革，不同的是，增强式转型对全场景采取齐头并进式的数字化升级。这种转型通常是中层骨干与数字化专家推动完成的，变革更加系统化，如果推动得力，往往可以更加快速地彰显数字化的巨大价值。不少企业倾向于采取这种转型策略，期待变革整体性地、快速地完成。这自然是好的，但是企业需要对自身特点有深刻的理解。

特别需要注意的是，采取增强式转型策略要将战略作为第一焦点。转型之初，必须保证战略是明确清晰的，这样才能有的放矢地应用数字技术，使数字技术能够真正地服务于战略，真正地增强企业的竞争优势。

如果无法确保战略与数字技术的适配性，那么会导致两个问题：一个是数字化转型的效果不理想，员工可能对数字化价值与前景产生怀疑，影响变革信心；另一个是可能产生资金、资源和人力的浪费。

四川华西集团数字建筑供应链平台

四川华西集团数字建筑供应链平台通过整合供应链资源，提供电子化招投标、在线交易、物流监管、资金结算、融资服务、库存管理等多维度数字供应链业务，实现了信息流、资金流、商流、物流的"四流合一"。

平台坚持技术驱动、管理支撑、共建标准、开放共赢的理念，打通了业务全流程，配套建立了前中后台万向架构、300余项业务流程、800多个业务模块、13000多个功能点，实现了"计划、招标、采购、供应、结算、支付、库存、融资"全链条业务数字化与咨询、建设、运营和供应链集成服务"建筑业供应链数字化解决方案"的数字业务化。

（三）创新式转型

与前两种转型策略不同的是，在创新式转型中，战略与商业模式发生了本质性的变化。采取这种转型策略的企业，其竞争领域一般已经或者即将发生巨大变化，原有的竞争优势正在被摧毁，如果不快速进行战略变革，很可能失去现有的市场地位，甚至被淘汰出局。

每个行业都正在或者即将被数字技术重构和刷新，行业间不断发生跨界和融合，新的行业还在不断出现。无论是面对传统行业的重构，还是面对新行业的生成，都需要新的思考框架。因此，数字化转型时代出现了新的五力模型，如图7-2所示。

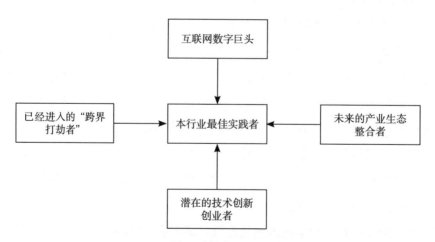

图7-2　数字化转型时代的五力模型

海尔的创新式转型实践

面对家电行业日益激烈的竞争和互联网企业的冲击，海尔意识到其原有的竞争优势正在被摧毁。为了不被市场淘汰，海尔进行了创新式转型，其战略和商业模式发生了本质性变化。公司从传统的家电制造商转型为物联网生态品牌，通过推出智能家居产品和服务，打造了一个以用户为中心的智慧生活平台。海尔的快速战略变革，不仅使其保住了市场地位，还使其在智能家居领域取得了领先优势，引领了行业的发展方向。

（四）跃迁式转型

跃迁式转型是最具挑战性的，这是因为企业的商业模式、产品、服务、生产方式和管理方式都同步进入变革状态。这种转型既可能带来巨大的成功，也可能带来巨大的风险，需要企业采取更加审慎的态度，对外部环境与内部环境、能力进行评估，具体可以从以下三个维度着手。

1. 领导力维度

领导力维度是指需要企业家及管理团队强烈支持数字化转型。跃迁式转型对企业是一种巨大的变革，需要领导者以强大的意愿持续推动——明确数字化愿景与方向，鼓舞全员努力探索，提供强大的资源支持等。

2. 文化维度

采取这种挑战性比较大的转型方式，需要企业有强大的文化基础：一是变革型文化，即全员拥抱变化，具有变革的热情和动力；二是试错型文化，鼓励员工尝试和探索利用数字技术，允许失败，督促员工反思，不断迭代；三是数据型文化，管理者要相信数据的力量和价值，全员能够把数据利用作为一种基本的、普遍的工作能力。

3. 能力维度

企业需要评估自己的数字能力，包括数据治理水平、硬件设施、人才储备等，跃迁式转型需要更强的数字能力，否则数字化目标可能流于空想。当然，数字能力的建设也需要一个过程，因为技术本身会不断发展，各种技术对企业来说，是否需要、是否合适，这都是需要考虑的。企业也要不断评估自身的数字能力，从而与数字战略相匹配。

三、行业视角的数字化转型模式

（一）制造业数字化转型

制造业的数字化转型旨在提高生产效率和产品质量，它以智能制造、供应链优化和预测性维护为特征，依赖传感器数据、生产管理系统数据和供应链数据。

制造业数字化转型面临诸多关键难点。首先是技术基础设施的更新和升级，包括物联网设备、传感器技术等的应用，这需要大量的投资和技术支持。其次是数据整合和治理，制造业涉及复杂的生产流程和海量数据，如何有效地整合和管理数据成为挑战。再次是文化转变，从传统的生产模式向数字化、灵活化的转变需要企业内部文化的全面改造和员工的积极适应。最后是安全和隐私问题，特别是在物联网和大数据应用中，必须保障数据的安全性和隐私性。

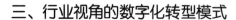

微案例

三一重工的数字化转型

在竞争激烈的全球市场中，三一重工为保持竞争力，坚定地选择了数字化转型之路。通过引入物联网、大数据、智能算法等先进技术，三一重工从生产到运营全面提升效率。例如，在生产环节，使用自动化装配线和 ERP 系统，实现了更高质量的生产管理；在运营环节，借助智能物流系统优化了运输路线，降低了成本；此外，虚拟仿真和数字孪生技术让技术团队可以模拟复杂工况，帮助团队解决技术难题。

这一转型极大地提升了三一重工的竞争力。数字化管理不仅使各环节降本增效，还助力企业迈入智能制造领域，甚至在市场低谷期仍实现了市值的快速增长。如今，三一重工已跻身全球建机三强，并成为行业首家"灯塔工厂"，为传统制造业提供了可借鉴的数字化转型路径。

（二）零售业数字化转型

零售业的数字化转型目标是增强客户体验和促进销售，它以全渠道整合、数据驱动决策和个性化体验为特征，依赖客户数据、市场数据和运营数据。

零售业数字化转型需要克服消费者行为变化、多渠道整合、数据安全和技术投资等多方面难题，如此才能实现持续创新和保持竞争优势。首先，消费者行为的快速变化和多样化，使得零售商需要实时掌握和适应消费者的需求和偏好，这对技术和数据的支持提出了更高要求。其次，多销售渠道的整合，包括线上和线下渠道的无缝连接和协同，需要零售商优化供应链和库存管理系统，以保证跨渠道的客户体验和服务一致性。再次，数据安全和隐私保护也是零售业数字化转型面临的重要挑战，特别是在大数据分析和个性化营销中，确保消费者数据的安全和合规性至关重要。最后，零售业还需面对技术投资的高成本和实施复杂性，尤其是对小型零售商而言，数字化转型可能需要大量的资金和资源投入。

微案例

美特好集团的数字化转型

面对互联网浪潮带来的冲击，美特好集团选择了全面的数字化转型以应对挑战。通过旗下的全球蛙平台，美特好集团在"人、货、场"三个方面进行数字化升级。在"人"方面，全球蛙将用户转化为线上会员，通过任务积分和会员活动增强用户黏性，让用户在 App 中享受个性化优惠。在"货"方面，全球蛙建立了数据驱动的前置仓和库存管理系统，实现快速配送并降低库存成本。在"场"方面，美特好集团为门店配备了智能硬件，提高了称重、收银等环节的效率。

美特好集团的数字化举措显著提升了经营效果，在短短一年内，吸引了大量新会员并扭转了销售额下滑趋势。

（三）金融业数字化转型

金融业的数字化转型着重于优化客户服务和风险管理，以数字化客户服务、数据分析与风险管理、区块链应用为特征，依赖客户数据、市场数据和操作数据。

金融业数字化转型需要克服安全合规、技术架构、客户体验和文化转型等多方面的难题，如此方能实现持续创新。首先是安全和合规性的挑战，随着数字技术的广泛应用，金融机构须确保客户数据的安全，并遵守各项法规和监管要求，这对金融机构的技术和管理能力提出了更高要求。其次是技术架构的复杂性和更新速度，金融业需要跟进大数据、人工智能、区块链等新兴技术的迅速发展和前沿应用，确保技术架构的灵活性和扩展性。再次是客户体验的提升，金融机构需要通过数字化手段实现个性化服务和全渠道体验，但要平衡技术投资与实际业务需求之间的关系。最后是人才储备和文化转型，金融机构需培养具备数字能力的人才，并推动组织文化向数字化转型倾斜，以适应快速变化的市场需求和竞争环境。

三种行业数字化转型对比，如表 7-1 所示。

表 7-1　三种行业数字化转型对比

	制造业	零售业	金融业
目的	提高生产效率和产品质量	增强客户体验和促进销售	优化客户服务和风险管理
特征	·智能制造 ·供应链优化 ·预测性维护	·全渠道整合 ·数据驱动决策 ·个性化体验	·数字化客户服务 ·数据分析与风险管理 ·区块链应用
数据基础	·传感器数据 ·生产管理系统数据 ·供应链数据	·客户数据 ·市场数据 ·运营数据	·客户数据 ·市场数据 ·操作数据

微案例

中国农业银行的数字化转型

2019 年，中国农业银行启动全面数字化转型战略，以应对不断变化的市场需求与政策推动。在政策支持下，中国农业银行结合《中华人民共和国国民经济和社会发展第十四个五年规划和 2035 年远景目标纲要》和《金融科技发展规划（2022-2025 年）》，积极应用人工智能、大数据、区块链等技术，强化数字基础设施建设，响应国家对数字金融的安全和创新需求。

在实际操作中，中国农业银行建设了 iABC 数字平台，采用"薄前台、厚中台、强后台"架构，大大提高了业务的灵活性与服务响应速度。同时，中国农业银行利用该平台推出移动支付、个性化理财建议、24 小时在线客服等功能，满足客户对便捷、个性化和安全的数字化金融服务的需求。通过这一系列举措，中国农业银行不仅提升了客户体验，也在竞争激烈的金融市场中获得了显著的竞争优势。

本章小结

1. 从宏观角度来看，数字化转型指的是数字技术与经济社会的深度融合，它通过数字化的技术和产品，对人类的生产与生活方式进行全面改造，建立在机械化、信息化和网络化之上，以数据信息驱动社会组织和生产方式的数字化更新。企业的数字化转型是一个以数据为驱动，借助数字技术和智能算法，打通企业生产经营的各个环节，加强业务与技术融合，提升数字化运营水平，优化资源配置，实现管理升级和模式创新的过程。

2. 数字化转型包括以下特征：数字化转型是一个长期战略，需要不断迭代；数字化转型的关键举措是数据要素驱动；数字化转型是业务与技术双轮驱动的；数字化转型是长期规划与局部建设协同进行的。

3. 本书从战略视角、实现视角和行业视角对数字化转型的模式进行分类。战略视角的数字化转型模式可以分为网络化转型、平台化转型、智能化转型与生态化转型。实现视角的数字化转型模式可以分为精益式转型、增强式转型、创新式转型、跃迁式转型。从行业视角出发，本书主要介绍了制造业、零售业和金融业的数字化转型模式。

4. 制造业的数字化转型旨在提高生产效率和产品质量，它以智能制造、供应链优化和预测性维护为特征。零售业的数字化转型目标是增强客户体验和促进销售，它以全渠道整合、数据驱动决策和个性化体验为特征。金融业的数字化转型着重于优化客户服务和风险管理，以数字化客户服务、数据分析与风险管理、区块链应用为特征。

第八章
数字化转型创新战略的机理框架

数字化转型的成功，离不开一套完整而深入的机理框架。本章将围绕技术采纳理论、动态能力理论和生态系统理论，构建数字化转型的理论基础。本章将深入剖析数字化转型的基本逻辑，从技术主导到客户主导，再到生态主导，揭示其演进的内在规律。同时，本章还将探讨数字化转型的动力机制、治理机制和保障机制，为企业制定和实施数字化转型战略提供有力指导。

● 学习目标：

1. 认识数字化转型的三个理论基础——技术采纳理论、动态能力理论和生态系统理论；

2. 了解数字化转型的基本逻辑；

3. 掌握数字化转型的动力机制、治理机制和保障机制。

课前阅读

精益求精——徐工在数字化转型路上求飞跃

时光如白驹过隙，经历了二十余年的转型之路，徐工机械（以下简称"徐工"）再次在"智改数转"中踏上了一个新的阶梯。随着国产品牌强势崛起，徐工在行业内的市场份额进一步扩大，成为行业主流参与者。在拥有技术优势和资本实力的前提下，如何完善供应链体系，进一步提高售后服务水平和应对市场变化的能力，提升未来市场份额，持续呈现强者恒强的态势，是徐工现阶段主要思索的问题。2021年，徐工内部发布的"十四五"发展规划中，提出以数字化、智能化赋能产业链，充分发挥全球数字化供应链平台作用，加快海外业务数字化能力提升，

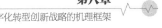

为全球客户提供优质服务。

南非萨利堡岛上，老驾驶员巴顿结束了风尘仆仆的一天，他像往常一样为老朋友 LW230FM 铲土运输机做着保养，这是由徐工自主研发的第四代重载王。巴顿熟练地拿出手机，在徐工 X-GSS 海外 App 上查询着设备运行状况数据，并检查是否有故障预警信息。通过一台车、一部手机、一个系统，便可以对设备情况了如指掌。

这一切都归功于徐工海外客户门户系统——X-GSS 海外 App。自 2021 年推出以来，在产品研发、生产制造、供应链和营销服务等方面，X-GSS 系统都给予了强有力的支持。一个核心，两个战场，三项融合，四大能力，五大价值链环节的智能场景应用，是徐工智造 4.0 的宗旨。具体来说：一个核心是以客户为中心；两个战场即市场和工厂；三项融合是指信息技术分别与控制技术、通信技术、业务流程融合；四大能力指基于正向设计打造智能化产品的能力、精益制造的能力、自主可控的供应链能力、智能服务能力；五大价值链环节的智能场景应用指在研、产、供、销、服五大环节中智能分拣、远程维修等智能应用场景的建设。

1. 产品研发的数字化

"我们现在拥有全球五大研发中心，行业排名第一的国家级技术中心，行业唯一的高端工程机械智能制造国家重点实验室，行业唯一的国家级工业设计中心。"这是徐工董事长王民对徐工研发能力的自信。无论是 2011 年的行业寒冬，还是 2021 年的"智改数转"，徐工始终将研发当作自己的生命线。

（1）研发数据的共享。

在欧洲、北美、巴西、印度和中国建立的五大研发中心，借助产品数据管理（Product Data Management, PDM）全球协同研发平台，同步了 7 万个集团级的标准件数据和通用件数据，并建立了 300 万个产品三维模型，实现研发数据跨区域、跨部门、跨产品共享。利用徐工研究院的优势资源，通过融合其他创新资源和主体，徐工推动开放式创新和协同创新，攻克了国内工程制造业核心零部件的"空心化""智能化"两大难题。

（2）研发与制造的协同。

过去，虽然研发部与制造部都上线了信息系统，实现了各自部门的数字化管理，但是同一备件在研发部与制造部系统中的物料编码不一致。"之前我们在生产时，发现 XCT20L4 吊车的五节臂备件有问题，将备件编码反映到研发部，他们却说在系统中找不到这个备件编码，很耽误我们的生产进度呀！"制造部王工在一次部门例会中反映道。X-GSS 系统基于产品物料编码数据，实现了设计、制造、服务的一体化穿透管理。通过数字化工艺，保障研发与制造的一致性，徐工从根本上解决了研发部与制造部信息不对称的问题，提高了制造工艺的稳定性，生产效率大幅提升。

2. 生产制造的精益化

在生产制造环节，徐工深化高级计划与排程（Advanced Planning and Scheduling，APS）、生产执行系统（Manufacturing Execution System，MES）、物联网、质量管理系统（Quality Management System，QMS）四个系统平台与编程工具的集成应用，充分发挥智能工厂的中枢作用。

（1）智能工厂助力高效制造。

生产制造中，智能工厂发挥着中枢作用。通过应用行业领先的物联网平台，实现了工厂园区的"5M1E"——人（Man）、机器（Machine）、材料（Material）、方法（Method）、测量（Measurement）和环境（Environment）从"互联"到"智联"。实时采集并分析设备运行数据，"哑设备"也能开口说话。通过监测生产过程，降低生产成本，达到驱动管理提升的目的。目前，徐工智能工厂已联网关键设备2100余台，接入8万余个数据点，并建立了工艺、质量和路线等五大类算法模型共65个，厂区实现全方位可视化。利用大数据和算法提前预测设备故障并及时维护，更精准地提升了设备综合效率，有效促进了生产流程全过程集成。柔性制造能快速应对市场需求，以客户需求为导向，生产线可以生产多种产品，生产效率和客户满意度进一步提升，生产成本也得以降低。

（2）AI技术助力无人制造。

徐工采用AI技术助力建设无人化作业单元。利用AI技术，以机械代替人工的方式，使员工无须在恶劣的环境中工作。这不仅维护了员工的职业健康，还大幅提升了生产效率。切割件打磨单元的建成，实现工件切割面的渣瘤清除；无人分拣作业单元的应用，实现乱序分拣和配盘；智能机器人的引入，实现实时的缺陷检测。过去的"苦脏累"工种，例如火焰、等离子切割件分拣打磨等，利用自动导引运输车（Automated Guided Vehicle, AGV）智能转运和协作机器人，通过MES派工，应用视觉识别和智能运算，进行智能高效的无人化替代。

（3）绿色工艺助力低碳制造。

徐工装载机智能制造基地采用"物联网＋绿色工艺"技术，实现低碳制造、绿色产品。加工车间在云计算、大数据、工业互联网等信息化制造技术基础上，率先推出规模化机器人焊接、结构件粉末自动喷涂等技术，实现 85% 以上生产类设备的联网覆盖。通过对自动化控制系统进行改造，实现单台能源消耗降低 10%。

3. 营销服务的智能化

基于 X-GSS 系统，徐工融合了 CRM 系统和车联网技术，并借助先进的 AR 技术，为客户和服务人员提供直观的、可视化的全新数字服务体验，共同助力营销服务环节。从"以产品为中心"的企业向"以客户为中心"的服务型企业转变，为全球客户提供了一个精准、满意的全生命周期数字服务系统。

矢志不渝的红色基因，一直流淌在徐工人的血液里。徐工始终跟随着国家发展的脚步，响应国家号召。秉承着"担大任、行大道、成大器"的核心价值观，以"技术领先，用不毁"的徐工金标准，从数字研发、虚拟仿真、智能生产线到产品全生命流程服务，徐工智能制造始终走在行业前列。与价值链合作伙伴共同打造创新共赢、珠峰登顶的大器文化生态，持续促进全员、全价值链形成追求卓越、崇尚创新、崇尚品质的行动自觉。

资料来源：王郁蓉，等.数制融合，智慧赋能：徐工机械的数字化转型之路 [EB/OL]. [2024-09-01]. http://www.cmcc-dlut.cn/Cases/Detail/7789。

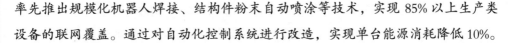 思考

徐工数字化转型过程中体现了哪些基础理论？体现了什么样的基本逻辑和运行机制？

第一节　数字化转型的理论基础

一、技术采纳理论

技术采纳理论深入探讨了个体或组织接受、应用，并最终普及新兴技术的复杂过程。这些理论不仅为科技的渗透路径提供了精确的理论模型，还为实现技术革新与持续进步提供了重要的指导。目前，技术采纳的理论框架主要可分为三大类别。

（一）创新扩散（Diffusion of Innovations, DOI）理论

创新扩散理论由埃弗雷特·M.罗杰斯（Everett M. Rogers）于 1962 年提出。这一理

论从五个关键维度——新技术相对于现有技术的优越性、与既有技术的兼容性、易学性、适用性以及成效的可见性——综合剖析了新技术被采纳的驱动因素。罗杰斯的理论不仅揭示了技术革新在组织中的渗透模式，也阐释了技术采纳过程中的心理与社会动力学。

（二）理性行为理论（Theory of Reasoned Action, TRA）和计划行为理论（Theory of Planned Behavior，TPB）

理性行为理论的提出者埃塞克·阿耶兹（Icek Ajzen）和马丁·菲什拜因（Martin Fishbein），以及计划行为理论的拓展者阿耶兹，在 1975 年和 1985 年分别为我们提供了一个关注决策过程的视角。这两个理论主张，个体或组织做出特定行为选择的倾向性，是由其对行动的态度、社会环境对该行动的预期评价，以及执行该行动的感知行为控制力（Perceived Behavioral Control）共同影响的。这种理论框架强调了个体决策与行为之间的认知机制，为理解技术采纳的心理学背景提供了极具启发性的视角。

（三）技术、组织、环境（Technology-Organization-Environment, TOE）框架

技术、组织、环境框架由路易斯·G. 托纳茨基（Louis G. Tornatzky）和迈克尔·弗莱舍（Michael Fleischer）于 1990 年提出，该理论综合了组织内部的资源和结构与外部宏观环境（如行业标准和法规政策等）对技术采纳的深远影响。它强调了技术自身特性以及组织与外部环境的交互对技术采纳速度与广度的影响。这一框架允许从宏观层面上洞察技术创新的传播过程。

对比而言，计划行为理论在传统技术、组织、环境框架的基础上进一步拓展，允许研究者将组织或个体的价值观、信念和文化背景等更为抽象的意识形态因素纳入分析框架。这种对心理学与社会学理论视角的深度融合，为我们分析技术采纳提供了一个更为全面的动态多维度模型，帮助揭示影响技术采纳的更为隐蔽的心理社会因素。通过这些理论的应用，研究者和实践者得以在迎接新兴技术浪潮的同时，精准预测和应用技术在不同领域的有效扩散与深度融合。

基于上述理论内容，本书给出了一个从技术采纳理论的视角分析数字化转型的框架，如图 8-1 所示。

这一框架深入探讨了个体或组织从开始接受、使用到最终推广新技术的过程。对于那些正处在数字化转型旅程中的企业而言，这一理论框架不仅有助于理解它们采纳新技术的行为模式，而且为管理层提供了制定有效策略的理论基础。

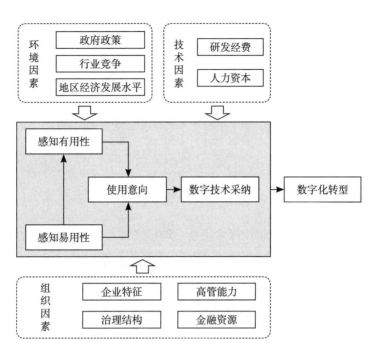

图 8-1　技术采纳理论框架

二、动态能力理论

动态能力理论（Dynamic Capabilities Theory）是由美国经济学家和商业管理学者大卫·J. 蒂斯（David J. Teece）等人提出的。动态能力包括了企业识别商机和威胁的能力、迅速调整资源组合的能力，以及在不断变化的环境中进行组织学习的能力。这个理论描述了企业在快速变化的市场环境中如何通过整合、构建和重塑内外部能力来应对环境的变化，从而保持其竞争优势。

动态能力理论为我们提供了一种深入理解并应对企业在数字化浪潮中所面临的挑战的强大分析工具。在当今日新月异的商业环境中，传统企业面临的数字化转型不仅是一场技术升级的竞赛，还是一种对于持续应对变化能力的全面考验。企业必须塑造和培养出一套具有前瞻性、可重复性、持续适应性的动态能力机制，这一机制将成为其提高数字成熟度、通过数字创新获得适应性和持续竞争力的关键。

本书给出了一个从动态能力的视角分析数字化转型的框架。在数字化转型的背景下，企业的适应能力需从四个关键方面进行深化和强化（见图 8-2）。

感知能力使企业能够洞察数字化趋势和市场机遇，对新兴技术的发展脉动保持敏感。感知能力通过扫描、学习、校准三个行动实现。其中，扫描是指组织通过收集和过滤内外部相关信息探索新机会与市场；学习是指学习和评估潜在机会以确定进一步

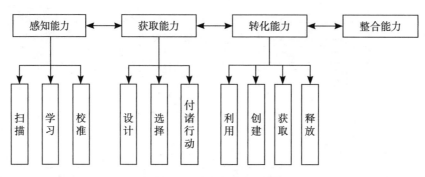

图 8-2　动态能力理论框架

行动的具体领域；校准则是指组织探索机会、调整之前行动并厘清对未来行动的影响，再进行更深入的意义构建。在平台竞争市场中，要求企业不断扫描外部环境，以发现新的或未开发的技术、市场需求和客户偏好，以及新平台进入威胁。

获取能力意味着企业不仅能够辨识并获取有价值的数字资源（如数据资产和智能技术），还能够通过战略联盟或合作获得外部资源。获取能力是组织适应数字化转型过程的关键能力，包括设计、选择、付诸行动。设计是指规划、设计新结构和过程；选择是指从若干方案中选择潜在解决方案，选择对象包括提供互补产品或服务的供应商和平台，以及新产品、流程、服务和商业模式；付诸行动是指组织就如何实施设计所做出的决策，以及涉及合作伙伴、服务、流程或商业模式的相关决策。一旦感知到新技术机会或市场机会，就需要通过投入开发和商业化活动以形成新产品、过程或服务并抓住机会。

转化能力则是企业内部动态能力的体现，它涉及将这些资源转化为符合企业战略目标的产品或服务的能力。转化能力包括四种不同行动：利用、创建、获取、释放。其中，利用即利用现有资源并将其应用到产品或战略中以构建新能力；创建是指创造新资源与过程，形成新能力，如新技术能力与市场能力；获取是对外部资源的使用和现有资源的补充；释放是指放弃现有资源及一些不符合数字战略的资源组合，减少路径依赖。转化能力通过增强、整合、保护企业无形资产和有形资产，对其进行重新配置，以增强企业竞争力。

整合能力指的是企业在数字化过程中整合内外部资源、流程和系统的能力。引入或改变产品、资源、能力和商业模式，都需要可信赖、可重复的交流和协调活动，整合能力为此提供基础。整合能力在提高平台领导者价值获取能力方面发挥着关键作用。整合能力有助于平台领导者降低交易成本，通过让自己占据一个不可或缺的位置来获

取价值。对多方提供的数字技术的整合也是企业成功参与数字平台或生态系统的关键。

三、生态系统理论

生态系统理论的倡导者詹姆斯·F.摩尔（James F. Moore）将企业生态系统定义为围绕组织间相互作用构建的经济共同体，并进一步描绘其为包含消费者、供应商、主要生产者、投资者、商业伙伴、标准制定机构、工会、政府部门、社会公共服务机构及其他利益相关者的动态结构。这一定义突出了组织间的相互依赖和合作。基于这一理念，数字化转型不仅仅是对企业内部工作流程和合作方式的全面改进，它同样关系到与众多外部利益主体的协同合作。因此，在理解企业与利益相关者间的价值创造和交换过程时，必须充分考虑到这种合作的生态影响。

消费者是生态系统中的重要角色。他们的需求和行为模式随着技术和市场变化而改变，推动企业调整产品和服务的提供方式。消费者的偏好和期望直接影响了企业的产品创新和市场定位策略。

另外，技术供应商和服务供应商作为生态系统中的一部分，通过提供先进的技术和解决方案，支持企业实现数字化转型的目标。它们不仅提供技术基础设施和工具，还可能参与到新产品开发和市场推广中。

在生态系统理论的框架下，数字化转型被视为一个动态过程，其中各种角色之间的相互作用和依存关系影响着整个系统的演变方向。企业需要理解和适应这些相互作用，以便在竞争激烈的市场中保持竞争优势和创新能力。

第二节　数字化转型的基本逻辑

一、技术主导阶段的效率与效益逻辑

创新标杆

GE 的 Predix 平台

GE 是一家多元化的工业集团，其业务遍及航空、医疗、能源和运输等众多领

域。在数字化转型浪潮中，GE 在早期便意识到了数字技术在提升工业效率方面的潜力，并开发了 Predix 平台——一套专为工业环境打造的云端操作系统，其工作机制如图 8-3 所示。

Predix 平台的核心是将先进的大数据分析技术应用于工业设备的性能监测与维护。它能够实时收集来自传感器、设备和工业系统的大量数据，并在云端进行高效处理。通过机器学习和大数据分析，Predix 平台可提供准确的预测性维护建议，帮助工程师识别潜在的故障和性能下降趋势。

通过 Predix 平台，GE 为客户提供了一套完整的数字化解决方案。例如，在能源领域，GE 的风力涡轮机通过 Predix 平台实现了实时监控与性能优化。通过分析天气模式和涡轮机运行数据，Predix 平台能够预测风力发电效率，并对涡轮机进行调整以最大化能源产出。同时，预测的准确性维护大大减少了意外停机时间，降低了维修成本，并延长了设备寿命。

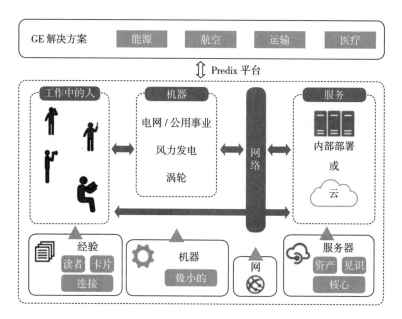

图 8-3 Predix 平台工作机制

在制造业，Predix 平台使得 GE 的工厂能够通过监测生产线的运行状态，实时调整制造过程，减少浪费，提升生产效率。生产数据的即时分析还能帮助设计团队优化产品设计，加速产品上市流程。Predix 平台的推出，不仅仅改变了 GE 内部的运作方式，更是将其定位由传统的工业设备销售商转变为以服务为导向的解决

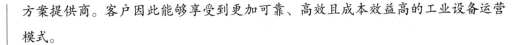

方案提供商。客户因此能够享受到更加可靠、高效且成本效益高的工业设备运营模式。

资料来源：作者根据 GE Predix 平台信息修改整理。

思考

GE 将定位由传统的工业设备销售商转变为以服务为导向的解决方案提供商，这种转变给 GE 及其客户带来了哪些好处？请举例说明。

技术主导阶段的效率与效益逻辑是数字化转型中重要的基本逻辑之一。通过技术的运用和创新，企业能够实现生产效率的提升、服务效能的增强、系统整合和创新能力的提升，从而在竞争激烈的市场环境中取得持续发展的优势。

首先，技术主导阶段注重通过技术创新和信息系统的应用来提升生产效率。例如在制造业，通过自动化生产线、物联网设备和大数据分析，企业可以实现生产过程的自动化和智能化管理，降低生产成本，提高生产效率。在零售业，通过实时数据分析和智能库存管理系统，企业可以更精确地预测需求，优化供应链管理，减少库存成本，提升运营效率。

其次，技术主导阶段追求的是提升服务效能。例如，在金融业，通过移动支付、云计算和 AI 等数字技术，银行可以提供智能客服系统、个性化推荐服务等更便捷、高效的金融服务，从而提升客户满意度和忠诚度。在制造业，通过 CRM 系统和定制化生产技术，企业能够更好地满足客户个性化需求，提升产品价值和市场竞争力。

再次，技术主导阶段注重的是系统整合和创新。企业通过整合不同的技术系统和数据资源，打破原有部门间的信息壁垒，实现信息共享和跨部门协作。例如，采用 ERP 系统整合企业各个部门的数据，提升信息透明度和决策效率。在零售业，采用电子商务平台整合线上、线下销售渠道，实现多渠道营销和客户体验的一致性。

最后，技术主导阶段的效率与效益逻辑还包括持续优化和灵活应对市场变化。企业需通过技术创新不断优化现有流程和服务，提高响应速度和灵活性，以适应市场快速变化和客户需求的多样化。这种灵活性和响应能力不仅有助于增强企业的市场竞争力，还有助于企业降低经营风险和应对外部环境的不确定性。

二、客户主导阶段的产品与服务逻辑

创 新 标 杆

耐克的个性化定制平台

耐克（Nike）是全球著名的体育用品品牌，图8-4展示了耐克的数字化框架。耐克通过引入NIKEiD平台，实现了客户个性化体验的一次革命性升级。NIKEiD是一个在线服务平台，它允许客户按照个人偏好来定制自己的运动鞋。

客户可以在NIKEiD网站或者专门的NIKEiD工作室进行定制。在这个平台上，客户可以从数十种不同的运动鞋款式中选择一个基础模型。然后，他们可以对鞋子的几乎每个部分进行个性化选择，包括颜色配置、材料选择、样式设计和个性化文字等。

通过NIKEiD平台，耐克不仅仅满足了客户对个性化、独特性的追求，而且强化了客户与品牌之间的互动。这种服务模式为客户提供了一个创造性的平台，让客户可以像设计师一样设计自己的鞋子，使得每一双NIKEiD定制鞋都具有个人故事和情感价值。

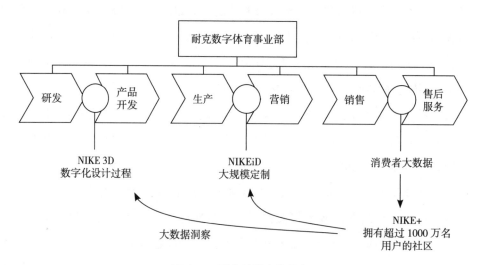

图8-4 耐克的数字化框架

对耐克来说，NIKEiD不仅提升了客户体验，还带来了数据和洞察力。通过分析客户的定制选择，耐克能够获得有关消费者偏好的宝贵信息，这对产品开发和市场趋势预测都是极为有益的。此外，由于个性化产品通常可以卖出更高的价格，NIKEiD 也成为耐克提高利润的一个有效途径。

耐克通过数字化平台实现的这一创新服务，不仅提高了大众对品牌的忠诚度，也使得耐克在激烈的市场竞争中脱颖而出，确立了其作为市场领导者的地位。

资料来源：Johan T, Lokesh D. FOUR KEY QUESTIONS TO CONSIDER FOR SUCCESSFUL DIGITAL TRANSFORMATION[EB/OL].[2024−10−09].https://www.adlittle.com/en/insights/prism/four−key−questions−consider−successful−digital−transformation。

思考

NIKEiD 平台使耐克在激烈的市场竞争中脱颖而出，确立了其作为市场领导者的地位。请分析其成功的因素，并提出一些建议，以帮助其他品牌在数字化时代实现类似的创新和竞争优势。

在数字化转型的客户主导阶段，基本逻辑为深入理解和满足客户需求，以客户为中心进行产品创新和服务优化，从而提升客户体验、增强市场竞争力。

首先，客户主导阶段强调深入洞察客户需求和行为。企业通过大数据分析、AI 和机器学习等技术手段，实时收集、分析和挖掘客户数据，了解客户的偏好、行为模式和需求变化。这些数据帮助企业更精准地定位目标客户群体，识别市场趋势，预测需求变化，从而为产品设计和服务策略提供指导。

其次，客户主导阶段注重以客户需求为导向进行产品创新。企业根据客户反馈和需求洞察，开发和设计符合客户期望和偏好的产品。这可能涉及产品功能的优化和增强，设计风格的个性化定制，甚至是全新产品的开发。例如，通过客户调研和数据分析，某零售企业发现消费者对可持续发展的产品高度关注，于是推出了由环保材料制成的产品线，迎合市场绿色消费的趋势。

再次，客户主导阶段强调提升客户体验和服务质量。企业通过优化客户接触点和服务流程，提升客户的整体体验感知，比如优化网站和移动应用的用户界面设计，简化购物流程，提供个性化的推荐服务以及增加快速响应的客户支持系统等。例如，一家银行通过引入智能客服机器人和全天在线支持，提升客户服务响应速度和质量，进而提升客户满意度和忠诚度。

最后，客户主导阶段的产品与服务逻辑还包括建立持续的客户关系和互动机制。

企业通过 CRM 系统和社交媒体平台等工具，与客户进行持续互动和沟通，了解他们的反馈和意见。这种互动不仅有助于增强客户的参与感和忠诚度，还可以为企业提供宝贵的市场洞察和反馈，指导企业调整和优化产品策略。

三、生态主导阶段的共生与共赢逻辑

创新标杆

特斯拉的可再生能源和电动运输生态系统

图 8-5 展示了特斯拉（Tesla）的数字化框架。特斯拉已经超越了其作为电动汽车制造商的身份，发展成为一个全面的可再生能源和清洁运输解决方案提供商。公司的愿景是促进世界向可持续能源的转变，这不仅体现在其创新的电动汽车上，还体现在其太阳能产品和储能解决方案上。

特斯拉的太阳能屋顶板是一个颠覆性的产品，它将太阳能电池无缝整合到屋顶瓦片中，与传统太阳能板相比，更为美观和耐用。这些屋顶板能够将太阳能转化为电能，为家庭和企业提供清洁的能源。

结合太阳能屋顶板，特斯拉的 Powerwall 家用储能电池则允许用户储存由太阳能转化而来的电力，使之能够在太阳下山后或用电高峰期间使用。这种储能解决方案增强了能源自给自足，减少了对电网的依赖，并有助于平衡电力供需，特别是在电力短缺或价格上涨期间。

特斯拉还建立了一个覆盖面广泛的超级充电站网络，这些充电站专为特斯拉车主提供快速充电服务，大大减少了电动汽车的充电时间，提升了电动汽车的使用便利性和实用性。这个网络的扩展有助于缓解电动汽车用户的"里程焦虑"。越来越多的超级充电站开始部署太阳能板和储能系统，以确保充电能源的可持续性，进一步强化了特斯拉可再生能源生态系统的闭环设计。

通过这一系列的产品和服务，特斯拉正致力于构建一个无缝衔接的生态系统，使客户能够在生产、储存和使用绿色能源的整个流程中享受便捷和效率。这种模式不仅展现了特斯拉对环境责任的承诺，也为消费者和商业用户提供了减少对化石燃料的依赖的实际路径，进而促进了全球向更清洁、更可持续的能源未来迈进。

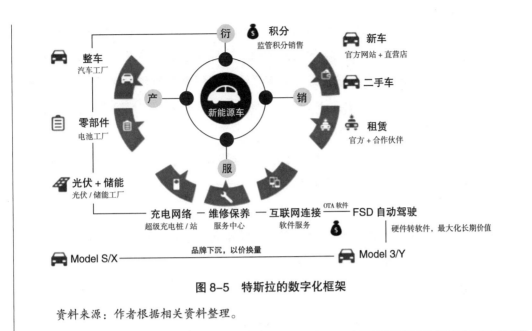

图 8-5 特斯拉的数字化框架

资料来源：作者根据相关资料整理。

思考

特斯拉所构建的可再生能源生态系统不仅体现了对环境责任的承诺，还为公司带来了商业机会和竞争优势。请探讨该生态系统对特斯拉未来发展的战略意义，并提出一些建议，以帮助其他企业在可持续能源领域实现类似的创新和商业成功。

生态主导阶段的共生与共赢逻辑是通过开放的合作生态系统、跨界整合创新、共享价值与利益共享，企业能够加速创新，提升市场响应速度和竞争力，实现可持续发展和长期价值创造。

首先，生态主导阶段强调建立开放的合作生态系统。企业不再孤立地进行数字化转型，而是积极寻求与外部生态系统的连接和合作，共同开发创新解决方案。这种开放的生态系统包括行业内的合作伙伴、技术供应商、创新型初创企业等，它们通过共享资源和技术，加速创新和市场推广。例如，一家制造企业与物联网平台提供商合作，共同开发连接设备的解决方案，提升生产效率和产品质量。

其次，生态主导阶段强调跨界合作与整合创新。企业通过跨行业、跨领域的合作，结合不同技术和专业知识，创造全新的价值链和商业模式。这种整合创新可以有效地利用多方资源和能力，加速市场响应和产品上市。例如，一家零售企业与物流公司合作，通过共享数据和物流网络，实现快速配送和提升客户体验。

再次，生态主导阶段强调价值的共享。企业之间通过建立公平的合作关系和共享机制，实现价值的共同增长和风险的共同承担。这种共享价值可以通过收益分享、共同投资和资源共享来体现，激励各方在生态系统中的积极参与和贡献。例如，一家金融科技公司与合作银行建立数字支付平台，通过共享交易数据和风险管理技术，共同扩展市场份额和提升支付服务效率。

最后，生态主导阶段的共生与共赢逻辑还强调生态系统的可持续发展和长期合作。企业不仅要关注短期的市场竞争和利益分配，还要着眼于长期战略合作和生态系统的稳定发展。这包括建立长期的合作伙伴关系、持续优化合作模式和提升生态系统的整体效益。例如，一家电子商务平台与零售商共同建立数据共享和营销合作机制，持续提升用户体验和销售效率。

第三节　数字化转型的运行机制

一、数字化转型的动力机制

在当今快速变革的时代，数字化转型成为众多企业走向未来的关键之路。本节将讨论驱动数字化转型的八大动力因素，分别是属于外生动力的政策法律、产业趋势、客户需求和技术应用，以及属于内生动力的数字战略、数字人才、运营效率和竞争优势。本节将详细探讨这些动力为何能够成为数字化转型的驱动因素，并分析它们对企业及其战略的影响。

（一）外生动力

外生动力源自企业外部环境，是企业无法控制但必须适应的因素。这些因素往往会对企业产生压力，迫使企业进行调整以应对市场和环境的变化。

1. 政策法律

政府政策和法律法规往往具有强制性，它们会对企业的运营和战略发展方向产生重大影响。数字化转型的政策法律包括数据保护、网络安全、电子商务、数字税收政策等方面的法律法规。例如，欧盟的《通用数据保护条例》（GDPR）就要求企业在处理个人数据时必须遵守严格的规定，这促使全球许多企业调整数据管理策略并加速数字化流程。通过遵循政策法律的要求，企业不仅能够避免法律风险，还能在合规的基础上开拓新的市场和业务模式。

2. 产业趋势

产业趋势是市场和行业中一些长期发展的方向和模式，例如共享经济、绿色可持续发展、智能制造等。这些趋势往往反映了市场的发展潜力和方向，通过跟随产业趋势，企业可以获得新的增长机会。数字化转型在此过程中扮演着至关重要的角色，它帮助企业利用新技术应对市场变化，提升产品和服务的竞争力，从而在行业中占据有利地位。

3. 客户需求

随着互联网和移动设备的普及，客户对于产品和服务的需求日益个性化、便捷化和即时化。客户期待能够通过数字化的方式随时随地获取服务，也希望企业能提供定制化程度更高的产品。这些需求推动企业通过数字化转型提升客户体验，例如开发移动应用程序、实现线上线下融合、采用大数据分析来优化产品和服务等。

4. 技术应用

技术创新是驱动数字化转型的重要外生动力。云计算、大数据、AI、物联网、区块链等前沿技术的发展为企业提供了新的运营工具和商业模式。通过使用这些技术，企业不仅能够提升内部效率，还能够开发新的产品和服务，增强与客户的互动，并在市场中形成独特的竞争优势。

（二）内生动力

内生动力源自企业内部，与企业的战略选择、组织架构和运营效率密切相关。这些因素是企业可以主动调整和控制的，通过改善这些因素，企业可以更好地实施数字化转型。

1. 数字战略

数字战略是企业为了适应数字化时代的变革而制定的一系列行动计划和战略目标。一个清晰的数字战略可以帮助企业确定转型的方向和重点领域，确保资源的有效配置，并指导企业在数字化进程中做出正确的决策。数字战略的制定需要考虑企业的核心竞争力、市场定位、客户需求、技术能力等因素，以确保战略的可行性和有效性。

2. 数字人才

数字人才是数字化转型的关键资源。他们不仅掌握数字技术，还能够将技术应用于业务发展，帮助企业创造价值。因此，企业需要重视数字人才的培养和引进，建立适应数字化时代的人才发展体系。此外，企业还应该推动组织文化的转变，鼓励创新和持续学习，以便全员适应数字化的工作方式。

3. 运营效率

提升运营效率是数字化转型的重要目标之一。数字技术能够优化业务流程、降低运营成本、提升响应速度，并使企业能够更灵活地应对市场变化。例如，通过引入智能自动化和机器人流程自动化，企业可以减少重复性工作，使员工有更多时间专注于高价值任务。通过提高运营效率，企业能够在激烈的市场竞争中保持竞争力。

4. 竞争优势

数字化转型的最终目的是在市场中获得竞争优势。企业可以通过数字创新来开发新的产品和服务，为客户提供独特的价值，或者通过数据驱动的决策来提升市场敏锐度。数字化转型也能帮助企业更好地管理风险，适应快速变化的市场环境，并在全球化竞争中取得领先。

数字化转型不仅是企业应对外部环境变化的必然反应，也是企业主动追求发展的表现。外生动力为企业提供了转型的压力和机会，而内生动力则是企业内部积极调整和优化的成果。只有理解这些动力的本质，并将其融入企业的数字化转型创新战略，企业才能在数字化时代中保持竞争力，实现可持续发展。

二、数字化转型的治理机制

（一）领导力和协调机制

1. 数字化领导力培育

数字化转型不仅仅是技术的变革，更是一场对领导力的挑战。领导者需要具备对数字化趋势的敏锐洞察力，以便及时捕捉到技术和市场的变化。前瞻性规划能力使领导者能够制定长期的数字战略，引领组织适应和利用新技术。为此，组织可以通过培训项目、研讨会、行业会议和领导力发展课程来加强领导层的数字化教育。此外，领导者需要学会如何在数字化环境中做出快速决策，并且能够领导跨学科团队，推动创新和协作。

2. 协同领导结构

数字化转型是一项涉及多部门、多层级和多方利益相关者的综合工程。因此，需要高层领导、决策层成员和外部生态合作伙伴（如供应商、客户、学术界专家和政府部门）之间形成有效的协同领导和协调机制，具体包括共享愿景、战略对接、资源整合和信息流通。通过定期的战略会议、跨部门协作平台以及共同的项目管理工具，组织可以确保数字化转型的各个方面都得到适当的关注和推进。

（二）人才发展和绩效激励

1. 全员数字素养培育

数字化转型的成败在很大程度上取决于员工数字素养的高低。组织需要提供持续的教育和培训机会，以提升员工的数字理解能力、数据分析能力和技术技能。这些培训项目可以是内部开发的，也可以是与外部教育机构合作的。通过在线课程、工作坊和认证项目，员工可以逐步构建起适应数字化工作环境的能力。

2. 数字人才激励

激励措施对于吸引和留住数字人才至关重要。组织应该建立一个绩效考核体系，专门针对数字化相关职位和技能，以确保员工的工作成果与组织目标一致。此外，提供个性化的职业发展路径、培训补贴、奖金和晋升机会，可以激励员工在数字领域不断学习和创新。

3. 跨组织人才共享

在高度互联的数字化时代，知识和技能的边界越来越模糊。组织可以通过建立联盟、合作网络或合作平台，与其他组织共享人才资源。这种跨组织的人才流动机制有助于快速填补技能空白，同时为员工提供更广阔的学习和成长空间。

（三）资金统筹和资源优化

1. 数字化资金统筹

数字化转型通常需要大量的初期投资，用于硬件采购、软件开发、人才招聘等。组织需要建立一个统筹资金的机制，确保资金能够用于最关键的领域。这可能意味着重新分配预算，或者寻找外部融资来源。通过精确的预算管理和投资回报分析，组织可以最大化资金的效用。

2. 量化精准核算

为了确保每一笔投入都能产生预期的效益，组织需要发展动态协同管理和量化精准核算的机制。这涉及制定明确的 KPI（关键绩效指标）和 ROI（投资回报率）计算方法，以评估数字化投资的绩效。使用数据分析和业务智能工具可以帮助组织实时监控成本和收益，并据此调整策略。

（四）安全可控和信息安全

1. 自主可控技术研发

数字化时代，技术的自主性和可控性对于维护国家安全、企业稳定和保护个人隐私至关重要。组织应该投资于自主可控技术的研发，包括但不限于操作系统、数据库、中间件、网络设备等核心技术领域。通过内部研发或与国内科研机构、高校合作，推动关键技术的本土化，减少对外部供应链的依赖。此外，自主技术能够为组织提供更高的安全保障和灵活性，以便快速响应市场和技术环境的变化。

2.安全管理机制

为了应对日益复杂的网络安全威胁，组织必须建立一套完善的安全管理机制。这涵盖了物理安全、网络安全、应用安全、终端安全、数据安全等方面。通过制定严格的安全政策、实施定期的安全审计、使用先进的安全技术和工具、进行安全意识培训，组织可以建立强有力的防御体系，以保护关键资产不受内外部威胁的侵害。同时，实施数据加密、访问控制、安全监控和应急响应计划，可以进一步提高组织的整体安全水平。

（五）组织架构和动态优化

1.柔性组织架构

传统的科层制组织架构在数字化时代面临诸多挑战。组织需要向更为流程化、网络化和生态化的柔性架构转型，以增强内部协作、加速决策流程、提升效率和创新能力。柔性组织架构强调跨功能、跨部门乃至跨组织的联合作战能力，通过项目团队、虚拟团队和临时组织等形式，快速响应市场和客户需求的变化。

2.数据驱动的动态优化

组织应当通过持续的数据分析来优化其结构和流程。这包括收集关于业务运行、市场动态、客户行为等方面的数据，使用数据挖掘和分析工具来识别趋势和洞察，从而动态调整组织架构和业务流程。通过这种数据驱动的方式，组织可以确保其结构和能力与战略目标和市场环境保持一致，从而保持竞争力。

微案例

Spotify 的数字化转型

Spotify 通过"柔性组织架构"和"数据驱动优化"实现了卓越的数字化转型。摒弃传统的科层制管理，Spotify 采用了创新的"Spotify 模型"，将公司划分为自主小团队（小队），每个小队专注于某一产品特性或业务领域，并承担从设计到交付的所有工作。这些小队被整合到"部落"中，跨小队协作则通过"分会"和"协会"进行，促进了知识共享和创新。

此外，Spotify 还建立了数据驱动的决策文化，依靠对用户行为和音乐偏好的大数据分析，不断优化其个性化推荐引擎。数据科学团队持续监控关键指标，提出改进方案，确保 Spotify 能灵活应对市场变化，始终贴近用户需求。这种以用户为中心的柔性组织架构和数据驱动优化方法，使 Spotify 保持了快速创新和市场竞争力。

（六）管理方式和工作模式

1. 管理方式创新

随着数字化的深入发展，组织的管理方式也需要相应地创新。从传统的职能驱动管理模式转向流程驱动、数据驱动和智能驱动的管理模式，可以提高决策的质量和速度，以及业务的透明度和可追踪性。利用自动化、大数据分析和 AI 等技术，管理者可以更好地监控业务性能、预测市场变化、优化资源分配和提升客户体验。

2. 员工工作模式变革

数字化平台为员工提供了新的工作方式，包括远程办公、灵活工作时间、自主学习和协作。组织应该鼓励员工利用数字化工具和平台进行自我管理、持续学习和创新。通过构建一个支持知识共享、促进团队合作和个人成长的工作环境，员工可以更好地发挥其潜力，为组织创造更多价值。

（七）组织文化和价值观

1. 建立适应数字化的价值观

在数字化转型的过程中，组织文化和价值观的作用不可小觑。组织需要建立一种开放包容、创新引领、主动求变的文化，鼓励员工接受变化、勇于创新和自主学习。这样的文化氛围能够激发员工的积极性和创造力，支撑组织在数字化的道路上不断前行。

2. 行为准则与指导规范

为了确保组织文化和价值观的落地实施，组织应该制定清晰的行为准则与指导规范。这些规范不仅需要与组织的价值观相契合，还应该能够通过数字化工具得到支持。通过建立在线培训系统、实施电子化的绩效管理和反馈机制，组织可以有效地推动规范的执行，并根据反馈进行持续的改进和优化。

三、数字化转型的保障机制

数字化转型的保障机制如图 8-6 所示。

图8-6　数字化转型的保障机制

（一）组织保障

组织保障是数字化转型成功实施的关键支撑。它为组织内各项职能的活动提供了必要的基础资源，构成了数字化转型的根基。

1.领导能力强化

领导能力强化对于数字化转型的成功实施至关重要。在数字化转型过程中，领导层需要具备对数字化理解和支持的态度，以及提供必要资源和支持的能力。首先，领导层应该明确数字化转型的战略目标和重要性，并将其融入组织的整体战略规划。其次，领导层应积极参与数字化转型的规划和决策过程，与相关部门和员工进行有效沟通和协作，以确保整个组织的顺利转型。最后，领导层还应建立一个有效的工作激励体系，以激励员工积极参与数字化转型，确保数字化转型计划的顺利执行。

2.组织架构优化

在数字化转型过程中，组织应重构组织架构，以促进跨行业、跨部门和跨层级的合作。优化组织架构可以提高信息流通和决策效率，加强各部门之间的合作与沟通。组织应明确各部门的职责和工作流程，建立协同和协调机制，以确保数字化转型的顺利进行。此外，组织还应制定相应的管理策略，包括信息共享、流程优化和决策机制的改进，以提升组织的运行效率和响应能力。

3.人才发展机制

数字化转型需要具备相关技能和知识的人才，因此组织应制订有效的人才发展计划，包括招聘、培训和绩效评估等方面。组织可以通过结合外部合作与内部培养，共同构建和发展熟悉业务、信息化和数字化的多元化人才团队。此外，组织还应关注员工的个人发展需求，为其提供良好的学习和成长机会，以吸引和留住优秀的人才。

4.数字文化培育

加深员工对数字文化的认识和理解，引导员工转变思维方式，能够为企业业务的数字化转型和持续发展提供文化动力和支持。一方面，组织可以通过宣传数字化转型的重要性，提供相关培训和资源，帮助员工适应数字化转型的变化。另一方面，组织还应鼓励员工创新和探索，营造积极的数字文化氛围，以激发员工的创造力和积极性。不仅如此，数字化转型还需要员工的积极参与和支持，因此组织应鼓励员工提出建议和意见，共同推动数字化转型的顺利进行。

（二）数据保障

数据保障为企业数字化转型提供了可靠的数据支持，确保了数据的完整性、安全性和可用性。

1. 数据质量

企业需要确保数据的准确性、一致性和完整性。在数字化转型过程中，企业需要从多个数据源收集数据，并将其整合到一个统一的平台上。而数据质量直接影响到企业决策的准确性和业务运营的效率。因此，企业需要采取措施确保数据的准确性，如建立数据质量控制机制、数据清洗和校验的流程等。同时，企业还需要确保数据的一致性，即不同数据源之间的数据应保持一致，避免数据冲突和矛盾。此外，完整性也是数据质量的重要组成部分，企业需要确保数据的完整性，避免数据缺失和遗漏。只有确保数据的质量，企业才能够依靠数据做出准确的决策和保障业务正常运营。

2. 数据安全

在数字化转型过程中，企业需要将大量的数据存储在云端或其他平台上，这就带来了涉及数据安全的风险。数据安全包括保护数据的机密性、完整性和可用性。为了确保数据的机密性，企业需要采取措施对敏感数据进行加密，以防止未授权的访问和篡改。同时，企业还需要建立强大的访问权限控制系统，只有经过授权的人员才能够访问和操作数据。此外，定期备份数据也是保障数据安全的重要手段，以防止数据丢失或损坏。只有保障数据的安全，企业才能够放心地进行数字化转型，并将数据用于决策和业务运营。

3. 数据运营机制

数据运营机制是指企业建立的一套科学、规范的数据管理和运营体系，以确保数据能够在正确的时间被正确的人员用于正确的目的。数据运营机制包括数据管理的流程和规范、数据负责人的角色和责任、培训员工的数据使用技能等。通过建立高效的数据运营机制，企业可以更好地管理和利用数据资源，提高数据处理和分析能力，实现数据驱动的决策制定。此外，数据运营机制还可以提高数据的可用性和一致性，确保数据的准确性和完整性。只有建立起高效的数据运营机制，企业才能够充分利用数据，提高决策的准确性和效率。

微案例

宝洁的数据驱动运营

在数字化转型过程中，宝洁公司（P&G）构建了数据运营机制，通过中央数据管理平台整合来自不同市场和业务的数据，支持客户洞察、市场分析和运营优化。平台结合了数据仓库、数据湖和分析工具，形成集中、统一的数据架构，并明确了数据科学家和数据工程师的角色，确保数据管理流程规范高效。

为了培养员工的数据使用技能，宝洁为员工提供线上课程、研讨会等培训，将数据分析纳入日常决策。同时，公司推广数据驱动文化，通过案例分享、数据可视化工具和定期展示激励员工运用数据提升工作成效。这一机制显著提高了宝洁的响应速度与效率。例如，宝洁利用消费者数据预测市场趋势，缩短产品开发周期；在供应链管理中，数据分析帮助宝洁优化库存与物流，降低运营成本。

（三）技术保障

技术保障是数字化转型成功实施的基石，它为企业提供了必要的工具和平台，确保企业能够在变革中稳健前行并充分利用数字化带来的机遇。为了构建一个全面的技术保障体系，企业需要在算力、算法、治理和技术平台四个层面进行深入的布局和优化。

1. 算力

在处理和分析大量数据的背景下，算力充当了企业决策和运营优化的驱动器。云计算和边缘计算的兴起为企业提供了前所未有的弹性和可伸缩性。通过这些技术，企业可以按需获取计算资源，无论是处理高速数据流还是运行复杂的分析任务。为了保持竞争优势，企业必须投资于高性能的计算基础设施。GPU 加速服务器可以为数据科学和工程任务提供必要的算力，大幅缩短模型训练时间，特别是在机器学习和深度学习领域。此外，分布式计算平台允许企业将计算任务分散到多台机器上，不仅提高了计算效率，还增强了系统的容错能力。通过这些技术，企业可以确保在数据密集型场景下的高效和连续运作。

2. 算法

算法是数据分析和 AI 的核心，它使得从复杂数据中提取价值成为可能。企业应积极投资于算法研究和开发，不断提高其数据处理的速度和准确度。企业采用高效的机器学习和深度学习算法，能够发现数据中的深层次模式和趋势，从而为决策提供有力支持。随着算法的定制化，企业能够为特定的业务问题制订最佳解决方案，推动业务

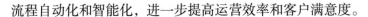

流程自动化和智能化，进一步提高运营效率和客户满意度。

3. 治理

技术治理在数字化转型中起着决定性的作用。合规性是企业在全球范围内运营的基础，尤其在数据保护相关法律法规日益严格的当下。企业需要建立一个全面的技术治理框架，确保技术的使用不仅满足当前的业务需求，还符合未来的法规和行业标准。良好的数据治理可以确保数据质量和可靠性，而信息安全政策则能够防范潜在的网络攻击和数据泄露风险。不仅如此，良好的技术治理还有助于降低法律风险，提升企业形象和客户信任度。

4. 技术平台

一个灵活且强大的技术平台是数字化转型的支柱。这个平台应该能够支持各种数据管理和分析工具，且便于应用程序开发和服务集成。企业应选择或构建能够快速适应市场变化、支持新技术的模块化技术平台，这样的平台能够加速创新过程，帮助企业迅速适应市场变化。同时，平台的可扩展性还确保了企业可以轻松集成新兴技术，如物联网、区块链、5G 等，以充分利用数字化带来的机会。

（四）管理保障

建立健全的数字化转型管理体系是推动企业数字化转型稳健进行的重要保障。在这个过程中，进度管理、沟通管理、质量管理和风险管理是至关重要的方面。

1. 进度管理

进度管理是确保数字化转型项目按计划实施并及时调整策略的关键。首先，需要明确项目的目标和里程碑，制订详细的项目计划，并设定合理的时间表。在制订项目计划时，需要考虑到项目的规模、复杂性和相关的资源限制。其次，还需要确定关键路径和关键任务，确保项目的关键部分能够按时完成。最后，建立有效的项目管理机制也是至关重要的，包括项目团队的组织和分工，以及项目进度的监控和评估。通过定期的进度会议和报告，可以及时发现和解决项目进展中的问题，确保项目按时完成。

2. 沟通管理

沟通管理是保持组织内外沟通畅通的重要环节。数字化转型涉及多个部门和利益相关方的合作，需要建立有效的沟通渠道和机制，确保所有相关方都对数字化转型有清晰的理解并积极参与。一方面，可以通过定期的沟通会议、邮件和报告等方式，向组织内部员工传达数字化转型的目标、进展和重要信息。这些沟通活动可以增强员工对数字化转型的认同感和积极性，提高员工的参与度和合作度。另一方面，需要与外部供应商、客户和合作伙伴保持密切沟通，共同推动数字化转型的进展。这种外部沟通可以帮助企业了解市场需求和竞争动态，优化数字化转型的方案和执行方式。同时，组织还须建立反馈机制，积极听取各方的意见和建议，不断优化数字化转型的方案和执行方式。

微案例

思科的数字化转型沟通管理

思科系统公司（Cisco）在其数字化转型过程中，认识到有效的沟通管理是成功的关键。为了确保全体员工理解并参与转型，思科建立了数字化转型门户网站，发布最新新闻和更新教育资源。此外，思科通过内部社交平台（如 Webex Teams）促进员工之间的协作与信息共享，并定期举行全员大会，由高层管理者介绍转型的目标与成果。

在与外部利益相关方的沟通方面，思科建立了全球合作伙伴网络，确保供应商、客户和合作伙伴能够实时了解转型进展。公司还通过社交媒体和行业会议，传播数字化转型的故事，邀请客户共同探讨行业趋势。为了不断优化转型策略，思科实施了全面的反馈机制，收集内部员工和外部客户的意见，并利用这些反馈改善产品与服务。

通过这些内部与外部的沟通措施，思科确保了转型的透明度和协作效率，增强了员工、客户和合作伙伴的参与感，为数字化转型的成功奠定了基础。

---

3. 质量管理

质量管理是确保数字化转型活动和产出达到既定质量标准的关键。数字化转型涉及大量的技术和业务变革，质量的控制尤为重要。首先，需要制定明确的质量目标和标准，确保数字化转型项目的成果能够满足业务需求和用户期望。在制定质量标准时，需要考虑到用户体验、数据安全、系统性能等方面的要求。其次，建立有效的质量控制机制也是必不可少的，包括对项目过程和结果的监控与评估。通过建立质量检查点和定期的质量审查，及时发现和纠正问题，确保数字化转型项目的质量。最后，还需要建立培训和学习机制，提高员工的技术和管理能力，确保数字化转型的质量可持续提升。

4. 风险管理

风险管理是指识别和评估潜在风险，并制定有效的缓解和应对措施，确保数字化

转型顺利进行。数字化转型涉及多个方面的风险，包括技术风险、业务风险、合规风险等。首先，需要进行全面的风险评估，包括内部和外部的风险因素。在评估的基础上，制订相应的风险管理计划，包括风险的优先级和应对措施。其次，建立风险监控机制，及时跟踪与评估风险的发展和影响。通过建立风险应对团队和召开定期的风险会议，可以及时应对和解决风险事件，确保数字化转型项目的顺利进行。

总之，建立健全的数字化转型管理体系是企业实现数字化转型的重要保障。通过有效地管理进度、沟通、质量和风险等方面，企业可以确保数字化转型项目按计划进行，与相关方保持良好的沟通，达到既定的质量标准，应对潜在的风险。这将为企业的数字化转型提供坚实的保障，推动企业数字化转型的稳健进行。同时，还需要考虑到人才管理、组织文化和变革管理等方面的问题，确保数字化转型的可持续性和成功实施。

本章小结

1. 支撑数字化转型创新战略的理论依据包括技术采纳理论、动态能力理论和生态系统理论。

2. 数字化转型的基本逻辑包括技术主导阶段的效率与效益逻辑、客户主导阶段的产品与服务逻辑、生态主导阶段的共生与共赢逻辑。

3. 数字化转型的运行机制包括动力机制、治理机制、保障机制。

4. 数字化转型的动力机制包括八大动力因素，分别是属于外生动力的政策法律、产业趋势、客户需求和技术应用，以及属于内生动力的数字战略、数字人才、运营效率和竞争优势。

5. 数字化转型的治理机制包括领导力和协调机制、人才发展和绩效激励、资金统筹和资源优化、安全可控和信息安全、组织架构和动态优化、管理方式和工作模式、组织文化和价值观。

6. 数字化转型的保障机制包括组织保障、数据保障、技术保障、管理保障。

第九章
数字化转型创新战略的实践路径

数字化转型，作为很多企业目前发展的核心战略，已成为业界关注的焦点。本章将从准备条件、成熟度模型、实施机制及障碍因素等维度，全面剖析数字化转型的实践路径。在准备条件方面，本章将深入探讨转型认知的深化、数字化领导组织的构建、数字化转型人才的培养以及数字化转型文化的塑造等多维度要素，为数字化转型的顺利推进奠定基础。在成熟度模型方面，本章精选团体标准、麻省理工学院和凯捷的模型，从不同视角揭示数字化转型的演进阶段，为企业制定合适的转型策略提供指导。当然，转型之路并非一帆风顺。本章还将剖析组织架构、组织战略和人力资源等方面的障碍因素，为应对挑战提供策略建议。

⊙ 学习目标：

1. 掌握数字化转型的九个准备条件；

2. 掌握数字化转型成熟度模型；

3. 掌握数字化转型的全过程实施机制。

课 前 阅 读

"筑"转型，"建"标杆：陕建集团的数字化转型

一、顺势而为：陕建集团数字化转型启航

1. 行业背景

当前，数字技术正以新理念、新业态、新模式全面融入经济社会全领域和全过程，数字经济成为新形势下实现创新发展的新动能。我国《"十四五"数字经济发展规划》首次提出数字经济核心增加值占 GDP 比重这一新经济指标，数字经

济在我国经济发展中的战略地位进一步凸显。我国建筑行业多年来一直备受争议，产品质量参差不齐，建筑品质提升缓慢，建筑能耗居高不下，不仅与国际先进水平相比差距明显，也不能满足建筑行业高质量发展的需要。在碳达峰、碳中和的目标下，建筑行业生产方式粗放、劳动力资源短缺、标准化和信息化程度低等行业长期存在的痛点，使得建筑企业数字化转型迫在眉睫。

2.迈入数字化转型时代

作为一家有着悠久历史的企业，成立于 1950 年的陕建集团不断地向多元化的、更合理的业务布局迈进。"十三五"期间，陕建集团提前两年实现营收规模超过千亿元，成功登陆 A 股市场。"但在'十四五'期间，陕西建工面临新一轮的行业竞争和一些新的管理问题。"时任陕建集团党委书记、董事长张义光说道。一方面，建筑行业已经从高速发展向高质量发展转变，需求侧在萎缩，供应侧在加压，传统建筑企业的竞争对手又增加了互联网龙头企业，行业竞争在加剧，数字化转型成为共识；另一方面，按照国务院国资委对标世界一流管理提升行动的要求，陕建集团尚有差距与不足。如何通过数字化转型赢得竞争优势，是陕建集团高质量发展需要破解的难题。

陕建集团的数字化转型总体可以分为四个阶段：2017 年之前，陕建集团处于工具性应用阶段；2017—2021 年，为部门级系统性应用阶段；2021—2024 年，为企业级集成性应用阶段；2025 年起，进入社会级互联性应用阶段，以"互联网＋"为发展方向，以数字化为发展核心，逐步实现资源数字化、资产数字化、服务数字化。

二、谋后而动："168"领航新征程

面临着种种挑战与难点，2021 年 5 月，陕建集团基于其"十四五"发展战略以及信息化需求，结合行业数字化转型先行经验与发展趋势，强化顶层设计、统一系统建设，制定"168"数字化转型战略，如图 9-1 所示。创新市场化、公司化运营模式，建立起六项核心架构、八大项目群以及 88 个应用场景，率先探索构建建筑行业数字技术和传统业务深度融合的全业务流程数字化建设体系，加速打造建筑行业数字化转型标杆。

三、全面推进：促进"168"战略落地

1."三步走""三层塔"路径，加快数字化

在"168"战略引领下，陕建集团注重聚合优质创新资源，把专业的事交给专业的人来做。同时，按统一规划、分步实施的构想，陕建集团部署"三步走""三

1 个基本目标	● 到 2025 年陕建集团的管理和信息化水平达到国内同行一流水平
6 项核心架构	● 业务架构（解决以业务为核心的价值导向问题） ● 应用架构（解决信息系统功能和责任边界的问题） ● 集成架构（解决互联互通的问题） ● 技术架构（解决资源配置和安全稳定的问题） ● 数据架构（解决数字资产有什么、谁来管、怎么用的问题） ● 治理架构（解决业务和 IT 融合及责权边界的问题）
8 大项目群	● 综合管理项目群　● 财务管理项目群 ● 数字化项目群　　● 人力资源项目群 ● 科研设计项目群　● 建造一体项目群 ● 集成技术项目群　● 基础设施项目群

图 9-1　陕建集团"168"数字化转型战略

层塔"路径，加快数字化转型。

"三步走"是指从点到线再到面的数字化发展路径。第一步，实现生产要素的数字化，实现人、财、物等基本要素数字化描述与存储、数据化共享与应用，形成单一要素系统化、整体化。第二步，在生产要素数字化的基础上实现项企一体，通过技术升级，纵向打破组织边界，实现项目、公司、集团数据一体化，横向融合业务数据。第三步，构建产业互联网，将陕建集团的数字化能力向外拓展，形成对上下游产业链的支持能力。在产业链上游，陕建集团重点推进数字化采购平台、劳务平台以及科技创新类平台的建设，实现降成本、促合规、育创新的目的；在产业链中游，通过实现施工管理和项企一体，推动整体运营效率提升；在产业链下游，通过打造智慧物业、机电运营平台，重塑客户体验、提升企业效能。推行智慧工地建设，及时做出精准决策，实现精细化管理。通过数据资产盘活和金融赋能，构建多方共赢、融合创新的产业链新生态。

"三层塔"是指从实际操作层面搭建企业数字化架构与能力。第一层，围绕云平台建设为数字化转型奠基。目前，陕建集团正在打造企业私有云，未来将形成混合云模式，与公有云实现无缝连接。第二层，以主数据平台为核心打造数字底座。通过主数据平台采集核心数据，通过 IT 系统沉淀交易数据，通过数据中台实现数据治理体系落地。第三层，根据集团不同业务特点构建双模 IT 发展模式，保证业务的敏捷和高效创新。

2.筹备三个月，成立陕建数科

2021年，陕建集团做了整个集团的数字战略规划，在摸底调研的过程中，发现这个系统工程不仅涉及深层次的管理变革，还涉及大量的复合型人才等一系列的现实问题，仅仅依托于总部信息管理部少量的几个人去做顶层设计和管控，是很难推动战略规划落地的。因此在当年短短三个月内，陕建集团完成了可行性研究报告、立项审批和集团研究决策，注册成立了陕西建工集团数字科技有限公司（以下简称"陕建数科"）。

陕建数科形成"1部+1公司+N单位"的管办分离IT治理架构，为集团数字化转型提供了组织保障。其中，"1部"是指集团及下属单位信息管理部，"1公司"指陕建数科，"N单位"指集团各级、各部门的信息化需求方。陕建集团和陕建数科都在不断地推动组织变革、放活机制体制，为新业务、新能力建设保驾护航。集团成立了信息化领导小组，把业务部门、采购部门、经营部门、项目管理部门等都纳入信息化的建设体系，然后根据大家的专业能力聚合成几个专业组，由总部的信息管理部进行年度的计划管控，由陕建数科具体实施管控。子集团的信息管理部在整个统建的过程中，配合着陕建数科依托于总部统一制定的政策和计划进行协作和分工。

3.聚焦行业痛点，精准施策

当前，我国建筑行业信息化取得初步成果，但数字化进程中，仍然面临着数据壁垒林立、业务标准化支撑不足、综合型数字人才资源稀缺等挑战。

瞄准"数据"这一关键生产要素，打通"数据孤岛"，陕建集团结合业务需求建设了主数据系统、财务系统、人力资源系统、项目管理系统等多个应用系统，形成统一数据资产，由集团统建的主数据系统打通底层数据，实现集团全级次覆盖、上下联动、数据互通。

为了解决数字化转型与业务脱节问题，陕建集团将数字化嵌入业务发生过程，而不是作为业务完结的记录，尤其强调"业财融合"。目前，陕建集团以业务表单化、流程化、标准化为核心破局点，数字化转型取得显著成效。

面对人才稀缺的短板问题，陕建集团一方面注重培养和引进既懂建筑业务实际，又具备数字化建设经验的复合型人才，另一方面通过陕建数科专业化运营，充分整合内外力量，构建开放生态。

4.建立机制，加强监督考评

为确保数字化转型落地成效，集团将网络安全、数字化转型等职能并入信息化领导小组，进一步明确了集团各单位的工作职责，形成了精简高效的组织体系。截至2024年3月，信息化领导小组已开展各专题组会议和月度综合会议32次，发挥了对集团数字化转型的领导、决策作用。同时，集团将数字化转型工作列入年度综改事项，每月综改会议由集团主要领导组织召开，会议重点是抓落实、明要求，相关工作已完成年度计划的70%。

资料来源：王宏涛，高婷."筑"转型，"建"标杆：陕建集团的数字化转型[EB/OL].（2024-03-29）[2024-10-09]. http://www.cmcc-dlut.cn/Cases/Detail/8259。

 思考

1. 综合分析，陕建集团数字化转型的动因有哪些？
2. 陕建集团是如何进行数字化转型的？

第一节　准备条件

企业在决定是否开展数字化转型前，需要考虑自身是否具备转型的条件。这需要企业从内外部综合考量、梳理数字化转型的实力，完成数字化自我准备的测评工作。数字化自我准备条件可以从以下九个方面考察。

（一）掌舵人是否具备数字化转型认知

掌舵人作为企业的核心领导者，其对数字化转型的认知犹如灯塔，指引着企业前行的方向，深刻影响着企业数字化转型的效果。数字化转型的决策制定、关键节点把控、角色分配、各部门协调和KPI制定环节都需要企业掌舵人敲定。只有企业的掌舵人对数字化转型有深刻的认知，数字化转型才能产生良好的效果。

企业掌舵人需要对数字化转型过程中应解决的问题有一定的预期和准备，如各部门如何齐心协力、协调合作，参与转型工作的成员的KPI如何制定，转型过程中不同阶段如何验收等。具备数字化转型认知的掌舵人能够为企业描绘出一幅清晰的数字化蓝图。他们深知数字化不仅仅是技术的应用，更是一种战略变革，能够重塑企业的商业模式和竞争格局。掌舵人的战略眼光以及业务理解、技术应用和组织管理能力等方面的认知水平，将直接决定企业数字化转型的方向、速度和成效。

（二）是否具备数字化转型文化

文化是企业的灵魂和内在驱动力，起着至关重要的作用。具备适应数字化转型的文化，能够为企业提供坚实的基础和持续的动力，推动企业在数字化时代顺利变革和发展。

企业在准备数字化转型时，需要构建一套支持性的文化体系。例如，建立以业务为中心的创新激励文化，通过物质奖励鼓励团队成员勇于创新和建立新模式；培养学习文化，激励团队成员持续学习和进步；鼓励合作文化，建立有效的跨部门协作机制，打破部门壁垒，实现资源共享和协同创新；打造数据驱动文化，包括建立数据治理、资产管理和使用流程，让员工能够自主进行数据分析，培养他们利用数据解决问题的意识，形成一种"以数据思维满足业务需求"的文化，从而支持企业在数据创新方面取得实质进展。

创新激励文化能够激发企业的活力和创造力，学习文化能够提升企业和员工的适应能力，合作文化能够促进企业部门间的协同发展，数据驱动文化能够为企业的决策和运营提供科学依据。在这些文化要素的共同作用下，企业能在数字化转型的道路上稳步前行，实现业务的升级和创新发展，在激烈的市场竞争中立于不败之地。

（三）是否具备数字化转型委员会

在企业数字化转型的漫长征程中，一个专业、高效的数字化转型委员会能够发挥不可或缺的作用，成为企业战略决策的重要支持力量和智慧源泉。数字化转型委员会应具备多元化的成员结构，以确保能够从不同角度为企业提供全面的指导和建议，具体成员包括行业专家、技术专家、管理专家、法律与合规专家等。行业专家能够准确把握行业数字化转型的方向，为企业提供针对性的战略建议；技术专家能够帮助企业评估和选择适合自身发展的技术方案，解决技术难题，推动技术创新与应用；管理专家能够为企业提供科学的管理方法和变革策略，确保转型过程的顺利进行；法律与合规专家能够为企业提供相关的法律政策解读和合规建议，帮助企业建立健全法律风险防范机制，确保企业在数字化转型过程中遵守法律法规，避免法律风险。

一个有效的委员会能够为企业提供专业的指导和支持，帮助企业在数字化转型的道路上少走弯路，提高转型的成功率和效益。企业应重视委员会的建设和运作，充分发挥其在战略规划、技术应用、风险应对和知识共享等方面的作用，为实现数字化转型目标奠定坚实的基础。

（四）是否具备数字化转型领导组织

在企业数字化转型的进程中，一个明确、高效且适应数字化需求的领导组织是推动转型成功的关键要素之一。它犹如企业数字化征程中的指挥中枢，协调各方资源，引领战略方向，确保数字化转型的各项举措得以顺利实施。数字化转型领导组织的架构包括首席数字官、首席技术官、首席运营官、首席执行官等。首席数字官承担着全面规划和推动企业数字化转型的重任。他需要具备深厚的数字技术知识，了解行业数字化趋势，同时具备卓越的战略规划和领导能力。其职责包括制定数字化转型战略、协调各部门的数字化项目、推动数字文化的建设等。首席技术官要确保企业的技术架构能够满足数字化业务的需求，他主要负责技术选型、系统开发与维护、数据安全管理等工作。首席运营官负责将数字技术融入运营流程的各个环节，推动运营流程的数字化再造。首席执行官领导整个数字化领导组织，协调各部门之间的工作，确保数字化转型战略的顺利实施。

首席数字官、首席技术官、首席运营官、首席执行官等在数字化转型领导组织架构中既各司其职，又相互协作。他们共同构成了企业数字化转型的领导核心，通过明确的职责分工和紧密的团队合作，推动企业在数字化时代实现战略转型、技术创新、运营优化和持续发展。

（五）是否具备数字化转型人才

在企业数字化转型的征程中，拥有一支具备数字素养和专业技能的人才队伍是至关重要的，这直接关系到企业顺利实施数字化转型战略并取得预期成效。数字化转型人才的类型包括：技术研发类人才，例如软件开发工程师、数据分析师、人工智能工程师、网络安全专家等；业务应用类人才，例如数字化营销人才、数字化运营人才、数字化项目管理人才等；复合型人才，这类人才能够在技术团队和业务团队之间架起沟通的桥梁，促进技术与业务的深度融合，推动数字化转型的顺利进行。

企业须考虑现有人力资源体系能否支持数字化团队建设，包括识别人力需求、建立筛选标准、保留人才和建设晋升通道等问题。只有拥有一支结构合理、技能齐全、充满活力且稳定的数字化转型人才队伍，企业才能在数字化转型的道路上顺利前行，实现战略目标，在激烈的市场竞争中脱颖而出。企业应重视人才的获取、培养、激励和保留等环节，不断完善人才管理机制，以适应数字化转型的发展需求。

（六）是否拥有数字化转型落地方法

数字化转型的落地方法是企业成功转型的关键。企业需要确定转型的步骤和具备可操作的方法论，这将决定转型的方向和实施的顺利程度。有效的数字化转型落地方法应当是清晰且闭环的，而非零散的理论知识。如果企业推动的措施缺乏整体的方法论，即使某些环节表现良好，也无法形成良性循环和动态拟合，从而无法最终推动企业业务的持续成长。

在数字化转型过程中，企业应构建六大地图以指导转型工作，如图9-2所示。第一，制定战略地图，明确公司发展目标和计划。第二，创建业务地图，梳理业务流程和关键节点。技术和业务团队应识别业务地图中可提升效率的部分，对不合理配置进行拆分或转化。此外，根据需要，企业还可衍生出需求、应用、算法等其他地图，以全面掌握数字化转型实力，确保转型效果。第三，绘制数据地图，整合公司业务数据及其回流方向，形成全局数据流通的思维。

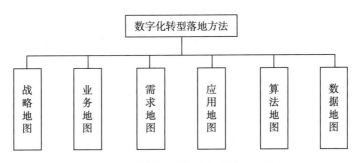

图9-2　数字化转型落地方法的六个维度

资料来源：马晓东.数字化转型方法论：落地路径与数据中台 [M].北京：机械工业出版社，2021。

在启动数字化转型前，企业要请专业团队制订清晰的转型计划，从战略、业务、需求、应用、算法、数据六大维度制定1—3年的执行规划，并为关键节点设定验收标准，以便数字化转型团队全面掌握转型进程。

（七）是否制定数字化转型财务预算

企业数字化转型需要准确制定财务预算。数字化转型期间涉及的人才招聘、设施升级、数据采集等环节均离不开财务的支持。企业应基于数字化转型前期的调研和认知，预估转型过程中所需的费用，这样才能在实践过程中做到游刃有余，不至于产生款项乱拨的情况。企业需要估算数字化转型所需要的时间和费用，确定财务成本和时间成本，从而做到有的放矢。

（八）是否具备数字化转型沉淀能力

企业快速启动数字化转型需要具备一定的沉淀能力，包括企业的数据沉淀以及数字化转型理论体系的沉淀。这些都体现了企业进行数字化转型的能力，可以被视为企业快速启动数字化转型的基础。

企业已经沉淀和积累的数据是数字化转型的重要准备条件，是企业转型的基石。尤其是支撑用户数字化、商品数字化和组织数字化的数据，这类数据是企业数字化转

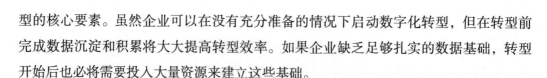

型的核心要素。虽然企业可以在没有充分准备的情况下启动数字化转型，但在转型前完成数据沉淀和积累将大大提高转型效率。如果企业缺乏足够扎实的数据基础，转型开始后也必将需要投入大量资源来建立这些基础。

此外，企业需要评估自身是否拥有数字化转型的理论体系。长期运营中积累的专业知识和理论，甚至独特的流程和思路，有助于企业快速确定转型方向，扫除障碍，并在数据整合、资产管理、业务赋能等方面更加得心应手。

（九）是否具备数字化转型技术设施

企业数字化转型除了要准备以上的工作，还需要考虑技术设施能否满足整个数字化转型过程中的技术需求。从前期的数据治理到后期的数据响应业务，无不需要强大、灵活的基础技术架构。

企业原有的 IT 基础设施是在信息化时代构建的，往往复杂且不易改动，缺乏灵活性和扩展性，难以适应数字化时代多变的数据需求。这导致后端技术架构难以感知和响应前端业务需求，限制了数字创新的实现。同时，前端用户场景的持续变化导致数据、用户经验等不断积累，但后台技术架构的复杂性和局限性阻碍了新数据的整合和技术能力的沉淀。人员流动还可能导致企业新生的数据资产和技术能力流失，造成隐性损失。

为进行有效的数字化转型，企业须构建前台灵活、中台强大、后台稳定的基础技术设施。若现有基础设施传统且未能帮助企业降本增效，不适应前端业务的灵活性变化，则须升级为支持数字化转型的基础设施。通过升级后端基础技术架构，企业将增强数据处理和应用能力，随着数据量的增加和模型、算法的积累，数字化转型的成果将得到有效保障。

企业若决定进行数字化转型，便要从以上九个维度测评自身的准备程度，从而综合考量自身的实力与所拥有的资源，以便为转型做好充足的准备。企业没有做好准备工作便草率地开始数字化转型，将会造成转型过程中毫无头绪，执行过程毫无章法。

第二节　成熟度模型

企业数字化转型的效果很大程度上取决于其数字化转型成熟度。数字化转型成熟度反映了企业准备好使用数字技术的水平，以及当前实施数字技术在开展业务与创造竞争优势方面的范围、深度和有效性。

一、数字化转型成熟度模型（团体标准）

中关村信息技术和实体经济融合发展联盟于 2023 年提出了一种数字化转型成熟度模型，如图 9-3 所示。该模型依据 T/AIITRE 10001—2021《数字化转型 参考架构》给出的数字化转型发展阶段，将企业的数字化转型等级分为规范级、场景级、领域级、平台级和生态级等五个等级。

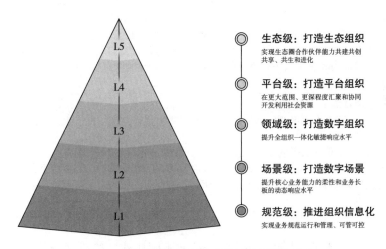

图 9-3　数字化转型成熟度模型（团体标准）

资料来源：中关村信息技术和实体经济融合发展联盟. 数字化转型 成熟度模型 [EB/OL].(2024-02-27)[2024-10-09]. https://aiitre.com/contentDetail?id=1567&path=information。

表 9-1 展示了不同等级所对应的要求。

表 9-1　数字化转型成熟度模型（团体标准）

成熟度	总体要求
规范级	**以职能驱动为主** 聚焦信息技术、信息系统的建设与集成应用，规范开展数字技术应用，实现业务规范运行和管理，提升关键业务活动可管可控水平
场景级	**以技术使能为主** ·聚焦数字场景建设，实现主营业务板块范围内关键业务活动数字化、场景化和柔性化运行，提升核心业务能力的柔性和业务长板的动态响应水平 ·主要应用新一代数字技术实现主营业务板块范围内关键业务活动数据的获取、开发和利用，发挥数据作为信息媒介、知识媒介、能力媒介的作用，实现场景级信息对称以及知识和能力赋能，提升主营业务板块范围内相关要素资源的总体配置效率、综合利用水平和创新开发潜能

成熟度	总体要求
领域级	**以知识驱动为主** · 聚焦实现主营业务全面集成融合、柔性协同和一体化运行，提升全组织一体化敏捷响应水平，打造数字组织 · 主要基于全组织范围内主营业务领域数据的全面获取、开发和利用，发挥数据作为信息媒介、知识媒介、能力媒介的作用，实现领域级信息对称以及知识和能力赋能，提升全组织范围内要素资源的总体配置效率、综合利用水平和创新开发潜能
平台级	**以数据驱动为主** · 开展跨组织网络化协同和社会化协作，实现以数据为驱动的平台化业务模式创新，打造平台组织，在更大范围、更深程度汇聚和协同开发利用社会资源 · 主要基于整个组织范围内及组织之间数据的获取、开发和利用，发挥数据作为信息媒介、知识媒介、能力媒介的作用，实现平台级信息对称以及知识和能力赋能，提升组织价值网络化创造能力和整个组织网络范围内相关要素资源的社会化总体配置效率、综合利用水平和创新开发潜能
生态级	**以智能驱动为主** · 推动生态合作伙伴资源、知识、能力等的共建共创共享，打造生态组织，实现生态圈共生发展和自学习进化 · 主要基于生态圈数据的智能按需获取、开发和利用，发挥数据作为信息媒介、知识媒介、能力媒介的作用，实现生态级信息对称以及知识和能力赋能，提升生态圈合作伙伴生态合作与共生共创能力以及生态圈范围内相关要素资源的按需自主配置效率、综合利用水平和创新开发潜能

数据是数字化转型的关键驱动要素，按照不同成熟度等级划分的组织，在以数据为核心的要素资源获取、开发和利用中呈现出由局部到全局、由内到外、由浅到深、由封闭到开放的广度和深度特征，数字化转型规范级、场景级、领域级、平台级、生态级五个成熟度等级相对应细分为十个水平档次，如图9-4所示。

具体来说，在分析数字化转型的广泛性与深入性时，可见这一过程不是单一维度的，而是多层次、多类别的综合体现。数字化转型的广度可划分为七个层次，包含了从局部的单点转型到整个生态圈的共生进化，具体如下所示。

（1）单点转型：聚焦于单一部门或业务环节的特定功能点。

（2）单部门单环节转型：包括单个一级部门或单一业务流程的转型活动。

（3）跨部门跨环节转型：涉及多个部门和业务流程的综合性转型。

（4）主场景转型：覆盖某主营业务板块中的所有关键业务环节。

（5）全组织（企业）转型：涉及整个组织的所有主营业务板块及关键业务环节。

（6）平台用户群转型：基于平台实现内外部用户的全面业务活动协同。

（7）生态圈转型：在整个生态系统中，实现各合作伙伴之间资源、知识和能力的共建共创共享及共生进化。

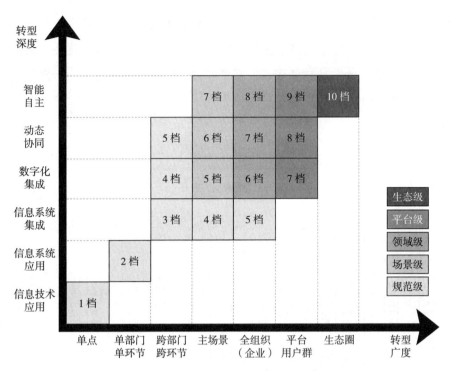

图 9-4　数字化转型成熟度水平档次

资料来源：中关村信息技术和实体经济融合发展联盟.数字化转型 成熟度模型 [EB/OL].(2024-02-27)[2024-10-09]. https://aiitre.com/contentDetail?id=1567&path=information。

数字化转型的深度可分为六个层次，包含了从信息技术应用的基础阶段到实现智能自主的高级阶段，具体如下所示。

（1）信息技术应用：初步运用信息技术工具或手段。

（2）信息系统应用：通过信息系统规范业务运行，实现管理可控。

（3）信息系统集成：通过技术集成，实现异构系统之间的数据共享与业务流程的贯通。

（4）数字化集成：基于数字模型，实现资源全局优化配置及关键业务数字化响应。

（5）动态协同：依托知识模型，实现工作主体间的知识共享与基于知识的业务响应和协同。

（6）智能自主：通过智能模型，业务活动具备自适应、自组织及智能协作与学习的能力。

数字化转型的广度与深度反映了企业在信息技术的应用广度以及在相关资源开发利用的深度上所进行的多层次、多维度的努力。这不仅涉及技术的应用和集成，也包括知识的共享、工作方式的协同以及业务的智能化自主运行。因此，理解这些层次和维度有助于更全面地把握数字化转型的复杂性和系统性，为企业提供更明确的转型路径和策略。最后，中关村信息技术和实体经济融合发展联盟将数字化转型成熟度界定为五个方面的评价，分别是发展战略、新型能力、系统性解决方案、治理体系、业务创新转型，具体如图9-5所示。

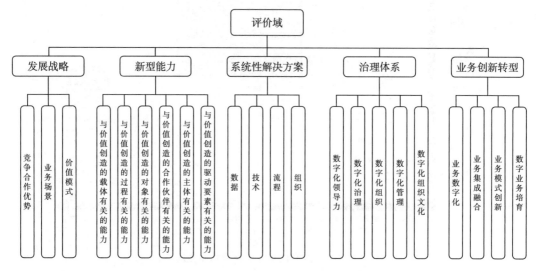

图9-5 数字化转型成熟度模型评价域

资料来源：中关村信息技术和实体经济融合发展联盟.数字化转型 成熟度模型[EB/OL].(2024-02-27)[2024-10-09]. https://aiitre.com/contentDetail?id=1567&path=information。

二、麻省理工学院和凯捷的数字化转型成熟度模型

麻省理工学院数字商业中心和全球咨询公司凯捷联合开发了一个数字化转型成熟度模型，该模型从两个维度衡量企业的数字化转型成熟度，分别是数字技术和能力，以及数字化领导力。数字技术和能力衡量企业用数字技术促使用户体验、运营和商业模式转型升级的能力。数字化领导力衡量企业管理数字化转型的能力。依据这两方面能力的不同，可以将企业划分为四类，如图9-6所示。第一类是新手，这类企业的高管对数字化的价值和影响持怀疑态度，组织可能进行一些数字化尝试但缺乏数字文化。第二类是保守者，这类组织确立了数字化愿景，但仍在早期实施阶段；虽有数字化计划，但数字技能和系统在业务中未充分发挥作用；治理限于业务单元，组织正在发展数字技术和能力。第三类是时尚者，这类组织热衷于运用新技术和高级数字技能（如社交网络和移动应用），但这些技能主要服务于个别业务单元的本地计划；缺乏全面的战略愿景，数字化举措间缺乏协调，数字文化局限于单元层面。第四类是数字大师，

这类企业的高管制定并执行明确的数字化愿景和战略，治理覆盖整个组织；数字化计划作为组织发展的重要部分得到持续实施。

　　研究人员使用问卷调查的方法，对样本企业的数字化成熟度进行了评价。图 9-6 中的一个圆点代表一个组织，对应的横纵坐标分别表明了企业在两个评价维度的得分情况。

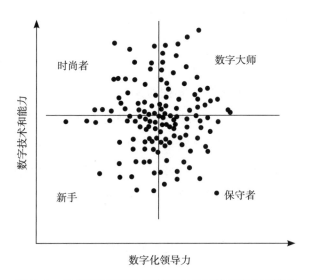

图 9-6　麻省理工学院和凯捷的数字化转型成熟度模型

　　资料来源：拉兹·海飞门，习移山，张晓泉. 数字跃迁：数字化变革的战略与战术 [M]. 北京：机械工业出版社，2020。

　　研究显示，数字大师在绩效上具有显著优势，其利润比行业平均水平高出 26%，而新手的利润则比平均水平低 24%。数字大师可以看作企业数字化转型的最终目标，它具有如下四个特点。

　　第一，清晰的愿景。为了数字化转型的成功实施，高层管理者必须制定清晰的愿景，明确提出组织希望在数字化时代如何运营，包括与不同细分市场的客户建立何种关系，其运营模式和业务流程将如何随数字化而不断变化，组织对创新的商业模式持何种看法等。管理层必须投入时间和资源，在整个数字化进程中对指导性愿景有明确的定义与设想。

　　第二，较高的员工参与度。员工的积极参与是数字化转型成功的必要条件。管理层需要对提出的愿景做出解释说明，并与员工积极沟通，确保员工理解、相信企业的愿景。管理层还必须审查是否存在与员工双向沟通的渠道，以便员工也能回应、评论和分享他们的想法。组织内部的社会网络、知识管理系统、组织门户……这些都是管

理层在愿景传播和同化过程中应该使用的工具。

第三，规范的治理。对所有与变革和转型相关的事物进行规范的治理，是数字化转型成功的必要条件。被归类为"数字大师"的组织通常对治理规范进行了清晰的定义，包括选择监控项目以及投资数字技术。一些企业设立了首席数字官职位，以协调组织的数字化转型工作，确保工作中及时解决重要问题，促进以技术为基础的新业务、新理念能被广泛接受。其中一些组织将"治理者"这一角色交给首席信息官、首席营销官，或者一个由多名副总裁组成的管理团队担任。

第四，与 IT 部门建立牢固的关系。在被归类为"数字大师"的组织中，高层管理者、各业务部门和 IT 部门之间建立了牢固而紧密的关系。每个人都必须理解各方的业务范围，能有效地进行沟通。高层管理者必须熟悉 IT 部门，准确了解系统情况和部门的技术能力，以及具备应对数字化转型挑战的能力，与首席运营官和其他关键人员进行战略性对话的能力。同时，IT 人员必须学会用商业语言进行交流，并解释数字技术如何改善业务成果。IT 经理必须找到方法提高部门灵活性，以快速响应不断变化的需求。

学术界和实践中产生了较多的数字化成熟度模型，除了本书中介绍的，读者可以自行探索更多的数字化成熟度模型。

第三节　全过程实施机制

一、明确愿景和目标

数字化转型规划需要企业先描绘愿景，就企业应该开展什么样的业务数字化初步达成统一的理解。

（一）明确愿景

数字化转型愿景是有别于现状的更高追求，需要与企业业务战略保持一致，且在企业上下得到广泛的共识。数字化转型以愿景为驱动，如果仅基于现状和问题来描绘数字化转型的愿景，则容易陷于惯性思维，在规划时束手束脚；而先有愿景再倒推到现在，则可以推导出如何通过变革或持续的优化，实现从现状到愿景所描述的未来的转变（见图 9-7）。

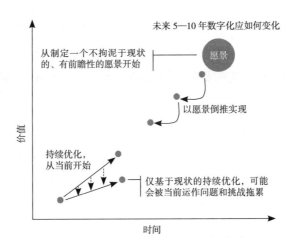

图 9-7　数字化转型以愿景为驱动

资料来源：华为企业架构与变革管理部．华为数字化转型之道 [M]．北京：机械工业出版社，2022。

数字化转型愿景明确了转型会给业务带来哪些变化。愿景是相对稳定的，不会频繁改变。它是对未来"提纲挈领"的表达，不会描述一个个具体的解决方案或项目，因此应避免在描述愿景时过多地讨论细节。

（二）架构蓝图

数字化转型愿景是对未来 5—10 年数字战略的展望。企业架构是连接战略和项目实施的桥梁，可引入企业架构对数字化转型愿景进行系统、分层的梳理和诠释（见图 9-8）。

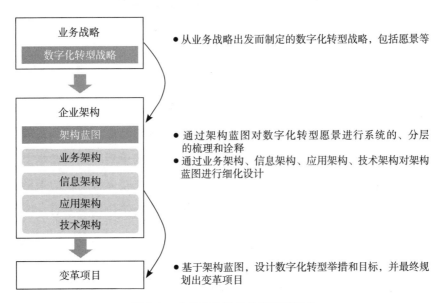

图 9-8　企业架构及架构蓝图的定位

资料来源：华为企业架构与变革管理部．华为数字化转型之道 [M]．北京：机械工业出版社，2022。

这样可以确保企业上下对转型目标有统一的认识。基于业务架构、信息架构、应用架构和技术架构，以专业角度对蓝图进行细化设计，以指导项目实施。企业架构为流程、信息、应用和技术的设计与实施提供了整体的蓝图，以与业务战略保持一致。

（三）把握节奏

规划团队基于数字化转型架构蓝图，识别并确定举措，进而规划出一系列变革项目以及项目的责任主体和优先级。最后，归纳出数字化转型规划的"三阶十二步法"（见图 9-9）。其中，粗线连接的方框所标注的活动是数字化转型规划工作的主线，有些活动是可选的。如果规划工作的时间允许，建议将这些活动都实施一遍，这样规划出来的项目会更具有实操性，更能被变革项目组承接和落地。

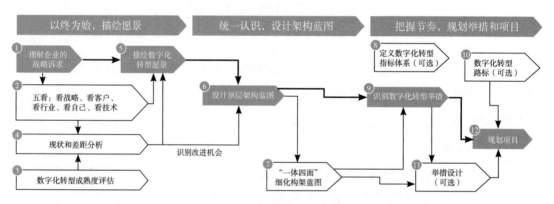

图 9-9　数字化转型规划的"三阶十二步法"

资料来源：华为企业架构与变革管理部. 华为数字化转型之道 [M]. 北京：机械工业出版社，2022。

二、项目制推进转型

数字化转型重新定义了生产力和生产关系，是一场影响深远的变革。如果将企业数字化转型比作一座冰山，那么露出水面的是数字技术的革新，而沉在水下的是庞大的企业运作模式、流程、组织、文化等的改变。冰山需要整体移动，如果露出水面的技术变化太快，而水面下没有变化或变化太慢，冰山就会错位甚至断裂。因此需要用变革的方法来确保数字化转型有效落地。

（一）变革管理实现观念和能力双转变

成功实施数字化转型的关键在于"转人磨芯"：一方面，员工需要不断学习新知识、新技能，以适应新岗位和新形势；另一方面，员工需要在思想意识上进行自我批判和修正，以适应企业的发展。

1.抓住机会，适时发起变革

企业要想实现基业长青，必须适时发起变革。企业在踏上这一转型征程时，必须具备敏锐的洞察力，精准且及时地抓住那些稍纵即逝的机会，进而适时地发起全面且深刻的变革，以此来适应时代发展的潮流，提升自身的核心竞争力。一方面，企业要密切关注外部环境的变化，诸如新兴技术的涌现、市场需求的动态调整、政策法规的导向等因素；另一方面，企业还需结合自身的实际情况，包括企业的规模、行业特点、现有资源、人员素质等，来确定何时发起变革最为合适。

2.借助时机，营造变革紧迫感

在实施变革时，统一意识和达成共识是至关重要的。当人们面临共同的危机、问题和压力时，最容易产生发自内心的共鸣，从而形成统一的思想。在变革的过程中，有很多关键时刻，比如开工会、高层研讨、关键里程碑决策等，领导者应该善于利用这些机会，认真策划，通过展现问题、呈现差距等方式，在组织内部营造出变革紧迫的氛围，激发大家自觉地投身于变革。

3.搭好班子，选对人

在数字化转型中，选对负责人和业务骨干至关重要。变革的负责人应该是业务的主管，确保变革方向与业务的需求相一致。他们需要直接对变革的成功或失败负责，把握变革的方向和节奏，解决关键问题，协调资源，营造变革的良好环境。同时，选择优秀的业务骨干参与变革也很重要。这些人应该是有影响力的业务主管和骨干员工，可以全职参与变革项目。他们不仅可以确保转型方案与业务的贴合度，还可以在变革过程中培养出有前瞻视野、了解数字技术的新生力量。

4.调整组织文化，让数字化落地生根

数字化转型需要调整业务组织和文化，以适应变革带来的转变。数字化推动了组织的扁平化，使得横向流程型组织成为可能。因此，业务组织应当向扁平化转变，并将授权倾斜至一线部门，以充分发挥数字化转型的作用。此外，数字化转型改变了原有职位的要求。数字技术使得数据透明、流程可视，员工可以随时获取知识，许多流程活动变得自动化。因此，原有的职位需要重新设计和评价，并且员工绩效管理的考核导向也需要进行相应的调整。

（二）以项目形式推进变革，突破转型束缚

数字化转型本质上是一种重要的变革，旨在推动企业或组织朝数字化、智能化的方向发展。为了确保变革过程能够顺利进行，需要制定清晰的目标和预算，并明确变革的起止时间，以确保变革能够高效地进行。

1. "七横八纵"的变革项目管理框架

如图 9-10 所示,"七横"体现了变革项目管理需要包含的各个层面:业务价值、业务流程、数据、IT、架构、项目管理、变革管理。"八纵"涵盖了完整的变革生命周期过程,使得变革可按照结构化的方式开展,具体包括变革规划、概念阶段、计划阶段、开发阶段、验证阶段、试点阶段、部署阶段、持续运营。

图 9-10　变革项目管理框架

资料来源:华为企业架构与变革管理部. 华为数字化转型之道 [M]. 北京:机械工业出版社,2022。

2. 建立一个高质量的变革项目

变革规划是立项前关键的一步,旨在明确变革的目的、内容和途径,包括调研、问题分析、访谈和可行性研究。企业经验不足时,可咨询专业顾问。

项目实施效果取决于团队质量。高效团队须由优秀成员组成,有合理的结构和高投入。若团队成员不符合标准,不宜匆忙立项。团队成员应多元,确保各方利益得到体现,防止关键角色缺失导致项目失败。项目管理者负责按计划推进项目,实现目标。项目立项时,关键岗位和资源须满足项目要求。若资源不足,应暂缓立项,待资源充足再启动。项目资助人应确保投入资源是合格的,以保障项目顺利实施。

3. 以价值为纲的项目生命周期管理

在数字化转型中,衡量变革管理成效是关键。企业须建立变革项目价值管理方法,包括以下步骤:建立多维度价值度量模型,明确项目价值并用于投资决策,确保项目价值的可度量性,以价值为核心进行项目决策,与利益相关者达成共识。

4. 运营夯实,防止"回潮"

项目有明确的起止时间,需要在一定时间内快速集结资源,这就决定了项目具有临时性。尤其在数字技术日新月异的今天,一个数字化转型变革项目,一般在 1—3 年就应该完成能力建设和落地部署。但是变革是一个改变行为、习惯、组织、文化的过

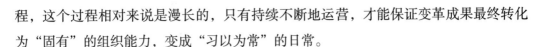

程，这个过程相对来说是漫长的，只有持续不断地运营，才能保证变革成果最终转化为"固有"的组织能力，变成"习以为常"的日常。

（三）变革评估，从第三方视角看价值实现

为系统、专业地评估数字化转型，须设计基于转型目标的评估框架，强调在变革过程中的持续评估。实际操作中，应从能力构建、价值实现和使用者视角三个维度进行评估。在能力构建上，评估项目组是否达到预期目标；在价值实现上，评估项目是否提升了业务效率和效益，改善了客户体验；在使用者视角上，评估用户对数字化设备的接受度、数字化体验和工作效率的提升。第三方评估有助于企业发现不足，推动改进，避免资源浪费，确保数字化转型有效实施。

本章小结

1. 数字化自我准备条件可从以下九个方面考察：掌舵人是否具备数字化转型认知、是否具备数字化转型文化、是否具备数字化转型顾问委员会、是否具备数字化转型领导组织、是否具备数字化转型人才、是否拥有数字化转型落地方法、是否制定数字化转型财务预算、是否具备数字化转型沉淀能力、是否具备数字化转型技术设施。

2. 数字化转型成熟度模型：①中关村信息技术和实体经济融合发展联盟于 2023 年提出了一种数字化转型成熟度模型，它将企业的数字化转型等级分为规范级、场景级、领域级、平台级和生态级五个等级，分别以职能驱动、技术使能、知识驱动、数据驱动和智能驱动为主。②麻省理工学院数字商业中心和全球咨询公司凯捷联合开发了一个数字化转型成熟度模型，从数字技术和能力、数字化领导力两个维度，将组织划分为新手、保守者、时尚者、数字大师。

3. 数字化转型的全过程实施机制包含两大主要步骤，分别是明确愿景和目标、项目制推进转型。具体来说，明确愿景和目标包括：明确愿景、架构蓝图、把握节奏。项目制推进转型包括：变革管理实现观念和能力双转变；以项目形式推进变革，突破转型束缚；变革评估，从第三方视角看价值实现。

第五篇

数字原生创新战略

第十章

数字原生创新战略：与生俱来的时尚

数字原生创新战略作为新时代企业发展的核心驱动力，正日益受到广泛关注。本章将深入探讨数字原生创新战略的内涵与特点，揭示其独特价值和深远影响。本章将回顾数字原生创新战略的演化历程，以帮助读者清晰地认识到数字原生创新战略在推动企业转型升级中的重要作用。同时，本章还将对数字原生创新战略的发展趋势进行深入分析，展望其未来的发展方向和潜在机遇。

学习目标：

1. 掌握数字原生与数字原生创新的概念；
2. 掌握数字原生创新的特点；
3. 了解数字原生创新的演化历程；
4. 熟悉数字原生创新的发展趋势。

课前阅读

腾讯：虚拟世界的王者

2007年互联网业态的大洗牌使得门户网站出现了成长乏力的态势，百度、阿里巴巴和腾讯分别从搜索、电子商务和即时通信（Instant Messaging, IM）工具三个方向出发完成了反向超越，成为"新三巨头"。腾讯作为其中最大的获益者已然站在了暴风雨中央。2010年9月底，360发布直接针对QQ的"隐私保护器"工具，拉开了"3Q大战"的序幕，成为"互联网反不正当竞争第一案"，也是迄今为止互联网行业诉讼标的额最大的不正当竞争纠纷案件，这场大战让腾讯第一次具有明确的战略思维，开启了自己的战略转型之路，成功迈出了打造自己生态圈的第一步。

战略转型

2011年腾讯先后组织了十场"诊断腾讯"的会议和第一次开放者大会，自此腾讯迎来了第一次真正意义上的开放，即开放自己的即时通信平台。腾讯对原来涉猎广泛的探索型业务进行精简，进一步把资源聚焦在自己最核心的通信社交平台及内容产业上，其他的全部交给合作伙伴。同时，腾讯进一步开放自己的核心资源价值，给所有的开发者提供基本的零配件工具，将原先封闭的公司内部资源转而向外部的第三方合作者无偿开放，包括开放API、社交组件、营销工具及QQ登录等。数字平台的开放既开阔了腾讯人的视野，引进了"创新基因"，又实现了双赢，更好地服务了数字用户。

"开放生态"后的腾讯修身养性，回归初心，这才有了2011—2014年属于微信的"独舞者时代"。自2011年1月推出以来，2.0版本语音对讲，3.0版本摇一摇、扫一扫，4.0版本朋友圈等功能持续强化微信的社交属性，打造微信公众平台孕育内容生态，提供微信开放平台拥抱第三方，打通线上线下壁垒，完善内部生态构建。后续的游戏平台掀起全民分享潮；微信支付创建交易生态，实现广告扩容；小程序将微信从工具型应用提升为操作系统，吸引B端用户进入，配合企业微信、公众号及支付业务，形成完善的交易生态……微信不但成为QQ之外的另一个平台级产品，替腾讯抢到了移动互联网的第一张"站台票"，而且让腾讯真正融入了中国主流消费族群的生活与工作，从人与人的社交通信工具，进化为连接人、服务、组织和设备的数字生态，成为即时通信领域的王者。

构建版图

没有一个公司能够同时在所有的领域达到顶尖的位置，资本的参与才是配置数字资源的最高效的方式，通过资本形成结盟关系，既符合对外开放的理念，又可以用商业化手段变现腾讯自身拥有的庞大社交流量。而建立数字生态的关键是参与式的资本运作，不再追求拥有，而是追求协同共生。于腾讯而言，当知道自己的业务边界时，反倒无界、无"敌"了：2015年，腾讯文学与盛大文学联合成立阅文集团，推动全民阅读；2016年，QQ音乐与中国音乐集团整合，成为领先的在线音乐平台；腾讯通过对58同城、美团、大众点评、滴滴打车等的战略投资，丰富了其生态圈，提升了用户体验；同时，腾讯的海外投资遍及亚、欧、美三大洲，涵盖游戏、O2O企业及科技公司，如Supercell和Paradox，这些举措不仅加强了腾讯的全球战略布局，也为其数字生态系统注入了新的活力。

生态开放

腾讯云的推出是从"开放生态"到"生态开放"的一个自然而然的过程，也是一个必然过程。2016 年，潜行多年的腾讯云一跃而出，为超过百万名开发者提供服务，数据中心节点覆盖全球五大洲，行业解决方案覆盖游戏、金融、医疗、电商、旅游、政务、O2O、教育、媒体、智能硬件等多个行业，对外开放的技术能力包括大数据分析、机器学习、人脸识别、视频互动直播、自然语言处理、智能语音识别等。数字技术的快速更迭加快了移动互联网向产业互联网的升级，"云"成为最重要的战略工具，2018 年腾讯宣布成立云与智慧产业事业群（CSIG），下定决心以"云"为底层基础，用数字技术创新推动产业数字化升级，努力拥抱产业互联网。

2018 年 11 月，腾讯推出"云启"产业计划，以云计算、大数据等技术为数字基础设施，与数字生态合作伙伴共同借力技术、资源、能力、资本等，助力传统产业转型升级，打造数字产业。在政府的帮助下，腾讯引导资金和风投结合，聚焦行业发展、数字技术创新等方向，将社交平台资源聚拢，输出数字用户端的运营经验和流量，接入数字资源。与此同时成立"腾讯云启研究院"，聚合顶尖人才与研究人员，围绕前沿数字技术发展建立实验室，促进产学研融合，通过创新基地孵化、数字加速器等生态产品，依据各地产业发展现状，整合当地资源，打造具有当地特色的发展模式，助力当地产业经济转型升级；携手生态合作伙伴打造互联网产业联盟、搭建合作桥梁，帮助伙伴撬动商机，创造产业互联网红利。

腾讯云作为"生态开放"的大脑，把 C 端消费互联网资源连接到 B 端产业互联网，并通过 B 端产业互联网最终把服务提供给广大 C 端用户，协同产业发展，赋能产业，打造布局完善、性能卓越的云计算、大数据、人工智能产品、应用和行业解决方案，做好腾讯数字生态的云端大脑。

产业互联网

数字技术的快速发展推动了生产工具、生产要素和基础设施三大要素的演进升级，全球各行各业都将驶入数字化增长的"快车道"，腾讯很快意识到未来的互联网将不再是一个产业，而是所有产业的核心能力之一，产业互联网作为互联网、大数据、人工智能与实体经济深度融合的产物，将成为各行各业进行数字化转型升级的重要载体。于是 2018 年腾讯将自己未来 20 多年的战略定位调整为"扎根消费互联网，拥抱产业互联网"。为此，腾讯开启了产业互联网生态开放的探索，不断挖掘数字用户的需求，通过"产投""产服""产孵""产培"等多种方式，打通腾讯B端技术、产品、平台能力以及C端场景、流量能力，在腾讯云端大脑的指挥下，利用自有的社交流量与优势，与合作伙伴共生共赢，助推腾讯数字生态升级。

腾讯的生态开放精神，源自其社交基因。从最初的流量开放到后来的开放生态，再到如今的建立生态以及生态开放，腾讯一直致力于"连接"，坚持"去中心化"，协助合作伙伴成长为自主的平台和生态。

显然腾讯虚拟数字生态帝国已现形态：QQ和微信两大即时通信产品帮助用户形成了即时通达的能力，腾讯云、大数据、基于位置的服务（Location Based Service, LBS）、移动支付、安全等技术能力都助生态内企业实现流程再造，生态中有上百万家的创业公司，合作伙伴总体估值达到千亿元级别。腾讯作为平台型生态公司，深深地根植于"数字生态共同体"，不断呵护整个生态的可持续发展，保护数字生态的"绿水青山"，为实现共生共赢、生生不息的社会而努力。

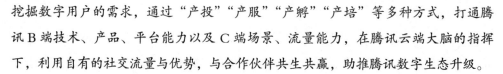

思考

腾讯的数字创新是依托什么开展的？腾讯在其中充当什么角色？

第一节 数字原生创新战略概述

一、数字原生与数字原生创新

在与"数字原生"相关的词语中，出现最早的是"数字原住民"（Digital Natives）。"数字原生代"一词来自美国作家马克·普伦斯基（Marc Prensky）2001年的文章"数字原住民，数字移民"（Digital Natives, Digital Immigrants）。普伦斯基认为生于20世纪末期，伴随着计算机、互联网和通信技术发展而成长起来的一代人就是"数字原住民"。他们一出生就处在一个网络世界，对他们而言，网络贯穿着他们的日常生活。他们在计算机、智能手机、互联网、网络游戏等各种数字化时代的玩具和工具之上花费大量时间，是计算机、视频游戏和互联网等数字语言的"母语使用者"（Native Speakers）。

类比于数字原住民，数字原生企业是指诞生于数字经济时代，成立之初就拥有数字化思维，其产品及服务、运营流程、管理方式、战略决策、业务模式、市场策略等各个方面都基于数字技术所创造的条件来进行设计的一类数字化企业。表10-1举例对比了不同行业中的数字原生企业与非数字原生企业。

表 10-1　不同行业中的数字原生企业与非数字原生企业对比

行业类别	数字原生企业	非数字原生企业
零售业	阿里巴巴、亚马逊通过在线平台提供广泛的产品和服务，并利用大数据和个性化推荐算法改善用户体验	传统的实体零售商沃尔玛虽然现在也有在线销售渠道，但其业务模式和运营仍主要基于实体店面
媒体和娱乐业	腾讯视频、Netflix通过流媒体平台提供在线视频内容，通过个性化推荐算法为用户提供定制化的观看体验	传统电视台（如美国的 ABC、CBS 等）虽然现在也有在线视频平台，但其主要业务仍是通过广播和有线电视提供内容
交通和出行业	滴滴、Uber通过移动应用连接乘客和司机，提供便捷的打车服务，利用大数据分析乘客需求和路况信息来优化服务	传统的出租车公司虽然现在也有移动应用，但其业务模式和运营仍主要基于传统的出租车服务
金融服务业	网商银行不设线下网点，将云计算、人工智能、卫星遥感、图计算等深入融合到银行业务中	传统银行虽然现在也提供在线银行服务，但其业务模式和运营仍主要基于传统的银行渠道

数字原生创新是指在数字化时代背景下，利用人工智能、云计算、大数据、区块链等新一代数字技术，以及数字化的思维方式和方法论进行的创新。数字原生创新可以涵盖各个领域，包括商业模式创新、产品创新、服务创新等。

二、数字原生创新的特点

数字原生创新主要有以下七个特点：以数字化思维为核心思维模式，以新一代数字技术为核心驱动力，以人才和数据为核心资产，以数字平台为核心载体，以创造客户价值为核心导向、以快速迭代为核心手段、以建立拓展数字创新生态系统为核心目标。

（一）数字原生创新以数字化思维为核心思维模式

数字原生创新完全通过数字化思维和技术开展企业生产经营，企业价值创造根植于数据。数字化思维主要包括以下几个方面。

1. 数据驱动思维

数字化思维强调以数据为基础的思考方式，通过对数据的收集、分析和应用，来发现业务运营中的问题，提升企业的效率和竞争力。企业在业务流程、应用程序和系统设计中，将数据作为一个中心元素来考虑和集成，要求组织在数据收集、存储、处理和分析方面进行长期的投资和规划，以确保数据的质量、安全性和可靠性，实现更加高效、灵活和创新的业务和技术解决方案。

2. 开放共享思维

互联网的本质是开放与共享，它既没有时间界限，也没有地域界限，随时随地的信息交换和共享构成了推动时代进步的重要力量。越是开放就会获取越多的信息和资源，越是共享就会产生越多的价值互动，从而让多方都获取更大的发展空间。

3. 互利共生思维

数字化时代，经济全球化的趋势加速形成，不同的市场、企业、用户通过价值链和产业链紧密联系在一起，形成了"你中有我、我中有你"的生态圈。搭建企业、用户、员工、合作伙伴乃至所有利益相关者的合作网络，以共生为基础，共享资源要素，形成普惠共赢的格局，是推动组织创新发展的有效策略。

（二）数字原生创新以新一代数字技术为核心驱动力

以人工智能、大数据、云计算、物联网、区块链为主的新一代数字技术是数字原生创新的核心驱动力。一方面，实施数字原生创新的企业在组织架构、产品生产、运营方式、客户关系管理、高管和员工的思维方式等方面都深受数字技术的影响。另一方面，数字原生创新能辅助实体行业突破发展瓶颈，有效推动了实体经济的发展，成为产业转型升级的战略支点。

（三）数字原生创新以人才和数据为核心资产

1. 人才

人才是企业获得竞争优势的一大利器。数字人才体系（见图 10-1）包括数字化领

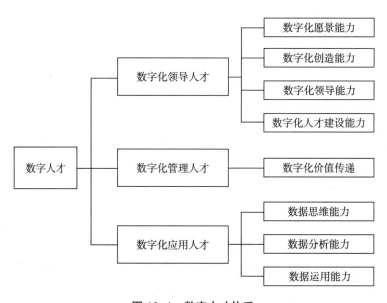

图 10-1　数字人才体系

导人才、数字化管理人才和数字化应用人才。数字化领导人才拥有以下能力：完成企业数字化活动的顶层设计（数字化愿景）的能力；基于数字业务创新与变革的数字化创造能力；解决企业新旧团队合作模式问题、内外团队协作问题的数字化领导能力；帮助企业数字化人才学习提升的数字化人才建设能力。数字化管理人才参与企业数字化价值传递的重要环节，他们需要将数字化的概念落地到企业实际的业务环节中，使企业的数字业务真正遵循数字逻辑。数字化应用人才是指在企业各个岗位中应用数据技术来支持自身工作或业务提升的广泛岗位的员工，他们通常具备数据思维能力、数据分析能力和数据运用能力。

2. 数据

数据在数字原生创新战略中，既是信息源泉，也是驱动企业创新和提升竞争力的核心动力。数据的重要性体现在以下几点：首先，数据驱动决策，通过数据分析，企业能够准确洞察市场需求和趋势，从而制定更为精准的战略决策。其次，数据促进个性化服务，通过大数据和人工智能技术，企业能够了解客户偏好，提供定制化的产品和服务，提升客户满意度。再次，数据优化运营，实时数据监控和分析可以提高运营效率，减少成本。最后，数据还支持创新，通过挖掘数据中的潜在价值，企业能够发现新的商业机会，推动业务创新和发展。

中国信息通信研究院与大数据技术标准推进委员会发布的《数据资产管理实践白皮书（4.0 版）》将数据资产定义为：由企业拥有或者控制的，能够为企业带来未来经济利益的，以物理或电子的方式记录的数据资源。国家十分重视数据在资源中的重要地位，2015 年，国务院发布了《促进大数据发展行动纲要》，将大数据纳入国家基础性战略资源；2020 年 3 月，中共中央、国务院发布了《关于构建更加完善的要素市场化配置体制机制的意见》，指出要"加快培育数据要素市场"。

（四）数字原生创新以数字平台为核心载体

数字平台是以数字技术为基础，将数据、算法、算力进行整合，实现居中撮合、连接多个群体以促进各角色互动的服务中枢。它可以为人类的生产生活提供生产、分配、交换、消费、服务等相关信息的收集处理、传输以及交流展示等数字交易服务和技术创新服务，是数字经济时代的重要信息基础设施。

联合国发布的《2019 年数字经济报告》中，将数字平台分为交易平台和创新平台，其中交易平台是指具有在线基础设施的双边／多边市场，支持多个不同交易方之间的交易，现已成为主要数字企业（如亚马逊、阿里巴巴）以及提供数字赋能支持的企业（如 Uber、滴滴和 Airbnb）的核心商业模式；创新平台是指通过促进知识共享、技术转移和协作，推动创新和开发新产品或服务的数字平台。这些平台为代码和内容生产商创造开发应用程序和软件的环境，例如 GitHub、GitLab、Unity 等。

数智融合平台是数字化企业未来发展的重点。数智融合平台以企业经营发展为核心目标，以实现资源共享、数据全局联动、解决企业复杂场景业务问题为目的，通过整合云计算、大数据、人工智能、数字孪生、知识泛化等技术手段，实现数智融合。常见的数智融合平台包括 SAP HANA、Microsoft Azure、Alibaba Cloud、Tencent Cloud 等。数智融合平台与数字平台的区别在于：数字平台侧重于构建数字化的生态系统，通过连接和交互不同参与者，提供各种服务和功能，而数智融合平台侧重于数据的整合和智能应用，以提供洞察、决策支持和创新解决方案为目标。

（五）数字原生创新以创造客户价值为核心导向

企业实现长远发展的唯一秘诀就是为客户创造更多价值，因此企业的一切经营活动最终要回归到"为客户创造什么价值，为哪些客户创造价值，怎样为客户创造价值"这三个问题的解答上。随着数字化时代大幕的拉开，以客户为中心的价值交互网和以人为中心的价值创造网正在形成。企业必须敏锐地意识到，与"为客户创造更多产品与服务"相比，"为客户创造更多价值"正在变得更加重要，企业发展的内在支撑逻辑必须由"交付产品服务"切换到"创造客户价值"。这就意味着企业数字化的最终落脚点是为客户解决问题，创造客户价值，优化客户体验。

用户体验（User Experience，UE）是用户在使用产品或服务的过程中建立起来的一种主观的感受。用户体验产生于用户与品牌和企业所发生的一切互动中。这些互动的对象包含了产品、店铺、销售人员、广告、售后服务等。所有这些感受都会随着时间的积累而联系起来，并最终形成用户体验。用户体验决定了用户会不会购买产品或服务，会不会提高客户忠诚度，以及会不会促成产品或服务口碑的提升。

微案例

作为一家会员订阅制的流媒体播放平台，Netflix 界面简洁易用，用户可以轻松浏览与发现各种电影和电视剧，其个性化推荐系统根据用户的观看历史和评分，为用户推荐他们可能感兴趣的内容，提供了个性化的观影体验。根据用户的评分、评论和观看历史等数据，Netflix 不断改进算法和推荐机制。此外，Netflix 为用户提供了包括在线聊天、电子邮件和电话在内的多种反馈渠道，积极为用户解决遇到的各种问题。在数据安全方面，Netflix还采取了严格的数据安全措施，确保用户的账户信息和观看历史得到保护。

数字经济时代，用户即资产，用户就是竞争力，赢得用户的忠诚和信任是企业实现价值提升、获得竞争力的关键。数字原生创新特别强调用户体验，通过数字化手段来提供更加个性化、便捷、高效的服务；利用大数据分析技术来了解用户需求，并据此进行产品创新和优化；将用户的满意度和需求放在首要位置，通过简洁的界面设计、个性化的推荐、用户参与和互动、快速的响应和数据安全保护等方式为用户提供卓越的用户体验。

（六）数字原生创新以快速迭代为核心手段

数字经济时代，企业的做法不再是花费大量时间对产品进行精雕细琢后再推出，而是讲究产品的快速迭代，即率先发布一个"最小可行性产品"，然后获得用户反馈，并将用户反馈融入下一次的迭代，对产品不断升级优化。一方面，快速迭代能够满足数字原生创新对速度和创新的极限要求，降低企业在竞争中被淘汰的风险。另一方面，快速迭代的成本远低于"一步到位"，追求"一步到位"意味着需要花费大量资源和时间，制作的产品一旦出现方向性问题，企业就会付出沉重的代价。

微案例

腾讯是最有代表性的"快速迭代"数字原生企业之一，通过一系列的创新技术和小步迭代，腾讯打造出了最符合用户需求的QQ、QQ群、QQTM、QQ游戏、微信等产品，并淘汰了ICQ、MSN、联众游戏等竞争对手，获得了巨大的收益。以微信为例，从2011年1月首次推出开始，微信早期做到了几乎每个月迭代一个版本，从最初只有聊天功能到能够读取用户通讯录联系人（在得到用户授权的情况下），再到多人会话、语音对讲、查找附近的人、漂流瓶、摇一摇、相册、朋友圈、视频聊天等，每一次迭代和更新都是从用户实际的社交需求出发，力求成为同类产品中用户体验最佳的一种。为了吸收新鲜血液，腾讯还会通过校园招聘不断补充新人，这些年轻的毕业生将新的思维方式和对用户需求的理解输入企业，取代一些旧式的固有思维，这又是一种人力资源和思维方式的快速迭代。

（七）数字原生创新以建立拓展数字创新生态系统为核心目标

有学者指出，数字创新生态系统是核心企业为了提高创新价值，利用数字技术与其他生产互补产品和服务的组织共同建立的价值创造网络，如图 10-2 所示。

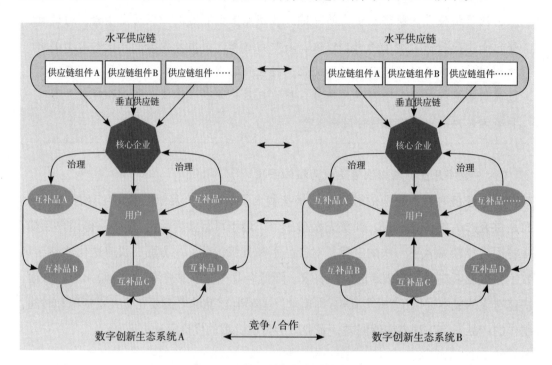

图 10-2　数字创新生态系统结构

资料来源：魏江，刘洋，等.数字创新 [M].北京：机械工业出版社，2021。

数字创新生态系统主要表现出动态性、多样性和无边界性三大特征。

动态性是指数字创新生态系统是一个不断变化的组织结构，它的核心价值主张会随环境变化而不断演化。

多样性体现为参与者身份的多样性和系统内创新资源的多样性。身份的多样性是指一个完整的数字创新生态系统不仅要包含供应商和用户，还要包括政府、高校、第三方服务机构等，多样化的参与者保障了数字创新生态系统未来的发展潜力以及多元化的发展方向。而资源的多样性则体现在价值共创过程中所需的各类资源都可以在数字创新生态系统中通过一定途径获得，如资金、技术、人才、信息、数据等，不同的资源在数字创新生态系统中有着不同的流动渠道，可以被不同的参与者使用，这种差异化的组合使系统内资源极大地丰富起来。

无边界性是指数字技术发展使得企业创新活动打破了时空的约束，来自不同地区的创新者可以借助数字创新生态系统实现即时合作，突破了传统创新的地理和产业临近性限制，极大地提高了数字创新生态系统内创新者的参与程度和创新活动的频率。

数字经济时代，企业主要通过两条途径把握未来创新与发展趋势，一条是发展成为数字化生态系统中的平台型、生态型企业，另一条是选择被平台化、被生态化。然而，只有极少数企业能够发展成为平台型和生态型的核心企业，被平台化、被生态化才是主流，即绝大多数企业的选择是成为某个数字生态的有机组成部分。

第二节　数字原生创新演化历程与发展趋势

一、数字原生创新演化历程

数字原生创新是伴随着数字经济的发展而演化和诞生的新模式，其发展不是一蹴而就的。总体来说，其演化历程可以划分为五个阶段（见图10-3）。

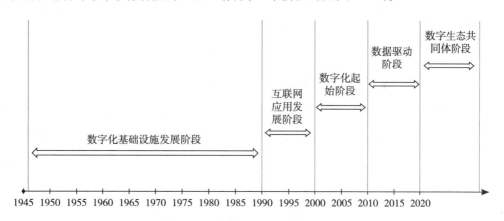

图10-3　数字原生创新的演化历程

第一阶段：数字化基础设施发展阶段（1946—1990）

数字化基础设施发展阶段以电子计算机和晶体管的应用拉开序幕，企业和组织开始使用计算机和网络技术管理和交流信息。图10-4展示了数字化基础设施发展阶段的重要事件。1946年，第一台电子计算机ENIAC诞生。1947年，晶体管的应用掀起了微电子革命，晶体管代替电子管，使计算机向小型化发展。1954年，IBM公司发明了第一台应用晶体管的计算机TRADIC，这使计算机的运算能力相比之前有了大幅提升。1968年，英特尔公司在硅谷成立，主要研制中央处理器（Central Processing Unit, CPU），并在日后引领了全球计算机和互联网革命。1969年，美军根据美国国防部高级研究计划局制定的协定，将加利福尼亚大学洛杉矶分校、斯坦福研究院、加利福尼亚大学圣塔芭芭拉分校和犹他大学的四台主要计算机相连形成"阿帕"（Advanced Research Project Agency，ARPA）网络，互联网由此诞生。1971 年，英特尔公司开发出 DRAM 存储器，集成电路时代正式开启。同年英特尔公司还推出了全球第一个微型处理器（Intel 4004），小型计算机纪元正式开启，计算机运算速度、存储空间和服务功能不断提升。

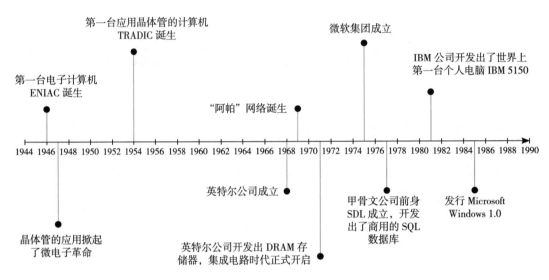

图 10-4　数字化基础设施发展阶段大事记

许多著名的软硬件领域及应用领域的企业在该阶段诞生，这些企业为推动数字技术的发展做出了重要的贡献。在软件领域，1975 年，比尔·盖茨（Bill Gates）和保罗·艾伦（Paul Allen）一起创立微软集团，并于 1985 年发行了 Windows 操作系统系列的第一个产品 Microsoft Windows 1.0。在应用领域，1977 年，拉里·埃里森（Larry Ellison）、鲍勃·迈纳（Bob Miner）和埃德·奥茨（Ed Oates）共同创立甲骨文公司前身软件开发实验室（Software Development Laboratories，SDL），开发出了商用的结构化查询语言（Structured Query Language，SQL）数据库。在硬件领域，1981 年，IBM 公司开发出了世界上第一台个人电脑 IBM 5150，标志着个人电脑时代的到来。

第二阶段：互联网应用发展阶段（1990—2000）

在互联网应用发展阶段，企业和组织开始使用互联网实施企业创新活动，网络技术和个人电脑软硬件日益成熟，网络经济发展迅速，互联网原生创新诞生。图 10-5 展示了互联网应用发展阶段的重要节点。从国际来看，1992 年，电子邮件服务诞生。1994 年，美国允许商业资本介入互联网建设与运营，互联网从实验室进入了面向社会的商用时期，开始向各行业渗透。同年，网景通信公司正式成立，12 月网景浏览器 1.0

版"网景导航者"正式发布，成为当时最为热门和流行的网页浏览器。1995 年，贝佐斯创立亚马逊公司，作为最早开展网上电子服务的公司之一，亚马逊公司拉开了全球电商时代的序幕。1998 年，拉里·佩奇（Larry Page）与谢尔盖·布林（Sergey Brin）正式创立谷歌，开启搜索服务领域的探索。

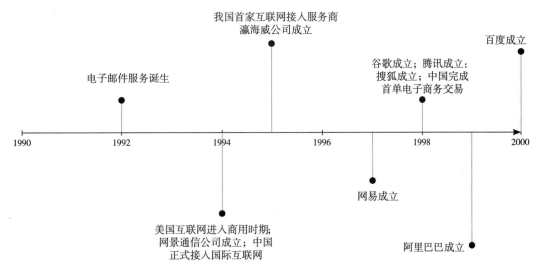

图 10-5　互联网应用发展阶段大事记

从国内来看，1994 年，中国正式接入国际互联网。1995 年，随着互联网技术深入发展，我国首家互联网接入服务商瀛海威公司成立，此后，网易、搜狐和新浪等门户网站相继建立。而我国三家互联网巨头公司腾讯、阿里巴巴和百度分别于 1998 年、1999 年和 2000 年成立，拉开了中国互联网时代的序幕。该阶段企业的商业模式较为单一，以信息传播和获取为中心的新闻门户、邮箱业务以及搜索引擎增值服务成为该时期发展的主力。此外，陕西华星和北京海星凯卓两家公司强强联合，于 1998 年 4 月 7 日完成了中国首单电子商务交易，这是我国电子商务交易最早的案例，表明我国迈出了以网络零售为代表的电子商务贸易的第一步，电子商务相关产业在经济发展中悄悄孕育。

第三阶段：数字化起始阶段（2000—2010）

图 10-6 展示了数字化起始阶段的重要事件。2001 年，中国互联网协会成立。2002 年，博客中国成立，后更名为博客网，资讯门户的发展进入个人门户阶段。2003 年，电子商务巨头阿里巴巴推出电子商务网站淘宝网。同时，为解决网络交易中的信任问题，阿里巴巴团队联合金融行业推出了支付宝业务。同年，百度推出的贴吧，成为中国首个国民级社交平台。2005 年，淘宝在国内市场挤掉国际电商巨头易趣，成为国内第一电商企业。

2006 年，阿里巴巴的网络零售额突破 1000 亿元大关。2007 年，我国发布《电子商务发展"十一五"规划》，提出"电子商务服务业成为重要的新兴产业"。2008 年，饿了么上线，开启国内外卖新市场。2009 年，阿里云计算有限公司正式成立。2010 年，腾讯开放平台接入首批应用，腾讯云正式对外提供云服务。

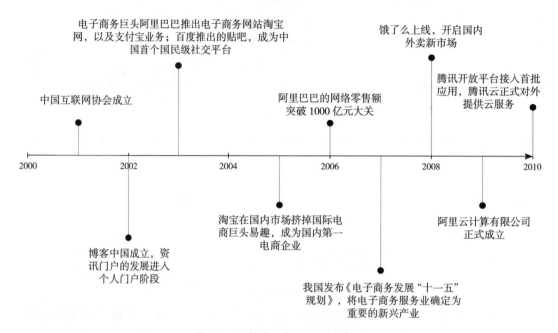

图 10-6　数字化起始阶段大事记

第四阶段：数据驱动阶段（2010—2020）

在数据驱动阶段，企业创新活动开始趋向移动化和社交化，以满足消费者对个性化和互动性的需求。同时，对过剩产能再利用的共享经济出现，并随之诞生了一批数字原生企业，例如滴滴打车、美团、字节跳动（现抖音集团）等。

图 10-7 展示了数据驱动阶段的重要事件。这一阶段，开展数字业务的企业和企业提供的数字业务如雨后春笋般涌现。2011 年，腾讯推出的为智能终端提供即时通信服务的免费应用程序——微信，已成为中国最受欢迎的即时通信应用程序之一。2012 年，小桔科技在北京成立，推出滴滴打车 App；快智科技在杭州成立，推出快的打车 App，提供出租车在线叫车服务；2015 年快的打车与滴滴打车宣布进行战略合并。2012 年，字节跳动成立。2013 年，美团外卖上线。2014 年，ofo 共享单车成立，在校园内提供共享单车服务。2015 年，中国国务院印发《促进大数据发展行动纲要》，并且在《政府工作报告》中首次提出"互联网+"行动计划，各行业主动触网，融合发展。2016 年，直播与网红经济兴起，抖音上线，短视频市场崛起。2017 年，人工智能技术成为热

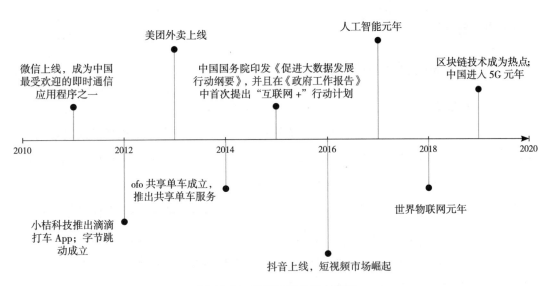

图 10-7 数据驱动阶段大事记

点，进入人工智能元年。2018 年，世界物联网大会在北京召开，进入世界物联网元年。2019 年，随着比特币价格高涨，区块链技术成为热点。同年，工业和信息化部正式向三大运营商发放 5G 牌照，中国进入 5G 元年。

第五阶段：数字生态共同体阶段（2020 年至今）

数字化时代的易变性、不确定性、复杂性、模糊性等特征决定了数字经济环境的瞬息万变。在竞争格局错综复杂，市场需求快速向多样化、多变化发展，技术产品与服务更加复杂化的背景下，任何创新主体依靠单打独斗都难以生存。站在国际视角，人类命运休戚与共，经历了贸易全球化、企业全球化和产业全球化之后，全球化的发展潮流来到了数字生态全球化阶段，由此也产生了一种主导经济发展的新型企业形态——数字生态共同体。

数字新生态有如下四个特点。一是协同共建，打造面向全社会并提供公共服务的基础数字平台和数字空间，建立更高质量、更有效率、更加公平、更可持续、更为安全的新型基础设施环境，即数字基建，支撑数字经济运行。二是大小共存，让中小企业也能基于公共服务的基础数字平台和数字空间，建立数字生态，减少数字基础设施建设方面的投资和运维风险，实现发展及转型。三是弱化依附，由于数字基础设施的共有化和服务化，平台上的中小企业彼此相互依存和价值互补，不再是众多星星围着月亮转，而是所有的星星共同照亮夜空，属于客户价值满足驱动下的价值共生和共创。四是强化监管，鉴于早期的大平台型企业利用自身的技术、流量、资本已经对中小企业的创新产生了压制，全球主要经济体都开始不同程度地对其强化了监管，避免出现

"数字能力垄断"。

二、数字原生创新发展趋势

(一)决策智能化

随着人工智能大模型的迅猛发展,决策智能化已成为数字原生创新发展的显著趋势。人工智能大模型以其大规模参数和复杂结构,在深度学习和大数据的驱动下,不断推动着决策过程向智能化、精细化和高效化转变。

首先,决策智能化体现在对海量数据的深度挖掘和高效利用上。大模型通过在大规模数据集上进行训练,能够学习与表示复杂的模式、关系和知识,从而为决策提供更为精准和全面的信息支持。这使得决策者能够基于更加丰富的数据维度和深度分析,制定出更加科学和合理的决策方案。

其次,决策智能化还体现在对复杂问题的快速响应和智能处理上。大模型具有强大的计算和推理能力,能够迅速分析和处理各种复杂情境和问题,为决策者提供实时、准确的决策支持。这有助于决策者在面临复杂多变的市场环境和社会问题时,迅速做出反应,制定出有效的应对策略。

最后,决策智能化还促进了决策过程的个性化和精细化。大模型的深度学习和个性化推荐技术,可以针对不同的决策者和不同的决策场景,提供定制化的决策方案和建议。这有助于满足不同决策者的个性化需求,提高决策的科学性和有效性。

未来,随着人工智能大模型的进一步发展和广泛应用,决策智能化将继续成为数字原生创新发展的重要方向。一方面,大模型将持续优化算法和提升性能,为决策提供更为精准和高效的支持;另一方面,大模型将与更多应用场景深度融合,推动决策智能化在各个领域的广泛应用。

同时,我们也要注意到决策智能化可能带来的挑战和问题。例如,如何确保大模型的数据安全和隐私保护?如何避免大模型在决策过程中可能存在的偏见和误差?解决这些问题需要在推进决策智能化过程中,加强技术研发和规范管理,以确保决策智能化的健康和可持续发展。

(二)组织敏捷化

数字原生企业越来越呈现出敏捷组织的形式。如表10-2所示,敏捷组织与传统科层制组织存在明显的差异,敏捷组织通常没有严格的层级约束,强调以客户为中心、快速的创新集成、精益管理以及开放性的知识共享。敏捷组织具有精益性和敏捷性两大特征。精益性是指以客户和价值为中心,通过消除非增值活动或"浪费"来创造持续产生客户价值的活动流。敏捷性使组织能够预测和快速应对不可预知的风险，从而保证组织能够与动态变化的环境维持一种进可攻、退可守的相对稳态，它既涉及对环境动态性的快速响应，也涵盖对预期可控计划的高效执行。

表 10-2　传统组织与敏捷组织的区别

	传统科层制组织	敏捷组织
组织架构	层级结构，有明确的上下级关系和部门划分；决策通常由管理层做出，并通过层层下发的指令传达给下属	由自组织和跨职能团队组成；团队成员具有更大的自主权和决策权，能够自行安排工作和制定决策
工作方式	流程导向，强调效率和标准化，任务和工作流程被划分为明确的步骤，并分派给不同角色，按部就班地完成工作任务	客户导向，聚焦于客户价值和满意度，客户需求是优先考虑的因素，通过快速响应和持续交付来满足客户的需求变化
沟通方式	垂直沟通，信息和决策在不同层级之间传递，可能导致信息流通不畅、沟通障碍和决策延迟	横向协作，团队成员之间进行频繁的交流和合作，以促进信息共享、知识传递和问题解决
绩效管理	使用 KPI 进行绩效考核，以可量化的考核为核心，注重结果，而轻视过程，标准通过自上而下的分配施加到个人身上	使用 OKR 进行绩效考核，以可衡量的目标为核心，重结果，更重过程，由员工和管理层共同探讨、沟通制定个人目标，赋予了员工更大的自主性与积极性

数字化时代环境的动荡性远远超出了管理者的想象，消费者需求的多样化、产品创新周期的急剧缩短、知识的高度离散化使传统善于执行标准化工作流程的科层制组织在环境中的适应力逐渐减弱，组织需要迅速地调整战略，采取创新性的行动以对商业环境的变化做出快速响应。得益于数字技术的独特属性，组织能够构建起开放且灵活的启示性环境，从根本上提高组织获取、整合与配置资源的广度和速度，支持其在极短的周期内实现产品原型的快速开发和版本迭代。

（三）产品个性化

在全球化市场竞争的环境下，消费者有了更加广阔的产品选择范围，他们不再满足于企业提供的单一化产品，而是希望能够更多地获得与自身需求相一致的精准产品。为此，企业不得不将提供差异化、个性化、定制化的服务和产品作为企业新的竞争手段和经营战略。

云制造作为一种面向服务、高能低耗的网络化智能制造模式，利用云计算、大数据、物联网等相关技术，在实现数字原生企业个性化定制的过程中起到了举足轻重的作用，并且具有很强的可行性。基于云制造的个性化定制，是利用物联网技术、物理信息融合技术、云计算技术对分布在全球范围内不同地理位置的制造资源进行网络化聚合，由云制造服务平台对其进行统一管理、优化配置，实现对个性化定制业务的专业化处理，达到制造资源和制造能力以及定制业务信息的全面共享，从而实现低成本、高效、快速的个性化定制生产。图 10-8 展示了基于平台的个性化定制业务流程。

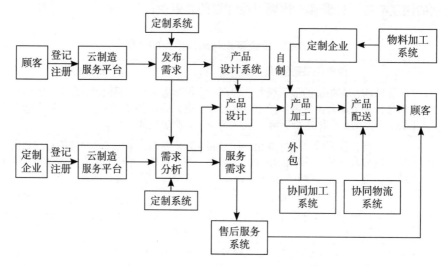

图 10-8　基于平台的个性化定制业务流程

资料来源：蔡余杰 . 云工厂：开启中国制造云时代 [M]. 北京：人民邮电出版社，2017。

（四）网络安全化

网络安全化的核心在于构建安全可信的网络环境，保障数字原生创新的安全可靠。其中，零信任架构、区块链技术、可信计算等前沿技术正发挥着越来越重要的作用。

零信任架构以"永不信任，始终验证"为原则，通过持续环境感知、动态信任评估和最小权限访问等机制，实现了对资源的精细化访问保护。这种架构打破了传统网络安全的边界，将安全防护延伸到了每个终端和每个应用，大大增强了系统的安全性。

区块链技术以其去中心化、公开透明、可追溯、不可篡改的特性，为数字原生创新提供了强大的信任机制。区块链发票的推出，不仅降低了税收征管成本，还有效解决了数据篡改、一票多报、偷税漏税等问题。在金融资产交易结算、数字政务等领域，区块链技术也展现出了巨大的应用潜力，为数字原生创新提供了更加安全、高效的解决方案。

可信计算则通过在计算和通信系统中使用基于硬件安全模块支持的可信计算平台，确保了整个计算机系统的可信。这种技术实现了网络安全防护的"事前防护"，为数字原生创新提供了更加全面、深入的安全保障。

（五）数据隐私化

数字化时代在放大了信息分享带来的好处的同时，也增加了隐私泄露的风险。隐私保护的关键在于用好数字技术，开发出更强的保护机制和更有效的保护技术。

为了实现数据隐私化，数字原生创新在多个方面展现出积极的发展态势。首先，隐私保护技术的研发和应用得到了广泛关注。这些技术包括数字支付系统中的多维信息利用、实时风险甄别以及人工智能算法等，它们不仅提升了数字服务的便捷性和安全性，也降低了隐私泄露的风险。

其次，隐私工程化成为数字化时代对企业的一项核心要求。通过将核心隐私原则转化为具体的设计功能和方法论，企业可以在数据收集、处理和使用过程中，将个人数据的收集和处理限制在必要的范围内。例如，一些企业已经开始将用户授权、数据脱敏和加密处理等措施贯穿于数据使用的整个生命周期，从而最大限度地降低隐私泄露风险。

最后，隐私增强技术（Privacy Enhancing Technology, PET）的发展也为数据隐私化提供了有力支持。这些技术包括硬 PET 和软 PET，它们通过利用硬核技术和数据管理工具，降低了误判可信第三方的风险，同时帮助用户更好地控制和管理自己的数据。

本章小结

1. 数字原生企业是指诞生于数字经济时代，成立之初就拥有数字化思维，其产品及服务、运营流程、管理方式、战略决策、业务模式、市场策略等各个方面都基于数字技术所创造的条件来进行设计的一类数字化企业。

2. 数字原生创新是指在数字化时代背景下，利用人工智能、云计算、大数据、区块链等新一代数字技术，以及数字化的思维方式和方法论进行的创新。数字原生创新可以涵盖各个领域，包括商业模式创新、产品创新、服务创新等。

3. 数字原生创新具有以下七个特点：以数字化思维为核心思维模式，以新一代数字技术为核心驱动力，以人才和数据为核心资产，以数字平台为核心载体，以创造客户价值为核心导向，以快速迭代为核心手段，以建立拓展数字创新生态系统为核心目标。

4. 数字原生创新经历了数字化基础设施发展阶段、互联网应用发展阶段、数字化起始阶段、数据驱动阶段、数字生态共同体阶段五大阶段。

5. 数字原生创新未来将朝着决策智能化、组织敏捷化、产品个性化、网络安全化、数据隐私化等方向发展。

第十一章
数字原生创新战略的机理框架

数字原生创新战略的机理框架作为当代企业发展的核心引擎，其复杂性与系统性不容忽视。本章将深入剖析这一框架的理论基础、内部逻辑和运行机制。在理论基础方面，将探讨开源创新与创新公地理论、数字化情境下的协同创新理论以及数字创新生态系统理论等，这些理论为数字原生创新战略提供了坚实的支撑和指导。内部逻辑是数字原生创新活动得以顺利进行的关键所在。数据驱动创新发展变革力，数字技术赋予创新发展动力，数字生态培育创新发展持续力，这三方面构成了数字原生创新战略的内部逻辑体系，共同推动着企业不断向前发展。此外，数字原生创新战略的运行机制同样重要。动力机制激发创新活力，协同机制促进资源共享，保障机制确保创新过程顺利进行，治理机制则为企业创新提供稳定的组织环境。这些机制的协同作用，确保了数字原生创新战略的有效实施。

学习目标：

1. 掌握数字原生创新战略的理论基础；
2. 掌握数字原生创新战略的内部逻辑；
3. 掌握数字原生创新战略的运行机制。

课前阅读

叮咚买菜："鲜"到手为强

前置仓是国内新零售生鲜电商所采取的仓配模式。每一个前置仓都是一个中小型的仓储配送中心，公司总部中央货仓只需对分布在不同位置的前置仓供货，就能保障其前置仓的配送范围覆盖区域内所有消费者。消费者在叮咚买菜 App 下单后，生鲜菜品从距离其最近的前置仓发货，有效减少了配送时长。这便是支撑叮咚买菜在前置仓三公里范围内可以做到半小时内送达的重要前提。

在传统的冷链物流服务中，企业要解决的首要问题之一就是如何搞定距离消费者的"最后一公里"配送。在发达国家以往的生鲜产品配送服务中，主要采取的配送方式为"宅配"模式，即生鲜产品销售方通过冷链物流直接将产品配送至客户家，然而这种模式的配送无法做到在下单当天送达。生鲜电商的主要消费者年龄为20—45岁，这部分人群工作繁忙，生活节奏快，看重效率和方便程度，很少有机会去菜场或超市购物，反而更多地通过线上来完成购物消费，因此在需要购买菜品时，他们也会优先考虑更加方便快捷的生鲜电商。前置仓由于其更靠近消费者，有效解决了传统生鲜企业配送服务中"最后一公里"的难题。不仅如此，前置仓模式使得中央货仓有条件提前准备好产品配送到不同区域的前置仓中，最终用户下单时不再通过中央货仓完成分拣，而是由距离消费者更近的前置仓来完成对订单的分拣配货，大幅减少了因订单量增多导致爆单或者分拣压力大的现象。

同时，叮咚买菜还利用经大数据优化的发展模式，在大数据与算法的不断优化之下，叮咚买菜的三个环节（订单预测、末端配送调度、用户画像识别）得到全面改进，运营效率明显上升。

订单预测。叮咚买菜通过参照历史累计平台的消费者偏好和数据，结合目前互联网企业大规模运用的大模型算法来预测未来固定时间段不同区域的消费者在平台上的消费订单。结合大数据给出的预测结果，叮咚买菜能够有针对性地对不同区域的前置仓仓储容量做出合理调整，使得各仓的菜品存储量保持在最佳状态，一定程度上降低生鲜损耗率。

末端配送调度。在每一单配送时，叮咚买菜都会记录下骑手的工作轨迹并上传到云端，在云端利用这些历史数据来不断拟合最佳配送路线，从而进一步提高配送效率，尽可能在最短的时间内配送更多的订单，满足消费者需求。针对末端配送算法，叮咚买菜主要基于骑手配送时长预测算法、实时客户订单分配算法以及基于MCTS（蒙特卡罗树搜索）的路径规划分拣时长和订单预测这三个算法来设计。叮咚买菜的这三个核心算法共同协作，有效提升了叮咚买菜的配送时效、送达率和人均配送单量。

用户画像识别。叮咚买菜通过大数据与算法对不同消费者画像进行精准识别，根据不同消费偏好来展示不同的产品推荐页面，结合消费者历史数据智能推荐用户更需要的商品，改善用户在平台中的消费体验。同时以此为基础进行选品优化，降低损耗率。

在得到大数据的赋能之后，叮咚买菜的前置仓模式能够更加精准地定位仓储选址，尽可能地使一个前置仓较大范围地覆盖附近小区，扩大辐射半径。而这样的模式使得叮咚买菜来到了消费者的身边，深入"一线战场"。

前置仓还可以借助消费者订单大数据来及时调整菜品库存量，严控 SKU（库存量单位）数量，在保障不同菜品品类确定的前提下，合理分配菜品存储量，从而有效降低运营成本。从传统生鲜企业经验来看，增加 SKU 数量，就需要提供更大的仓储空间，建仓速度和仓内拣货速度同时受限，从而使周转率受到影响；减少 SKU 数量，商品品类缩减，客单价可能会降低，从而使毛利受到影响。为了解决周转率和毛利的矛盾，叮咚买菜严格把控前置仓需要的 SKU 数量，大致保持在 1700 多个的水平，将前置仓面积设置在 300 平方米左右，保持生鲜的高周转率。

此外，大数据也帮助叮咚买菜在前置仓模式体系中精简人员配置。在每个前置仓中，一共配备六种员工，分别是站长、副站长、仓管员、外卖员、地推员和水产养殖员。其中，仓管员主要负责分拣和理货盘货，外卖员专职配送，地推员负责在各小区或人流密集处宣传叮咚买菜业务，而水产养殖员则负责水产养殖及宰杀。这样的配置使得每个前置仓都能独立运行，在保障配送效率和菜品管理的前提下降低前置仓人员成本。

◎ 思考

叮咚买菜在供应链流程运作中遇到了哪些问题？"大数据＋"供应链的作用体现在哪里？

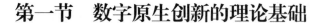

第一节　数字原生创新的理论基础

一、开源创新与创新公地理论

（一）开源创新理论

开源模式最早出现在 20 世纪 90 年代西方国家的软件产业中，此后得到迅速发展。"开源"的原意为开放计算机程序源代码，人们可以根据协议自由下载、学习或修改这些源代码。

开源创新是指依据共同的协作共享平台，把不同的个人、企业，乃至国家等参与者组织起来，通过把个体层面与集体层面的知识和资源有机结合在一起，形成商业化或非商业化的创新产品的活动。开源创新的组织模式基于数字化平台，以需求为导向，呈现开放式生态系统特征，以资源、能力、文化、环境为成长驱动因素。在数字化进程不断加快的大背景下，创新活动越来越倾向于选择开源的构建模式。

开源社区是以软件源代码为核心的虚拟社区，在这个社区中，开发者可以根据开源软件许可证协议，以协作形式共同开发、维护软件。随着开源发展理念逐渐成熟，开源社区的实践应用已拓展至能源等领域，开源模式也不再局限于软件产业环境，还在电子硬件、汽车等众多领域发挥了重要作用。

微案例

> 2023 年，百度与合作伙伴联合发布了全球首个开源的智能网联路侧操作系统"智路 OS 1.0"，智路 OS 1.0 可分层解耦为内核层、硬件设备抽象层、计算与通信中间件层和服务层，每一层都制定了一系列标准 API，用以实现不同开发者之间的"对话"和联合开发，减少重复开发，大幅度降低系统成本。开发者可以根据自身需要对智路 OS 1.0 开源实现的模块进行替换和能力扩展（前提是满足标准 API 要求），为商业化产品和研究课题增加自身业务与技术特色。

从本质上看，开源就如同工业经济时代的道路和桥梁，在数字经济时代扮演着重要公共基础设施的角色。它的价值体现在以下三个方面。

1. 降低企业数字创新的成本

借助开源平台和开源项目，不管是在工业互联网领域还是智能制造领域，人们都可以便捷地获得公共产品和服务，无须再做重复性劳动，避免"重复造轮子"。这极大降低了企业及个人创新创业的门槛和成本，提高了数字商品资源配置的效率，让创新变得更加"平易近人"。

2. 降低社会互操作性成本

互操作性是指一个系统与其他系统一起工作的能力，社会互操作性成本是指在社会协作过程中，为实现不同系统、平台或应用之间的互操作性而产生的各种成本。通过开源，参与者可以快速形成标准及生态系统，从而极大降低社会互操作性成本。企业内部不同系统之间、企业与企业之间、企业与政府之间的数据可以快速实现互通，无需第三方插件，从而降低了不同系统或不同技术路线之间的转换及数据链接成本。

3. 激发个体参与创新创业的积极性

开源以开放、对等、分享以及全球运作的方式，彻底颠覆了工业经济时代的商业逻辑，并深刻影响着人们的思维方式、企业商业模式和社会经济运行规则。在开源模式下，劳动者不再受物质及时空制约，能够随时随地参与数字商品生产协作，开启了数字经济时代的新商业文明。开源创新模式虽源起于软件领域，但现在已经被应用到制造、医疗等诸多领域，成为深度数字化背景下越来越重要的开发和创新模式。

（二）创新公地理论

创新公地提供了一个平台，使得创新资源能够被有效管理和广泛共享，吸引更多人参与其中，促进合作和协同创新。

1. 公地和知识公地

公地是指具有非排他性、非竞争性的公共资源聚集的地方，公地中每位成员都享有对公地资源的使用权，但是又无法阻止其他人使用公地的资源。在后熊彼特时代，创新强调企业、政府与非生产者个体等参与的共同创新过程，尤其重视非生产者作为创新者对创新的推动作用，比如用户创新。由于非生产者创新具有非竞争性和非排他性等公共物品的属性，因此公地治理方式对后熊彼特时代的创新治理有着十分重要的意义。

哈耶克认为，知识分布在整个社会中，作为一种共享性的资源，其具有非排他性和非竞争性，因此也具备公共物品的性质，需要参照公地治理的形式对知识形成一种制度化的治理模式。知识公地以多种形态存在于日常生活中，有些知识公地以实体形

态存在，例如图书馆；有些则以虚拟的形态存在，如维基百科、开源操作系统等。

2. 创新公地

创新公地是建构在专利池、个人集体、开放式创新以及用户创新的理念基础之上的，但它并不是技术本身，而是发生在创新整个过程前端的一个将知识、技术及信息等创新资源汇聚在一起并进行协调的过程。

这个过程对于创新而言非常重要。一方面，创新的资源往往分散地存在于不同个体和群体中，通过创新公地的建立，创新资源得以实现更好的整合，便于实现公地成员之间创新资源的信息共享、机会发现及创新合作等，有利于创新的进一步发展。另一方面，知识、信息等创新资源具有非竞争性和非排他性的特点，因而具有公共物品的性质，但市场只能有效供给私有物品，对于创新资源这种公共物品而言，市场不能实现有效的供给与协调，通常也只能采用税收等强制手段或者私人垄断来解决创新过程中的"搭便车"问题。创新公地作为一种创新资源协调机制，与企业和政府进行互补，以便更好地实现对创新资源的管理。

二、数字化情境下的协同创新理论

（一）数字化情境下协同创新的新内涵

协同创新是为了实现重大科技创新而开展的、大跨度整合的创新组织模式。协同创新能够在国家意志的引导和机制安排下，促进企业、大学、研究机构发挥各自的能力优势，整合互补性资源，协作开展产业技术创新和科技成果产业化活动，是当今科技创新的新范式。

数字技术对协同创新的影响主要有主体深度融通、要素精准流通和机制嵌套畅通三个方面。

1. 主体深度融通

大数据、人工智能、物联网、区块链与云计算等一批数字技术的蓬勃发展，为构建更加直接、高效的创新网络创造了有利条件。这些技术通过构建一种多层次、交互与折叠的架构，打破了传统的平面点链式架构，从而推动了各创新主体深度融通，提升了协同效率。

2. 要素精准流动

数字技术与产业的深度融合，使得企业战略、组织架构、业务流程与管理决策都向数字化发展。在这个过程中，知识、技术、金融与人才等创新资源能够以数字化的形式表达和流动，为资源优化配置、能力优势互补提供了基础。

3. 机制嵌套畅通

诸如区块链、云计算等数字技术又为分布式创新主体间的协同提供了要素确权定价、绩效溯源分配等精准服务，促使各协同机制的科学嵌套、畅通运行。

（二）数字化情境下协同创新的价值增值

在数字化的大背景下，协同创新以其独特的方式实现了跨越式发展，数字技术贯穿于各主体间战略机制、业务流程、管理决策的协同过程中，共同实现价值增值。表11-1 从四个不同的角度展示了协同创新实现价值增值的方式。

表 11-1　数字化背景下协同创新的多角度价值增值

观察角度	增值内容
资源基础观视角	数字化时代为数字原生企业提供了更丰富的资源渠道，充分激发了数字原生企业参与协同创新的积极性和活力，为协同创新提供了更多动力
能力视角	数字化时代的技术和产品迭代速度加快，协同创新过程能够提升组织对技术、市场趋势变化的识别与对机会的感知等能力，这些能力能够帮助企业有效应对数字化时代市场的剧烈波动，提升创新的价值
交易成本视角	数字化情境下协同创新的各主体深度融合，组织和制度的边界变得模糊，从而降低了交易成本，使得企业能够专注于创新效率的提升
整体视角	数字技术强化了各主体之间的创新资源优化配置和创新能力优势互补，有效提升了协同创新绩效

三、数字创新生态系统理论

（一）数字创新生态系统的定义

数字创新生态系统是一个利用数字技术对数据要素进行处理，从而在场景应用创新过程中由多主体互动形成的创新生态系统。

数字创新生态系统的三个基本特征是创新要素数字化、参与主体虚拟化和主体间关系生态化。除了继承创新生态系统的一般特征，数字创新生态系统也呈现出一些独有的特征，如创新主体的异质性更强、资源流动更加复杂、业务流程更加动态、数据共享更加开放等。

（二）数字创新生态系统的表现形式

数字创新生态系统具有两种基本表现形式，一种是创新导向的数字生态系统，另一种是数字赋能的创新生态系统。

1. 创新导向的数字生态系统

数字生态系统是由数字要素、数字要素的提供者、数字要素的使用者等异质性数字主体以极其复杂的关系构成的复杂适应系统，它能够通过数字主体之间的交互提升系统效能、促进信息分享、增进主体内和主体间的合作以及系统创新。创新导向的数字生态系统（又称"数字创新生态系统 I 型"）是旨在促进数字创新产生、应用与扩散的数字创新生态系统。其基本特征是通过创新实现价值创造和共享。可以将其理解为围绕数字主体而形成的创新生态系统。

2. 数字赋能的创新生态系统

数字化丰富了创新生态系统的要素组成，改善了创新要素之间的协同共生关系，促使创新生态系统的行为逻辑发生变化，形成了数字赋能的创新生态系统（又称"数字创新生态系统 II 型"）。

数字创新生态系统是创新导向的数字生态系统与数字赋能的创新生态系统深度融合的复杂适应系统，兼具数字生态系统的特征，以及创新生态系统实现价值共创的行为逻辑。

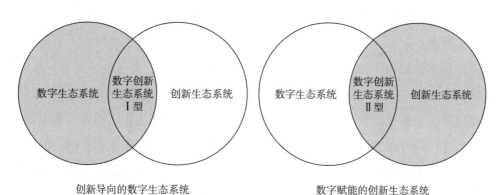

图 11-1　数字创新生态系统的两种基本表现形式

资料来源：张超，陈凯华，穆荣平．数字创新生态系统：理论构建与未来研究 [J]．科研管理，2021，42(3)：1-11。

（三）数字创新生态系统的结构特征

数字创新生态系统呈现出"平台化"与"网络化"同时增强的结构特征。

1. 平台化增强

平台化增强指以各类数字领导企业和数据资源中心为核心的平台创新生态的扩张。数字创新生态系统平台化结构的增强主要有以下两方面的原因。

第一，多源数据流的汇聚。数据的生成途径是多元化的，包括政务数据、物联网数据、生产数据等多种来源。数据的需求也是多样的，包括数字应用程序开发、政务数字化转型、科学研究探索等。多元化的数据在不同需求的驱动下汇聚到不同的数字平台上，形成数据的"大杂烩"。这些多源数据流在数字平台上通过数据场景的叠加会产生新的数据，新的数据又会流向其他数字平台，从而形成数据的良性循环。

第二，企业生态的扩张。由于领导企业掌握着大量的市场数据资源和核心数字技术，因此越来越多的市场创新主体需要基于领导企业的企业生态才能够生存和发展。这种数字创新领域中围绕领导企业形成的马太效应愈发明显，进一步推动了平台的发展和扩张。

2. 网络化增强

网络化增强是由于平台间数据的流动得到了强化。数字化时代，人类的生产创新活动正在逐步进入万物互联的多重网络状态，大规模的实时数据在分散且相连的终端设备中不断产生。然而相比于工业经济时代的产业创新网络以知识资本和社会资本为基础，数字创新生态系统中的创新网络主要以数据的产生和流动为基础。因此，尽管各个领导企业围绕自身构建了若干个庞大的企业创新生态，但是数据的流动和基于数据的创新活动仍然催生了多个相互交织的数字创新网络。

总体来说，数字创新生态系统通过平台化和网络化增强其整体效能。平台化通过构建开放的平台架构，促进了多方参与和协同创新，提升了生态系统内的创新能力。而网络化则通过高效互动和价值共创，实现了创新主体之间的紧密联系和资源整合。两者相辅相成，共同推动了数字创新生态系统的持续发展和优化。例如，百度自动驾驶平台通过对外开源核心软件架构与算法，并与多个领域的创新企业合作，形成了一个包含芯片、传感器等在内的产业创新生态圈。这种合作不仅推动了自动驾驶技术的发展，还促进了整个生态圈内企业的共同攻关和创新。

第二节　数字原生创新战略的内部逻辑

数字原生创新战略的内部逻辑包括三个核心方面：数据驱动创新发展变革力，通过深度挖掘和高效利用数据促进决策和产品创新；数字技术赋予创新发展动力，以人工智能、物联网等技术推动业务模式和运营效率的提升；数字生态培育创新发展持续力，构建开放合作的数字生态系统，确保创新的可持续性和长远发展。

一、数据驱动创新发展变革力

数据驱动创新发展变革力是指企业通过合理的数据管理和运用，将数据转化为具有时效性的信息，并以此为依据，动态调整企业运营策略，提升企业运营、管理、决策的能力，对数字原生创新变革具有重要意义。图 11-2 展示了在数据驱动下，数字原生企业创新发展变革力发挥作用的三条主要路径。

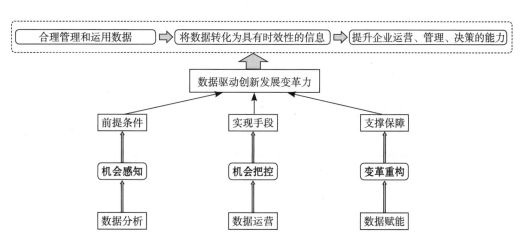

图 11-2 数据驱动创新发展变革力的路径

（一）机会感知

数字经济情境下，机会感知能力是指数字原生企业通过审视外界环境、捕捉最新数字化趋势、整合集成数据信息并形成数字化思维，以准确预测与快速响应客户需求的能力。这种能力是数据驱动创新发展变革力发挥作用的前提条件，为后续的机会把控能力和变革重构能力提供了重要的基础数据支持。

通过发挥机会感知能力的作用，数字原生企业管理者能够运用过滤功能，减少外部干扰数据，减轻数据分析的工作负担，以此提升准确识别环境中潜在数字机会和威胁的能力。

（二）机会把控

机会把控能力是数字原生企业分析、加工、处理、利用数字化信息的能力。这种能力是数据驱动创新发展变革力发挥作用的实现手段。在机会感知的基础上，企业已经成功刻画了客户画像、商品画像、交易触点场景等。通过数据运营平台特征的激活，机会把控能力进一步打通数据流，促进数据在组织流程链条中流动互通，实现服务、交易、流程和管理的高效数字化，从而将数据资源整合进组织的各种复杂行动之中。

（三）变革重构

变革重构能力既是数字原生企业内部知识创造和结构变革的催化剂，同时也能帮助企业构建外部数字网络，以适应动态复杂环境的变化，维持企业在产业链或生态系统中的竞争优势，它是数据驱动创新发展变革力发挥作用的支撑保障。在该阶段，企业通过建立数据赋能平台，将数据转化为由企业持续学习而形成的技术、思维和模式的资源组合，并将其对外输出，实现企业与数据商业生态圈和跨生态圈合作伙伴之间的紧密合作。

二、数字技术赋予创新发展动力

数字技术赋能是指数字技术开发者基于一系列数字技术集群，实时有效地与应用场景进行互动，进而为生产服务决策提供技术支持。数字技术能够实现大范围的赋能是因为它兼具通用性技术和大型技术系统的特征。图 11-3 展示了数字技术赋予创新发展动力的大致过程。

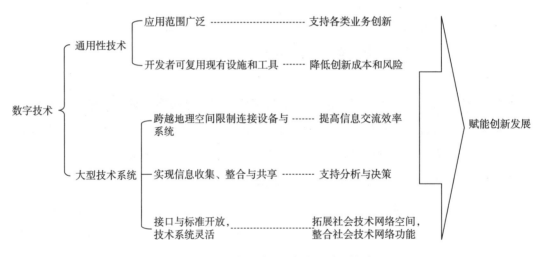

图 11-3　数字技术赋予创新发展动力的过程

（一）通用性技术视角

数字技术作为通用性技术，具有广泛的应用范畴，能显著降低应用端创新成本。计算机技术、网络技术、数据处理技术等一系列以数字信息为基础的技术，在金融业、制造业、农业、医疗业、教育业、娱乐业等几乎所有行业和领域都有所应用，推动着各种业务的发展和创新。

相较于传统的技术创新，数字技术的通用性使得应用程序开发者可以复用已有的数字技术基础设施和工具，而无须从头开始构建各个组件。例如，开发者可以利用现有的开源软件库、云计算平台和开发工具缩短应用程序的开发周期，并更专注于应用的创新和差异化，降低了开发的成本和风险。

（二）大型技术系统视角

数字技术系统作为大型技术系统，能构建起具有空间拓展和功能整合属性的社会技术网络，其对创新的赋能主要表现在以下三个方面。

（1）数字技术能够借助互联网和通信技术，将各种设施和工具连接起来，形成一个网络。这使得社会技术网络可以跨越地理空间的限制，连接不同地区、组织和个人，实现信息的高效流动、协作和协调。比如在数字技术基础上产生的电子邮件、社交软件、视频会议等通信和协作工具，使得人们在社会技术网络中，能够低延迟和高效率地进行信息交流和合作。

（2）数字技术通过数据的采集、存储和处理，能够实现信息的共享和整合。社会技术网络通过数字技术平台，可以收集和整合包括社交媒体数据、传感器数据、用户行为数据等在内的各种数据，将其用于分析、洞察和决策，促进知识共享和创新。同时，数字技术提供了数据集成和共享的技术手段，使得不同组织和系统能够共享数据，实现功能和资源的整合。

（3）数字技术的开放性和可扩展性是实现社会技术网络空间拓展和功能整合的关键因素。开放性指的是数字技术平台的开放接口和标准，使得不同系统和组织能够进行无障碍交互和集成。可扩展性指的是数字技术系统的灵活性，能够支持不断增长与变化的用户和需求。数字技术通过开放式的 API 和互操作性标准，使得社会技术网络能够集成不同的功能和系统，并根据需要进行扩展和定制。

三、数字生态培育创新发展持续力

数字创新生态系统为培育数字原生企业创新的持续力提供了土壤，数字原生企业通过与数字创新生态系统中不同创新主体之间的价值共创以及数字创新生态系统本身的动态演进，实现创新的可持续发展（见图 11-4）。

（一）价值共创机制

数字创新生态系统的价值共创机制是一种基于共同合作和协同创新的机制，强调参与者之间的相互依赖和互利关系，通过资源共享与整合、知识交流与合作创新等方式，实现共同的目标和利益。通过价值共创机制，数字创新生态系统可以形成一个相互支持、协同创新和共同受益的合作网络，从而加速创新和发展变革，推动整个生态系统的繁荣和可持续。该机制主要包含以下几个重要方面。

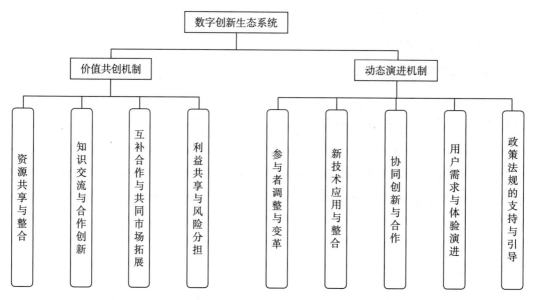

图 11-4　数字创新生态系统中的价值共创机制和动态演进机制

1. 资源共享与整合

各参与者可以通过分享和整合各自的技术、数据、设施、渠道等资源，以实现资源的最优配置和利用。这种对资源的共享和整合可以降低成本、提高效率，并创造新的价值和机会。

2. 知识交流与合作创新

参与者之间进行知识的交流和合作创新，可以促进技术和业务的跨界融合，并促进创新的出现和加速。通过共同学习和合作研发，提高创新的质量和速度。

3. 互补合作与共同市场拓展

在数字创新生态系统中，各参与者可以根据各自的优势和专长，进行互补合作，实现市场份额的增长和业务的扩展。参与者通过共同开拓市场、合作销售和共享渠道，可以实现规模效应和市场影响力的提升。

4. 利益共享与风险分担

在价值共创机制中，参与者共同承担风险与回报。通过合理的利益分配机制，可以确保数字创新成果的公平分享和回报，以此激励各参与者积极参与数字创新生态系统的建设和发展。

微案例

　　某智能医疗平台公司与医院、科技公司和保险公司合作，形成了一个强大的数字创新生态系统。通过资源共享与整合，该平台公司利用医院的数据和科技公司的技术，开发了精准医疗和远程诊疗服务。在知识交流与合作创新方面，各方共同研发了新的诊疗技术和健康管理方案。在互补合作与共同市场拓展方面，该平台公司与保险公司合作，推出综合健康保险产品。利益共享与风险分担机制下，各参与者共同承担项目风险并分享收益，实现了共同目标和利益，推动了智能医疗生态系统的繁荣与可持续发展。

（二）动态演进机制

　　数字创新生态系统的动态演进机制指的是在不断变化的市场环境和技术进展背景下，数字创新生态系统中各参与者之间相互作用、互动和调整的过程。这个机制强调了适应性、灵活性和持续创新的重要性，确保数字创新生态系统能够与时俱进并实现持续发展。数字创新生态系统的动态演进机制主要包含以下几个关键方面。

1. 参与者调整与变革

　　在数字创新生态系统中，数字原生企业需要不断调整与变革自己的角色、能力和战略，以适应新的市场需求和技术趋势。为了保持竞争力和创新能力，它们可能需要采取转变业务模式、扩展合作伙伴关系或调整资源配置等措施。

2. 新技术应用与整合

　　数字原生企业需要关注最新的技术趋势和创新，并积极探索和应用新技术，以创造新的价值和解决方案。同时，它们还需要将不同的技术整合在一起，实现跨领域的创新和融合。

3. 协同创新与合作

　　数字原生企业需要建立和加强彼此之间的协同创新和合作关系。它们可以共同研发新技术、分享知识和资源，以实现互利共赢和创新的加速。

4. 用户需求与体验演进

　　数字创新生态系统需要与用户紧密互动，密切关注和理解用户需求的变化，并及时调整和优化产品或服务的设计，以提供更好的用户体验。

5. 政策法规的支持与引导

　　政府和监管机构在数字创新生态系统的演进中扮演着重要的角色。它们需要制定适应性强、有利于创新发展的政策法规，同时提供支持与引导，以促进数字创新的可持续发展。

微 案 例

在智能家居市场中，某智能家居企业展示了数字创新生态系统的动态演进机制。该企业不断调整自身角色和战略，积极应用和整合新技术，推动业务模式创新。例如，为适应市场需求，该企业不仅开发了基于物联网的智能设备，还与其他技术公司合作，整合人工智能技术，实现设备的智能控制和自动化管理。同时，该企业注重与用户互动，及时更新产品功能，提升用户体验。政府对智能家居技术的政策支持和法规制定，也为其持续创新提供了有力保障。这一系列动态演进机制，确保了该智能家居企业在不断变化的市场和技术环境中保持竞争力和创新能力。

第三节　数字原生创新战略的运行机制

一、数字原生创新的动力机制

数字原生企业开展创新活动的驱动力包含技术推动力、利益驱动力、战略引导力等内部动力和市场需求拉动力、市场竞争压力等外部动力，如图11-5所示。

（一）内部动力机制

1. 技术推动力

技术推动力在数字原生企业开展数字创新的动力机制中发挥着关键作用。

在技术创新方面，通过引入新技术、优化现有技术或融合多种技术，数字原生企业能够显著提升工作效率、增强产品功能，并创造新的商业模式。例如，企业可以借助人工智能技术开发智能化的客户服务，以提高工作效率并增强客户体验；通过引入云计算，企业可以实现数据的集中存储和分析，为制定商业决策提供数据支持。技术创新带来的新产品、新服务或新模式可以为数字原生企业带来差异化的竞争优势。

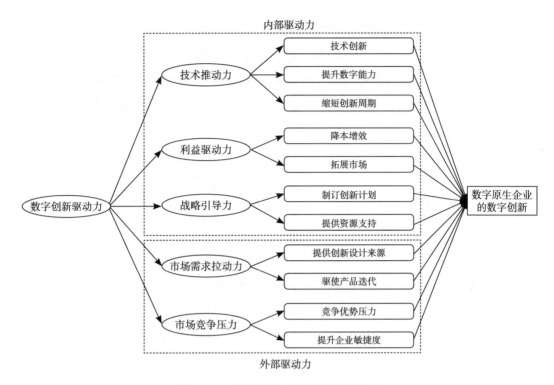

图 11-5　数字原生企业数字创新驱动力

在提升数字能力方面，数字原生企业通过使用先进的数字技术工具和平台，如人工智能、云计算、物联网等，提升数据处理、存储和分析的能力，这些技术的运用帮助企业更好地利用数据，为客户提供个性化的产品和服务，并实现数字化的个性化体验。例如，通过利用大数据技术分析用户的购买行为和喜好，阿里巴巴可以为用户精准推送定制化的产品和服务，实现个性化的购物体验。

在缩短创新周期方面，新的数字技术工具和方法有助于加快产品及服务的开发与迭代周期，企业可以利用数字化原型设计工具、敏捷开发等技术方法，迅速推出创新产品，快速调整和改进产品，满足市场的变化和需求。例如，数字孪生技术可以帮助设计师模拟产品的外观、功能、生产流程等，以便及时对产品进行调整和优化。

2. 利益驱动力

在利益的强大驱动下，数字原生企业有动力通过数字创新提升自身的盈利能力。

数字创新可以优化企业运营的各个环节，比如生产制造、供应链管理、市场营销、客户服务等，从而提高工作效率，减少不必要的成本和浪费。同时，它还能助力企业提供更多高附加值的产品和服务，例如通过人工智能和物联网技术，企业可以提供智能家居、智能交通等更加智能和便捷的产品及服务。通过这种降本增效的方式，数字创新能够为数字原生企业创造更多的商业价值，让企业的收入来源更加丰富多样。

数字创新还能帮助企业拓展市场，并帮助企业更好地满足不同细分市场的需求。当前很多企业都通过大数据技术，对消费者进行画像，了解消费群体的购买习惯和需求，为其推荐更合适的产品和服务。通过提供符合消费者"胃口"的数字产品和服务，企业能够吸引到更广泛的客户，进一步扩大自己的盈利基础。

3. 战略引导力

战略引导力涉及确定企业的长期愿景和战略目标，并将其与数字创新相结合，制订创新计划，进而帮助企业明确数字创新的方向和目标。通过制定清晰的战略路线图，数字原生企业能够确定创新的重点领域、技术方向和市场机会。

战略引导力不仅确保了数字创新与企业的整体战略相一致，避免了盲目创新和资源浪费，也能够帮助数字原生企业合理分配资源和投资，以支持数字创新。具体而言，战略引导力可以根据创新的重要性和战略优先级，为数字创新项目提供必要的资金、技术、人力资源和其他关键资源支持。它还可以促使企业进行有效的资源管理，确保资源得到最佳利用。战略引导力既推动了数字创新的实施，还提高了企业的整体运营效率，对于数字原生企业的数字创新发展起着至关重要的作用。

（二）外部动力机制

1. 市场需求拉动力

市场需求拉动力是指数字原生企业为了满足市场需求而进行数字创新的一种外部驱动力。在市场需求的拉动下，数字原生企业会制定创新战略，研发和设计出满足市场需求的数字产品或解决方案。企业会根据市场需求的特点和发展趋势，明确创新的重要领域和目标市场。

在数字创新的帮助下，数字原生企业可以提供个性化的解决方案、优质的交互体验和增值服务，从而赢得客户的忠诚和口碑。并且市场需求拉动力激励着数字原生企业不断迭代和改进产品，与客户保持紧密的互动和反馈，以满足变化的市场需求。

2. 市场竞争压力

市场竞争压力是数字原生企业开展数字创新的另一种外部驱动力。一方面，市场竞争压力迫使企业不断寻求创新和进步，以在竞争激烈的市场中保持竞争优势。而数字创新正是数字原生企业取得竞争优势的关键途径，通过数字技术的应用和创新，企业能够提高效率和质量，降低成本，提供更好的产品和服务，进而增加市场份额。

另一方面，市场竞争压力激励企业在数字创新中不断探索、试验和迭代，以保持对市场变化的适应能力。企业只有快速适应和调整经营策略，才能应对快速变化的市场需求和技术发展。数字创新帮助数字原生企业灵活地调整业务模式、产品和服务，并更快地推出新的解决方案。

二、数字原生创新的协同机制

通过构建高效的全面协同机制和价值共创机制，数字原生企业能够促使各创新参与方在组织转型的过程中实现优质的价值创造与共赢的收益分配。为了激发更加积极的协同创新活力，各方必须在管理层、战略层、业务层等关键领域，增强合作意愿，优化协同机制。通过这种整合，协同创新集体能够从宏观角度出发，合理配置资源，利用成员之间的互补性能力，以最大化创新要素的潜在价值。数字原生创新的协同机制见图11-6。

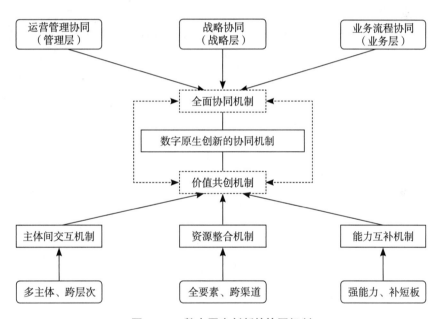

图 11-6　数字原生创新的协同机制

资料来源：李振东，张冬冬，朱子钦，等．数字化情境下的协同创新：理论框架与研究展望 [J]. 科学学与科学技术管理，2022，43(8)：47-65。

（一）全面协同机制

通过管理层、战略层、业务层的全面协同机制，数字原生企业能够实现高效运营和持续创新。管理层通过扁平化管理和数字化工具促进了高效的管理实践，战略层确保了企业的长远目标和发展方向一致，业务层优化了企业内外的业务运作。各层级的协同工作，共同推动企业在竞争激烈的市场环境中取得成功。表11-2中展示了各层面的协同创新运行框架。

表 11-2　数字原生企业全面协同机制运行框架

作用层面	含义	解决机制	举例
管理层	管理层的协同机制集中在企业管理实践和管理工具的优化上，确保各层级管理人员的协同工作和高效管理	·扁平化管理结构：通过减少管理层级，促进信息的快速传递和决策的高效执行，提升管理的灵活性和响应速度 ·协同管理工具：使用数字化协同工具（如企业社交网络、项目管理软件），促进管理人员之间的沟通和协作，提高工作效率 ·绩效管理和激励机制：建立科学的绩效管理和激励机制，确保各层级管理人员的目标一致，激发他们的工作积极性和创新能力	阿里巴巴采用"政委"管理机制，通过扁平化管理结构和企业内部社交平台，促进管理人员之间的沟通和协作。该机制不仅提高了信息传递的速度和决策的效率，还增强了各层级管理人员的工作积极性和创新能力
战略层	战略层的协同机制涉及企业高层管理和战略规划，确保企业的长期目标和发展方向一致，并与市场环境和技术进步相适应	·战略一致性：确保企业各部门的战略目标与企业整体战略一致，通过战略规划会议、战略研讨会等形式，定期评估和调整战略目标 ·跨部门战略联盟：建立跨部门的战略联盟，推动不同业务部门之间的合作，共同开发新市场和新产品 ·生态系统战略：通过与外部合作伙伴（如技术供应商、合作企业）结成战略联盟，构建和维护开放的创新生态系统	谷歌通过"ABC模型"（A为核心业务，B为新兴业务，C为长期赌注业务），在战略层面实现全面协同。各部门围绕这一战略框架进行协调，确保资源合理分配和战略一致性，推动企业在不同业务领域的持续创新和发展
业务层	业务层的协同机制旨在优化和协调企业内外的业务流程，确保各项业务活动的高效运作和无缝衔接	·流程自动化和集成：通过数字化工具和平台（如 ERP 系统、CRM 系统），实现业务流程的自动化和集成，减少人为干预，提高效率 ·数据驱动的业务决策：利用大数据和分析工具，对业务流程进行实时监控和优化，确保决策的科学性和及时性 ·敏捷开发和迭代：采用敏捷开发方法，快速响应市场变化和客户需求，通过持续迭代和改进提升业务流程效率	特斯拉在其生产流程中广泛采用自动化和集成系统，通过实时数据监控和反馈，优化生产流程，提升生产效率和产品质量。此外，特斯拉还采用敏捷开发方法，不断迭代和改进其生产流程，以适应市场需求的变化

（二）价值共创机制

数字原生企业的价值共创机制是实现企业内外部参与者共同创造价值的重要手段。它包含主体间交互机制、资源整合与能力优化机制两个方面。通过这些机制，企业能够充分利用各种资源和能力，促进创新和可持续发展。

1. 主体间交互机制

主体间交互机制是指数字原生企业与其生态系统中的各个参与者之间的互动和协同，通过信息共享、知识交流和协同创新，共同创造价值。具体包括以下几点。

（1）信息共享和开放平台：建立开放的信息共享平台，使企业与客户、供应商、合作伙伴等能够实时交换信息和数据。这种开放的平台有助于各方了解市场动态、技术趋势和客户需求，促进协同创新。例如，亚马逊的 AWS Marketplace 作为一个开放的平台，允许客户、合作伙伴和第三方开发者共享与使用各种云计算资源，促进了跨领域的协同创新。

（2）知识交流和创新社区：通过建立创新社区或虚拟实验室，鼓励不同主体之间的知识交流和合作研发。这样的社区可以汇聚多方智慧，激发创新灵感，推动技术和业务的跨界融合。例如，谷歌的 TensorFlow 社区，汇聚了全球的开发者和研究人员，通过开源项目进行知识交流和合作研发，推动了机器学习技术的发展。

（3）用户参与和共创：积极吸引用户参与产品设计和开发过程，通过用户反馈和需求洞察，优化产品和服务。用户不仅是产品的消费者，也是创新的参与者和贡献者。例如，小米通过 MIUI 论坛，邀请用户参与产品的测试和反馈，倾听用户的建议和需求，不断改进与创新其操作系统和智能设备。

2. 资源整合和能力优化机制

资源整合和能力优化机制是指数字原生企业通过整合和优化各种内外部资源和能力，实现资源的高效配置和能力的最大化利用，从而提升企业的竞争力和创新能力。具体包括以下几点。

（1）跨领域资源整合：将企业内部和外部的各种资源进行整合，如技术、数据、人才和资金等，通过资源的优化配置，支持创新项目和业务发展。跨领域的资源整合能够创造出新的价值链和商业模式。例如，阿里巴巴通过整合旗下的电商平台、金融服务、物流网络和云计算资源，打造了一个完整的数字经济生态系统，促进了各业务板块之间的协同创新。

（2）能力互补和优化配置：通过与合作伙伴建立互补的能力体系，实现资源和能力的优化配置，增强整体创新能力。实现能力互补和优化配置的常见途径是与技术领先的企业合作，引进先进技术和创新方法，提升企业的技术能力和创新水平。例如，特斯拉与松下合作，整合松下的电池技术和特斯拉的电动车技术，共同研发和生产高性能电池，增强电动车的续航能力和市场竞争力。

（3）数据驱动的决策和优化：利用大数据和人工智能技术，对企业内外环境进行实时监控和分析，提供科学决策支持和业务优化方案。数据驱动的决策能够提高企业的运营效率和创新效果。例如，Uber 通过大数据分析优化其出行服务，根据实时数据调整运力和路线，提升用户的出行体验和企业的运营效率。

三、数字原生创新的保障机制

数字原生企业顺利开展创新，还离不开政府、用户、高校、社会资本等的支持。在多主体保障下，开放的创新过程和创新决策环节才得以开展，开源机制和支撑保障机制是数字原生企业顺利开展数字创新的重要基础，如图 11-7 所示。

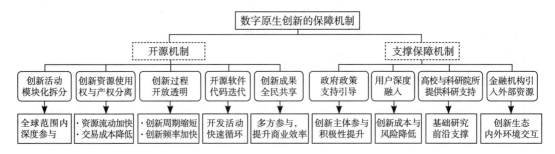

图 11-7　数字原生创新的保障机制

（一）开源机制

数字原生企业创新的开源机制是指通过开源平台和开放式创新模式，将创新过程和资源进行模块化拆分、开放式协作和共享化应用的一种机制。主要包含以下几个关键内容。

1. 创新活动模块化划分

在数字原生企业的开源创新中，创新流程能够被分解成独立的模块，这允许开发者针对各个模块进行专项合作，仿佛是在组装拼图一般，将不同的模块组合起来，协同推进开源项目。这种方法使得创新活动能够跨越地理和时间界限，在更广阔的范围内进行，同时也为深度的开放式参与提供了条件。例如，海尔集团在关键业务领域的研发任务并非由其独立完成，而是通过与国际研发中心的合作来实现。表 11-3 展示了海尔 HOPE 平台为在不同领域开展研发活动而在海外建设研发中心的举措。

表 11-3　HOPE 平台的海外研发中心建设

研发领域	举措
白电研发、高端洗衣机、高端冰箱	2011 年收购三洋白电 2014 年在日本的东京市、熊谷市新设白电研发中心
洗碗机、洗衣机	2012 年收购新西兰斐雪派克
电子、生物、动力、信息等诸多领域	2012 年在德国纽伦堡自建研发中心，其中生产中心设在意大利和波兰弗罗茨瓦夫，设计中心设在意大利米兰、法国里昂和荷兰阿姆斯特丹，营销中心设在法国巴黎

2. 创新资源使用权与产权分离

在开源创新中，知识、技术等资源的使用权与产权是相互独立的。数字原生企业可以通过开源许可证，在不拥有相关产权的情况下，自由地利用这些知识和技术资源。这种做法显著降低了知识与技术的流通成本和交易门槛，促使更多企业和个人参与创新活动。

3. 创新过程开放透明

开源创新的过程具有较高的透明度，这主要是因为其对创新活动的发起者和参与者没有限制。在这种开放的环境中，知识、技术、信息等创新资源得以在不同领域自由流通，加速了创新的频率，缩短了创新周期，同时也使得开放的边界不断变化，甚至趋于模糊。

4. 开源软件代码迭代

开源活动通过一个循环迭代的过程来改进软件代码，这个过程包括"发现问题—提出解决方案—讨论改进方法—决定是否采纳"四个阶段。在众多开发者的共同努力下，这四个阶段可以在24小时内多次重复进行，从而实现软件的快速迭代和改进。

5. 创新成果全民共享

在深度数字化的环境下，开源创新的成果不仅限创新者本身所有，而是向所有社会成员开放。这意味着优秀的创新成果能够吸引各类数字原生企业（包括那些未直接参与创新过程的企业）基于市场潜力进行投资、技术升级和市场开发。由于无须从零开始研发，这大大提高了商业运行的效率。

（二）支撑保障机制

支撑保障机制是指数字原生企业在开展某些大型创新活动，或组织创新生态系统内企业开展协同创新时，非创新主体的参与者为支持创新价值共创活动而提供的一系列支持与服务活动，主要包括政府政策支持引导、用户深度融入、高校与科研院所提供科研支持，以及金融机构引入外部资源。图11-8展示了各类非创新主体为数字原生企业创新活动提供的主要支持和保障。

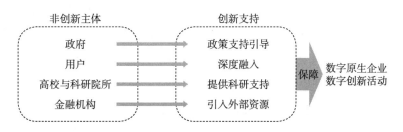

图11-8　数字原生创新中的非创新主体支撑保障

1. 政府政策支持引导

数字原生企业的创新往往是一项复杂的系统工程，涉及多个不同领域和异质性的参与者。政府在此过程中扮演着连接者和促进者的角色，通过搭建桥梁和平台，整合并引导不同主体的参与。此外，由于创新生态系统的活动往往旨在服务于整个行业或地区，因此需要政府的政策扶持，以提升各参与方的积极性和参与度。

2. 用户深度融入

数字化时代，市场需求的多样性和多变性使得市场环境更加不稳定。用户的深度参与可以提高创新成果与市场需求对接的效率，同时降低创新过程中的成本和风险。

3. 高校与科研院所提供科研支持

尽管许多创新项目由数字原生企业领导，但更具挑战性的基础研究通常由高校与科研院所来完成。这些机构为数字原生企业提供持续的基础研究成果，为其在更具挑战性的创新活动中提供支持。

4. 金融机构引入外部资源

金融机构在数字创新生态系统的建设中发挥着关键作用。它们促进了创新生态系统与外部环境的互动，并持续提供资金、信息等关键资源，确保了数字创新生态系统的持续活力，并支持其不断扩展和进化。

四、数字原生创新的治理机制

数字原生创新治理机制的目标是确保数字创新生态系统的稳定运作，有效解决数据资源共享的问题，公正地分配共创价值，并推动数字原生企业的持续创新与成长。数字原生创新的治理机制通过多边关系协调、创新行为控制、创新成果激励和共创价值分配等方面的有效管理，确保了创新过程的高效、有序和可持续。通过这些机制，数字原生企业能够构建一个开放、协同、创新的生态系统，实现各方共同受益和持续发展。

（一）基于数字平台构建实现的多边关系协调机制

多边关系协调机制是指在数字平台上，通过技术和规则协调多方利益相关者的互动与合作，确保数字创新生态系统的平稳运行和发展。具体实现机制如下。

（1）开放平台与标准化接口：建立开放的平台和标准化的接口，促进不同企业、合作伙伴和用户之间的无缝对接与协同合作。

（2）智能合约与区块链技术：使用智能合约和区块链技术，确保各方合作的透明度和信任度，提升合作效率和安全性。

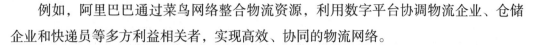

例如，阿里巴巴通过菜鸟网络整合物流资源，利用数字平台协调物流企业、仓储企业和快递员等多方利益相关者，实现高效、协同的物流网络。

（二）基于数字技术应用实现的创新行为控制机制

创新行为控制机制是利用数字技术监控和规范创新行为，确保创新过程符合企业战略和法律法规，防范风险和违规行为。具体实现机制如下。

（1）实时数据监控与分析：利用大数据和人工智能技术，实时监控创新行为和项目进展，发现潜在问题并及时调整。

（2）数字化风险管理系统：建立数字化风险管理系统，评估和控制创新过程中可能出现的风险，确保合规和安全。

例如，特斯拉开发的自动驾驶系统通过实时数据监控和分析，严格控制自动驾驶系统的研发和测试过程，确保技术创新的安全性和合规性。

（三）基于数字资源协同实现的创新成果激励机制

创新成果激励机制通过有效的资源协同和利益分配，激励各方积极参与创新活动，提升创新效率和成果质量。具体实现机制如下。

（1）共享数据平台：建立共享数据平台，促进数据和资源的共享与协同，提高创新效率。

（2）创新奖励制度：制定明确的创新奖励制度，根据创新成果的价值和贡献，给予相应的奖励和激励。

例如，在谷歌推行的"员工 20% 时间计划"中，谷歌允许员工将 20% 的工作时间用于个人感兴趣的创新项目，并通过共享平台和奖励机制激励员工积极参与创新，推动了众多创新成果的产生。

（四）基于数字技术迭代实现的共创价值分配机制

共创价值分配机制通过数字技术的迭代和优化，合理分配各方在创新过程中创造的价值，确保各方利益平衡和长久合作。具体实现机制如下。

（1）动态价值评估系统：利用数字技术，建立动态价值评估系统，根据创新贡献和市场表现，实时调整价值分配。

（2）透明的价值分配协议：通过智能合约等技术，制定透明的价值分配协议，确保各方利益的公正分配。

例如，微软通过 Azure 平台的动态价值评估系统，实时评估合作伙伴的贡献，根据其市场表现和技术创新，合理分配收益，促进合作伙伴的积极参与和长期合作。

本章小结

1. 支撑数字原生企业开展数字创新的理论依据包括开源创新理论、创新公地理论、数字化情境下的协同创新理论和创新生态系统理论。

2. 数字原生创新战略的内部逻辑包括三个核心方面，分别是数据驱动创新发展变革力、数字技术赋予创新发展动力、数字生态培育创新发展持续力。

3. 数字原生企业创新战略运行的主要机制有动力机制、协同机制、保障机制和治理机制。①动力机制是指数字原生企业在技术推动力、利益驱动力、战略引导力等内部动力和市场需求拉动力、市场竞争压力等外部动力的推动下开展数字创新活动。②协同机制包含全面协同机制和价值共创机制。③保障机制包含开源机制和支撑保障机制。④治理机制包含基于数字平台构建实现的多边关系协调机制、基于数字技术应用实现的创新行为控制机制、基于数字资源协同实现的创新成果激励机制和基于数字技术迭代实现的共创价值分配机制。

第十二章
数字原生创新战略的模式类型

本章将数字原生创新战略模式分为三种，分别是衍生型数字原生创新战略模式、新生型数字原生创新战略模式和供生型数字原生创新战略模式。本章将对这三种模式进行介绍。

学习目标：

1. 掌握各类数字原生创新战略模式；
2. 了解各类数字原生创新战略模式的典型代表；
3. 具备分析企业数字原生创新战略模式的能力。

课前阅读

数字化转型的终点是数字原生

数字化转型之后，数字原生的世界、社会形态、个人、企业、商品、金融和管理等走向何方？中国信息通信研究院云计算与大数据研究所所长何宝宏在"风向 Talks 2023"思享会上给出以下预判。

1. 数字化转型的终点是数字原生

数字原生代诞生于 21 世纪初，指的是从小就生活在数字环境中，每天与计算机、互联网和智能手机等打交道的人。何宝宏认为，数字原生代的娱乐、社交、学习和购物等都发生在数字世界，并且将数字世界的语言视为母语。在数字原生代的基础上，数字原生一是空间上的延展，从一代人朝着原生企业、原生应用、原生资产和原生理论延展；二是时间上的延展，数字原生的企业不仅包括 2000 年之后创立的企业，也包括创立于 2000 年前，但成功实现了数字化转型的，具有鲜明数字原生特点的企业。

2. 算力基础设施将成为工业 4.0 的"母体"

只有适应技术环境，企业才有未来。人类的历史就是一部技术革命驱动的社会转型和发展史。何宝宏提出，任何一场技术革命都会经历四个阶段，即技术革命期、产业繁荣期、社会普及期和母体营养期，其中后两个阶段在应用层面分别对应的是转型期和原生期。算力基础设施就像电气孕育了数字化时代一样，将成为工业 4.0 的"母体"，为其提供营养。

3. 数字资产可分为三类，数据价值演进将经历四个阶段

当前，数据资产是数据内容资产的一种抽象表达，数字资产可分为三类，即内容资产、加密资产和数据资产。内容资产是指一家企业或个人所拥有的、具有商业价值的内容资源。这些资源可以包括文字、图片、视频、音频、设计作品等多种形式的内容。加密资产是先做技术工具，后做价值化匹配。数据资产是先确定资源（价值），后进行资产化。数据价值的演进将经历原始数据、数据资源、数据资产和数据资本四个阶段。数据资产建议多考虑相邻的创新，可以从软件、音乐等传统数字内容资产开始创新，目前业界从传统资产做起，其实绕了远路。大数据技术一方面扩大了数据资源的范围，另一方面将个人信息带入了数据资源。因此，在大数据时代，除了关注产权保护，还需要注意保护个人隐私。

4. AI 开始从学习走向创造

生成式 AI 在 2022 年取得了突破性的进展。内容创作方面经历了 PGC(专业生成内容) 到 UGC(用户生成内容)，再到 PUGC（专业用户生成内容)的发展历程。到了 AI 时代，可实现 AIGC(人工智能生成内容)，未来可能发展到 P-AIGC（专业人员指导下的人工智能生成内容）。

AIGC 背后是一个大模型。过去五年，大模型的参数指数级增长带来了大模型"智力"的指数级增长。2020 年，机器基本只能完成文本生成任务，目前可以进行图像生成与视频生成。2016 年，机器只能从图片中识别文字，如今机器还实现了 AI 绘画、文字生成图像的功能。

5. 算力是三次能源之一，芯片是数字世界的发电机

算力的演进经历了记忆革命、通信革命和计算革命。何宝宏认为，数字世界的算力、运力和存力是"三次能源"，相较于电力发展，算力在标准化、易用性、普及性、稳定性、可靠性等方面还有很大的提升空间。

资料来源："风向 Talks 2023"思享会线上举行 何宝宏：数字化转型的终点是数字原生 [EB/OL].(2023-01-06)[2025-01-20].http://www.whwx.gov.cn/wlcb/wwtj/202301/t20230106_2125962.shtml。

思考

作为数字化转型的终点，数字原生有哪些表现形式？它们分别呈现出什么样的特征？

第一节　衍生型数字原生创新战略模式

衍生型数字原生创新战略是指传统企业以数字思维创造出全新数字平台、数字化子品牌或数字化子公司以辅助特定传统企业或产业链实现数字化转型的战略模式。实施衍生型数字原生创新战略的目的是通过数字化提升传统企业或产业链的效率。

本节介绍三种衍生型数字原生创新战略模式，分别是基于平台的开放式创新、基于场景的用户创新、基于工业互联网的服务模式创新。

一、基于平台的开放式创新

基于平台的开放式创新是指传统企业衍生建立数字原生平台，实施开放式创新，促进企业数字化的战略模式。该模式通过整合内部资源和外部创新力量，推动企业实施数字原生战略，实现创新和价值创造。

（一）创新机制

1. 资源整合与协作

传统企业通过建立数字原生平台，有效整合企业内部资源和外部创新力量。平台为企业和外部合作伙伴提供了一个开放的交流和合作空间，促进知识和资源的共享。企业可以与高校、科研机构、初创公司等外部实体合作，共同开展研发项目，利用多方优势推动技术创新和产品开发。

2. 用户参与与共创

基于平台的开放式创新模式鼓励用户积极参与创新过程。通过开放平台，企业可以与用户互动，了解用户需求和反馈，进行共创。例如，企业可以通过平台发布创新挑战，邀请用户和开发者提出解决方案，从而更好地满足市场需求，提升产品和服务的竞争力。

3. 数据驱动的创新

数字原生平台通常具备强大的数据收集和分析能力。通过对用户行为、市场趋势、技术发展等数据的分析，企业可以发现潜在的创新机会和市场需求。数据驱动的决策不仅提高了创新的针对性和效率，还能帮助企业提前预测和应对市场变化，保持竞争优势。

（二）价值创造模式

1. 多方共赢的生态系统

基于平台的开放式创新模式通过构建一个多方共赢的生态系统，创造价值。平台为企业、合作伙伴、用户和其他利益相关者提供了共同发展的空间。企业通过平台获得外部创新资源和用户反馈，提升产品和服务质量；合作伙伴通过平台获得市场机会和技术支持；用户通过参与创新获得个性化的产品和服务体验。这种多方共赢的模式提升了平台的吸引力和竞争力，促进了整个生态系统的良性循环。

2. 降低创新成本和风险

开放式创新模式通过引入外部资源和力量，有效降低了企业的创新成本和风险。企业不再需要独自承担所有的研发投入和风险，而是可以通过与外部合作伙伴共享资源和成果，分散创新风险。此外，用户参与创新也为企业提供了可靠的市场验证，降低了新产品或服务失败的风险。

3. 加快市场响应速度

数字原生平台的开放性和灵活性使企业能够快速响应市场变化和用户需求。通过平台与外部合作伙伴和用户的实时互动，企业可以迅速获取市场反馈，进行产品调整和优化。这样的快速响应机制不仅缩短了创新周期，还能帮助企业在竞争激烈的市场中保持领先地位。

4. 新商业模式的探索

基于平台的开放式创新模式为企业探索和尝试新商业模式提供了契机。企业可以通过平台试验不同的业务模式、合作模式和盈利模式，寻找最佳的发展路径。例如，企业可以通过平台实施订阅制、共享经济、按需服务等创新商业模式，实现新的收入增长点和业务拓展。

创 新 标 杆

海尔 HOPE 创新生态系统基于平台的开放式创新

自 2009 年起，海尔着手构建其开放式创新体系，这一体系从最初的开放式创新中心起步，逐步发展为一个全面的开放式创新平台，并最终演化成为一个成熟的开放式创新生态系统。通过 HOPE 创新生态系统，海尔在全球范围内高效地整合了技术和知识资源，建立了一个旨在实现共同创造、共享成果和共赢局面的创新生态。

2009 年，海尔成立了开放式创新中心，并在 2010 年推出了其开放式创新中心的网络门户。为了进一步推进开放式创新并支持集团的网络化战略，海尔创建了HOPE 在线开放式创新平台（以下简称"HOPE 平台"），该平台于 2013 年正式启用。海尔还加强了线上与线下创新资源的融合，将全球关键技术革新区域的线下技术资源网络与 HOPE 平台相融合。在线上，HOPE 平台与全球的研发机构和个人合作，向用户提供最新的科技信息和高质量的创新解决方案。在线下，这些解决方案通过海尔全球十大研发中心以及集团内部各产业线的研发平台的协作得以实现价值创造。自 2014 年起，海尔对 HOPE 平台的功能进行了重大升级，其核心目标是促进技术资源的需求方和供应方之间的直接交流与自动匹配，体现了双边平台模式的高效性和精确性。从 2015 年起，海尔开始将 HOPE 平台从双边平台模式转变为平台生态系统模式，这一转变的一个显著特征是平台上聚集的资源日益增多，其服务的对象范围也发生了显著扩展，该平台不仅服务于海尔内部的各个产业，也开始为外部产业提供支持。到了 2017 年，HOPE 平台的战略定位被明确为一个秉承"共创、共赢、共享"理念的创新生态系统，其核心要素包括用户网络、资源网络和生态伙伴，如图 12-1 所示。

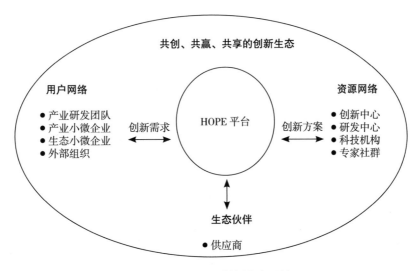

图 12-1 HOPE 创新生态系统

资料来源：曹仰锋 . 黑海战略：海尔如何构建平台生态系统 [M]. 北京：中信出版集团，2021。

在 HOPE 创新生态系统中，用户网络由四个主要群体构成，分别是产业研发团队、产业小微企业、生态小微企业和外部组织。这些用户群体大多源自海尔的核心业务领域。在这个平台上，用户作为需求提出者，会向资源提供者提出具体的创新方向、面临的挑战以及具体的需求。资源网络则扮演着创新解决方案提供者的角色，它不仅包括海尔在全球范围内的创新中心和研发中心，还涵盖了与之合作的科技机构和专家社群。

为了加速创新方案向创新产品的转化，HOPE 平台还与供应商建立了联系，这些供应商作为平台的生态合作伙伴，与平台上的小微企业紧密合作。通过产品模块化的方式，它们能够更迅速地将创意转化为实际产品，以快速响应用户对个性化产品的需求。

海尔通过其开放式创新平台，有效地融合了内部创新与外部创新的优势。在全球范围内，海尔建立了十大研发中心和众多创新中心，例如 2014 年 9 月，海尔在美国的埃文斯维尔市成立了北美研发中心，该中心的成立旨在整合全球顶尖的研发资源，完善海尔的全球研发平台，并进一步拓展北美市场。遍布全球的研发中心和创新中心，结合海尔内部各产业的研发力量，与 HOPE 平台一起，形成了海尔的全面开放式创新生态系统。HOPE 平台秉承共创、共享、共赢的理念，在价值发现、价值创造到价值分配的整个过程中，持续优化和更新生态合作伙伴的协作模式，推动生态系统内各方形成紧密的利益共同体。

思考

1. 请描述海尔 HOPE 平台与传统闭门研发模式之间的主要区别，以及该平台的优势。

2. 除了海尔 HOPE 平台，你还能想到其他行业或领域中的类似开放式创新生态平台吗？请举例并比较它们的特点和作用。

二、基于场景的用户创新

基于场景的用户创新是指将现有技术或产品应用于特定的场景中，通过解决特定场景中用户的痛点或问题，来创造更大价值的过程。在这个过程中，除企业自身外，用户是另一创新主体,他们通过参与技术或产品的设计和开发,实现数字原生企业技术的突破和商业价值的增加。与传统创新范式不同,基于场景的用户创新的内驱力是各个特定场景下用户的关键需求,而非科研人员的奇思妙想,这从根本上改变了科技创新到成果转化的复杂过程,从而促进有针对性地对科学技术进行创新,实现了在实践应用中创新、在市场环境中创新。

基于场景的用户创新主要包括以下五种类型:环境导向型场景驱动、行为导向型场景驱动、情感导向型场景驱动、体验导向型场景驱动、目标导向型场景驱动。表12-1介绍了不同类型导向的场景如何驱动创新,以及在现实生活中的体现。

表 12-1 场景驱动的用户创新类型

类型	描述	例子
环境导向型场景驱动	致力于提升用户在实体空间中的场所体验,激发用户新需求,为企业提供场景设计灵感	用户在不同季节对家庭内部灯光颜色、墙纸明暗程度会有切换的需求,这些用户在实体场所中体验所产生的个性化需求,为企业提供了场景设计灵感
行为导向型场景驱动	以用户行动目标为核心要素构建消费场景,根据场景要素组合的动态变化,驱动场景中的用户产生新需求	针对用户线上购物缺乏线下实体店的购物氛围和体验的问题,一些平台推出线上 VR 试衣、VR 试妆等应用程序,以提升用户线上购物体验的真实感
情感导向型场景驱动	以用户情感共鸣为核心要素,借助其他场景要素组合触发用户的情感需求	网易云音乐将播放器界面设计成黑胶样式,不仅可以让用户享受到经典的音乐体验,还可以唤起用户对于过去音乐播放方式的回忆,这种怀旧感可以引发用户的情感共鸣,增强用户对网易云音乐的情感连接
体验导向型场景驱动	以用户体验为核心构建消费场景,调动用户各感官体验,增强融入感与主人翁意识	卡萨帝等品牌开展了沉浸式的体验活动,邀请用户参与品牌设计,以加深用户对产品和品牌的了解
目标导向型场景驱动	以用户追求的体验目标为核心构建消费场景,吸引并集聚关注该核心要素的用户	海尔推出海尔家庭医疗健康场景,吸引追求健康生活的用户,产品种类有智能枕、智能按摩椅和智慧牙刷,操作方式包括触控、App、语音和手势控制等,并增加了降噪静音、雾化加湿等功能,产品连接也从单个产品扩展到全场景物联

资料来源:张凡,何佳讯.物联网环境下场景驱动用户创新方式与路径研究 [J].科技进步与对策,2024,41(6):1-10。

基于场景的用户创新由企业和用户共同完成,用户在场景中满足需求、追求更好的体验,企业挖掘用户需求、激发用户灵感并提升用户体验。图12-2展示了基于场景实现用户创新的路径。具体而言,用户在具备物理、技术、人文和关系要素的初始消费场景中进行体验,并将需求与场景要素进行比对,若二者相匹配则继续体验。在企

业与用户的共同作用下，场景要素是动态变化的，原本与用户需求相匹配的场景要素
与动态变化的场景要素相结合，主动通过数字足迹呈现或反馈给企业，如在社交媒体
上发布帖子反映新需求，从而形成新消费场景。当用户发现需求与当前场景要素组合
不匹配时，可能会向企业反馈新的需求和问题，企业会根据反馈重新调整与用户需求
不匹配的场景要素，或者创建符合用户需求的新场景要素，从而创造新消费场景。当
用户发现需求与场景要素组合不匹配时，也可能会终止体验。此时，以用户为核心的
场景要素组合将解散，企业会根据动态变化的要素重新组合形成新的场景。企业通过
捕捉用户行为信号和数字足迹，如消费记录终止或对竞品属性的频繁浏览，有针对性
地调整原有场景要素组合，形成新消费场景。

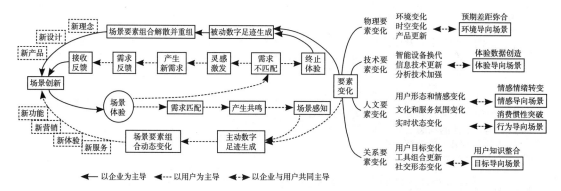

图 12-2　基于场景实现用户创新的路径

资料来源：张凡，何佳讯. 物联网环境下场景驱动用户创新方式与路径研究 [J]. 科技进步与对策，
2024，41（6）：1-10。

（一）创新机制

1. 深度用户洞察

基于场景的用户创新模式的首要机制是对用户需求的深度洞察。企业需要通过多
种方法，如问卷调查、焦点小组、用户访谈、数据分析等，深入了解用户在特定场景
中的痛点和需求。例如，智能家居企业可以通过用户调研发现用户在家庭安全、能源
管理等方面的需求，从而开发相应的智能设备和解决方案。

2. 用户共创设计

在基于场景的用户创新模式中，用户不仅是需求的提供者，还是设计过程的共同
参与者。企业通过设立用户共创平台或社区，邀请用户参与产品的设计、测试和迭代。
用户在使用产品的过程中提出反馈和建议，帮助企业不断优化产品。例如，游戏公司
可以通过开放测试邀请玩家参与游戏设计，实时收集玩家反馈，调整游戏内容和功能，

提升用户体验。

3. 快速原型迭代

在用户共创设计的基础上，企业通过快速原型和迭代的方式加速创新过程。通过敏捷开发方法，企业可以迅速将用户需求转化为产品原型，并进行多轮测试和改进。这样不仅缩短了产品开发周期，还能确保最终产品更符合用户需求。例如，电动车企业可以通过快速原型迭代，不断优化电池续航、智能控制等功能，以满足用户在不同驾驶场景下的需求。

（二）价值创造模式

1. 精准解决用户痛点

基于场景的用户创新模式通过深度洞察用户需求，精准解决用户在特定场景中的痛点。这样的产品和服务更能满足用户的实际需求，提升用户满意度和忠诚度。例如，医疗科技企业通过与医生和患者的合作，开发出便携式诊疗设备，解决了偏远地区医疗资源不足的问题，提升了医疗服务的普及程度。

2. 提升用户参与度和忠诚度

用户在创新过程中扮演积极角色，能够提升他们对产品和品牌的参与度和认同感。这种深度参与提升了用户的满意度以及对品牌的忠诚度。用户会因为参与产品的设计和开发而产生更强的归属感，从而更愿意持续使用并推荐该产品。例如，运动品牌通过邀请用户参与智能运动装备的设计和测试，提升了用户对品牌的忠诚度和认可度。

3. 加速市场响应和迭代

用户的参与使得企业能够快速响应市场变化和用户需求，通过快速原型和迭代，企业可以更灵活地调整产品策略和功能。这样不仅加快了企业创新速度，还能使企业在竞争激烈的市场中保持领先地位。例如，消费电子企业通过用户反馈迅速改进产品功能和设计，在新品发布时能够更好地满足用户需求，提升市场占有率。

4. 创新商业模式

基于场景的用户创新模式还可以催生新的商业模式。通过用户参与和共创，企业可以探索新的盈利模式和服务模式。例如，软件公司通过用户共创开发出个性化的订阅服务，用户根据自己的需求选择不同的功能模块，实现个性化的体验和价值最大化。

海尔的三翼鸟品牌基于场景的用户创新

2020年9月，海尔智家旗下首个场景品牌"三翼鸟"正式创立。三翼鸟的场景驱动创新范式是在海尔智家"人单合一"模式下，顺应物联网时代"零距离""去中心化""去中介化"的商业特征，以提升用户体验为核心而成立的，让企业和员工直接面对用户，积极主动地创造用户价值并在为用户创造价值中实现自己的价值分享。三翼鸟品牌的核心在于从传统的产品导向研发转变为以用户需求为中心的场景研发。它通过整合智能家居设备、照明设备、空气质量监测、水处理和室内设计等关键要素，创造出特定的家庭生活场景，从而激发用户对未来美好生活的向往。在三翼鸟的全场景体验空间中，用户可以根据自己的喜好设计个性化、定制化的智慧家庭方案，由"三翼鸟"以一体化、便捷、高效的平台化服务实现。

三翼鸟品牌强调其服务应具备引领性、专业性和融合性三大特点。引领性意味着三翼鸟在家装场景设计上具有前瞻性，确保其设计在未来十年内仍具时尚感，同时其服务工艺也保持领先，确保持续处于行业领先地位。专业性体现在三翼鸟拥有超过600家专业的家装团队和10万名专业的家电安装工人，确保服务的专业水准。融合性则体现在家装和家电服务的结合上，通过一站式管家服务满足客户需求。三翼鸟依托海尔智家的"三库"资源——组件库、场景库和体验库——来打造丰富多样且个性化的智慧家庭场景。组件库包括宝洁、双立人、迪卡侬等国内外知名品牌的产品，作为智慧家庭场景的基本元素；场景库则是由这些品牌组件共同构成的多样化、个性化的家庭生活场景；体验库则是根据用户需求不断更新的体验反馈。

为了更好地适应用户需求，2022年7月，在中国（广州）国际建筑装饰博览会期间，三翼鸟联合了17个家居建材和家电行业的顶尖品牌，以及中国室内装饰协会、住宅产业研发中心等机构，共同成立了"中国大家居TOP生态联盟"，旨在进一步推动行业的协同发展和创新，如图12-3所示。

由三翼鸟牵头成立的"中国大家居TOP生态联盟"不仅仅是一个品牌合作和客户资源共享的平台，更是一个以场景为核心的联盟。在这个联盟中，三翼鸟提出的"1+3+5+N"全屋智慧解决方案中的"N"代表了无限可能的场景体验，涵盖了智慧客厅、智慧卧室、智慧厨房、智慧家庭影院、智慧书房、智慧浴室、智慧阳台等多种家庭生活场景。

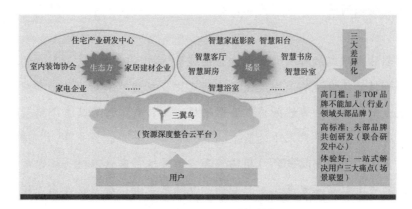

图 12-3　中国大家居 TOP 生态联盟示意图

资料来源：陈德豪 ."三翼鸟"扇动创新之翼 [J]. 企业管理，2022(10)：29-31。

图 12-4 展示了部分三翼鸟全屋智慧解决方案。三翼鸟品牌的场景体验设计展示模式，有效地解决了用户在家电、家具、家装选择上可能出现的不协调问题，同时也减少了用户为了寻找合适的产品而不得不在多个市场之间奔波的时间和交

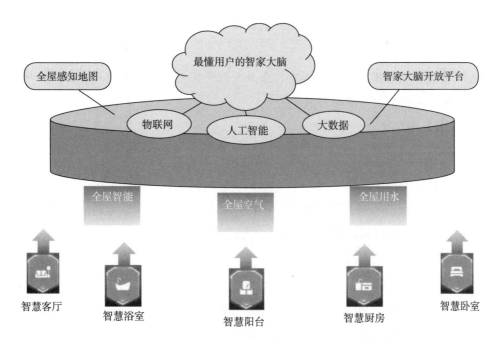

图 12-4　三翼鸟全屋智慧解决方案（部分）

资料来源：三翼鸟官网，https://www.sanyiniao.com/about/hxjzl/?spm=sanyiniao.about-home_pc.header-20230512.1，访问日期：2024 年 10 月 9 日。

通成本。在这种特定的场景体验下，产品的功能设计与室内美学设计实现了和谐统一，智能物联网技术在不同产品间的协同作用使得整个家居环境更加生动和有活力。

海尔创始人张瑞敏将三翼鸟比喻为经过计算机百万次迭代而形成的混沌自画像，这一形象的比喻说明了即使是微小的变化，在经过不断的迭代和演化后，也能引发巨大的影响，即蝴蝶效应。海尔选择"三翼鸟"作为其首个场景品牌的名字，寓意着即使是用户需求中的微小痛点，海尔也会将其作为导向，持续迭代和创新解决方案，不断开拓新的应用场景和市场。这一寓意不仅为海尔智家及其三翼鸟品牌的未来创新和发展定下了基调，也预示着海尔智家将在商业模式上进行革新，将产品中心转变为场景中心，将产业中心转变为生态中心。随着三翼鸟品牌的不断成长和发展，它有可能成为推动中国家电产业数字化转型和升级的强大力量，引领行业走向一个新的时代。

⦿ 思考

1. 三翼鸟品牌通过基于场景的用户创新模式实现了怎样的商业特征？请解释其与传统产品思维的区别。

2. 在基于场景的用户创新模式中，企业如何平衡满足用户个性化需求和规模化生产？如何应对快速变化的市场需求？

三、基于工业互联网的服务模式创新

基于工业互联网的服务模式创新是指传统企业的数字原生子公司通过建立工业互联网平台，为全产业链提供数字技术服务的战略模式。

（一）工业互联网和工业互联网平台

工业互联网（Industry Internet）的概念最早由 GE 于 2012 年提出。随后，GE 联合 IBM、思科、英特尔和 AT&T 组建了工业互联网联盟（Industry Internet Consortium, IIC），将这个概念大力推广开来。工业互联网作为物联网、大数据、人工智能等新兴数字技术与制造业深度融合的产物，通过实现人、机、物的全面互联，构建起全要素、全产业链、全价值链全面连接的新型工业制造和服务体系，成为支撑第四次工业革命的基础设施，对未来的工业发展将产生全方位、深层次、革命性影响。工业互联网的本质是企业通过建立工业互联网平台，把产业中的传感器、机械设施、产品、用户等要素紧密连接起来。利用 5G、物联网、人工智能等新兴技术，通过系统对工业数据进行深度计算、存储、实时传输等，实现生产优化和智能控制，重铸工业生产力。

工业互联网平台是贯彻落实工业互联网概念的商业化软件平台，其本质是在传统工业云平台的基础上叠加物联网、大数据、人工智能等新兴技术，构建更精准、实时、高效的数据采集体系，建设包括存储、集成、访问分析和管理功能的使能平台，实现工业技术、经验知识模型化和软件复用化，以工业 App 的形式为制造企业提供各类创新应用，最终形成资源富集、多方参与、合作共赢、协同演进的制造业生态。

（二）基于工业互联网的服务创新机制

工业互联网平台犹如工业领域的操作系统，它可以为工业企业打造"前中后台"技术架构，汇聚企业内各种后台资源（包括各种业务系统和工业设备），以数字主线和数据服务为核心打造数字中台，沉淀工业知识和经验成为各种业务模型，快速、灵活地支持前台的各种功能和工业 App，如图 12-5 所示。

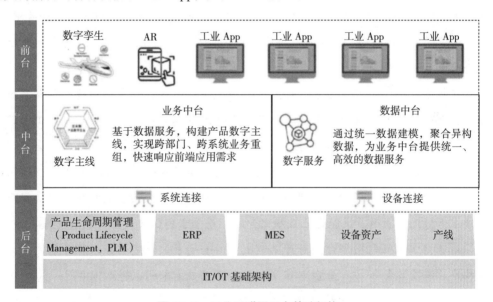

图 12-5　工业互联网平台基础架构

资料来源：施战备，秦成，张锦存，等．数物融合：工业互联网重构数字企业 [M]．北京：人民邮电出版社，2020。

后台：资源汇聚。企业内的各种标准记录凭证（Standard Operation Records，SOR）和工业设备都将下沉，成为后台系统。借助工业互联网平台广泛的连接能力，后台系统将分散在异构系统和异构设备中的数据汇聚起来，以便共享和调用。

中台：数据驱动。数字主线是工业企业区别于互联网和消费领域的企业的核心所在，是工业互联网平台需要打造的核心能力，也是构建业务中台的关键。而数据服务则指通过统一数据建模，聚合异构数据，为业务中台提供统一、高效的数据服务，最终实现业务与数据的融合，以数据驱动业务。

前台：应用使能。工业App能够重复调用中台沉淀的工业知识和经验，共享数据服务，快速响应前端业务需求，体现了数字企业的敏捷、创新能力。工业互联网平台是工业App的摇篮，为其提供快速开发和使能的环境以及开放的应用市场，打造平台化的工业App生态。

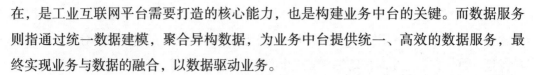

河钢数字基于工业互联网的服务模式创新

河钢数字技术股份有限公司（以下简称"河钢数字"）是河钢集团控股的一级子公司，成立于2018年，它的经营目标是推动钢铁行业的数字化转型。河钢数字2020年、2022年两次入选国家"科改示范行动"企业；2021年完成混合所有制改革，同年入选国家专精特新"小巨人"企业；2023年入选"创建世界一流"专精特新示范企业。

河钢数字坚持"以我为主、自主可控"的技术路线，充分应用边缘计算、物联网、大数据、人工智能、云计算等新一代信息技术，以河钢集团多年的工业沉淀和应用实践为基础，以推动行业数字化转型为目标，全面构建面向生产全流程的、数据驱动的、软硬一体的、拥有完全自主知识产权的工业互联网平台——河钢数字WeShyper（威赛博）工业互联网平台。河钢数字致力于利用该平台实现产业链上下游互联互通，赋能企业数字化升级，携手合作伙伴共生共赢共发展。

威赛博工业互联网平台拥有产业链上下游全场景的数字化应用服务能力，通过构建"智能装备＋核心平台＋应用软件"三层技术架构，将人工智能、5G、区块链及边缘计算等新一代信息技术与工业深度融合，在大量应用实践的基础上，形成独创的"点、线、面、体、圈"五维一体的高效协同智能制造体系。平台聚焦工业场景实际应用，实现设计、研发、生产、供应链、营销全流程信息协同，为企业提供产线数字化升级、产业聚集区赋能、企业数字化转型等服务和解决方案。同时深度延伸产业链，构建联合强健的生态圈，形成跨设备、跨系统、跨厂区、跨地区的互联互通，打造工业发展新业态。图12-6展示了威赛博工业互联网平台的基础架构。

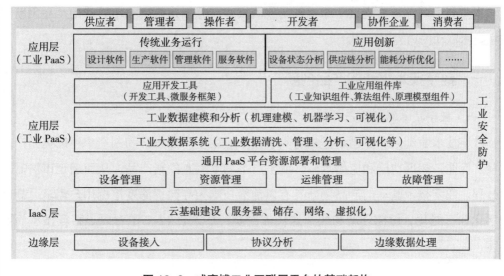

图 12-6　威赛博工业互联网平台的基础架构

资料来源：河钢数字官网，http://hbisdt.com/home，访问日期：2024 年 10 月 9 日。

思考

1. 河钢数字通过基于工业互联网的服务模式创新实现了怎样的商业特征？请解释其与传统钢铁行业的区别。

2. 威赛博工业互联网平台聚焦工业场景实际应用，实现信息协同和助力行业数字化转型，你认为这种基于工业互联网的服务创新模式对于河钢集团及整个钢铁行业的未来发展有何影响？

3. 基于你对河钢数字基于工业互联网的服务模式创新的理解，你认为其他公司或组织可以从中学到什么？为什么基于工业互联网的服务创新在现代制造业中如此重要？

第二节　新生型数字原生创新战略模式

新生型数字原生创新战略是指创立于数字经济时代的企业基于新一代数字技术开展业务、实施运营的创新模式。实施新生型数字原生创新战略的目的是基于数字技术，以全新的商业模式提升企业运营效率，获取竞争优势。

本节介绍两种新生型数字原生创新战略模式，分别是数字技术驱动的产品创新和数字技术驱动的内容服务创新。

一、数字技术驱动的产品创新

（一）数字技术驱动的产品创新特征

数字技术驱动的产品创新是指将数字技术应用于产品设计和制造中，以提升产品质量、性能，拓展功能和应用范围，或生产市场上没有的新产品，从而满足市场需求的过程。数字技术驱动的产品创新具有以前沿技术为导向、深度挖掘用户需求、高度数字化和智能化、敏捷创新和快速迭代等主要特征。表 12-2 中对以上特征做了简要描述。

表 12-2　数字技术驱动的产品创新的特征

特征	简要描述
以前沿技术为导向	新生型数字原生企业以人工智能、物联网、云计算等前沿数字技术的应用为重点，通过不断引入和开发新的数字技术，实现产品的持续优化和创新
深度挖掘用户需求	新生型数字原生企业在产品创新的过程中，注重用户需求的深度挖掘，通过大数据分析和用户行为研究，企业能够精准把握用户特征和需求，为用户提供个性化产品
高度数字化和智能化	新生型数字原生企业在产品创新过程中，追求高度的数字化和智能化，使产品具有更强的智能化功能和更好的性能，提升用户体验和产品价值
敏捷创新和快速迭代	在产品创新中，新生型数字原生企业注重敏捷创新和产品的快速迭代，通过不断尝试新的数字技术和创新方法，实现产品的优化和升级

（二）数字技术驱动的产品创新流程

数字技术可以用于产品生命周期的各个阶段，包括产品设计、生产、销售和售后服务等。

1. 数据驱动产品设计

在产品设计阶段，利用数字技术，企业能够在产品创新开展之前进行有效的数据收集和处理。例如，企业可以分析消费者行为数据、研究市场趋势以及分析竞品情况等。这些数据为新生型数字原生企业提供了有价值的信息，以便企业更精准地理解市场需求，把握市场趋势，从而做出更科学、更有效的产品设计和功能规划。通过计算机辅助设计（Computer Aided Design, CAD）、VR 和计算机辅助工程（Computer Aided Engineering, CAE）等工具，设计师们可以快速创建、修改和优化产品设计。

2.智能柔性生产

在产品生产阶段，通过数字化制造和自动化生产线，企业可以将生产过程转化为可追踪的数据，并实现对生产过程的实时监控和控制。这使得企业能够更加灵活地调整生产线的布局、工艺的流程和资源的配置，以适应市场需求的变化。在数字技术的支持下，企业能够大幅提升产品制造环节的速度，做到产品快速更新换代。通过数字化设计和制造技术，企业可以灵活地根据客户需求定制产品，并实现快速生产和交付。数字技术还可以支持产品的可追溯性和质量控制，确保定制化产品的质量和一致性。

3.智能供应链（销售）管理

在产品销售阶段，通过数字化供应链管理系统，企业可以实现供应链的可视化和实时协同。这使得企业能够更好地管理供应链中的各个环节，包括供应商管理、物流协调和库存控制等，以应对市场需求的变化和波动。通过大数据分析和人工智能技术，企业可以对市场需求、供应链状况和生产能力进行实时监测和分析。基于这些数据和分析结果，企业可以制订智能化的生产计划，确定调度策略，以最大限度地提高生产效率和资源利用率。

4.实时售后

在产品售后服务阶段，数字技术可以应用于远程监控、故障诊断和在线客服等方面。远程监控技术可以实时监测产品的运行状态，及时发现并解决潜在的故障。故障诊断技术可以通过远程访问产品的数据和日志，快速定位和修复故障，减少售后服务的时间和成本。在线客服系统可以提供24小时在线的客户支持，解答客户的问题和提供技术支持。

（三）数字技术驱动的产品创新的价值创造模式

通过数字技术驱动的产品创新模式，企业不仅能提升产品质量和性能、拓展功能和应用范围，还能不断推出新产品，满足市场需求，创造显著的商业价值。

1.提升产品质量和性能

数字技术在设计和制造中的应用能够显著提升产品的质量和性能，减少生产缺陷，降低返工率，增强产品的市场竞争力。

2.拓展功能和应用范围

通过数字技术，企业可以赋予产品更多的智能化和个性化功能，拓展产品的功能和应用范围。例如，智能家电通过集成物联网技术，实现远程控制和自动化操作，提升用户体验。

3. 推出新产品

数字技术驱动的创新使企业能够快速响应市场需求，推出创新型产品。这不仅满足了用户的多样化需求，还能创造新的市场机会和增长点。例如，3D打印技术的应用，使企业能够生产出复杂结构和个性化定制的产品。

创新标杆

希音数字技术驱动的产品创新

希音（SHEIN）的服装销售模式展现了数字技术在推动产品创新和战略发展中的关键作用。自2009年成立以来，希音专注于女性快时尚领域，并迅速在全球范围内扩张，截至2019年，其业务遍及超过230个国家和地区，跻身全球最受欢迎的电子时尚平台之列。2020年，希音完成了超过150亿美元的E轮融资，同年在全球新冠疫情的背景下，当传统快时尚巨头（如ZARA）遭受重创时，希音的销售额却达到了近1 000亿元人民币。

在希音成立之初，快时尚领域竞争已十分激烈，既有ZARA、H&M、ASOS和Top Shop等行业巨头，也有众多细分市场的强有力竞争者。随着市场竞争的加剧，快时尚行业的概念和模式也在不断演变。从20世纪90年代初ZARA引领的欧洲时尚潮流，到21世纪10年代中期ASOS、Boo Haa等直接面向消费者的快时尚平台的兴起，再到2012年左右H&M、ZARA、优衣库等品牌的辉煌，全球快时尚市场经历了多次变革。

希音的创始人许仰天意识到，要想在这个竞争激烈的市场中脱颖而出，希音必须开辟新的道路，构建自己的核心竞争力。数字技术的进步为希音提供了这一转型的可能。通过利用大数据分析、人工智能、高效的供应链管理和精准的市场营销策略，希音能够快速响应市场趋势，提供多样化、个性化的时尚产品，同时保持低成本和高效率的运营模式。这种以数字技术为核心的战略模式，使得希音能够在快时尚领域实现突破，成为行业的一匹黑马。

1. 数据驱动选品

希音大数据系统的建立，为公司在快时尚行业中带来了显著的竞争优势。通过这一系统，希音能够实现对服装潮流趋势的实时追踪和深入分析，从而在设计选品过程中实现更高的效率和精确度。这一方法与传统的设计选品相比，不仅加快了产品从概念到市场的流程，还提高了产品的市场接受度。希音的IT和设计团队利用社交媒体和搜索引擎等数字化工具，有效地捕捉和分析市场上的流行元素、消费者偏好以及材质面料的最新趋势。这些数据为设计师提供了有力的支持，使他们能够基于市场需求和用户喜好来设计新产品。这种以数据为基础的决策过程，确保了希音的产品能够紧跟甚至引领时尚潮流。希音的数据驱动选品策略的成效显著，爆款率高达 50%，而滞销率则被有效控制在 10% 左右。

2. 小单快反 + 市场测试 = 50% 爆款率

希音商业模式的成功在很大程度上归功于其高度数字化的产品设计流程和强大的市场趋势分析能力。根据其内部商业计划书，希音的爆款率高达 50%，远超 ZARA 的 20%，这一显著差异揭示了希音在快时尚行业中的独特优势。

在产品设计阶段，希音通过建立起大数据系统，不仅能够追踪和分析当前的服装潮流趋势，还能够通过工具（如 Google Trends）来监测不同国家和地区的热门搜索趋势。这些工具帮助希音识别哪些颜色、面料和款式可能会成为下一个流行趋势，并将这些信息及时整合到产品设计中。这种实时捕捉时尚动态的能力，使得希音在产品上市之前就能够基于大量数据做出决策，甚至预测产品的市场表现。经过无数次的市场测试和数据分析，希音已经形成了强大的市场预测能力，这是其能够高效率地研发出符合消费者需求和市场热点的款式的关键。这种能力使得希音在设计阶段就能够预判哪些产品有可能成为爆款，从而在竞争激烈的快时尚市场中占据先机。

此外，希音还采用了小批量投放测试的策略，这使得公司能够快速测试市场对新款式的反应，并据此调整生产策略。如果市场反馈积极，希音便迅速扩大生产规模；如果反馈不佳，希音则能够及时调整或停止生产，从而降低库存积压风险。这种灵活的生产和测试策略，结合其强大的数据分析能力，共同构成了希音在快时尚行业中取得高爆款率的关键因素。

在采用"小单快反"生产策略的过程中，希音致力于构建一个健康的供应链环境。现阶段，希音不仅在与原始设备制造商（Original Equipment Manufacturer，OEM）的合作基础上进行了扩展，还引入了与原始设计制造商（Original Design Manufacturer，ODM）和原始品牌制造商（Original Brand Manufacturer，OBM）的合作，并且在挑选供应商时实施了更加细致的标准。随着希音在工厂管理中的影响力增强，它对供应商的期望也随之提高，包括缩短交货时间至行业平均水平以下、设定针对供应商的关键绩效指标以及实施供应商的末位淘汰制度。公司持续通过严格的质量控制措施来提高产品品质和加速生产流程，例如制定"八天内完成返单（传统工厂通常需要超过 15 天）、单件服装的线头不超过三根、尺寸误差控制在两厘米以内"等标准。

思考

1. 希音如何利用数字技术来进行选品和产品创新？它是如何利用大数据系统来捕捉市场变化趋势和分析用户喜好的？

2. 在全球市场中，希音如何与其他快时尚品牌竞争并脱颖而出？它的数字技术驱动产品创新模式是否可持续并帮助希音在未来取得更大成功？

二、数字技术驱动的内容服务创新

数字技术驱动的内容服务创新是指借助数字技术的力量，为用户提供更丰富、个性化和便捷的内容服务。随着数字技术的迅猛发展，内容服务行业也在不断创新和变革。

（一）创新机制

1. 大数据与人工智能

利用大数据和人工智能技术，内容服务提供商可以深入分析用户行为和偏好，进行精准的内容推荐和个性化服务。人工智能算法能够实时调整推荐内容，提升用户满意度和黏性。

2. 云计算与内容分发网络（Content Delivery Network，CDN）

通过云计算和 CDN 技术，内容服务提供商能够实现高效的内容存储和分发，确保内容的快速加载和无缝体验。云计算还提供了强大的计算能力，支持复杂的数据分析和处理。

3. VR 与 AR

VR 和 AR 技术为内容服务提供了全新的互动和体验方式，提升了用户的沉浸感和参与度。这些技术在游戏、教育、娱乐等领域有广泛应用，推动了内容形式的多样化和创新。

（二）价值创造模式

1. 个性化内容推荐与定制化服务

数字技术的应用使得内容服务提供商能够通过大数据分析和机器学习等技术，深入了解用户的兴趣、偏好和行为，从而提供个性化的内容推荐和定制化的服务。通过分析用户的历史浏览记录、搜索行为以及社交网络数据，内容服务提供商能够根据用户的个人特征和需求，为其推荐更符合其兴趣的内容。例如，视频流媒体平台能够根据用户的观看历史和评分，推荐其可能感兴趣的影视作品；音乐平台则能够根据用户的喜好，为其推荐相似风格的音乐。此外，数字技术还使得内容服务提供商能够提供定制化的服务。通过读取用户的个人资料和偏好设置，内容服务商能够为用户量身定制内容和服务，以满足其个性化的需求。例如，新闻应用可以根据用户选择的兴趣领域，为其提供定制化的新闻推送；电子书平台可以根据用户的阅读习惯和喜好，为其推荐相关的图书。

2. 用户生成内容

数字技术的普及使得内容创作变得更加简单和便捷。通过各种数字化工具和软件，用户可以进行文字、音频、图像和视频等多媒体内容的创作。例如，博客平台、视频分享网站和社交媒体平台等，为用户提供了发布和分享自己创作的内容的渠道。用户生成内容成为内容服务创新的重要方向。通过社交媒体和在线平台，用户可以自主创作和分享各种形式的内容，如图像、视频、文章和评论等。这种模式不仅丰富了内容的来源和多样性，也为用户提供了更多参与和互动的机会。

3. 交互式内容体验与沉浸式技术

数字技术的发展促进用户拥有更丰富和更具交互性的内容体验。通过交互式媒体和沉浸式技术，用户能够更深度地参与和沉浸其中。例如，VR 和 AR 技术能够为用户创造出沉浸式的虚拟体验内容，供用户互动和体验。VR 技术可以为用户提供身临其境的体验，例如在虚拟环境中参观名胜古迹、体验极限运动或与虚拟人物互动。AR 技术则将虚拟内容与真实世界融合，用户可以通过 AR 眼镜或手机等设备，观看增强现实内容，如在博物馆中通过 AR 眼镜观看展品的详细信息、在购物中心使用 AR 应用进行虚拟试衣等。

4. 版权保护与内容安全

数字技术的应用使得内容服务商能够采用数字水印、加密和访问控制等技术手段，保护内容的版权和安全。数字技术还能够通过内容过滤和监控等手段，识别和防止不良内容的传播。内容服务商可以利用机器学习和人工智能技术，对内容进行自动筛选和分类，以确保用户能够获得高质量和安全的内容。

创新标杆

字节跳动数字技术驱动的内容服务创新

字节跳动成立于 2012 年 3 月。2012 年 8 月，字节跳动旗舰产品今日头条 1.0 版本上线。2016 年 3 月，字节跳动设立人工智能实验室。2016 年 9 月，字节跳动旗下短视频平台抖音上线。2017 年 5 月，字节跳动旗下海外版抖音 TikTok 上线。2017 年 7 月，字节跳动旗下办公套件 Lark1.0 版本（后更名为飞书）上线。2017 年 8 月，字节跳动旗下汽车资讯平台懂车帝上线。2019 年 1 月，字节跳动发布商业品牌巨量引擎。2019 年 1 月，字节跳动旗下抖音推出社交平台多闪。2019 年 8 月，字节跳动旗下搜索引擎头条搜索上线。2020 年 5 月，字节跳动在伦敦设立 TikTok 欧洲业务中心。2020 年 6 月，字节跳动企业技术服务平台"火山引擎"官网上线。2021 年 8 月，字节跳动以 90 亿元人民币收购 VR 初创企业 Pico。2022 年 5 月，北京字节跳动科技有限公司更名为北京抖音信息服务有限公司（为避免混用，本篇案例统称"字节跳动"）。

字节跳动的内容服务创新主要体现在以下四点。

第一，字节跳动通过其旗下的算法推荐引擎，利用大数据和人工智能技术，实现了个性化的内容推荐。以其旗舰产品今日头条为例，通过分析用户的浏览历史、兴趣标签和社交网络数据，今日头条能够为用户提供符合其个人兴趣的新闻、文章、视频和图片等内容。通过不断的学习和优化，今日头条的推荐算法能够更准确地理解用户的喜好和需求，为用户提供个性化的内容服务。

第二，字节跳动通过其社交媒体平台，如抖音和 TikTok，鼓励用户之间的社交互动和内容创作。用户可以通过这些平台发布自己的短视频作品，并与其他用户进行互动和分享。用户可以点赞、评论和分享其他用户的作品，形成内容共享和社交互动的社区。字节跳动还推出了一系列用户生成内容的活动和挑战，鼓励用户创作和分享自己的原创作品。例如，通过抖音的挑战活动，用户可以参与各种有趣的挑战，录制并分享自己的短视频作品。这种用户生成内容的模式，丰富了内容的来源和多样性，也增强了用户的参与感和互动性。

第三，字节跳动注重提供丰富的交互式内容体验，通过创新的技术手段为用户带来深度参与和沉浸式的体验。例如，抖音通过其特有的垂直短视频形式，为用户提供了一种快速、轻松和有趣的内容浏览方式。用户可以通过滑动屏幕进行快速切换，点赞、评论和分享自己喜欢的视频，与内容创作者进行互动。字节跳动还积极探索 VR 和 AR 等技术在内容服务中的应用。例如，通过 TikTok 的 AR 特效功能，用户可以在拍摄短视频时添加各种有趣的特效，如滤镜、贴纸和动态效果，提升视频的创意和趣味性。这种创新技术的应用，使用户能够更加沉浸于创作过程，丰富了内容的形式和体验。

第四，在内容服务创新过程中，字节跳动也注重内容的版权保护和内容安全。字节跳动通过技术手段，如数字水印和内容过滤系统等，对内容进行版权保护和安全监测。其内容过滤系统能够对用户上传的内容进行自动识别和筛选，防止不良内容的传播。字节跳动还与内容版权方合作，确保内容的合法性和权益。例如，与音乐版权方的合作，使得字节跳动的平台可以合法使用和分享音乐作品。这种版权保护和合作的做法，不仅保护了内容创作者的权益，也为用户提供了高质量和安全的内容服务。

字节跳动通过数据驱动的商业模式创新，不断优化内容服务的商业运营。通过大数据分析和机器学习等技术，字节跳动能够深入了解用户的行为和需求，为广告主提供精准的广告定向投放服务。同时，字节跳动也通过数据分析和商业合作，不断优化内容服务的商业模式，实现内容变现和盈利。

资料来源：作者根据相关资料整理。

◎ 思考

1. 字节跳动的内容服务创新是否具备可持续发展的潜力？它是否具备进一步扩大市场份额和提升品牌价值的能力？如何进一步改进和发展该模式？

2. 字节跳动的成功经验是否可以为其他内容服务提供商和科技公司提供启示和借鉴？字节跳动的创新模式中有哪些可以学习并运用的关键要素？

第三节　供生型数字原生创新战略模式

供生型数字原生创新战略是指企业基于新一代数字技术，为更广泛的数字化转型需求提供数字技术服务的战略模式。实施供生型数字原生创新战略的目的是为各个行业的数字化转型赋能，提升整个社会的运行效率。

供生型数字原生创新战略也可以被称为场景驱动的创新模式。

一、场景驱动的创新概述

场景驱动的创新（Context-driven Innovation）是数字经济时代涌现出的全新创新范式。场景驱动的创新战略是指基于特定场景的需求和战略目标，利用相关技术和资源，提供创新的解决方案的战略模式。它包括场景、需求和技术三个核心要素。

场景是指特定的环境、情境和使用场景，即创新发生的具体背景和应用场合。场景可以是用户的日常生活、工作环境、特定行业或特定领域（如智能交通、智能制造、智慧医疗、智慧家居、智慧城市等）。通过深入理解场景，企业能更好地把握用户需求，提供更贴合场景的解决方案。

需求是指特定场景下用户的痛点、期望和问题。通过深入了解用户的需求，企业可以开发出更贴合用户场景的产品、服务和解决方案。需求分析可以通过用户调研、市场调查和用户反馈等方式进行，以确保创新解决方案能够满足用户的实际需求。

技术是场景驱动创新的基础和支撑。通过运用先进的技术，如云计算、人工智能、区块链、大数据等，企业可以开发出创新的产品和服务，以满足特定场景下的需求。技术的选择与应用需要同场景和需求相匹配，以确保创新解决方案的可行性和有效性。

基于企业所依托的核心技术的不同，可将场景驱动的创新划分为不同类别，以下主要介绍基于云计算技术的全场景创新和基于人工智能技术的全场景创新。

二、基于云计算技术的全场景创新

基于云计算技术的全场景创新是指利用云计算技术，面向不同场景和需求，提供全方位的创新解决方案。云计算作为一种基于互联网的计算模式，通过将计算资源、存储和服务等提供给用户，实现按需使用、灵活扩展和高效管理。

（一）创新机制

基于云计算技术的全场景创新是指通过资源虚拟化与池化、按需服务与弹性扩展、全场景覆盖与智能管理等机制进行创新。

1. 资源虚拟化与池化

云计算通过资源虚拟化技术，将物理计算资源抽象为虚拟资源，并进行资源池化管理。这使得计算资源可以按需分配和动态调整，极大地提高了资源利用效率和灵活性。企业可以根据实际需求灵活调配计算资源，降低了 IT 基础设施的投入成本。

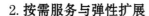

2. 按需服务与弹性扩展

云计算提供了按需服务的能力，用户可以根据需求动态调整计算资源的使用量。云服务提供商通过弹性扩展技术，确保计算资源能够随时扩增或缩减，以应对业务量的波动。这种按需服务模式使企业能够快速响应市场变化，提升业务灵活性和竞争力。

3. 全场景覆盖与智能管理

云计算技术支持多种应用场景，从数据存储、计算、网络到大数据分析、人工智能等，实现了全场景覆盖。通过智能管理平台，企业可以实现对云资源的高效管理和监控，提升运营效率和服务质量。例如，智能制造企业可以通过云平台进行生产数据的实时监控和分析，提高生产效率和产品质量。

（二）价值创造模式

1. 成本节约与资源优化

通过云计算技术，企业可以显著降低 IT 基础设施的投入成本和运营成本。按需使用与弹性扩展的模式使企业能够最大化地利用计算资源，避免资源浪费。同时，云计算的集中管理和维护也减少了企业在 IT 运维方面的成本投入。

2. 业务敏捷与快速创新

云计算的按需服务与弹性扩展能力使企业能够快速部署新业务和应用，缩短产品开发周期和上市时间。这种业务敏捷性和快速创新能力使企业能够迅速抓住市场机会，提升市场竞争力。例如，电子商务平台可以通过云计算快速扩展服务器资源，保障在促销活动期间的高并发访问，提升用户体验和销售额。

3. 数据驱动与智能决策

云计算技术支持大数据分析和人工智能应用，帮助企业进行数据驱动的业务决策。通过对海量数据的实时分析和处理，企业能够洞察市场趋势和用户行为，优化业务策略和运营流程。例如，零售企业通过云计算平台进行用户数据分析，可以实现精准营销和个性化推荐，提升客户满意度和销售转化率。

4. 创新生态与协同发展

云计算技术构建了一个开放的创新生态系统，企业可以与合作伙伴、开发者和用户共同创新。云平台提供了丰富的 API 和开发工具，支持多方协同开发和集成创新，推动了生态系统的共同发展。例如，医疗行业通过云计算平台实现数据共享和协同创新，提升医疗服务水平和效率。

创新标杆

华为云基于云计算技术的全场景创新

华为云是一家典型的实施基于云计算技术的全场景创新战略模式的企业。作为中国经济发展的重要推动力，中小企业过去几年遭遇了众多的挑战，这也进一步提升了中小企业数字化转型的必要性和迫切性，而未来中小企业要增强抵抗不可预知的生存风险的能力，并获得持续发展，就必须坚定地进行数智化转型。华为云作为一家供生型数字原生企业，很早就提出了"赋能云"的概念，并通过协同政府、高校等组织和机构，打通上下游产业链，为中小企业提供全方位的基础设施、平台和应用服务，帮助它们实现数字化转型。

1."1+2+3"融通创新体系

华为云"1+2+3"融通创新体系中的"1"指的是一个创新融通平台，作为大型平台型企业，华为云将ICT能力开放给区域数字经济，借助"平台"，优化资源配置，盘活数字生态的各个要素环节，比如需求、技术、资金、人才等的流转，提升数字经济全链创新。"2"是技术赋能和商业赋能，这是实现创新融通的两条重要路径。通过技术赋能，为中小企业提供共性的技术标准、普惠的技术服务，一对一的专家咨询服务，解决中小企业不敢转型和不能转型的问题；通过商业赋能的营销服务、线下峰会等一系列市场活动，将华为全球生态市场开放给伙伴，加速伙伴商业成功。"3"是三大中心，华为云为地方政府构建面向数字经济发展的能力中心、生态中心和服务中心，实现产业链全栈升级的全面创新。

总体而言，华为云赋能云有技术创新能力，能够在区域内提供持续的运营服务；有体系化的平台与中心架构，形成了"平台＋生态"的运营模式，为本地数字创新的发展提供了极佳的赋能平台。

2.产数融合

此外，华为云始终立足实现"产数融合"的目标，为数字经济创新升级提供核心驱动力。"产数融合"已成为数字经济发展战略的主阵地，而通过多年的持续深耕，目前华为云赋能云在全国已布局超过140个基地，业务覆盖软件、汽车、石化、钢铁、五金等多个产业集群。在伙伴商业价值突破方面，华为云赋能云每年识别超20亿元的市场空间，联合300多个云商店联营联运伙伴，从业务流深入"研、产、供、销、服"五大类制造场景，为区域生态伙伴提供商业赋能服务，全量加速生态繁荣。这也正是华为云赋能云的价值所在，通过全国范围的覆盖，帮助越来越多的中小企业实现数字化转型与创新，让它们也能够抓住时代发展的红利。

3. 场景应用

目前华为云赋能云在推动中小企业数字化转型上已经取得了非常多的成就，在国内众多城市打造了一系列的标杆案例，帮助很多中小企业完成了跨越式的升级。例如在华为云赋能云的支持下，华为东莞松山湖创新中心与赋能中心协助 300 家企业开展数字化转型，打造电子信息及智能装备集群转型试点；在深圳市龙岗区，华为云赋能云联合伙伴技术共创，围绕三大产业集群创新升级，支撑 800 多家企业开展数字化转型；在华为云厦门创新中心，则是以"1+3+4"的创新模式，以"点线面体"打造区域特色生态产业链。

（1）企业场景。

三峡集团携手华为云 Stack，借助云和大数据等数字化手段将大坝搬迁"上云"，实时守护大坝的安全运行，提升三峡集团的生产效率。

三峡集团存在以下三大问题。第一，基础资源平台分散建设。三峡集团根据不同时期业务发展的需要建设了多个基础资源平台，存在资源使用不均衡、业务系统架构老旧、缺乏统一的监测和管理等问题。第二，数据孤岛，处理链路长。六个电站分布在不同省份，信息技术、运营技术数据分散在不同系统平台，形成数据孤岛。第三，缺少经验模型沉淀。缺少设备检修、抢修、电站经营的场景经验模型的沉淀，需引入大数据能力构建模型。

针对以上问题，三峡集团采取以下举措。第一，按照"统一规划、共享共建、集约高效"的原则，基于华为云 Stack 打造集团"一朵云"，实现云资源的集约化建设以及数据高效分析和治理。第二，引入华为云数据治理中心（DataArts Studio），统一厂站水下机器人、发电机组设备、电机转子等端侧数据采集流程，通过一个中心云加六个厂站边缘云的云边协同架构将端侧数据汇聚到大数据平台。第三，基于华为云 FusionInsight MRS 提供的实时数据湖能力，支撑全量数据的关联融合分析，构建电力生产大数据模型和分析应用，助力工业互联网平台实现智能运维、智能检修、智能决策等能力。

（2）政府场景。

华为云协助建设长沙"政务一朵云"，提升"互联网＋政务"服务能力。采用云原生、大数据、区块链等创新技术，保障了全市 50 多个单位共 270 多个政务应用系统安全稳定运行，尤其在政务应用上做了大量创新，如放心肉智能监管平台、智能网联公交、企业开办、"我的长沙"App 等。"我的长沙"App 采用了与公有云联动的模式作支撑，有效提升业务系统整体韧性，成功保障活动全程平稳开展以及用户的优质体验。基于长沙政务云搭建的城市级视频云平台，以"视频汇聚、数据治理、场景预案、服务支撑"新模式，全面提升视频资源互联互通、共享共用，接入 21 余万路视频，建设 280 个场景预案，有力保障极端天气、自然灾害、突发事故时，应急调度"看得见、找得到、喊得应、调得动"。

（3）零售场景。

华为云帮助蘑菇街统一了机器学习与大数据业务平台，打造了国内首个在线直播实时换脸方案。蘑菇街是专注于时尚女性消费者的直播电商平台，旨在为给用户提供形式多样的时尚内容、时尚产品，让人们便捷地分享和发现流行趋势。蘑菇街基于云原生基础设施的 Spark 大数据和机器学习能力，开启了直播购物新玩法，极大提升了用户的购物体验，为直播平台引领了新方向。

蘑菇街在运转过程中面临以下三大问题。第一，资源扩容难，算法任务投递阻塞，现有平台须支撑蘑菇街多个算法团队，每天需要进行数千次的任务投递，高峰期易出现容器任务阻塞的问题。第二，资源池割裂，存算一体，利用率低，原有 Spark 大数据与机器学习业务分别在不同的平台上运行，资源没有得到充分利用，急须统一平台提升效率。随着数据量增加，在存储扩容时必须同步计算扩容，成本剧增。第三，运维难度大，冷热数据搬迁困难，成本居高不下，Spark 大数据与机器学习等业务对运维诉求不一，且大数据部件众多，伴随着开源社区的持续发展，升级、运维工作量巨大。

针对以上问题，蘑菇街采取以下举措。第一，基于华为云提供的云容器引擎CCE 和云容器实例 CCI，实现资源灵活扩容，云容器实例最高可实现 30 秒扩容1000 容器，极大满足了日常机器学习、Spark 大数据等海量计算任务处理的诉求。第二，基于云原生批量计算平台 Volcano 为 Spark 大数据、机器学习业务构建了统一的云原生高性能计算平台，提供了队列调度、多队列资源共享 / 抢占、高吞吐调度、多级调度等能力，极大提升了资源利用率。第三，基于华为云大数据服务MRS，屏蔽底层芯片差异，让客户业务平滑迁移大数据解决方案，计算和存储资源完全解耦，独立配置，综合成本降低 30%。通过使用云原生大数据和云原生高性能计算解决方案，蘑菇街无须关心基础设施日常运维和管理，所面临的用户运维复杂度也得以降低。同时 Spark、TensorFlow 开箱即用，能够节省安装运维成本。

资料来源：作者根据华为云官网以及互联网资料整理。

思考

1. 华为云赋能云在场景应用方面取得了哪些成就？举例说明华为云在某个城市或行业中如何帮助中小企业实现数字化转型。

2. 在华为云赋能云的模式下，中小企业如何更好地利用云计算和数字技术来实现业务创新和提升竞争力？

三、基于人工智能技术的全场景创新

基于人工智能技术的全场景创新是指利用人工智能技术，面向不同场景和需求，提供全方位的创新解决方案。人工智能作为一种模拟人类智能的技术，具体包括模式识别、自然语言处理、机器学习和深度学习等技术手段，使计算机能够模拟和执行人类智能任务。

（一）创新机制

基于人工智能技术的全场景创新机制包括模式识别与数据分析、自然语言处理与人机交互、机器学习与预测分析、深度学习与自动化决策等。

1. 模式识别与数据分析

人工智能技术通过模式识别和数据分析，对大量数据进行自动处理和挖掘，发现隐藏的规律和趋势。这种能力在图像识别、语音识别、文本分析等领域应用广泛，帮助企业提升数据处理效率和决策能力。例如，金融企业利用人工智能技术进行欺诈检测，通过分析交易数据模式，及时发现和阻止欺诈行为。

2. 自然语言处理与人机交互

自然语言处理技术使计算机能够理解和生成自然语言，实现智能化的人机交互。企业通过语音助手、聊天机器人等应用，为用户提供更加自然和便捷的服务体验。例如，电商平台通过智能客服机器人，提供 24 小时不间断的客户服务，提升了客户满意度和运营效率。

3. 机器学习与预测分析

机器学习技术通过算法训练和模型优化，对数据进行精准预测和分析。这在市场预测、用户行为分析、个性化推荐等场景中发挥着重要作用。例如，流媒体平台利用机器学习技术，根据用户的观看历史和偏好，向其推荐个性化的影片和节目，提升用户黏性。

4. 深度学习与自动化决策

深度学习技术通过构建多层神经网络，对复杂的数据进行深度分析和自动化决策。这在自动驾驶、智能制造、医疗诊断等领域有广泛应用。例如，医疗机构利用深度学习技术对医学影像进行分析，提升了疾病诊断的准确性和效率。

（二）价值创造模式

1. 提升效率与降低成本

人工智能技术通过自动化和智能化，提高了企业的运营效率和生产力，降低了人工成本和错误率。例如，制造企业利用智能机器人进行生产线自动化操作，不仅提高了生产效率，还降低了人工成本和生产误差。

2. 个性化服务与用户体验

通过人工智能技术，企业能够提供更加个性化的服务和体验，提升用户满意度和忠诚度。通过分析用户行为和偏好，企业可以为用户定制个性化的产品和服务，提升市场竞争力。例如，在线教育平台通过人工智能技术分析学生的学习行为，为每个学生定制个性化的学习路径和内容，提升学习效果。

3. 创新产品与新商业模式

人工智能技术推动了新产品的研发和新商业模式的探索，为企业创造了新的增长点和市场机会。例如，自动驾驶汽车的研发和推广，不仅推动了汽车行业的技术创新，还催生了共享出行等新商业模式，开辟了新的市场空间。

4. 智能决策与风险管理

人工智能技术通过大数据分析和预测，帮助企业进行智能化的决策和风险管理，提升了决策的科学性和准确性。例如，银行通过人工智能技术进行信用风险评估，根据客户的行为数据和信用记录，提供精准的贷款审批决策建议和风险控制服务，降低了金融风险。

创新标杆

小视科技基于人工智能技术的全场景创新

2015年成立的小视科技已成为国内人工智能领军企业，公司定位于"智慧视觉行业全场景生态服务商"。小视科技为数字城市（智慧城市、社区、校园、工地、园区）、数字产业（矿山、煤焦化产业）、数字生活（互联网行业）等场景提供数字服务，业务覆盖全国 24 个省、62 个地级市，其中在上海、江苏、辽宁、安徽、浙江等地，落地超 10 个智慧城市视觉中枢。图 12-7 展示了小视科技的人工智能产品。图 12-8 中展示了小视科技人工智能技术的七大应用场景。

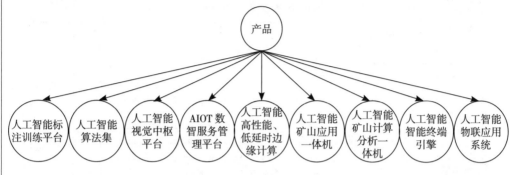

图 12-7　小视科技的人工智能产品

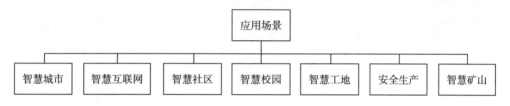

图 12-8　小视科技人工智能技术的应用场景

1. 智慧城市

小视智慧城市方案以计算机视觉为核心，辅以物联网、人工智能、大数据等相关技术，为城市打造智慧视觉中枢，对城市各类场景的视频监控进行统一管理、人工智能赋能、应用升级。平台以用户需求为导向，可根据实际场景提供算法按需选配、事件实时告警等功能，满足城市管理、企业生产、民生服务、环境保护等多类需求，全面助力城市数字化治理升级。图 12-9 中展示了智慧城市方案概览。

2. 智慧校园

图 12-10 展示了智慧校园图景。小视星象边缘分析主机基于自研人工智能算法，赋能前端，实现对校园内人、车、物、事的主动检测、异常告警与事件追溯，提升校园的智能安全与精细管理水平。通过可移动式立柱通行核验一体机，实现人脸识别、体温检测、口罩检测等。通过智慧校园场景算法实现黑名单人员布控、可疑人员徘徊预警、安保人员离岗检测、外来人员翻越围墙报警，以及打架行为识别、拥堵踩踏预警、奔跑行为识别、危险区域人员闯入 / 徘徊检测、火情检测，打电话 / 玩手机检测、学生吸烟检测、学生逃课行为发现、走廊安全管控等。

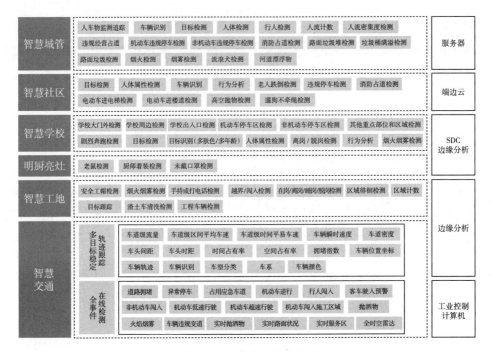

图 12-9　智慧城市方案

资料来源：小视科技官网，https://www.minivision.cn/，访问时间：2024 年 10 月 9 日。

注：SDC 为软件定义相机（Software Defined Camera）。

图 12-10　智慧校园图景

资料来源：小视科技官网，https://www.minivision.cn/，访问时间：2024 年 10 月 9 日。

目前小视科技智慧校园解决方案已覆盖全国 10 余省（市）近千所院校，服务学生超百万人。

3. 智慧矿山

小视科技矿山智慧视觉"三违"管理平台面向煤矿及煤化工企业，基于人工智能视频分析技术，提供图像及视频分析，实时监测"三违"事件，集视频"自动巡查、识别、预警、推送、考核"五大功能于一体，构建安全管理全流程业务闭环，打造企业数智化安全生产管理体系。

智慧矿山管理平台有以下六大能力。

（1）智能识别。全面覆盖矿山安全生产井上井下场景，实现"三违"风险隐患 24 小时不间断无人化监测及预警，支持告警事件弹窗及语音提示，以智能化手段提升视频监控利用效率。

（2）视频巡检。支持场景视频按照既定顺序及时间轮巡、巡检，生成巡检报表，减轻现场巡检工作压力，提升业务管理效率。

（3）四色管理。支持按高风险、较高风险、一般风险、较低风险四类安全风险等级，对企业重点点位进行红、橙、黄、蓝四色网格化配置，按风险等级进行预警推送，分级分类处置，助力企业精细化管理。

（4）业务级联。集中管理集团及下属各生产单位视频智能应用业务体系，采取分布式架构设计，支持集团与下属单位的视频级联、数据级联、应用级联，提升上下级单位联动工作效率，促进业务价值快速落地。

（5）业务闭环。支持包含"自动告警、自动推送、自动考核"功能的完整业务闭环；在二级架构下，支持各级业务本级闭环，降低网络建设成本，规避因网络波动带来的业务中断风险，促进业务价值快速落地。

（6）数据驾驶舱。支持成果数据、业务数据的汇聚及分析概览；支持业务数据的详细展示（下钻）、业务数据跨系统联动处置；实现企业管理者对"三违"建设状态与成果的一屏统览、一屏统管。

图 12-11 展示了智慧矿山的场景应用。

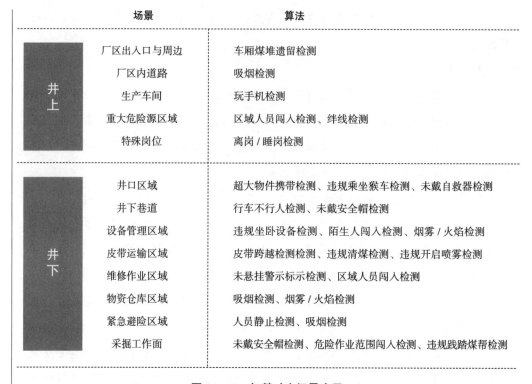

	场景	算法
井上	厂区出入口与周边	车厢煤堆遗留检测
	厂区内道路	吸烟检测
	生产车间	玩手机检测
	重大危险源区域	区域人员闯入检测、绊线检测
	特殊岗位	离岗/睡岗检测
井下	井口区域	超大物件携带检测、违规乘坐猴车检测、未戴自救器检测
	井下巷道	行车不行人检测、未戴安全帽检测
	设备管理区域	违规坐卧设备检测、陌生人闯入检测、烟雾/火焰检测
	皮带运输区域	皮带跨越检测检测、违规清煤检测、违规开启喷雾检测
	维修作业区域	未悬挂警示标示检测、区域人员闯入检测
	物资仓库区域	吸烟检测、烟雾/火焰检测
	紧急避险区域	人员静止检测、吸烟检测
	采掘工作面	未戴安全帽检测、危险作业范围闯入检测、违规践踏煤帮检测

图 12-11　智慧矿山场景应用

资料来源：小视科技官网，https://www.minivision.cn/，访问时间：2024 年 10 月 9 日。

思考

1. 小视科技实施基于人工智能技术的全场景创新战略模式的成功因素有哪些？其发展前景如何？

2. 小视科技的创新战略模式对其他企业有何借鉴意义？

本章小结

1. 数字原生创新战略模式主要分为三类，分别是衍生型数字原生创新战略模式、新生型数字原生创新战略模式和供生型数字原生创新战略模式。①衍生型数字原生创新战略是指传统企业以数字思维创造出全新数字平台、数字化子品牌或数字化子公司以辅助特定传统企业或产业链实现数字化转型的战略模式。②新生型数字原生创新战略是指创立于数字经济时代的企业基于新一代数字技术开展业务、实施运营的创新模式。③供生型数字原生创新战略是指企业基于新一代数字技术，为更广泛的数字化转

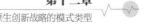

型需求提供数字技术服务的战略模式。

2. 三种衍生型数字原生创新战略模式分别是基于平台的开放式创新、基于场景的用户创新、基于工业互联网的服务模式创新。①基于平台的开放式创新是指传统企业衍生建立数字原生平台，实施开放式创新，促进企业数字化的战略模式。例如，海尔HOPE创新生态系统。②基于场景的用户创新是指将现有技术或产品应用于特定的场景中，通过解决特定场景中用户的痛点或问题，来创造更大价值的过程。例如，海尔的三翼鸟品牌。③基于工业互联网的服务模式创新是指传统企业的数字原生子公司通过建立工业互联网平台，为全产业链提供数字技术服务的战略模式。例如，河钢数字。

3. 两种新生型数字原生创新战略模式分别是数字技术驱动的产品创新和数字技术驱动的内容服务创新。①数字技术驱动的产品创新是指将数字技术应用于产品设计和制造中，以提升产品质量、性能，拓展功能和应用范围，或生产市场上没有的新产品，从而满足市场需求的过程。例如，希音。②数字技术驱动的内容服务创新是指借助数字技术的力量，为用户提供更丰富、个性化和便捷的内容服务。例如，字节跳动。

4. 供生型数字原生创新战略可以归纳为场景驱动的创新战略模式，即基于特定场景的需求和战略目标，利用相关技术和资源，提供创新的解决方案的战略模式。根据基于数字技术的不同，可以划分为两种不同的场景驱动创新，分别是基于云计算技术的全场景创新、基于人工智能技术的全场景创新。①基于云计算技术的全场景创新是指利用云计算技术，面向不同场景和需求，提供全方位的创新解决方案。例如，华为云。②基于人工智能技术的全场景创新是指利用人工智能技术，面向不同场景和需求，提供全方位的创新解决方案。例如，小视科技。

第十三章
数字原生创新战略的实践路径

本章将从全要素支撑体系和全过程实施机制两个方面，介绍数字原生企业创新战略的实践路径。全要素支撑体系分为企业内部要素和企业外部要素，是数字原生企业数字创新战略实施的前提与支撑。数字原生企业数字创新战略的全过程实施机制则包括提出问题和分析问题、明确战略制定准则、明确战略目标、确定战略模式、战略实施与监控五个方面。

学习目标：

1. 掌握数字原生创新战略全要素支撑体系的内容及其作用；
2. 掌握数字原生创新战略的全过程实施机制。

课前阅读

元气森林的数字原生创新实践之路

在当今的商业环境中，数字原生创新战略已成为推动企业成功的重要因素。元气森林作为中国饮料行业的创新先锋，凭借其独特的数字原生创新战略实践，成功塑造了品牌形象，并在竞争激烈的市场中取得了显著的成绩。通过深入探讨元气森林的数字原生创新战略实践，可以揭示数字原生创新战略的实施机制和关键要素。

元气森林的数字原生创新战略实施过程可以分为以下几个关键阶段，每个阶段都充分体现了数字原生创新战略的精髓。

1. 市场洞察与数据驱动的产品开发

元气森林在产品开发的初期，通过大数据分析和市场调研，深入了解消费者

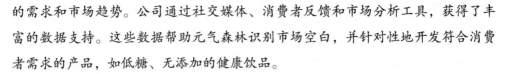

的需求和市场趋势。公司通过社交媒体、消费者反馈和市场分析工具，获得了丰富的数据支持。这些数据帮助元气森林识别市场空白，并针对性地开发符合消费者需求的产品，如低糖、无添加的健康饮品。

2. 数字化营销与品牌建设

元气森林在品牌推广过程中充分利用了数字化营销手段。通过社交媒体平台（如微博、微信、抖音等）和电商平台，元气森林实施了精准的广告投放和互动营销策略。公司采用了关键意见领袖（Key Opinion Leader, KOL）营销、用户生成内容和线上活动等多种方式，有效提高了品牌的知名度和用户的参与度。例如，元气森林通过与网红和明星的合作，迅速扩大了品牌的影响力，并引发了广泛的市场关注。

3. 供应链智能化与运营优化

为了提高供应链的效率和响应速度，元气森林在运营中应用了先进的数字技术。公司利用大数据分析优化库存管理，预测市场需求，从而降低了库存成本、解决了生产过剩的问题。此外，通过智能化生产设备和供应链管理系统，元气森林能够实现高效的生产调度和物流管理，确保产品能够快速到达市场。

4. 用户体验与数字服务

元气森林注重通过数字化手段提升用户体验。公司开发了自己的移动应用，提供在线购买、配送跟踪、会员管理和个性化推荐等功能。这些数字服务不仅方便了消费者，也提升了客户黏性和满意度。同时，元气森林通过应用程序收集用户数据，进一步优化产品和服务，根据用户的消费习惯和反馈进行个性化推荐与促销。

5. 数据驱动的战略调整与创新

在业务运营过程中，元气森林不断利用大数据分析对市场变化做出快速反应。公司通过实时监控销售数据、市场反馈和竞争对手动态，及时调整战略和运营策略。元气森林还定期进行数据分析，评估营销效果和产品性能，以便做出科学的决策和调整。这种数据驱动的决策机制帮助公司保持了敏捷性和市场竞争力。

6. 跨界合作与生态系统构建

元气森林不仅在内部进行数字创新，还积极寻求与其他企业和平台的跨界合作。例如，元气森林与电商平台、物流公司以及数字支付服务商合作，共同构建了一个覆盖产品销售、物流配送和支付结算的数字生态系统。通过这种合作，元气森林能够进一步拓展市场渠道，提高运营效率，并实现更广泛的市场覆盖。

元气森林的成功实践充分展示了数字原生创新战略的巨大潜力和应用价值。从市场洞察到产品开发，从数字化营销到智能化供应链管理，元气森林的每一步都体现了数字原生创新战略的核心要素。通过数字技术的深度应用，元气森林不仅优化了运营流程，还提升了用户体验和市场竞争力。

思考

通过深入学习元气森林的数字原生创新战略实践，我们可以获得哪些宝贵的经验？

第一节　数字原生创新战略的全要素支撑体系

本节介绍数字原生企业数字创新战略的全要素支撑体系，主要从内部要素和外部要素两方面进行分析（如图 13-1 所示）。内部要素包括数字创新人才、柔性组织架构、创新资金投入和数字创新文化。外部要素包括市场环境、法律环境、产学研合作以及社会网络关系。

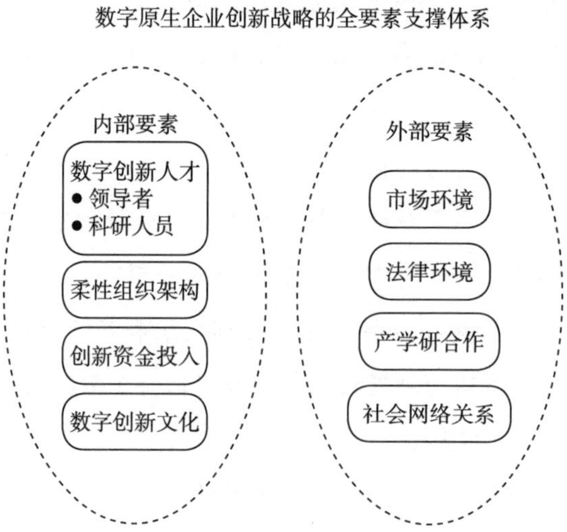

数字原生企业创新战略的全要素支撑体系

图 13-1　数字原生企业数字创新战略的全要素支撑体系

一、内部要素

（一）数字创新人才

企业建立和培养自己的数字创新人才队伍对于企业的数字创新战略实施至关重要，数字创新人才在数字原生企业的数字创新活动（特别是技术突破型创新）中具有关键作用。

数字创新人才对企业数字创新战略的推动作用反映在领导者的决定性作用和科研人员的支撑性作用两方面。

领导者在战略层面对于数字创新有着重大的意义。首先，领导者需要有足够长远的数字战略眼光，为企业选择合适的数字创新战略突破方向。其次，企业的数字创新意味着对旧制度、旧模式、旧生产的破坏，这就需要领导者有足够的魄力和胆识。最后，虽然数字创新主要依赖于技术上的突破，但也与企业提供的宽容的环境、领导者大胆的决策密不可分。如果企业的领导者没有数字创新精神，企业便不会对数字创新感兴趣，也不会培育和发展数字技术，更不利于新的管理模式、管理制度的推行和优化。

科研人员的创造性思维和劳动是数字创新战略成长与发展的支撑。数字原生企业中的科研人员不仅要有扎实的基本功，对于领域内新技术、新发现有足够的能力进行深入的认识和了解，并从中挑选出对企业自身发展有作用、有意义的内容进行深入研究，还要能从生产实际中发现需求，发现问题，使思考和研究出的技术更具有应用价值，更需要有广泛涉猎和突破的勇气，在陌生领域开疆拓土，从而帮助企业创造具有颠覆性的成果。图 13-2 展示了数字创新人才应具备的能力。

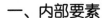

领导者
- 数字战略眼光
- 变革的魄力和胆识
- 数字创新精神与大胆的决策
- ……

科研人员
- 扎实的基本功
- 创造性思维
- 创造性劳动
- 广泛涉猎
- 突破的勇气
- ……

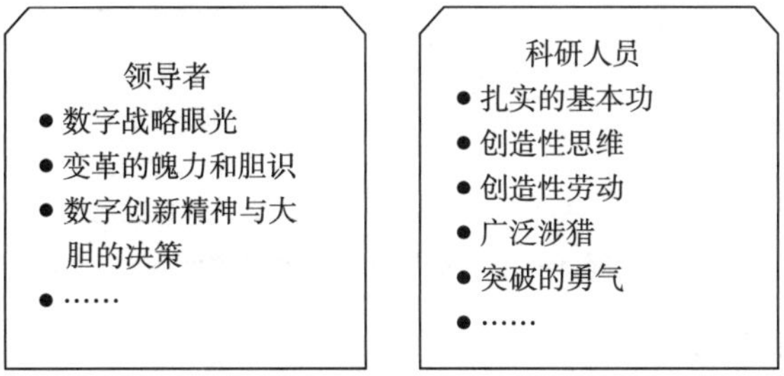

图 13-2　数字创新人才应具备的能力

（二）柔性组织架构

拥有一个与战略相匹配的组织架构对于企业的数字创新活动的顺利开展有重要的意义，企业组织架构是否具有灵活性与数字创新战略能否有效实施密切相关。变化是企业战略变革的客观需要，而组织架构适应变化则是战略变革有效实施的必要条件。

数字原生企业组织架构越灵活，组织柔性程度越高，就越能够及时适应变化，进而保障数字创新战略的有效实施。这是因为组织柔性程度越高，组织架构越灵活，组织就越能够以最短的运行时间、最低的运营成本和最小的业绩损失对环境变化做出及时有效的调整，从而体现出较高的环境适应性，促使数字原生企业数字创新战略的有效实施。

当企业的组织架构不适应企业的数字创新活动时，组织架构就需要进行及时调整，重新组合。调整组织架构的主要目的是提高信息的流通性，协调各部门对战略的支持，激发全体员工的数字创新积极性。具体而言，可以通过"人财物事"多部门打通的方式，打破企业不同部门间的障碍和员工潜在意识中的壁垒，充分激发员工的主观能动性，推动问题的提出和发现，进而对创新活动起到促进作用。图 13-3 展示了柔性组织架构的形式。

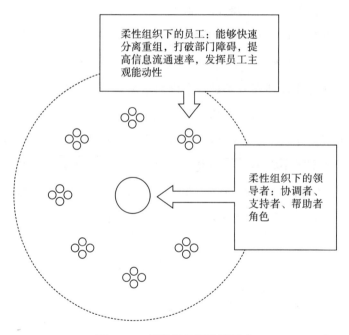

图 13-3　柔性组织架构的形式

（三）创新资金投入

资金作为重要的资源要素，直接关系到企业战略实施的效果。在市场推广、制订开发计划、技术研发、提高创新人才待遇等方面的工作以及扩大规模、提高效益的过程中，都需要对资金进行合理配置和管理。

创新资金投入是数字原生企业数字创新战略制定和实施的重要保障与支撑，其规模大小与企业数字创新水平之间存在正相关关系。需要注意的是，企业创新资金投入与研发回报之间的关系也受到企业规模的影响，对于利润空间相对较小的中小企业而言，强行投入大量创新资金反而是对企业自身的一种伤害。此外，企业所处生命周期的阶段不同，创新资金投入力度也应有所不同，要不断优化筹资、投资、利润分配方案，促使创新资金投入和企业的生命周期相吻合，以满足企业数字创新战略发展的需求，确保企业实现可持续发展。

（四）数字创新文化

在管理领域，企业文化主要是指企业的指导思想、经营理念及工作作风。它包括价值观念、信念、行为准则、道德规范、传统习惯、仪式、管理制度以及企业形象等要素。一家企业的战略改革能反映出该企业的文化风格，与此同时企业文化又反过来制约和影响该企业战略改革的实施。

企业文化对数字创新战略的实施具有以下三点积极作用。第一，推动创新。积极的企业文化可以激发员工的创新意识和创造力，推动数字创新战略的实施。如果企业文化鼓励员工提出新的想法、试验新的方法，并容忍失败和学习，员工将更有动力去尝试新的数字创新，并为实现战略目标做出贡献。第二，推动跨部门协作。良好的企业文化可以促进跨部门的协作和合作，推动数字创新战略的跨职能实施。如果企业文化鼓励团队间的合作和知识共享，打破部门壁垒，员工将更愿意合作解决问题、分享资源和经验，为数字创新战略的实施提供支持。第三，快速适应。灵活、适应性强的企业文化有助于组织快速适应数字创新的变化和挑战。如果企业文化鼓励员工接受变革、持续学习和适应新技术，组织将更具敏捷性，能够快速调整战略、采用新技术和应对市场变化，从而更好地实施数字创新战略。

二、外部要素

（一）市场环境

市场是影响企业数字创新的重要外部因素，市场竞争越激烈，或者数字创新带来的利润空间越大，企业数字创新的驱动力就越足。在市场环境下，客户需求是企业创新的首要驱动力。市场对创新需求的关注度越高，客户需求越复杂多变，企业就越需要不断地进行技术升级，通过创新满足消费者的需求。

此外，技术创新与市场环境的匹配度越高，就越可以更有效地增强技术的市场适应性，从而与市场反馈形成良性循环，保障数字原生企业数字创新战略的持续性。反过来，技术创新对市场需求具有开拓作用，当某种市场需求被技术创新满足时，市场需求就会被开拓并形成新的市场，既可以扩大现有的市场，又可以创造潜在的市场，产生巨大的市场机会。

市场需求通过形成对技术创新方向和价值共创方式的反馈，来影响数字原生企业数字创新战略的实施。如图13-4所示，市场需求激发创新，技术创新开拓新的市场，形成良性循环。

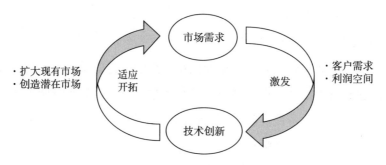

图13-4　市场需求与技术创新的反馈循环

（二）法律环境

没有良好的法律环境，企业的技术创新将很容易被同行业竞争者恶意模仿，研发成果将被他人轻易窃取，这将极大地打击企业实施数字创新的积极性和能动性。因此，政府需要将其中可能面临的法律问题、法律纠纷以立法的形式确立下来，同时执法部门需要加大执法力度，切实保护企业在数字创新方面的合法权益，形成良好的数字创新环境。

近年来我国越来越重视对于知识产权、数字市场公平竞争以及数字产业创新发展的保护，建立完善的法律体系是促进企业尝试技术创新的有力保障。具体而言，当前法律环境突出对集成电路、人工智能、大数据、云计算等重点领域核心技术的保护，依法加强对网络知识产权的司法保护，大力加强对企业数据产权的司法保护，推动数字技术成果的创新发展和转化。同时，政府也高度关注元宇宙、人工智能、区块链、云计算等新技术新业态所涉及的法律问题，强化安全风险综合研判，准确把握创新发展与违法犯罪的界限，既保护了创新发展，又有效防范了各类风险叠加演变。

以知识产权保护举措为例，2021年10月国务院印发《"十四五"国家知识产权保护和运用规划》，强调"全面加强知识产权保护，高效促进知识产权运用""完善知识产权法律政策体系"。在此基础上，各级地方政府将知识产权作为各类条例的专门性条款进行规定。例如，在2022年出台的《广州市数字经济促进条例》《河北省数字经济促进条例》《深圳经济特区数字经济产业促进条例》《北京市数字经济促进条例》《广西壮族自治区大数据发展条例》《深圳经济特区人工智能产业促进条例》等地方性法规或草案中，均对知识产权进行了专门性规定，并将知识产权相关内容主要放在保障措施

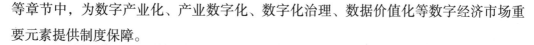

等章节中，为数字产业化、产业数字化、数字化治理、数据价值化等数字经济市场重要元素提供制度保障。

（三）产学研合作

随着我国越来越重视对知识产权的保护，技术市场本身也越来越成熟。除了市场上的技术专营机构，越来越多的大中专院校、科研院所也越来越重视校企合作，这些专业机构可以弥补企业在技术上的薄弱之处，给企业足够多的专业指导，打破了传统意义上知识的发现与应用之间的壁垒，给数字原生企业的数字创新提供了足够多的外部支持力量。

产学研合作创新的实质是整合与科技创新相关的多方角色的大跨度创新战略联盟组织形式，它包括了企业、大学、科研机构、科技中介机构、政府以及金融机构等众多角色。通过协同发挥优势，产生整体大于部分功能之和的效果，是实现创新发展理念、获得市场和国际竞争优势的重要实现方式。在产学研合作中，数字原生企业将发挥主导地位，以市场为导向，结合产学研三方力量，构建成熟的数字创新战略体系。

（四）社会网络关系

广泛的社会网络关系是满足多样化市场需求的基础。

社会网络关系广度具体表现为技术协作关系广度和价值共创关系广度，其中技术协作关系广度高直接引导了企业提供的产品和服务创新结构的多样化升级，丰富了企业的创新协作功能。而价值共创关系广度高则有效对接了异质性创新主体与多样化市场主体间的复杂关系，进一步吸引潜在市场主体参与价值共创。不过，社会网络关系广度过高导致的过于复杂的主体间关系容易造成资源冗余，对产业联盟的结构治理也带来了极大挑战。

社会网络关系深度具体表现为社会网络关系的紧密性和社会网络关系的稳定性。一方面，技术产出来自知识的转化、价值的获取和传递，紧密的社会网络关系可以加速系统内外和系统间知识扩散、价值流动以及市场边界延伸等。适宜的主体关系紧密性可有效推动企业主体进行数字创新战略变革升级。然而，过于紧密的主体关系则会降低主体间的自由度，不利于企业主体的自主创新行为。另一方面，企业社会网络关系的稳定性既保障了企业主体在数字创新研发过程中能够获得稳定的价值源，又能增强社会关系网络的抗风险能力。企业数字创新战略的稳定实施需要这种稳定的关系作为支撑，因此，显著的关系稳定性可有效推动数字原生企业数字创新战略升级路径的实现。但过于死板的关系将会减弱网络内知识的流动性，阻碍知识的渗透和市场边界的延伸。

第二节 数字原生创新战略的全过程实施机制

数字原生创新战略的实现不仅取决于战略制定与选择的正确性，也取决于有效的战略贯彻和执行。图 13-5 展示了数字原生创新战略的全过程实施机制。

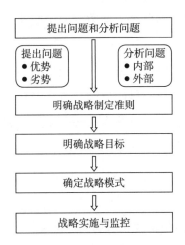

图 13-5 数字原生创新战略的全过程实施机制

一、提出问题和分析问题

（一）提出问题

数字原生企业在制定数字创新战略时首先必须明确企业面临的主要的、关键的数字创新问题是什么。数字原生企业在制定数字创新战略时，如果对自身面临的数字创新问题并不清楚，就不可能制定出符合企业实际情况的战略，制定的战略也就不可能真正得到贯彻和执行。如果企业对自身面临的问题不仅十分清楚，而且能够加以认真总结，企业战略的制定就会水到渠成，战略的实施也就具有较强的可行性。数字原生企业战略的制定过程就是一个不断地提出问题、分析问题和解决问题的过程。战略研究的过程应该体现出一种以问题为导向的方法论。而且提出问题和发现问题不仅是战略制定的核心，同时也是战略制定的基础，只有准确地找到企业存在的问题，才能制定出有助于企业生存和发展的战略方案。

在此，应当明确一个重要的认识，即战略问题应当包括两方面的含义：一是数字原生企业面临的真正问题。例如，企业自身在技术、资源及组织灵活性方面存在的劣势，或外部环境的变化给企业造成的威胁。这类问题将会威胁数字原生企业的生存和

发展。二是数字原生企业面临的如何更好地发挥自身技术、资源优势，或者如何抓住外部环境给企业带来的良好发展机会的问题。而且这种优势的发挥和机会的利用会给企业带来巨大的利益。

需要注意的是，企业面临的问题并不是一成不变的。数字技术日新月异，数字原生企业的能力也需要不断升级以适应数字化产业需求，数字原生企业面临的挑战存在阶段性特征。比如创立初期的企业面临着技术和资本的双重壁垒，需要在数字基础设施建设中投入大量资金。成熟的数字原生企业因用户量增加而形成规模经济，随着技术的更新迭代和市场需求的快速升级，生产过程、外部环境、供应链协同的不确定和复杂性持续增加，如何快速感知市场变化、增强决策准确性与实时性、识别潜在客户需求、降低产品管理运维成本、提高开发迭代速度，成为新的关注点和竞争点。企业所处阶段不同，其所面临的问题也会随时间发生改变，在制定数字创新战略前，要关注核心问题与上一阶段相比是否已经发生了动态变更。

（二）分析问题

数字原生企业的数字创新战略实施需要从内外部环境进行战略分析。外部环境分析是对数字原生企业所处的市场竞争环境、行业环境、政治环境、经济环境、法律环境、文化环境及可能的竞争对手等进行分析，外部环境中国家的路线、方针、政策对企业有着直接的推动、制约和干扰作用，企业的经济效益和社会效益也要通过外部环境才能得以落实。外部环境分析可以使企业充分利用外部环境所提供的机会，并避免外部环境带来的危机。

内部环境分析主要包括管理能力分析、财务资源分析、市场营销能力分析、人力资源状况分析、生产运作分析以及企业文化分析等。内部环境分析的目的在于找到自身存在的问题、具有的核心竞争力和独特资源、能力。核心竞争力是指企业参与所在行业竞争需要的，本企业具备而其他企业不具备的独特资源和能力的有机构成。独特资源是指能给企业带来竞争优势的特殊性资源，包括有形资源和无形资源。有形资源包括容易并且能低成本地获得的不可再生资源、人才队伍等。无形资源包括数字技术、企业的财务信誉与社会形象、商品的品牌知名度、员工的价值理念等。独特能力是指能够有效使用企业资源并最大化资源效用的技能，表现为数据驱动的管理方法和经验、数字创新的商业模式以及内部自上而下形成的认同数字化的企业文化等。

进行内外部环境分析的同时需要对机会、威胁、优势与劣势进行分析。这方面的分析是指在企业外部和内部环境分析的基础上，运用战略研究的各种方法，确定企业所面临的外部环境中的机会与威胁、内部资源中的优势与劣势，为企业的战略方针、目标等战略管理要素的确定提供必要的决策信息。

问题提出与分析可以为战略方案的制订提供可靠的依据、方向和指导原则，并且有助于进一步厘清制定战略的基本要求。

二、明确战略制定准则

在明确了数字原生企业制定战略所面临的主要问题之后，还必须明确制定战略的基本准则。

1. 科学性准则

这一准则要求数字原生企业依据科学的原理制定数字创新战略，要使用定量和定性的方法，经过科学的分析，提出有数据支撑且可行的战略方案和实施方式。不能以少数几个人对企业环境的认识，凭直觉做出决定。

2. 实践性准则

这一准则要求数字原生企业数字创新战略的制定要尊重企业发展的客观规律，从实践中来，再回到实践中去。数字原生企业的存续是数字经济时代的大考，不仅要学习成功企业数字创新的经验，还要从失败企业的教训中总结出适合企业具体情况的可借鉴的经验，使制定的战略更符合数字原生企业的实际状态，能够真正被贯彻执行，并带来期望的效果。

3. 风险性准则

战略决策是事关企业生死存亡的重大决策，一旦决策失误，后果将很难挽回。因此，决策者在制定和选择战略时，必须具有强烈的风险意识和充分的心理准备，要对战略的风险性进行详细的分析评估，并制定必要的风险防范预案。

三、明确战略目标

在分析企业内外部的劣势和优势后，需要明确企业实施数字创新战略的目标。战略目标是企业战略之魂，表明企业存在的理由，不但要说明企业现在是什么，也要说明企业想成为什么，即管理层对企业未来的战略愿景。战略目标是长期的、具有远见的目标，通常涉及数年甚至十年以上的时间范围。它帮助组织在长期发展中保持一致性和连续性，引领组织朝着未来的方向前进。战略目标能够激发员工的积极性和创造力，推动组织成员不断努力和追求卓越，为实现战略目标做出贡献。

管理层确定战略目标后，各业务线讨论业务线战略目标，每个业务线设置目标时，战略负责人需要对业务模式进行解读，并把数字创新相关技术与方案融入业务战略目标。比如销售渠道的改造是否需要实施全渠道体系，用户需求如何更快地传导至公司决策层，需求与生产计划如何更快捷地实现等，每个领域的业务目标背后都有数字化的影子。制定数字创新战略目标时，应该充分认识数字原生企业自身的实际发展情况，这样才能够基于实际运营需要与其他企业实现合作共赢，从而创造更高的企业价值。

随着大数据技术、云计算技术等先进数字技术的发展，企业在数据信息收集、整合、应用方面的能力大幅提升，通过信息数据价值的深度挖掘，数据信息能够更好地为企业的经营管理与市场发展提供依据，辅助企业战略决策。

四、确定战略模式

对于数字原生企业而言，数字创新战略目标仅仅为企业提出了一个努力追求的方向，围绕着目标的实现还需要确定具体的战略模式。这一阶段的主要任务是建立和选择数字原生企业的数字创新战略模式。被选择的战略模式能够最好地利用数字原生企业的资源，并充分利用环境提供的机会。确定具体战略模式需要考虑以下因素。

第一，组织的核心竞争优势，即组织在市场竞争中相对于竞争对手的独特优势。竞争优势可以是产品创新、技术领导、成本、品牌声誉等方面的优势。选择战略模式时，应考虑如何利用竞争优势来实现数字原生创新目标。

第二，组织的价值主张，即组织向客户提供的独特价值和解决方案。价值主张应与目标市场的需求和客户价值相匹配。通过明确组织的价值主张，可以选择适合的战略模式，以满足客户需求并实现市场竞争优势。

第三，组织在目标市场中的定位和定位策略。市场定位涉及选择目标市场、目标客户群体和市场细分等。通过明确组织在市场中的定位，可以选择适合的战略模式，以提供针对性的产品或服务，并与竞争对手区分开来。

第四，适合的业务模式，即组织如何通过数字创新为客户创造价值并实现商业成功。业务模式涉及组织的价值链、收入来源、利润模式等方面。通过确定适合的业务模式，可以选择相应的战略模式，以实现盈利和持续增长。

第五，数字技术和创新对战略模式的影响。数字技术和创新是数字原生创新的关键驱动力。选择战略模式时，应考虑如何运用先进的技术和创新的思维，以实现数字化转型和创新的目标。

五、战略实施与监控

在确定具体的战略模式后，需要进行战略实施与监控。这包括将战略转化为行动计划和项目，明确责任和资源分配，以推动数字创新的实施。同时，需要建立有效的监控和评估机制，跟踪战略执行的进展和效果，及时调整与优化战略实施的方向和策略。以下是在战略实施与监控中需要考虑的关键要素。

第一，行动计划和项目。将战略转化为具体的行动计划和项目，明确实施的步骤、时间表和资源需求。行动计划应包括明确的目标、任务分解、责任分配和关键里程碑。项目管理方法和工具可以用于有效地管理和推进数字创新项目的实施。

第二，资源分配和管理。明确战略实施所需的资源，并进行合理的分配和管理。这包括人力资源、财务资源、技术资源等方面的考虑。确保所需的资源得到充分配置，以支持数字创新项目的顺利实施。

第三，监控和评估机制。建立有效的监控和评估机制，跟踪战略实施的进展和效果。这可以包括制定关键绩效指标和目标达成的时间表，定期评估和报告战略实施的进展。监控和评估的结果可以帮助识别问题和改进机会，并及时调整战略实施的方向和策略。打造"数字创新战略实施动态智慧监测系统""数字创新战略成果大数据分析系统"，将战略实施水平通过数据直观地表现出来，并在此基础上分析影响数字原生企业数字创新战略实施的各种因素及其影响程度。监控过程可由第三方专业团队运用专业化数据分析方法，针对战略实施情况提供相应的分析报告，为数字原生企业数字创新战略实施提供具有价值的决策参考素材。

第四，沟通和协调。在战略实施过程中，重要的是保持良好的沟通和协调。确保各个部门和团队之间的信息共享与协作，以实现数字创新项目的协同实施。定期的沟通会议、报告和反馈机制可以帮助确保战略实施的顺利进行。

第五，风险管理和调整。在战略实施过程中，需要进行风险管理和及时调整。识别与评估潜在的风险和障碍，并制定相应的风险管理策略。根据实际情况和监控结果，进行必要的调整和优化，以确保战略实施的成功和目标的达成。

对创新战略实施有效监督，可以帮助管理者及时发现数字原生企业在创新战略实施过程中的经营管理等方面存在的重大问题，有利于结合实际制定有效的应对策略，使得良好的市场竞争优势得以保持。

拓 展 阅 读

数字原生创新战略的评价指标体系

数字原生创新战略的评价指标体系是评估数字原生企业在数字创新方面的能

力和绩效的重要工具。一个全面、科学的评价指标体系可以帮助企业了解其在数字原生创新方面的优劣势，并为制定和优化数字原生创新战略提供指导。数字原生创新战略评价包括以下四个维度：数字战略导向、数字要素投入、数字创新成果和数字创新绩效。具体指标体系构建如表13-1所示。

表13-1　数字原生创新战略的评价指标体系

一级指标	二级指标	解释
数字战略导向	目标和愿景	考察企业是否有明确的方向和指导，并为企业的发展设定了长远的目标
	数字化领导力	考察领导者是否具备数字化思维，理解数字化机遇，具备创新意识和精神，以及变革能力和敏捷能力
数字要素投入	人力资源	考察人员配置、技能培养和人才引进等方面的表现
	财务资源	考察资金投入、预算分配和风险投资等方面的表现
	技术资源	考察硬件设备、软件工具和技术平台等方面的表现
	能力建设	评估组织在数字创新方面的能力建设，包括培训和知识管理等
数字创新成果	新产品开发	考察组织是否成功推出具有创新性和市场竞争力的新产品，包括数字化产品、智能设备、软件应用等。评估新产品的创新性、技术先进性、市场适应性和用户体验等方面的表现
	业务模式创新	考察组织是否成功探索和实施具有创新性的业务模式，包括基于数字技术的新商业模式、平台模式、共享经济模式等。评估业务模式创新的市场适应性、盈利能力和可持续性等方面的表现
	客户关系创新	考察组织是否成功创新客户关系管理方式，通过数字技术和平台建立更加紧密和个性化的客户关系。评估客户关系创新的用户体验、客户参与度和忠诚度等方面的表现
	创新性	考察数字创新成果是否具有独特性、前瞻性和颠覆性
	市场适应性	考察数字创新成果能否满足市场需求和用户期望，具备市场竞争力和商业可行性
	用户体验	考察数字创新成果能否提供优秀的用户体验，包括界面友好性、操作便捷性、个性化服务等方面的表现
数字创新绩效	数字创新转化绩效	考察数字创新在转化为商业价值和实际应用方面的效果，评估指标包括新产品或服务的上市率、市场接受度、用户采纳率等
	数字创新盈利绩效	考察数字创新对企业利润率、销售额、市场份额和市场竞争力等方面的影响，评估指标包括利润增长率、销售额增长率、市场份额增长率等
	数字创新效率绩效	考察数字创新对组织成本节约、生产效率和工作流程优化等方面的影响，评估指标包括成本节约率、生产效率提升率、工作流程改进率等
	数字创新影响绩效	考察数字创新对品牌价值、用户体验、社会影响力等方面的影响，评估指标包括品牌价值、用户满意度、社会影响力等

本章小结

1. 数字原生企业创新战略的全要素支撑体系可以分为内部要素和外部要素两部分，其中内部要素包含数字创新人才、柔性组织架构、创新资金投入和数字创新文化；外部要素包括市场环境、法律环境、产学研合作、社会网络关系。

2. 数字原生创新战略的全过程实施机制包含提出问题和分析问题、明确战略制定准则、明确战略目标、确定战略模式、战略实施与监控五个关键步骤。

第六篇

负责任的数字创新战略

第十四章
负责任的数字创新战略

本章将探讨负责任的数字创新战略，旨在引导读者理解在数字创新过程中如何平衡技术进步与社会责任，确保数字创新成果能够惠及全人类，而不是仅仅服务于少数人的利益。首先，介绍当前快速发展中的人工智能技术潜在的伦理风险；其次，介绍企业数字创新中普遍面临的数字伦理困境；最后，介绍如何构建与重塑企业数字责任。

学习目标：

1. 理解人工智能技术潜在的伦理风险；
2. 熟悉企业数字创新中普遍面临的数字伦理困境；
3. 了解如何构建与重塑企业数字责任。

课前阅读

抖音算法推荐的信息茧房效应分析

由于推荐算法技术存在着不足，它在为用户日常生活提供便利的同时，也会阻碍用户的全面发展，形成信息茧房。

1. 抖音中信息茧房的具体表征

（1）用户对算法存在媒介依存。

推荐算法技术能够最大限度地推算出用户的兴趣喜好，进而向用户推送其最感兴趣或最需要的信息。也就是说，抖音可以根据用户所关注的领域以及他们浏览视频的喜好来决定信息的推送顺序，让用户感受到独属于他们的个性化定制。这些符合用户心理期待和需求的信息能够让用户更加沉迷于抖音，使得用户可能在虚拟的网络空间中花费更多的时间和精力，进而形成媒介依存症。抖音在个性化推荐系统中打造了一个信息孤岛，这个孤岛会排除掉用户不感兴趣的信息，使得他们长时间地接触单一信息，从而加剧信息茧房效应。

（2）抖音互动机制提供精准信息。

如果抖音仅仅靠针对用户的兴趣来提供娱乐化的内容，并进行用户抓取，当用户醒悟过来并感觉"越刷越无聊"时，抖音就可能惨遭抛弃。在这种情况下，抖音若想保持高度的用户黏性，必须提高用户社交的互动性。目前，抖音互动机制主要体现在点赞、评论、转发和私信上。其中，评论区是用户互动交流最多的地方。评论区中的用户会对视频进行二次解构，通过"抖机灵"的方式将自己的想法、感受写在评论区，用户之间也可以通过留言、点赞形式实现互动。抖音的推荐算法会将用户在视频中的各项行为数据，以及在使用过程中通过互动而主动提供的建议和态度进行记录，为算法推荐提供更精准的依据。

2. 抖音中信息茧房产生的原因

（1）用户态度是信息茧房的内在动因。

选择性心理是奥裔美籍社会学家保罗·F. 拉扎斯菲尔德（Paul F. Lazarsfeld）在《人民的选择》一书中提出的一个概念，指受众在做出选择时更倾向于接触那些与自己既有立场、态度一致或接近的内容。美国学者凯斯·R. 桑斯坦（Cass R. Sunstein）最初关于"信息茧房"的定义也来源于选择性心理这个概念。比如在抖音中，用户刷视频时会自主性地关注那些自己感兴趣的领域，长期主动关注同类型的内容，而且推荐算法会自动推送与用户兴趣相符的内容，这样也会使得用户牢牢桎梏于算法编制的牢笼中。随着时间的流逝，用户的选择性心理会使不那么宽敞的信息获取通道变得更加狭窄，而用户在这个过程中也会深化自己的想法。不仅是算法编制的牢笼，用户也会将自己困在一个自身所做的"茧房"之中。

（2）算法技术是搭建"茧房"的工具。

在智能推荐算法技术未出现以前，平台的推送信息是多元化的，这也就意味着用户有时候能够接触的并不只是自己感兴趣的信息，也会有不那么感兴趣的信息。智能推荐算法技术出现后，个性化推荐就成为了事实，也实现了千人千面的分众化的信息筛选和推送。关于推荐算法技术的好处之一，就是在这个信息爆炸的时代，用户不必在浩瀚无垠的"信息海洋"中找寻自己需要的信息，只要打开相应软件，为你量身定制的信息就会纷至沓来。推荐算法技术使得相应软件平台不再以平台为核心，而是以人为核心，更加关注用户的兴趣和利益。因此人们不再只是信息的被动接收者，而是信息的使用者。但是，就像媒介理论学家尼尔·波兹曼（Neil Postman）所言，媒介即隐喻。"每一种新媒介技术的设计和问世，都会以隐蔽而有力的方式来重新定义人们看待和了解事物的方式。"正如推荐算法技术在满足用户分众化需求的同时，也表明人们的认知行为和喜好正在悄悄地被重新塑造。

（3）媒介逐利是信息茧房的外在"助推器"。

在信息爆炸的社会背景下，用户的注意力成为稀缺资源。在这个时代，谁获得了用户的目光，谁就等于获得了资源和金钱。许多企业为了获得流量资源，不得不想尽办法，大展身手，吸引用户注意。在资本和利益的驱使下，媒介促使推荐算法不断为用户推送他们各自的喜好信息，而忽视了媒体的社会职责，也就是逃避传播社会公共信息的责任。

思考

1. 什么是信息茧房效应？抖音中信息茧房的具体表征是什么？

2. 探讨数字平台推荐算法在政治、社会和文化方面可能引发的问题，并提出相应的解决策略。

第一节　人工智能伦理风险

近年来，人工智能技术的迅猛发展为人类生活带来了前所未有的便利和机遇。然而，这一进步也伴随着一系列问题和挑战。例如，随着数据收集和处理能力的大幅提升，隐私侵犯问题日益凸显；人工智能系统因采用含有偏差的数据集而产生不公平结果，引发算法偏见问题；在自动驾驶汽车发生事故时，责任归属可能不明确，涉及汽车制造商、软件开发商或车主等多个方面。这些问题亟须我们深入探讨并寻求解决方案。

本节中，我们将详细了解迅猛发展的人工智能技术面临的伦理风险，以更好地应对已经或即将出现的问题。

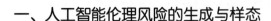

一、人工智能伦理风险的生成与样态

（一）人工智能技术伦理风险生成逻辑

人工智能技术伦理风险的生成，遵循着以下技术风险演变的逻辑。

1. 内生性逻辑：人工智能技术的算法"黑箱"

首先，人工智能技术根植于算法，算法背后隐藏的"黑箱"，是其伦理风险产生的本质所在。算法本质是一系列指令，难以转化为通俗易懂的语言，这也导致人工智能技术背后的决策逻辑难以让人理解、预测、评估，特别是其与云数据、脑机互联等前沿技术结合后，技术系统所产生风险的数量的快速增长带来技术的不可预测性。歧视在很多情况下都是算法的副产品，是算法的一个难以预料的、无意识的属性，而非编程人员有意识的选择，这进一步增加了识别问题根源或者解释问题的难度。（腾讯研究院等，2017）

再者，作为当前最为复杂、涉及学科众多的技术，人工智能背后所依存的道德算法并非独立运行，而是需要与其他系统相结合以完成深度学习。由于机器学习高度依赖代码和特定的数据样本，其稳定性难以得到保证，反复使用相同的数据样本可能会导致机器学习模型的训练结果产生误差，从而基于错误的假设做出不恰当的道德决策，一旦技术发展至"自主"阶段而失去控制，所带来的风险将是不可忽视的。

2. 关系性逻辑：价值理性与工具理性的张力

马克斯·韦伯（Max Weber）曾将技术理性分为工具理性与价值理性两个维度，前者追求合理性、规范性以及功能性，而后者强调技术应与人类社会根本利益相契合。人工智能技术是时代的产物，其生成与发展受到社会制度、实践环境与公众态度的约束，自然也受到其预设的社会价值的影响。由于人工智能决策内置了价值预设和偏好，其决策过程不可避免地会涉及道德判断的对与错，因为其必须"理解"人的需要，而"理解"这一过程则容易发生价值偏移。再加上人工智能技术本身的条件限制，以及人类过多关注技术工具理性，实际使用中缺乏人文内涵建设以及伦理道德规范，人工智能技术应用易发生突变。

从技术与人的互动来看，先前伦理规范与道德实践已深入社会情感之中，根深蒂固，短期内难以改变。人工智能技术作为新兴技术，挑战相关伦理规范与道德实践，且未来发展趋势让人无法预测，其快速发展逼迫人类社会现有伦理观念做出让步，易造成伦理冲突，引发社会不安，而风险便蕴含其中。可见，在技术时代，价值理性与工具理性之间存在较大张力，二者难以协调是技术伦理风险生成的重要原因。

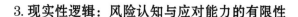

3. 现实性逻辑：风险认知与应对能力的有限性

雷·库兹韦尔（Ray Kurzweil）曾预测人工智能可以全面超越人类智能，而且超越的速度远超过人们的预期。囿于特定历史与现实条件的约束，人类风险认知与应对能力受到限制，这也是人工智能技术伦理风险生成的现实原因。一方面，人工智能作为当前最复杂的技术系统之一，当前人类的认知水平尚不能有效应对算法逻辑本身的不确定性，也就无法直接形成对伦理风险的认知判断。

另一方面，认知的有限性也会影响公众伦理风险的评估与应对能力。如人工智能产品如何确定其伦理道德主体地位、人类能否控制人工智能产品、人工智能技术导致的法律责任如何有效界定、其带来的安全与公平正义问题又如何规制，等等。这一系列伦理风险问题都在挑战人类伦理规则、控制机制，而人类社会针对这些伦理风险的法律体系、伦理规范、社会监督等明显滞后。

（二）人工智能伦理风险的样态

1. 人机边界模糊：伦理关系失调风险

人类应该如何看待智能机器与自身的关系？人类与智能机器能否实现整合？当人类自然生成而来的痛苦与快乐，都能以物理和化学方式来满足时，人类是否还有参加社会互动的动力？维系社会发展的互动关系还将存在吗？这种人机边界的模糊可能带来伦理关系失调风险。

微案例

> 2019年3月，新华社联合搜狗公司发布全新升级的站立式人工智能合成主播，其惟妙惟肖的真实感、技术优化的智能感，使智能机器看起来如真人一般，人工智能产品与人的距离日益拉近。与此同时，人对"人"的理解日渐物化，人与机器的边界正变得模糊。

"心智边界之争"是学界争论焦点。人类中心主义者认为只有人才能被视为道德主体，因为只有人才具有思维能力和交流能力，智能机器只不过是人这一高级动物所创造的设备与工具而已，"从没有一种纯形式的模型，足以凭借自身而产生意向性，因为形式特性自身不足以构成意向性，同时它们自身也没有因果能力，它们的能力不过是在例示过程中随着计算机的运行而产生下一步的形式体系"（Searle, 1980）。因此，人们反对赋予人工智能产品道德行为主体地位。

但随着人工智能的飞速发展，有学者要求重新定位人工智能产品的道德地位，以扩大道德参与圈。然而，假设我们真的赋予智能机器以道德情感、意志以及与人类平等的人格地位，智能机器与人类共同生活，并参与政治、经济和文化活动。这种情况下，人与智能机器的关系将远超出传统的人际关系范畴。这不仅可能动摇人类在道德层面的顶层地位，甚至可能挑战政府权力的合法性。这些智能机器人能够承担道德责任吗？人间伦常关系还能有效压制人类与智能机器之间的关系吗？

2.责任归属困境：伦理规范失控风险

机械式责任伦理在人工智能时代遇到了难题，因为其现有表征为过失责任追究的伦理相关规则，无法有效应对人工智能技术边界的模糊性带来的责任伦理划分。

首要议题是智能机器安全领域的责任归属困境。谷歌、特斯拉和 Uber 等智能无人驾驶致人死亡事件的相继发生，引发的责任伦理争论成为话题。智能无人驾驶的人车关系区别于传统的人车关系，颠覆了传统安全驾驶的责任伦理规则，令以驾驶员为主体的传统"对与错"责任分配体系，在智能机器时代陷入困境——既无驾驶员的主观思想错误，也无疲劳驾驶等错误。倘若致人死亡或造成财产损失，在人工智能机器价值模糊的语境中，人们很难对事故后果的价值模糊进行是好或是坏的明确判断，那么这应由谁来承担道德和法律责任呢？另外，随着更多智能机器投入现代战争，在无人作战的情境下，传统正义战争理论所形成的责任划分受到冲击，人工智能机器战争责任如何明确？责任规避与转嫁甚至可能成为削弱现代军人伦理根据。而一旦出现安全责任事故，甚至刑事案件，没有适当的责任划分，容易导致人工智能产品脱离社会伦理、法律规范，扰乱经济社会秩序，造成更大危害。

其次是人工智能技术开发的责任失当难题。人工智能技术的核心即为决策算法，而这一算法是由人工智能技术开发者、设计者掌握。对设计者而言，存在知识责任失衡风险。人工智能技术程序与算法的设计离不开设计者的努力，但设计者能否确保智能机器在面临伦理决策困境时，做出对人类最有利的选择呢？在传统责任伦理规范中，设计者毫无疑问是责任主体，而在人工智能时代，设计者是单一的原子责任主体，因技术复杂性、系统性，其与其他设计者之间存在的利益纠葛无法明确。因而，就现有伦理责任规范而言，由于缺乏对未来责任追究的可能，技术决策者容易超越现有伦理规范，将人工智能技术的不完备性带入现实社会，造成责任失当风险。

3.价值鸿沟加剧：伦理价值失衡风险

人类社会发展的目的之一在于追求文明社会的和谐、维护社会公平正义，这也正

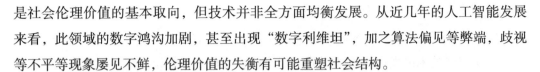

是社会伦理价值的基本取向，但技术并非全方面均衡发展。从近几年的人工智能发展来看，此领域的数字鸿沟加剧，甚至出现"数字利维坦"，加之算法偏见等弊端，歧视等不平等现象屡见不鲜，伦理价值的失衡有可能重塑社会结构。

（1）社会公平正义可能遭到破坏。

人工智能技术一方面通过解构社会分工模式，颠覆传统劳动关系，可能造成大量人员结构性失业，影响社会公平正义。人工智能以其智能化、高效化，成为提高社会工作效率、提升经济效益的重要方式，实现了对产业结构和社会分工模式的重构。智能机器不仅可替代人类从事脏累差的工作，而且可从事那些专属于人类的工作，如医生、教师以及翻译。尽管人工智能技术发展能创造新的工作机会，但因个人差异，并非所有人均能跨越技术性壁垒，诸多普通劳动力难以获得劳动机会，其劳动价值被剥夺，并逐渐被社会边缘化，甚至被抛弃。另一方面，算法黑箱导致的算法偏见，如种族、性别、年龄等歧视问题，虽非开发者恶意为之，但在现实的数据中存在的偏见意向性，将损害社会公平，其暗含的伦理风险值得重视。从现有研究来看，文化偏见等确实已嵌入日常智能技术算法中，而这更像是黑洞，对弱势群体将产生严重的负面后果。

（2）催生个体权利不对称性。

新社会权利结构的出现是人工智能技术发展带来的新问题。例如，依靠人工智能技术，拥有技术优势的组织可通过赋予组织成员庞大的数据标签，以所得数据判断与掌握成员的特征、兴趣和行为，甚至出现旁人比自我更了解自我的现象。在赋予用户数据标签的同时，组织与用户之间形成技术不对称性，从而造成巨大的权利不对称。

4. 智能技术依赖：伦理行为异化风险

（1）人工智能可能强化行为偏见。

人工智能技术使用的便捷化，挑战着人类整体性时代图景。在过往社会发展中，人们依赖于个人主导的搜索、筛选和处理信息的方式，总结出个人发展所需决策和结论。智能时代让人们获取信息变得简单，人们在获取信息过程中，智能机器也会抓取用户信息，分析其兴趣习惯，从而依据用户画像，推送个性化信息。如在社交媒体中，人工智能可分析人的观点、兴趣爱好等特点，实现对相似人的推荐，如震惊世界的Facebook 剑桥分析事件。然而，人工智能推送信息的精准化和趋同化，使得人们获取信息存在路径依赖，以至依赖成瘾，甚至让有些人放弃思考，这无疑会逐渐削弱人的甄别能力。长久结果便是人被固化在某一领域，导致其对某些领域观点的盲从和对其他领域观点的偏见。而由于长时间游走于虚拟与现实之间，人一旦离开了其所依赖的

人工智能技术，其正常生活、学习与工作将受到极大影响。

（2）人工智能可能导致选择困境。

人工智能技术的发展极大地提升了对当前社会信息和知识的加工处理能力，人们可借助于智能技术实现对复杂信息数据的检索与处理。然而，个人发展所需要的信息与知识是有限的，信息大爆炸带来的知识与信息的冗余，常常使人陷入选择困境：如何在海量信息与数据中，择选出对个人发展有益的部分？

人工智能技术同时带来了互动交往的虚拟化，人可以不参与社会互动，而借助人工智能技术实现所谓"交友"，减少了人在现实生活中的社会互动次数，缩小了互动范围。倘若人工智能越来越多地介入社会互动，甚至支配人的需求，人与人之间的交往将变得愈发间接，人的互动欲望将遭到削弱，行为选择也将逐渐失去思考。人若回归社会，面对人际交往，其还能做出符合伦理要求的行为吗？

拓展阅读

典型应用场景的人工智能伦理风险

误用滥用案例：生成假视频、图片、声音以实施诈骗

2023 年 2 月 28 日至 3 月 2 日，加拿大至少有八名老人因为遭受利用深度伪造内容的诈骗而损失大量资金。犯罪分子利用人工智能技术，快速克隆声音、图片等，并结合详细的个人信息，使得受害者产生错误判断，最终按犯罪分子要求支付费用。

隐私侵犯案例：泄露用户信息

2023 年 3 月 25 日，OpenAI 发文证实部分 ChatGPT Plus 服务订阅用户的姓名、电子邮件地址、支付地址、信用卡后四位数字和信用卡到期时间等被泄露。2023 年 11 月 28 日，来自谷歌、华盛顿大学等的研究团队发现 ChatGPT 数据泄露的漏洞。他们指出，让 ChatGPT 多次重复一个词后，模型可能会输出个人信息。

知识产权争议案例：是否属于"合理使用"的争议

2023 年 7 月，数千名作家签署公开信，要求 OpenAI 等人工智能公司停止在未经许可的情况下使用其作品训练大模型。2023 年 9 月，美国作家协会对 OpenAI 发起集体诉讼，起诉 OpenAI 在未经许可的情况将受版权保护的作品用于大语言模型训练。

责任归属案例：驾驶员和汽车厂商的责任划分

2018 年 3 月，在美国亚利桑那州，一辆正在测试中的 Uber 自动驾驶汽车以 69 千米的时速撞死了一位横穿马路的行人。2020 年 9 月 15 日，亚利桑那州地方法院陪审团以过失杀人罪起诉当时 Uber 自动驾驶汽车的安全驾驶员，建议判处该安全驾驶员 2.5 年有期徒刑。检察官认为："当驾驶员操作汽车转向盘时，他们有责任以遵守法律的方式安全地控制和操作汽车。"

2019 年，一辆特斯拉 Model 3 撞树起火，并造成驾驶司机死亡和乘客受伤。事后，两名受伤乘客认为特斯拉在出售汽车时知道其自动驾驶系统 Autopilot 有缺陷，并提起诉讼。2023 年 9 月，美国加利福尼亚州地方法院陪审团认为车辆没有制造缺陷，特斯拉方面称该案件是由驾驶员人为因素导致。

自动驾驶汽车算法设计问题：紧急情况下的处置不当

2023 年 10 月，一名行人被人类驾驶的轿车撞倒并滚落至车道上。此时，由 Cruise 运营的自动驾驶出租车 Robotaxi 迎面驶来，该行人再次遭到撞击并被卷入车下。该辆 Robotaxi 在紧急制动后又启动了靠边停车操作，以约 32 千米的时速将这名行人拖行了两米多距离，导致其全身多处严重损伤。

确保人类监督和决策案例：禁止人工智能替代医师和生成处方

2023 年 8 月，北京市卫生健康委员会发布《北京市互联网诊疗监管实施办法（试行）》（征求意见稿），明确人工智能软件不得代替医师提供诊疗，禁止使用人工智能等自动生成处方。

资料来源：作者根据互联网资料整理。

二、人工智能伦理与治理的原则

关于人工智能伦理与治理，无论是算法决策相关的问题、数据与隐私相关的问题，还是社会影响相关的问题，都涉及人的主体性问题。这些问题中有一些非常切近，需要立即应对；有一些则非常长远，但对人类未来影响深远。当机器替代人进行决策时，结果是否符合人的期待？当人工智能被滥用，作为决策主体的人本身可能被挑战。这可能是人工智能决策违背社会的价值共识，如造成伤害，或违反人权原则，或算法歧视，也可能是人工智能在社会没有价值共识的情况下做出某种有争议性的决策。

对这个问题的回应，是研究当下实践性的人工智能伦理的开端。从目的、手段两个维度来看，可以得出两条基本原则：技术必须促进人类的善（人的根本利益原则）；

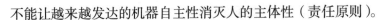

不能让越来越发达的机器自主性消灭人的主体性（责任原则）。

（一）人的根本利益（Fundamental Interest of Human Being）原则

人的根本利益原则，即人工智能应以实现人的根本利益为终极目标。这一原则体现了对人权的尊重、人类和自然环境利益最大化以及降低技术风险和对社会的负面影响，强调设计、应用人工智能应遵循伦理原则，不能用于恶的目的、不能超出技术本身适用的范围。

人的根本利益原则有以下要求。在对社会的影响方面，人工智能的研发与应用必须以促进人类向善为目的（AI for Good），这也包括和平利用人工智能及相关技术，避免致命性人工智能武器的军备竞赛。在人工智能算法方面，人工智能的研发与应用应符合人的尊严，保障人的基本权利与自由；确保算法决策的透明性、避免歧视；推动人工智能的效益在世界范围内公平分配，缩小数字鸿沟。在数据使用方面，人工智能的研发与应用要关注隐私保护，加强个人数据的控制，防止数据滥用。

（二）责任（Responsibility）原则

责任原则，即在人工智能相关的研发与应用两方面都建立明确的责任体系，以便当人工智能应用结果导致人类伦理或法律方面的问题时，人们能够从技术层面对人工智能技术开发人员或设计部门问责。在人工智能应用方面，还应建立合理的责任和赔偿体系，保障人工智能应用的公平合理性。

责任原则表明，在人工智能技术研发方面应遵循透明度原则；在人工智能技术应用方面则应当遵循权责一致原则。

透明度原则要求人工智能的设计中保证人类了解自主决策系统的工作原理，从而预测其输出结果，即人类应当知道人工智能如何以及为何做出特定决定。透明度原则的实现有赖于人工智能算法的可解释性（Explicability）、可验证性（Verifiability）和可预测性（Predictability）。例如，在神经网络这个人工智能的重要议题中，人们需要知道为什么神经网络模型会产生特定的输出结果。另外，数据来源透明度也同样非常重要，即便是在处理没有问题的数据集时，也有可能面临数据中所隐含的某种倾向或者偏见问题。透明度原则还要求开发人工智能技术时关注多个人工智能系统之间的相互协作所产生的危害。

权责一致原则是指在人工智能的研发与应用中应当保证问责的实现，这包括：在人工智能的研发与应用中留存相关算法、数据和决策的准确记录，以便在产生不利结果时能够进行审查并界定责任归属；即使无法解释算法产生的结果，使用了人工智能算法进行决策的机构也应对此负责。在实践中，人们尚不熟悉权责一致的原则，主要

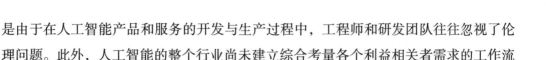

是由于在人工智能产品和服务的开发与生产过程中，工程师和研发团队往往忽视了伦理问题。此外，人工智能的整个行业尚未建立综合考量各个利益相关者需求的工作流程，当前相关企业对商业秘密的过度保护也应与权责一致原则相符。

三、人工智能伦理风险管理的最佳实践

对于伦理风险的管理，应从人工智能产品或服务的设计阶段开始，并贯穿于产品或服务的整个生命周期。相关企业可以从以下角度出发，具体建立其内部伦理风险管理框架及流程。

（一）管理层认知与承诺

企业的管理层应认识到人工智能可能带来的伦理风险，树立风险意识。在企业层对伦理风险管理做出整体性部署，明确企业管理伦理风险的基本目标及工作原则，在整个企业内建立伦理风险管理的意识和文化，在企业进行核心业务决策时采纳伦理风险管理机制，确保风险管理融入企业的所有活动。

（二）设立伦理风险应对的相关部门

在企业内部组织架构层面，企业可以设立相应的伦理风险管理部门，并明确各部门之间的分工及领导关系。企业还应对伦理风险管理、监督及实施的各个部门分配适当的资金、场地及人员等必要资源。

企业可以设立伦理风险管理委员会作为伦理风险管理的领导机构。该委员会的组成人员可以包括人工智能研发部门的负责人、企业法务和（或）合规部门负责人以及处理伦理风险问题的协调专员。该委员会的主要职能可以包括制定企业内部伦理风险管理政策、对伦理风险管理的相关问题做出决策、进行算法审计、开展质量审查工作以及协调企业内部各部门的伦理风险应对工作。

如果企业内的多个业务部门均涉及人工智能的开发与应用，可以在各业务部门内设立伦理风险管理小组。该小组可以由具有处理伦理风险工作经验的人员构成，负责业务部门内日常的相关问题沟通、意见汇总并具体执行伦理风险管理委员会所布置的工作。

具体而言，企业内部设立的人工智能伦理风险管理委员会应当具备如下职能：

（1）领导人工智能伦理风险控制流程的实施及监督；

（2）参与人工智能的伦理风险评估；

（3）审查伦理评价结果；

（4）定期审查决策执行情况。

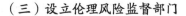

（三）设立伦理风险监督部门

企业可以在伦理风险管理委员会之外再单独设立伦理风险监督部门，对企业所实施的伦理风险管理进行监督，其职责可包括监督企业内伦理风险，管理各部门的运作情况、相关政策及流程的执行情况等。企业也可以不单独设立伦理风险监督部门，而让伦理风险管理委员会承担监督的职责。企业内部的风险监督工作通常包括以下内容。

（1）制定内部相关制度。根据企业自身的业务情况，企业伦理风险管理委员会可以牵头制定与企业内部可能涉及的伦理风险有关的相关政策及制度，并确保从人工智能的初始开发阶段开始，贯穿整个产品或服务的生命周期，并严格按照相关制度开展工作。

（2）建立沟通和咨询渠道。企业可以建立内部沟通和咨询机制，协调各业务部门和伦理风险管理部门之间的沟通与咨询。业务部门在具体实施伦理风险管理政策或流程的过程中，可以及时将相关问题反馈至伦理风险管理部门，进行相关讨论，并由伦理风险管理部门做出必要决策。

（3）建立对商业合作伙伴的审查机制。在与商业伙伴合作或对其他企业进行投资之前，企业可以先行评估该合作或投资所涉及的伦理风险（例如数据来源可靠性）。根据风险的大小，可以对商业合作伙伴或所投资企业进行相应程度的尽职调查，以降低伦理风险发生的可能性。

第二节　数字伦理困境

2022 年，中共中央办公厅、国务院办公厅印发的《关于加强科技伦理治理的意见》压实了包括企业在内的科技创新主体的伦理管理责任，科技伦理治理已成为行业普遍共识。本节将介绍企业在开展数字创新的过程中，普遍面临的环境、社会、公司治理等方面的伦理困境，希望为读者提供一个全面的视角，以理解数字世界中的伦理问题。

一、环境数字伦理困境

环境方面的数字伦理困境主要体现为碳足迹（Carbon Footprint）。"碳足迹"的概念起源于 1992 年哥伦比亚大学教授威廉·E. 里斯（William E. Rees）和他的学生马蒂斯·瓦克纳格尔（Mathis Wackernagel）提出的"生态足迹"理论。该理论主要以二氧化碳排放当量（CO_2 equivalent，简写成 CO_2 eq）表示人类生产和消费活动过程中产生的温室气体总排放量，以衡量人类活动对环境的影响。

2023 年 12 月，卡内基梅隆大学与人工智能企业 Hugging Face 的联合研究团队发现，生成式人工智能的崛起不仅对各行各业产生了重大变革，而且会对地球环境产生重大影响。他们研究了各种基于文本和图像的人工智能模型的碳足迹，并测量了这些模型在执行 1 000 次任务后所消耗的能源和碳排放量。研究结果显示，聊天机器人和论文编辑器等基于文本的模型相对节能，每千次聊天所需能源相当于一部主流智能手机充满电所耗能量的 16%。然而，使用图像分类器和图像生成器等图像类模型时，效率最低的图像生成模型每千次交互消耗约 11.49 千瓦·时电能（约等于给一部主流智能手机充满电 950 次所需的能量）。国际能源署数据显示，2022 年全球数据中心消耗的电能约为 4 600 亿千瓦·时，预计到 2026 年会增加一倍以上，达到 10 000 亿千瓦·时。

联合国贸易和发展会议于 2024 年 7 月发布的《2024 年数字经济报告》中显示，2020 年全球信息和通信技术部门的碳排放估计在 0.69 吉吨至 1.6 吉吨二氧化碳当量之间（1 吉吨等于 10 亿吨），占全球温室气体排放的 1.5%—3.2%，仅略低于整个航运业的碳排放。从资源消耗方面看，生产一台两千克重的电脑，需要用到 800 千克原材料。到 2050 年，对于数字化转型至关重要的石墨、锂和钴等矿物的产量预计将激增 500%。2010—2022 年，全球屏幕、显示器、小型信息技术设备和电信设备的固体废弃物产生量从 810 万吨增加到 1 050 万吨，增长率接近 30%。以我国为例，根据商务部的数据，2023 年全年网上零售额达到 15.42 万亿元，同比增长 11%。与此同时，2020 年快递塑料袋共消耗聚乙烯 48 万吨，相当于耗费了 2 000 万吨石油。快递业每年消耗的纸质废弃物超过 1 000 万吨，塑料废弃物约 200 万吨，并呈逐年增长趋势。

二、社会数字伦理困境

社会方面的数字伦理困境主要体现在就业问题、数字成瘾、劳工权利和信息茧房等方面。

1. 就业问题

互联网的兴起给人们的生活带来了极大的便利。微信、QQ 等社交软件让人与人之间的联系更加通畅，滴滴打车等网约车平台使出行更加便捷，淘宝、京东等购物网站使购物更加方便，还有其他的在线医疗、在线教育企业也给人们的生活带来了更好的体验。然而，在人们享受互联网红利的同时，这些互联网企业的发展也带来了新的就业困境。

第一，随着人工智能的逐步商业化，一部分劳动力会被智能机器取代。近年来，互联网巨头纷纷进入无人驾驶、人脸识别、智能教育、疾病诊断等领域，目前无人配送机器人、无人驾驶汽车等人工智能项目已经部分实现商业化，这些智能机器有可能会替代快递、外卖配送人员。第二，互联网企业的兴起带来了不稳定的就业模式，让劳动者被迫处于较高的风险中。合同工、独立工作者等不稳定就业群体面临着福利被削减，以及缺少工会保护的困境。

2. 数字成瘾

在人们尽情享受互联网带来的便利的同时，数字成瘾正在一步步侵占互联网用户的生活，比较典型的有"微博控"以及"抖音上瘾"等案例。这些社交平台通过简短图文、短视频等碎片化的信息以及推荐算法，让用户沉迷于平台不断推送的信息。推荐算法的助推极易导致用户"科技成瘾"，让用户"停不下来"。世界上有 15 亿名 YouTube 用户观看由算法推荐的视频，这个算法对数十亿个视频进行排序，来确定用户接下来将看到的 20 个视频片段，这些视频都与之前看过的视频有关联。YouTube 公司的内部人士透露，该算法是 YouTube 增长的最重要的引擎。

3. 劳工权利

随着互联网、移动通信设备等进入人们生活的方方面面，在家办公、异地办公、移动办公等远程办公模式逐渐得到社会普遍认可。2018 年，我国远程办公人数达到了 490 万人。2020 年年初，新冠疫情在全球范围内暴发，更使得远程办公成为许多企业的选择。截至 2020 年 3 月，钉钉办公用户数已达到 3 亿人，3 月的月活跃用户高达 1.7 亿人。远程办公在技术上借助互联网进行数据传输以及联络交流，同时突破时间和空间的限制，这些特征让远程办公模式在互联网行业中的运用更加广泛。

然而，远程办公模式在解开传统模式中时空绑定的同时，也给远程办公人员带来了更多的风险。第一，由于与远程办公人员缺乏直接联系，管理人员很难正确评估员工绩效，这令远程办公人员的晋升和发展受到限制。第二，工作与生活之间的模糊界限会增加工作与家庭的冲突。第三，远程办公延长了员工工作时间，并可能对其健康产生负面影响。远程办公打破了传统办公时空界限，数字可及性与可支配性的滥用将会导致员工的休息时间被侵占。例如，员工在非工作时间依然需要回复工作中的电子邮件或电话。根据国际劳工组织的调查报告，远程办公人员的工作时间普遍长于本地办公人员的工作时间，并且工作地点、工作时间更为自由的劳动者比工作地点、工作时间相对固定的劳动者承受的压力和失眠比例分别高出 16% 和 13%。

4. 信息茧房

信息茧房这一概念最早由美国学者桑斯坦提出，是指人们只关注自己所偏好的信息，并排斥或无视其他信息。如今，随着数字技术的不断精进，信息茧房正在加速形成。数字企业运用大数据、云计算等数字技术，分析并推测用户的需求和偏好，进而向用户精准推送信息。无论是淘宝、京东等购物 App，还是抖音、快手等短视频 App，都在通过个性化算法技术实现内容的精准推送。淘宝精准推送内容的原理如图 14-1 所示。

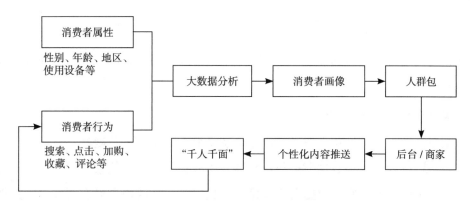

图 14-1　淘宝精准推送内容的原理

资料来源：郭锐 . 人工智能的伦理和治理 [M]. 北京：法律出版社，2020。

虽然个性化推荐算法提高了数字化企业的服务效率，但长此以往，用户大多只能接触到经过个性化推荐算法"精心挑选"后的符合自己偏好的信息，这无疑让用户封闭在信息茧房之中。信息茧房的存在会给用户甚至社会带来负面影响。

从用户的角度来看，信息茧房限制了用户的认知，并可能导致用户认知极端化。因为个性化推荐算法（通用模型如图 14-2 所示）让用户周围充斥着与自己观点一致或相似的信息，阻碍用户与不同观点接触，这会让他们的观点不断地得到加强，而且朝着极端的方向发展。

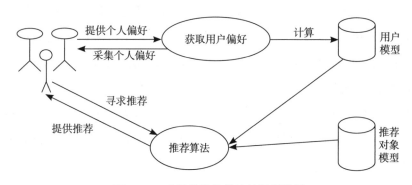

图 14-2　个性化推荐算法的通用模型

资料来源：郭锐 . 人工智能的伦理和治理 [M]. 北京：法律出版社，2020.

从社会的角度来看，信息茧房引发了社会治理难题。由于信息茧房内的个体更愿意接受并相信"茧房"内的信息而难以接受"茧房"外不同的观点，这使得不同群体间的沟通难度增加，并且信息茧房可能在无形之中成为谣言传播的温床。因此，作为个性化推荐算法使用者的数字化企业有责任重视并尝试解决信息茧房这一问题。

三、公司治理数字伦理困境

公司治理方面的数字伦理困境主要表现为用户数据权侵犯、敏感数据保护困境、数据垄断。

1. 用户数据权侵犯

数据权是随着大数据技术普及而产生的法学概念。从私权角度看，与公民有关的数据权包括数据隐私权和数据财产权。数据隐私权指公民个人信息数据不被其他主体获取、处理和使用的权利；数据财产权则指公民对其产生的信息拥有所有权，并享有占有、使用、收益和处分的权利。

在现实中，数字化企业为了更好地商业利用用户数据，往往可能通过以下方式侵犯用户的数据权。

（1）强制获取信息：用户通常无法决定是否提供个人信息，而是被迫接受各种隐私条款。这些条款强制用户提供电话号码、位置信息等个人信息，否则用户无法使用相关服务。

（2）过度数据采集：互联网企业出于商业目的，过度采集用户的个人数据，往往超出必要范围。例如，2019 年 12 月，国家网络与信息安全信息通报中心发布通告，指出包括考拉海购、微店等知名平台在内的一百多款 App 及其运营企业因超范围和非必要采集个人信息被查处。而 2019 年，共 683 款 App 因违法违规采集个人信息被查处。

这些现象反映了数据权在现实中的脆弱性，数字化企业需要在数据的商业利用和保护用户数据权之间找到平衡点，以避免侵犯用户的合法权益。

2. 敏感数据保护困境

大数据征信是指基于大数据技术设计征信评价模型和算法，通过多维度的信用信息考察，形成对个人、社会团体、企业的信用评价。目前我国大数据征信个人敏感数据保护主要面临以下几个困境。

（1）我国在个人敏感数据保护法律体系上存在不足，相关法律法规分散且缺乏统一标准，尤其缺乏专门针对大数据征信的法规。尽管有国家标准《信息安全技术 个人信息安全规范》作为指导，但其作为推荐性标准，难以直接作为执法依据。

（2）我国尚未建立系统的事前、事中和事后监督约束机制。在事前阶段，数据主体在行使知情同意权时面临困难，如复杂的身份认证和强制同意授权采集等问题。事中监管亦存在不足，如监管主体不明确、传统征信监管方式不适应大数据环境等。这导致个人敏感数据在采集、处理过程中难以得到有效保护。在事后救济方面，数据主体在权益受到侵害时往往维权困难。一方面，重刑事处罚、轻民事确权和归责的现状使得数据主体难以获得实质性补偿；另一方面，大数据征信的隐蔽性和复杂性使得数据主体在举证和确认侵权行为上存在困难。因此，建立个人敏感数据集体诉讼、仲裁机制成为迫切需求。

3. 数据垄断

数据垄断是数字经济背景下不同于传统企业垄断的行为，目前对于数据垄断的界定比较模糊。法国和德国反垄断执法部门联合发布的《竞争法和大数据》（Competition Law and Data）报告中指出，对数据的拒绝访问、歧视性访问、排他性合同等行为属于数据垄断。涉嫌数据垄断的行为有三类：第一类是拒绝向竞争对手开放数据入口；第二类是滥用用户数据；第三类是利用数据优势削减用户的利益，如"大数据杀熟"。

虽然数据垄断可以巩固数字企业的行业地位，但它也对行业发展带来了显著威胁，主要体现在以下几点。

（1）增加进入壁垒：数据垄断为同行尤其是小企业进入市场设置了较高的障碍。

（2）阻碍创新：中小企业的创新和生存受到阻碍，不利于行业的多元化发展。

（3）限制消费者选择：数据垄断限制了消费者的选择空间，并加剧了非法采集用户数据和数据泄露等数字伦理问题。

微案例

"Facebook 剑桥分析事件"是数据垄断带来负面影响的典型案例。Facebook 被曝出通过社交媒体平台的数据操控美国大选，引发了公众的愤怒和对大数据影响力的重新认识。Meta 公司的数据垄断行为表明，社交媒体巨头通过数据垄断潜移默化地影响了人们的决策。人们在虚拟数字空间中的行为被记录和分析，这些数据痕迹之间存在复杂联系。数据垄断者通过数据耦合形成新的权利关系，对数据化社会产生深远影响。

第三节　企业数字责任

前两节对人工智能伦理风险和数字伦理困境进行了深入探讨，读者现在已经形成对数字化时代伦理挑战的基本理解。在这一基础上，本节将转向一个至关重要的话题：如何促进企业在数字化转型和创新方面承担企业数字责任，以做到负责任的数字创新？

一、培养企业数字责任文化

企业数字责任是指企业在数字技术和数据开发、应用、提供服务过程中需要考虑其对社会和环境的影响，以对社会、经济、环境、技术负责任的方式开展数字化相关活动。企业数字责任既包括企业在数字化相关活动中需要承担的社会、经济和环境三方面的责任，也涵盖数字技术本身合乎伦理性与稳健性要求，被认为是企业增强数字化积极作用的战略与执行工具。

数字责任文化有助于规范组织内部成员的行为，良好的数字责任文化可以促使组织内部成员按照特定的价值观和准则行事，从而达成企业目标，同时促进企业履行创新责任。数字责任文化通常包含四个层面，从上至下依次是精神层、制度层、行为层和器物层。

（1）在精神层面，数字责任文化包括与数字技术运用有关且符合商业伦理的价值观，如注重公平和保护隐私的算法伦理。首先，企业应该培养一种以用户为中心的价值观，强调在数字化产品和服务的设计、开发与部署过程中，始终将用户的利益放在首位。这包括对算法公平性、数据隐私保护、网络安全和数字包容性的重视。其次，管理层在决策时，应将数字伦理作为核心考量因素，确保所有业务战略及运营决策都符合道德标准和社会责任。最后，企业应定期对全体员工进行数字伦理的教育和培训，强化他们对数字责任的理解和认识，使这种文化深入人心。

（2）在制度层面，企业需要根据其价值观拟出正式文件以指导活动，将价值观具体化和可视化。具体来说，第一，企业应制定详细的数字责任政策和标准，涵盖数据治理、知识产权、用户隐私和网络安全等方面，确保所有员工都清楚地了解企业在数字责任方面的期望和要求。第二，建立有效的监督和审计机制，确保数字伦理政策得到遵守，并对违反政策的行为进行适当的惩戒。第三，定期发布透明度报告，公开企

业在数字伦理方面的实践和进展，接受公众的监督和评价。

（3）在行为层面，算法工程师的行为需要符合数字伦理，企业可以通过制定行为规范来指导其开发出体现企业数字责任的产品。首先，企业可以制定一套行为准则，明确员工在数字环境中应遵守的行为标准和道德规范。其次，实施持续的培训和教育计划，提升员工对数字伦理的认识，包括数据保护、算法偏见和网络道德等内容。最后，通过奖励和认可机制，鼓励员工在日常工作中积极实践数字责任。

（4）在器物层面，首先，在产品设计中融入数字责任原则，如设计隐私保护功能、确保算法的公平性和可解释性。其次，在选择和部署新技术时，考虑其对环境和社会的影响，优先选择那些能够促进可持续发展的技术。最后，在服务交付过程中，确保透明度和用户控制权，如提供清晰的隐私政策和用户数据管理选项。

二、加强企业数字责任治理

企业数字责任文化可以多层次地对技术人员的价值观和行为进行指引与约束。但是，在双重股权结构下，对于管理层现有的内部监督机制会失效，数字责任文化只能给管理层提供一种价值观上的指引，需要更强的治理结构来促进管理层履行社会责任。加强企业数字责任治理是一个系统性工程，它要求企业在战略规划、组织架构、业务流程、技术应用等多个层面进行综合考虑和实施。

（1）战略规划层面。首先，将数字责任纳入企业的整体战略规划，确保企业的长期目标与数字责任相一致。其次，进行定期的风险评估，识别与数字技术相关的潜在风险，如数据泄露、网络安全威胁等，并制定相应的管理策略。再次，在战略规划中考虑对数字责任相关的创新和投资，如隐私增强技术、安全协议的研发等。最后，将客户、员工、供应商及社区的利益和需求纳入战略规划，确保数字责任的全面性和包容性。

（2）组织架构层面。第一，成立专门的数字责任治理委员会，负责监督和指导企业在数字责任方面的政策和实践。第二，建立跨部门的协作机制，确保不同部门在数字责任方面的协同工作，如信息技术、法务、人力资源等部门的合作。第三，设立专门的培训计划，提升员工对数字责任的认识和技能，特别是在数据保护和网络安全方面。第四，将数字责任的执行情况纳入员工和管理层的绩效考核体系，确保责任到人。

（3）业务流程层面。首先，定期审查和优化业务流程，确保在产品设计、市场营销、客户服务等各个环节中体现数字责任。其次，建立严格的数据管理流程，包括数据的收集、处理、存储、共享和删除，确保数据的合规性和安全性。再次，在客户沟通和服务中明确数字责任的承诺，如隐私政策的透明度和用户数据的控制权。最后，

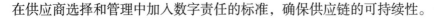

在供应商选择和管理中加入数字责任的标准，确保供应链的可持续性。

（4）技术应用层面。第一，投资于先进的安全技术，如加密、访问控制和入侵检测系统，以保护企业数据和用户信息的安全。第二，在产品设计中采用隐私设计的理念，确保从一开始就将用户隐私保护纳入设计考虑。第三，定期进行技术审计，评估现有技术在数字责任方面的有效性和合规性。第四，对技术人员进行数字责任相关的培训，提升他们在开发和部署新技术时的责任感。

三、建立企业数字责任规范

针对不同的领域，企业应建立不同的技术规范。

（1）算法领域企业数字责任的技术规范。算法是一切数字技术的基础，是实现企业战略目标的手段和途径。在数字技术使用的各个环节都可能存在算法滥用和异化，如利用算法违规收集用户信息、算法半自动化的联网监控对用户进行数据画像和偏好分析、利用大数据进行"杀熟"、单方面的强制推荐影响用户决策等。因此，企业在设计算法时必须遵循数字责任和技术规范。

首先，企业进行算法开发时必须遵循公平、同意及非伤害性原则。公平原则是指算法开发者应当使用非歧视性的技术对待每一位用户，不能利用特定算法以数据画像、数据分析的方式区别对待不同用户。同意原则是指算法在运行的过程中对于使用涉及用户切身利益的数据，必须征得用户的同意。非伤害性原则要求企业开发的算法本身不会损害用户个人利益，同时确保算法运行过程中的安全可靠。其次，企业应当遵循算法公开规范，对于可能伤害公众或社会利益的算法，应将其对社会公众以及监管机关进行公开，并接受社会公众的监督和监管机关的审查。最后，企业应当建立算法责任制，对于算法的开发和维护，企业应当落实组织和个人责任，确保能够对问题算法进行追责。

（2）大数据领域企业数字责任的技术规范。数据作为一种特殊的信息形态，在数字化时代被技术赋予了"权力"，成为最重要的资源。企业掌握了数据收集、存储和处理等的权力，就可以达到特定的目的或对目标对象施加影响。因此，企业应该有完善的数据保护机制。

数据收集环节，企业应注重同意原则，即企业利用数字技术或出于需要对用户信息进行收集时，必须征得用户同意，不得以强制或隐瞒的方式收集用户数据。数据储存环节，企业必须确保数据存储的安全性，避免数据泄露和数据被盗。这是企业最核心、最基本的数字责任。数据处理环节，企业应当秉持有效原则，通过有效处理，将数据价值转化为用户的利益。数据流转环节，企业应当遵守合规、同意和有利原则，流转必须取得用户同意，同时对用户产生价值，禁止将企业数据违规流转。数据销毁环节，企业应当允许用户在合规情况下采用诸如注销账号等方式销毁自身数据，同时企业应当确保用户数据的成功销毁，不能对用户已销毁数据进行违规保存。

四、完善企业数字责任法律法规

法律法规是督促企业履行数字责任最有效的外部手段之一。近年来，我国先后出台《中华人民共和国网络安全法》《中华人民共和国数据安全法》《关于加强互联网信息服务算法综合治理的指导意见》《互联网信息服务算法推荐管理规定》《互联网信息服务深度合成管理规定》等多部法律法规和政策性文件。这些文件填补了我国在数字经济时代对技术监管立法的空白，虽然在具体内容上还有待完善，但是其监管逻辑和规范模式仍然值得肯定。

国家在《"十四五"数字经济发展规划》中明确提出要健全数字经济治理体系，强化协同治理和监管机制，完善多元共治新格局。国家互联网信息办公室、工业和信息化部等部门已经开启对数字平台企业及其算法的违法违规情况开展日常监管和技术检测。

随着数字经济的快速发展，预计我国将继续完善相关法律法规，加强企业数字责任的立法工作，以适应技术发展和市场需求。例如，对现有法律法规的修订和更新，以及针对新兴技术（如人工智能、区块链等）制定新的法律规范。同时，我国也在积极参与国际规则的制定，推动与其他国家和地区、国际组织之间的个人信息保护规则、标准等互认，以促进数据跨境安全、自由流动。

◎ 本章小结

1. 人工智能技术的伦理风险生成于内生性逻辑、关系性逻辑和现实性逻辑，其中内生性逻辑指人工智能技术的算法黑箱，关系性逻辑指价值理性与工具理性的张力，现实性逻辑指风险认知与应对能力的有限性。

2. 人工智能伦理风险的样态可以分为人机边界模糊带来的伦理关系失调风险、责任归属困境带来的伦理规范失控风险、价值鸿沟加剧带来的伦理价值失衡风险、智能技术依赖带来的伦理行为异化风险。

3. 人工智能伦理与治理有两条基本原则，分别是人的根本利益原则和责任原则。

前者指技术必须促进人类向善；后者指不能让越来越发达的机器的自主性消灭人的主体性。

4.人工智能伦理风险管理框架包括管理层认知与承诺、设立伦理风险应对的相关部门、设立伦理风险监督部门。

5.企业在环境方面的数字伦理困境主要体现为碳足迹，在社会方面的数字伦理困境主要体现在就业问题、数字成瘾、劳工权利和信息茧房，公司治理方面的数字伦理困境主要表现为用户数据权侵犯、敏感数据保护困境、数据垄断。

6.企业重塑数字伦理的途径主要有培养企业数字责任文化、加强企业数字责任治理、建立企业数字责任规范、完善企业数字责任法规。

参考文献

Abrell T, Pihlajamaa M, Kanto L, et al. The role of users and customers in digital innovation: Insights from B2B manufacturing firms[J]. Information & Management, 2016, 53(3): 324-335.

Annarelli A, Battistella C, Nonino F, et al. Literature review on digitalization capabilities: Co-citation analysis of antecedents, conceptualization and consequences[J].Technological Forecasting and Social Change, 2021, 166(3): 120-139.

Armstrong M. Competition in two‑sided markets[J]. The Rand Journal of Economics, 2006, 37(3): 668-691.

Benner M J, & Tushman, M. L. Exploitation, exploration, and process management: The productivity dilemma revisited[J]. Academy of Management Review, 2003, 28(2): 238-256.

Bharadwaj A, El Sawy O A, Pavlou P A, et al. Digital business strategy: toward a next generation of insights[J]. MIS Quarterly, 2013: 471-482.

Boland Jr R J, Lyytinen K, Yoo Y. Wakes of innovation in project networks: The case of digital 3-D representations in architecture, engineering, and construction[J]. Organization Science, 2007, 18(4): 631-647.

Chen M J. Competitor analysis and interfirm rivalry: Toward a theoretical integration[J]. Academy of Management Review,1996, 21(1): 100-134.

Christensen C M. The innovator's dilemma: When new technologies cause great firms to fail[M]. Boston: Harvard Business School Press, 1997.

Drucker P F. Social innovation management's new dimension [J]. Long Range Planning, 1987, 20(6): 29-34.

Eisenmann T, Parker G, & Van Alstyne M. Platform envelopment[J]. Strategic Management Journal, 2011, 32(12): 1270-1285.

Evans D S. Some empirical aspects of multi-sided platform industries[J]. Review of Network Economics, 2003, 2(3): 191-209.

Fichman R G, Dos Santos B L, Zheng Z. Digital innovation as a fundamental and powerful concept in the information systems curriculum[J]. MIS Quarterly, 2014, 38(2): 329-A15.

Gawer A, & Cusumano M A. Industry platforms and ecosystem innovation[J]. Journal of Product Innovation Management, 2014, 31(3): 417-433.

Gereffi G.International trade and industrial upgrading in the apparel commodity chain[J]. Journal of International Economics, 1999, 48 (1):37-70.

Helfat C E, & Raubitschek R S. Dynamic and integrative capabilities for profiting from innovation in digital platform-based ecosystems[J]. Research Policy, 2018, 47(8): 1391-1399.

Hitt M A, Ireland R D, & Hoskisson R E. 战略管理：概念与案例 [M]. 12 版 . 刘刚，梁晗，耿天成，等，译 . 北京：中国人民大学出版社 ,2017.

Humphrey J, & Schmitz H. How does insertion in global value chains affect upgrading in industrial clusters?[J]. Regional studies, 2002, 36(9): 1017-1027.

March J G. Exploration and Exploitation in Organizational Learning[J].Organization Science,1991,2(1):71-87.

Nambisan S, Lyytinen K, Majchrzak A, et al. Digital innovation management: Reinventing innovation management research in a digital world[J]. MIS Quarterly, 2017, 41(1): 223-238.

Nylén D, Holmström J. Digital innovation strategy: A framework for diagnosing and improving digital product and service innovation[J]. Business Horizons, 2015, 58(1): 57-67.

Porter M E. What is strategy?[J]. Harvard Business Review, 1996, 74(6): 61-78.

Porter M E. 竞争战略 [M]. 陈小悦，译 . 北京：华夏出版社 , 1997.

Potts J. Innovation commons: The origin of economic growth[M]. Oxford University Press, 2019.

Robbins S P, & Coulter M. 管理学 [M]. 13 版 . 刘刚，程熙镕，梁晗，等，译 . 北京：中国人民大学出版社 ,2017.

Rothwell R. Towards the fifth-generation innovation process[J]. International Marketing Review, 1994, 11(1): 7-31.

Schilling M A. 技术创新的战略管理 [M]. 4 版 . 王毅，谢伟，段勇倩，等译 . 北京：

清华大学出版社 ,2015.

Searle J R. Minds, Brains, and Programs[J]. Behaviroral & Brain Sciences, 1980, (3): 417-457.

Siachou E, Vrontis D, & Trichina E. Can traditional organizations be digitally transformed by themselves? The moderating role of absorptive capacity and strategic interdependence[J]. Journal of Business Research, 2020, 124: 408-421.

Soluk J., & Kammerlander N. Digital transformation in family-owned mittelstand firms: A dynamic capabilities perspective[J]. European Journal of Information Systems, 2021, 30(6): 676-711.

Tiwana A, Konsynski B, & Bush A A. Research commentary—Platform evolution: Coevolution of platform architecture, governance, and environmental dynamics[J]. Information Systems Research, 2010, 21(4): 675-687.

Utterback J M. Mastering the Dynamics of innovation[M]. Harvard Business School Press, Boston, MA, 1994.

Utterback. J M. 把握创新 [M]. 高建 , 译 . 北京 : 清华大学出版社 ,1999.

Vega A, Chiasson M. A comprehensive framework to research digital innovation: The joint use of the systems of innovation and critical realism[J]. The Journal of Strategic Information Systems, 2019, 28(3): 242-256.

Vial G. Understanding digital transformation: A review and a research agenda[J]. Managing Digital Transformation, 2021: 13-66.

Westerman G, Bonnet D, & McAfee A. Leading digital: Turning technology into business transformation[M]. Harvard Business Press, 2014.

Yoo Y, Henfridsson O, Lyytinen K. Research commentary—the new organizing logic of digital innovation: An agenda for information systems research[J]. Information Systems Research, 2010, 21(4): 724-735.

阿里研究院 , 中国信息通信研究院 , 阿里云 . 云原生 : 新生产力的飞跃 [R]. 2022.

布和础鲁 , 陈玲 . 数字创新生态系统 : 概念、结构及创新机制 [J]. 中国科技论坛 ,2022(9):54-62.

蔡余杰 . 云工厂 : 开启中国制造云时代 [M]. 北京 : 人民邮电出版社 ,2017.

曹仰锋 . 黑海战略 : 海尔如何构建平台生态系统 [M]. 北京 : 中信出版集团 ,2021.

曾德麟 , 蔡家玮 , 欧阳桃花 . 数字化转型研究 : 整合框架与未来展望 [J]. 外国经济

与管理 ,2021,43(5):63-76.

曾锵 . 大数据驱动的商业模式创新研究 [J]. 科学学研究 ,2019,37(6):1142-1152.

陈德豪 . "三翼鸟"扇动创新之翼 [J]. 企业管理 ,2022(10):29-31.

陈德球 , 胡晴 . 数字经济时代下的公司治理研究 : 范式创新与实践前沿 [J]. 管理世界 ,2022,38(6):213-240.

陈冬梅 , 王俐珍 , 陈安霓 . 数字化与战略管理理论 : 回顾、挑战与展望 [J]. 管理世界 ,2020,36(5):220-236.

陈根 . 数字孪生 [M]. 北京 : 电子工业出版社 ,2020.

陈劲 , 陈钰芬 . 企业技术创新绩效评价指标体系研究 [J]. 科学学与科学技术管理 ,2006(3):86-91.

陈劲 , 李佳雪 . 创新公地 : 后熊彼特创新范式的新探索 [J]. 科学学与科学技术管理 ,2022,43(8):3-18.

陈劲 , 郑刚 . 创新管理 : 赢得持续竞争优势 [M]. 北京 : 北京大学出版社 ,2016.

陈伟 . 数字经济时代的数字风险管理 [J]. 中国内部审计 ,2021(1):14-16.

单宇 , 王鲲 , 刘爽 . 数字原生企业数据价值激活过程的案例研究 [J]. 研究与发展管理 ,2023,35(3):36-51.

邓雅静 . 解开三翼鸟场景服务的密码 [J]. 电器 ,2022(4):30-31.

第四范式 , 德勤 . 数字化转型新篇章 : 通往智能化的"道、法、术"[R]. 上海 : 世界人工智能大会 ,2019.

丁少华 . 重塑 : 数字化转型范式 [M]. 北京 : 机械工业出版社 ,2020.

郭海 , 李阳 , 李永慧 . 最优区分视角下创新战略和政治战略对数字化新创企业绩效的影响研究 [J]. 研究与发展管理 ,2021,33(1):12-26.

郭锐 . 人工智能的伦理和治理 [M]. 北京 : 法律出版社 ,2020.

韩家旻 . 数字经济安全风险维度识别与评价指标体系构建 [D]. 浙江大学 ,2023.

何瑞铧 , 唐健飞 , 廖金锋 . 企业数字责任规范体系建设 [J]. 企业管理 ,2023(12):103-106.

华为企业架构与变革管理部 . 华为数字化转型之道 [M]. 北京 : 机械工业出版社 ,2022.

黄陈宏 . 数字新生态开启全球化 4.0 时代 [J]. 哈佛商业评论 (中文版),2021(11):132-135.

黄丽华 , 朱海林 , 刘伟华 , 等 . 企业数字化转型和管理 : 研究框架与展望 [J]. 管理科

学学报 ,2021,24(8):26-35.

霍春辉 , 吕梦晓 , 许晓娜 . 数字化转型 "同群效应" 与企业高质量发展 : 基于制造业上市公司的经验证据 [J]. 科技进步与对策 ,2023,40(4):77-87.

江小涓 , 靳景 . 数字技术提升经济效率 : 服务分工、产业协同和数实孪生 [J]. 管理世界 ,2022,38(12):9-26.

蒋鑫 , 周轩 . 数字化成熟度模型 : 研究评述与展望 [J]. 外国经济与管理 ,2024,46(1):77-91.

蒋学勤 . 大数据创造商业价值案例分析 [M]. 成都 : 电子科技大学出版社 ,2017.

焦豪 , 杨季枫 , 王培暖 , 等 . 数据驱动的企业动态能力作用机制研究 : 基于数据全生命周期管理的数字化转型过程分析 [J]. 中国工业经济 ,2021(11):174-192.

解运洲 . 物联网系统架构 [M]. 北京 : 科学出版社 ,2019.

金伟林 , 王侦 , 吴画斌 . 开放式创新平台如何赋能 : 基于海尔集团 HOPE 平台的探索性案例研究 [J]. 特区经济 ,2020(5):67-70.

拉兹·海飞门 , 习移山 , 张晓泉 . 数字跃迁 : 数字化变革的战略与战术 [M]. 北京 : 机械工业出版社 ,2020.

李迟生 , 肖继红 , 肖紫芸 , 等 . 多云融合 : 太古可口可乐的数字化转型之路 [Z]. 中国管理案例共享中心案例库 .

李刚 . 数字经济概论 [M]. 北京 : 清华大学出版社 ,2023.

李海舰 , 李文杰 , 李然 . 新时代中国企业管理创新研究 : 以海尔制管理模式为例 [J]. 经济管理 ,2018,40(7):5-19.

李晓 . 数字化运营管理 [M] 北京 : 清华大学出版社 ,2021.

李晓静 , 丁宇 .AI 创新先行者 : 元知亮出中国心智产品第一剑 [Z]. 中国管理案例共享中心案例库 .

李煜华 , 舒慧珊 , 向子威 . 数字原生企业与非原生企业数字化转型的组态路径研究——基于 "技术—组织—环境" 理论框架 [J/OL]. 软科学 :1-13[2023-07-31].

李振东 , 张冬冬 , 朱子钦 , 等 . 数字化情境下的协同创新 : 理论框架与研究展望 [J]. 科学学与科学技术管理 ,2022,43(8):47-65.

刘方龙 , 吴能全 . 探索京瓷 "阿米巴" 经营之谜 : 基于企业内部虚拟产权的案例研究 [J]. 中国工业经济 ,2014(2):135-147.

刘光斌 . 技术与统治的融合 : 论马尔库塞的技术统治论 [J]. 南京社会科学 ,2018(12):24-30.

刘继承.数字化转型 2.0[M].北京:机械工业出版社,2021.

刘权,李立雪,孙小越.数字产业化:新基建激发数字经济发展新动能 [M].北京:人民邮电出版社,2023.

刘晓.我国大数据征信个人敏感数据保护困境及保护机制研究 [J].西南金融,2019(1):30-36.

刘洋,董久钰,魏江.数字创新管理:理论框架与未来研究 [J].管理世界,2020,36(7):198-217.

刘志成,林东升,彭勇.云计算技术与应用基础 [M].北京:人民邮电出版社,2017.

刘志阳,林嵩,邢小强.数字创新创业:研究新范式与新进展 [J].研究与发展管理,2021,33(1):1-11.

刘志阳,林嵩,邢小强.数字创新创业:研究新范式与新进展 [J].研究与发展管理,2021,33(1):1-11.

刘志毅,等.黑镜与秩序:数智化风险社会下的人工智能伦理与治理 [M].北京:清华大学出版社,2022.

陆岷峰.商业银行数字化转型风险类型、特征及治理体系 [J].金融发展研究,2023(10):63-68.

罗喜英,唐玉洁.平台企业数字伦理困境与重塑 [J].财会月刊,2022(3):132-138.

马晓东.数字化转型方法论 [M].北京:机械工业出版社,2021.

宁连举,刘经涛,肖玉贤,等.数字创新生态系统共生模式研究 [J].科学学研究,2022,40(8):1481-1494.

戚聿东,肖旭.数字经济时代的企业管理变革 [J].管理世界,2020,36(6):135-152+250.

齐佳音,张国锋,王伟.开源数字经济的创新逻辑:大数据合作资产视角 [J].北京交通大学学报 (社会科学版),2021,20(3):37-49.

施战备,秦成,张锦存,等.数物融合:工业互联网重构数字企业 [M].北京:人民邮电出版社,2021.

孙聪,魏江.企业层创新生态系统结构与协同机制研究 [J].科学学研究,2019,37(7):1316-1325.

孙永磊,朱壬杰,宋晶.数字创新生态系统的演化和治理研究 [J].科学学研究,2023,41(2):325-334.

唐晓慧.算法视域下短视频信息茧房效应及反思:以抖音 App 为例 [J].新闻传播,2023(15):52-54.

腾讯研究院，等.人工智能：国家人工智能战略行动抓手 [M].北京：中国人民大学出版社，2017.

田高良，高军武，高晔乔.大数据背景下业财融合的内在机理探讨 [J].会计之友,2021(13):16-21.

王兰芳，庄任远.叮咚买菜："鲜"到手为强 [Z].中国管理案例共享中心案例库.

王良明.云计算通俗讲义 [M].北京：电子工业出版社，2019.

王诗蓓.马克思与芬伯格技术哲学比较研究 [D].湖南大学,2022.

王永贵，汪淋淋，李霞.从数字化搜寻到数字化生态的迭代转型研究：基于施耐德电气数字化转型的案例分析 [J].管理世界,2023,39(8):91-114.

王永贵，王竞达，汪淋淋，等.2023中国上市公司数字化创新评价报告 [M].杭州：浙江工商大学出版社,2023.

王玉荣，段玉婷，卓苏凡.工业互联网对企业数字创新的影响：基于倾向得分匹配的双重差分验证 [J].科技进步与对策,2022,39(8):89-98.

王子清，陈佳.企业数字化转型与价值创造：以三一重工为例 [J].国际商务财会,2021,(13):76-82+92.

韦影，宗小云.企业适应数字化转型研究框架：一个文献综述 [J].科技进步与对策,2021,38(11):152-160.

未来论坛.人工智能伦理与治理：未来视角 [M] 北京：人民邮电出版社,2023.

魏江，刘洋，等.数字创新 [M].北京：机械工业出版社,2020.

魏江，杨洋，邬爱其，等.数字战略 [M].杭州：浙江大学出版社,2022.

魏江，赵雨菡.数字创新生态系统的治理机制 [J].科学学研究,2021,39(6):965-969.

魏江，赵雨菡.数字创新生态系统的治理机制 [J].科学学研究,2021,39(6):965-969.

吴非，胡慧芷，林慧妍，等.企业数字化转型与资本市场表现：来自股票流动性的经验证据 [J].管理世界,2021,37(07):130-144+10.

吴功宜，吴英.物联网工程导论 [M].北京：机械工业出版社,2018.

吴画斌，许庆瑞，李杨.创新引领下企业核心能力的培育与提高：基于海尔集团的纵向案例分析 [J].南开管理评论,2019,22(5):28-37.

吴江，陈婷，龚艺巍，等.企业数字化转型理论框架和研究展望 [J].管理学报,2021,18(12):1871-1880.

吴晓波，窦伟，吴东.全球制造网络中的我国企业自主创新：模式、机制与路径 [J].管理工程学报,2010,24(S1):21-30.

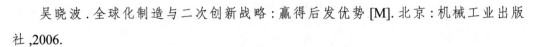

吴晓波.全球化制造与二次创新战略:赢得后发优势 [M].北京:机械工业出版社,2006.

武常岐,张昆贤,周欣雨,等.数字化转型、竞争战略选择与企业高质量发展:基于机器学习与文本分析的证据 [J].经济管理,2022,44(4):5-22.

肖红军.全面数字责任管理:企业数字责任实施范式的新进阶 [J].经济管理,2023,45(9):5-27.

谢卫红,林培望,李忠顺,等.数字化创新:内涵特征、价值创造与展望 [J].外国经济与管理,2020,42(9):19-31.

徐君锋,张利.Hacking Team 公司数据泄漏事件追踪与剖析 [J].中国信息安全,2015(9):99-102.

严子淳,李欣,王伟楠.数字化转型研究:演化和未来展望 [J].科研管理,2021,42(4):21-34.

姚宏,刘美含,陈柳延.数字化赋能"超快时尚":SHEIN 爆红背后的战略密码 [Z].中国管理案例共享中心案例库.

姚宏,刘美含,陈柳延.唯快不破:希音数字化驱动商业飞轮 [Z].中国管理案例共享中心案例库.

尹西明,苏雅欣,陈劲,等.场景驱动的创新:内涵特征、理论逻辑与实践进路 [J].科技进步与对策,2022,39(15):1-10.

余东华,李云汉.数字经济时代的产业组织创新:以数字技术驱动的产业链群生态体系为例 [J].改革,2021(7):24-43.

余江,丁禹民,刘嘉琪,等.深度数字化背景下开源创新的开放机理、治理机制与启示分析 [J].创新科技,2021,21(11):13-20.

余江,孟庆时,张越,等.数字创新:创新研究新视角的探索及启示 [J].科学学研究,2017,35(7):1103-1111.

余江,孟庆时,张越,等.数字创业:数字化时代创业理论和实践的新趋势 [J].科学学研究,2018,36(10):1801-1808.

余世全.无人驾驶汽车的发展现状和相关建议 [J].专用汽车,2023(1):11-14.

张超,陈凯华,穆荣平.数字创新生态系统:理论构建与未来研究 [J].科研管理,2021,42(3):1-11.

张凡,何佳讯.物联网环境下场景驱动用户创新方式与路径研究 [J].科技进步与对策,2024,41(6):1-10.

张培,杨惠晓.数据驱动平台型新创企业商业模式创新路径演化:基于必要商城的纵向案例研究 [J].中国科技论坛,2023(6):118-129.

赵刚.数据要素:全球经济社会发展的新动力 [M].北京:人民邮电出版社,2021.

赵剑波.数字经济高质量发展:理论逻辑与政策供给 [J].北京工业大学学报 (社会科学版),2023,23(4):78-92.

赵丽锦,胡晓明.企业数字化转型的基本逻辑、驱动因素与实现路径 [J].企业经济 ,2022,41(10):16-26.

赵兴峰.数字蝶变:企业数字化转型之道 [M].北京:电子工业出版社,2019.

中国信息通信研究院.企业数字化治理应用发展报告 [R].北京:中国信息通信研究院泰尔终端实验室,2021.

中国信息通信研究院.企业数字化转型技术发展趋势研究报告 [R].北京:中国信息通信研究院泰尔终端实验室,2023.

周莉,熊雪原,冉景亮,等.数字化管理理论与实务 [M].成都:西南财经大学出版社,2021.

朱秀梅,林晓玥.企业数字化转型:研究脉络梳理与整合框架构建 [J].研究与发展管理 ,2022,34(4):141-155.

朱秀梅,刘月,陈海涛.数字创业:要素及内核生成机制研究 [J].外国经济与管理 ,2020,42(4):19-35.

朱秀梅,杨姗.腾讯:虚拟帝国的王者 [Z].中国管理案例共享中心案例库 .

宗平,秦军.物联网技术与应用 [M].北京:电子工业出版社,2021.

　　北京大学出版社本着"教材优先、学术为本"的出版宗旨,竭诚为广大高等院校师生服务。为更有针对性地提供服务,请您按照以下步骤在微信后台提交教辅申请,我们会在 1～2 个工作日内将配套教辅资料,发送到您的邮箱。

◎手机扫描下方二维码,或直接微信搜索公众号"北京大学经管书苑",进行关注;

◎点击菜单栏"在线申请"—"教辅申请",出现如右下界面:

◎将表格上的信息填写准确、完整后,点击提交;

◎信息核对无误后,教辅资源会及时发送给您;如果填写有问题,工作人员会同您联系。

温馨提示:如果您不使用微信,您可以通过下方的联系方式(任选其一),将您的姓名、院校、邮箱及教材使用信息反馈给我们,工作人员会同您进一步联系。

我们的联系方式:
北京大学出版社经济与管理图书事业部
通信地址:北京市海淀区成府路 205 号,100871
电子邮件:em@ pup. cn
电　　话:010 – 62767312 / 62757146
微　　信:北京大学经管书苑(pupembook)
网　　址:www. pup. cn